Wolfgang Thierse (Hg.)
Religion ist keine Privatsache

Inhalt

Perspektiven

Wolfgang Thierse

Religion ist keine Privatsache

Sozialdemokraten »begrüßen es, wenn Kirchen und Religionsgemeinschaften, kirchliche Gruppen und einzelne Gläubige durch
Kritik, Anregung und praktische Mitarbeit auf die Gestaltung
des gesellschaftlichen und politischen Lebens einwirken und sich
damit auch öffentlicher Kritik stellen«. So formulierte es die SPD
in ihrem Berliner Grundsatzprogramm von 1989. In diesem
Sinne ist Religion keine Privatsache.

Religion ist Privatsache! Sie ist Sache der freien, persönlichen
Entscheidung jedes einzelnen Menschen. Im Berliner Grundsatzprogramm hält deshalb die SPD fest: »Wir begrüßen und achten
persönliche Grundüberzeugungen und Glaubenshaltungen. Sie
können niemals Parteibeschlüssen unterworfen sein.«

Beide Aspekte kennzeichnen das Ergebnis langer, oft heftiger,
von Widersprüchen und Gegensätzen geprägten Auseinandersetzungen. Darin hat die SPD die Erfahrung gemacht, dass eine Verständigung über die Grundwerte für die Gestaltung einer freien,
gerechten und solidarischen Gesellschaft zwischen Menschen
verschiedener Weltanschauungen und Glaubenshaltungen möglich ist, auch wenn sie die Verbindlichkeit der Grundwerte unterschiedlich begründen.

Die SPD begreift sich als eine Gemeinschaft von Männern
und Frauen, die aus verschiedenen Glaubens- und Denkrichtungen kommen und sich in der Verwirklichung sozialdemokratischer Reformpolitik verbunden wissen.

Als die frühe Sozialdemokratie 1891 in ihrem Erfurter Programm die Formel »Religion ist Privatsache« prägte, fand sie
damit eine vorläufige Plattform der innerparteilichen Verständi-

gung, die sich aus den Erfahrungen und Erkenntnissen dieser Zeit speisten. Die Emanzipationsbewegung der Arbeiterschaft musste die Erfahrung machen, dass sich zu ihrer Abwehr die politischen Gegner mit Kirche und Religion wappneten, um das Bestehende zu verteidigen, das die Arbeiterbewegung zu überwinden trachtete.

Weder weite Teile des kaisertreuen Protestantismus noch das Zentrum, das sich als Vertreterin des ganzen »katholischen Volkes« ansah, entsprachen den politischen Absichten der Sozialdemokratie. Die starke marxistische Strömung in der Parteitheorie deutete diese realen Erfahrungen: Religion ist ein Herrschaftsinstrument, sie wird im bald errichteten Sozialismus zusammenbrechen.

»Religion ist Privatsache« war deshalb für die einen eine kritische Abwehrformel, für die anderen ein Ausdruck der theoretischen Überlegenheit. Dennoch wurde die SPD nie zu einer Partei mit atheistischen Statuten. In ihren Reihen fanden sich von Anfang an viele, die sich vom christlichen Gebot der Nächstenliebe inspirieren ließen. Mit dem Parteieintritt musste nicht der Kirchenaustritt erklärt werden. Diesen Sozialdemokraten garantierte die Erklärung der Religion zur Privatsache ihre Bekenntnisfreiheit. Darüber wollte die Partei nicht richten.

In der Tradition eines unaufgeklärten, kämpferischen Atheismus versuchte dagegen die SED Religion und Kirche zu überwinden – zunächst in sehr militanter Form und mit entschiedener atheistischer Propaganda, sodann in der Weise, dass sie den Kirchen und Christen ihren Anspruch auf Öffentlichkeit und selbstbestimmte gesellschaftliche Wirksamkeit bestritt und beschränkte: Religion sei – bestenfalls – Privatsache. Dass es nicht zuletzt Christen waren, die zur Überwindung des SED-Staates beitrugen, mag für die SED-Ideologen eine bittere Pointe der Geschichte sein. Es widerlegt aber nicht die Tatsache, dass die DDR nirgendwo so »erfolgreich« war wie bei der Entkirchlichung der Menschen und der Privatisierung der Religion – bis hin zur moralischen und religiösen Entwurzelung.

Der SPD gelang es schließlich im Godesberger Programm von 1959, das Ergebnis jahrzehntewährender Diskussionen um ihr Verhältnis zur Religion positiv gültig zu formulieren: »Der demokratische Sozialismus, der in Europa in christlicher Ethik, in Humanismus und in der klassischen Philosophie verwurzelt ist, will keine letzten Wahrheiten verkünden – nicht aus Verständnislosigkeit und nicht aus Gleichgültigkeit gegenüber den Weltanschauungen oder religiösen Wahrheiten, sondern aus der Achtung vor den Glaubensentscheidungen des Menschen, über deren Inhalt weder eine politische Partei noch der Staat zu bestimmen hat.«

Wenn sich eine Partei wie die SPD einer wertgebundenen Politik verpflichtet fühlt, ohne jedoch ihre Mitglieder und Wähler auf letzte Werte und Überzeugungen festlegen zu wollen, dann muss sie es dankbar begrüßen, wenn Menschen aus ihrer religiösen Bindung heraus eine Verpflichtung zum sozialen Handeln und zur Verantwortung in der Gesellschaft bejahen. Für eine freiheitliche Demokratie ist es von hoher Bedeutung, wenn insbesondere Kirchen und Religionsgemeinschaften die persönliche Verantwortung in letzten Bindungen zu verankern suchen. Viele Menschen in unserem Land gewinnen aus kirchlichen und religiösen Traditionen heraus Glaubenshaltungen, die der politischen Willensbildung vorausgehen.

Die beiden großen christlichen Kirchen haben in den vergangenen Jahren mit dem Gemeinsamen Wort »Für eine Zukunft in Solidarität und Gerechtigkeit« Kriterien für eine erneuerte Sozialkultur zur Diskussion gestellt, in der sich die Prinzipien sozialer Gerechtigkeit auch unter den Bedingungen von Innovation und Reform bewähren müssen. Die SPD hat sich auf vielen Ebenen intensiv an dem Konsultationsprozess zur Erstellung dieses Dokuments beteiligt. Der Dialog dieser Jahre belegt eindrücklich, dass sich christliche Gemeinschaften und Sozialdemokratie mittlerweile auf vielen Politikfeldern in einen fruchtbaren Gedankenaustausch begeben haben.

Die Frage danach, ob es eine »christliche Politik« geben kann, wurde über Jahrzehnte hinweg in Deutschland immer wieder auf die Tagesordnung gesetzt. Häufig wurde sie gegen die SPD gestellt. Seit gut zwanzig Jahren scheint sie merkwürdigerweise verstummt zu sein. Vordem wurde sie mit dem Hinweis auf die Existenz von C-Parteien beantwortet. Wer nicht dieser parteipolitischen Richtung angehörte, wie etwa die Sozialdemokraten, dem konnte es passieren, an den Rand der kirchlichen Gemeinschaft gedrängt zu werden.

In ihrer Parteiprogrammatik hat die CDU nicht den Anspruch erhoben, einzig und allein das christliche Bekenntnis im politischen Raum zu vertreten. Vor allem im Katholizismus sah die alltägliche Praxis jedoch häufig anders aus.

Gegen eine politische Funktionalisierung des christlichen Glaubens haben sich Sozialdemokraten stets gewandt. Sie nahmen es dankbar zur Kenntnis, als das Zweite Vatikanische Konzil in seiner Pastoralkonstitution »Gaudium et Spes« jedem Getauften eine eigene Kompetenz in Fragen der Weltgestaltung zusprach. Ausdrücklich wurde vom Konzil anerkannt, dass es unter Christen im Bereich der politischen Entscheidungen zu unterschiedlichen, ja sogar gegnerischen Auffassungen kommen könne.

Es gibt Christen in allen Parteien, aber kann es eine »christliche Partei« geben? Eine Partei ist doch stets nur – wie das Wort bereits sagt – ein Teil eines Ganzen, während der christliche Anspruch nach universaler Gültigkeit verlangt, die ganze Wirklichkeit und die ganze Person umfasst. Christen sollten öffentliches Engagement zeigen und politische Verantwortung übernehmen, um ihren Glauben weltlich zu verankern. Aber alles politische Handeln beschränkt sich doch auf das Tun des Vorletzten und nicht auf das Heil, um das es im christlichen Glauben geht. Der Anspruch, eine »christliche« Politik betreiben zu wollen, scheint mir einfach zu hoch gegriffen.

Für Sozialdemokraten, die sich als Christen begreifen, ist die Frage nach einer »christlichen Politik« um ihrer eigenen gläubigen Existenz willen aber trotzdem nicht erledigt. Es kann keinen lediglich geglaubten Glauben geben. Der gelebte christliche Glaube ist aber notwendigerweise auch eine bestimmte Form gesellschaftlicher Praxis. Bereits beim Propheten Micha begegnet man einer prägnanten und faszinierend einfachen Formulierung: Micha 6,8 kann man wohl so übersetzen: »Es ist dir gesagt, Mensch, was gut ist und was der Herr bei dir sucht: Nichts anderes als Gerechtigkeit tun, Freundlichkeit lieben und behutsam mitgehen mit deinem Gott.«

Gerechtigkeit meint das aktive Eintreten für das, was den

Menschen zusteht, bedeutet für das Recht der anderen einzustehen. Die gesamte prophetische Sozialkritik ist durchwoben von der Forderung nach Gerechtigkeit. Diese wirkte auch als Gründungsimpuls der Sozialdemokratie. Von der Freundlichkeit spricht Micha so wie Jesus von der Nächstenliebe. Als freiwillig gewährte Solidarität ist es das Handeln, zu dem man rechtlich nicht verpflichtet werden kann. Gemeint ist die mitmenschliche Hilfestellung, ohne die keine Gesellschaft lebensfähig bleibt. Erfahrungen mit dieser Not wendenden Solidarität haben sich tief in die Geschichte der SPD eingeschrieben.

Die Behutsamkeit, die der Prophet einfordert, umfasst zwei politisch bedeutsame Dimensionen. Da ist einerseits die Verpflichtung der Gläubigen, auf den Willen Gottes zu hören und Gottes Weisungen zu folgen. Vielleicht liegt gerade darin die Eigenart eines Menschen, der aus christlicher Verantwortung politisch handelt, dass er sich in einer freien Gebundenheit weiß als Antwort auf einen Anruf, der sich nicht aus seinem eigenen Sachverstand speist. Andererseits soll dieses Mitgehen mit Gott ein behutsames sein. Also eines, das weder ihn selbst noch die Mitmenschen überfordert.

In der Politik haben religiöse Erweckungspredigten und mit religiöser Inbrunst vorgetragene Absolutheitsansprüche nichts zu suchen. Aber es gibt eine Politik jenseits von bloßen Machtspielen. Eine Politik der behutsamen Reformen für »eine neue und bessere Ordnung, der Würde des Menschen verpflichtet« (Berliner Grundsatzprogramm).

Religion ist keine Privatsache! Warum erscheinen die in diesem Buch gesammelten Überlegungen jetzt und warum in dieser Zusammensetzung? Die Autorinnen und Autoren sind ausschließlich Katholiken. Katholische Sozialdemokraten und katholische Theologen und Sozialethiker. In der Geschichte der SPD hat es eine vergleichbare Schrift noch nicht gegeben. Nicht nur wegen des Themas, sondern auch wegen der Fülle kirchlicher und sozialdemokratischer Stimmen, die hier in einen differenzierten Dialog miteinander eintreten.

Dass zu diesem Thema die Nahtstelle von Katholizismus und Sozialdemokratie reflektiert wird, hat mit der besonderen Vorgeschichte dieser beiden großen Gestaltungskräfte deutscher Politik zu tun. Anders als der Protestantismus trachtete der Katholizismus lange Zeit danach, die Gläubigen auch lebensweltlich und politisch zu einer verbindlichen Einheit zu formen, die weit über den sakralen Bereich hinaus wirkte. Eigene Vereinigungen und Verbände, Gewerkschaften und letztlich auch die eigene katholische Partei drängten im letzten Jahrhundert all jene Katholiken an den Rand ihrer Kirche, die sich in der Sozialdemokratie engagierten. Erst das allmähliche Abschmelzen erstarrter Milieugrenzen seit den 60er Jahren und die programmatischen Öffnungen der SPD im Godesberger Programm sowie des Katholizismus im Zweiten Vatikanischen Konzil und in der Synode der deutschen Bistümer erwirkten ein Aufweichen der Trennlinie.

Viele, die diesen Prozess bewusst mitgestalten konnten, haben sich mittlerweile aus der vordersten Front der Akteure zurückgezogen. Ihre Erfahrungen und Einsichten gilt es hier noch einmal darzustellen, um zu prüfen, was sich in den letzten Jahrzehnten an relevanten Veränderungen im Verhältnis zwischen Katholizismus und Sozialdemokratie ergeben hat.

Heute sind Sozialdemokraten als Gesprächspartner auf allen Ebenen im Katholizismus akzeptiert. Seit Jahren kommt es zwischen dem Parteivorstand und der Deutschen Bischofskonferenz regelmäßig zu fruchtbaren Gesprächen. Diese setzen sich fort in den Zuständigkeitsbereichen der Bundestagsfraktion und den SPD-geführten Landesregierungen bis hin zu den vielen lokalen Dialogbemühungen. Im Zentralkomitee der deutschen Katholiken finde ich eine sachliche Gesprächsatmosphäre und eine offene Aufnahme der sozialdemokratischen Mitglieder vor. Die Suche nach der gemeinsamen Verantwortung in Staat, Gesellschaft und Kirche durchzieht auch die Beiträge in diesem Buch.

Die Kirchen wollen nicht selbst Politik machen, sondern Politik möglich machen, formuliert das Gemeinsame Wort der Kirchen. Sie sprechen heute mit einer Stimme, um ihren Vorstellungen in der pluralen Öffentlichkeit Nachdruck zu verleihen. Auch die SPD wendet sich in gleicher Weise an beide Kirchen. Sozialdemokraten wollen in ihrem Regierungshandeln Reformen auf den Weg bringen, die den sozialen und ökologischen Umbau unserer Gesellschaft zum Ziel haben. Große Anstrengungen werden nötig sein, um die beabsichtigten Innovationen gerecht zu ge-

Wolfgang Thierse

stalten. Dafür bedarf die Sozialdemokratie eines breiten Reformbündnisses. Die in diesem Buch aufgewiesenen Perspektiven suchen nach solchen gemeinsamen Gestaltungsfeldern.

Schließlich schreiben die Autorinnen und Autoren in eine Zeit hinein, in der sich die SPD auf den Weg macht zu einer neuen programmatischen Selbstvergewisserung. Für die Fortschreibung des Berliner Programms suchen Sozialdemokraten den Dialog über die Grenzen der eigenen Partei hinaus. Hier werden sich die Verständigungen aus vielen gemeinsamen Gesprächen mit dem Katholizismus produktiv zu bewähren haben.

Sozialdemokraten sind ihrerseits an einem gesellschaftlich engagierten, sozial sensiblen und politisch offenen Katholizismus interessiert. Mit einem Rückzug auf die eigenen Belange im inneren Kirchenraum ist weder dem Katholizismus gedient noch unserem Gemeinwesen. Die Präsenz wertgestaltender Kräfte ist in unserer Gesellschaft notwendiger denn je. Dabei benötigt der Katholizismus auch die Erfahrungen und Erkenntnisse, die Fragestellungen und Antworten einer pluralen Reformpartei wie der SPD. Der Dialog zwischen der Sozialdemokratie und dem Katholizismus muss weiter gepflegt werden.

Erfahrungen

Benno Haunhorst

Katholizismus und Sozialdemokratie

Wie Feuer und Wasser

Der Katholizismus und die Sozialdemokratie bildeten in der zweiten Hälfte des 19. Jahrhunderts feste Organisationsstrukturen aus, die ihre Identitäten aus einer Anti-Haltung schöpften. Solange es eine Klassengesellschaft mit einer breiten ausgebeuteten, unterprivilegierten Industriearbeiterschaft gab, schlossen sich Sozialdemokraten mit dem klaren Ziel zusammen, die bestehenden Formen von Staat, Wirtschaft und Gesellschaft zu überwinden und eine neue Ordnung zu schaffen. Solange Katholiken mit dem Bewusstsein lebten, angesichts von Modernisierung und protestantischem Übergewicht zu den Verlierern zu gehören, entwickelten sie ein eigenes gesellschaftliches Subsystem, das sich mit speziellen Leitbildern und Institutionen von der allgemeinen Ordnung fernzuhalten suchte. Paradoxerweise wurden jedoch diese beiden »Gegengesellschaften« zum Geburtsort eines modernen Verständnisses von Staat, Wirtschaft und Gesellschaft: Partizipation aller, Emanzipation der Unterprivilegierten und Selbstorganisation der Bürger.

In den vergangenen 150 Jahren standen sich Katholizismus und Sozialdemokratie lange Zeit fremd und unversöhnt gegenüber. An der Wiege des deutschen Katholizismus standen Pate die Erfahrungen der Gegenreformation, der Säkularisation, des Kulturkampfes und des Antimodernismus. Katholiken kritisierten an den Sozialdemokraten die Ausrichtung auf den Klassenkampf, die rein innerweltliche Perspektive, die Herabsetzung von Familie, Erziehung und Eigentum und das liberalistische Erbe in dem Verständnis von Religion als »Privatsache«, von Gesellschaft als »Nutzveranstaltung« und der Forderung nach einer Trennung von Kirche und Staat. Der Katholizismus propagierte den christlichen Staat auf dem Fundament des Naturrechts und die Gesinnungsreform als politischen Ansatz. Die Sozialdemokratie konnte sich ihrerseits lange Zeit nicht lösen aus den zwischen Reform und Revolution und zwischen einer marxistischen Wissenschaftsgläubigkeit und einem liberal-bürgerlichen Fortschrittsoptimismus erwachsenden Spannungen. Für die SPD trug die Kirche vor allem Herrschaftscharakter, die Religion war Vertröstung und die Christen verfolgten mit ihrer caritativen Arbeit einen bloß individualistischen Ansatz. Sozialdemokraten forderten die Verwirklichung der Gerechtigkeit durch Gesellschaftsreform und verlangten nach weltanschaulicher Neutralität in Staat und Politik.

In dieser Großwetterlage mussten vorsichtige Versuche der Kontaktaufnahme – wie zwischen Bischof Ketteler und Ferdinand Lassalle 1864, zwischen Wilhelm Hohoff und August Bebel 1873/74 oder das aus der SPD Ende der zwanziger Jahre unterstützte »Rote Blatt der katholischen Sozialisten« – zwangsläufig scheitern. August Bebels Ausspruch »Christentum und Sozialismus stehen sich gegenüber wie Feuer und Wasser« brachte die Mehrheitsmeinung dieser Zeit zum Ausdruck.

Aus dem Katholizismus heraus entwickelten sich bis zur NS-Diktatur fünf Modelle der Beziehung zur Sozialdemokratie. Eindeutig vorherrschend war das Unvereinbarkeitsmodell, das der Jesuit Viktor Cathrein bereits am Ende des 19. Jahrhunderts umfassend und für viele Jahrzehnte gültig darlegte. An den Rändern des Katholizismus bildeten sich jedoch auch andere Ansätze heraus. Die Vertreter eines Auswahlmodells separierten bestimmte Elemente (Wilhelm Hohoff) oder auch nur das Wort »Sozialismus« (Heinrich Pesch) aus der sozialdemokratischen Programmatik. Theodor Steinbüchel verfolgte den Ansatz eines Integrationsmodells, indem er die ethischen Impulse des Sozialismus herausarbeitete und positiv mit seinem Neuentwurf einer christlichen Sozialethik zu verbinden suchte. Das Anwendermodell der religiösen Sozialisten, nach dem der Sozialismus der Gesellschaftsentwurf eines politisch sensiblen Christentums sei, fand kaum katholische Vertreter. Für die katholischen Sozialisten um Heinrich Mertens und Ernst Michel folgte das Bündnis mit der Sozialdemokratie einem Notstandsmodell, welches Katholiken dazu verpflichtete, in Zeiten gesellschaftlicher Spannungen mit Bewegungen der sozialen Umgestaltung zusammenzuarbeiten.

Als sich nach den verheerenden Erfahrungen von Diktatur und Krieg Katholizismus und Sozialdemokratie in der jungen Bundesrepublik neu formierten, bildeten sich auf beiden Seiten Tendenzen heraus, die sowohl nach innen wie nach außen im Kern widersprüchlich waren. Überkommene Elemente fanden sich jeweils unvermittelt neben Ansätzen eines Neubeginns. Insbesondere die ersten zwei Jahrzehnte wurden deshalb zu einer Krisenzeit für das Verhältnis von Katholizismus und Sozialdemokratie, in der ebenso altbekannte Schlachten geschlagen wurden wie differenzierte Sichtweisen entwickelt werden konnten.

Die SPD meldete sich aus der Zeit der Verfolgung und des Exils zurück mit der Forderung nach einer grundlegenden Demokratisierung von Wirtschaft, Staat und Gesellschaft. Insofern damit die gesamtpolitische Integration und Teilhabe der Arbeiterschaft gemeint war, implizierte das bereits den modernen Weg der Überwindung der Grenzen eines sozialdemokratischen Arbeitermilieus. Das traf sich mit den Intentionen jener programmatischen Erneuerer, die entweder nach 1945 neu zur SPD gekommen waren oder die im Widerstand und Exil bereits die Notwendigkeit einer Öffnung der Partei erkannt hatten. Sie trieben eine Entideologisierung der Sozialdemokratie voran, trafen jedoch anfangs noch auf starke Kräfte, die, von einem marxistischen Antikapitalismus beseelt, die Sozialisierung durchsetzen und die SPD als Klassenpartei etablieren wollten. Mit dem Godesberger Programm von 1959 wurde dieser Richtungsstreit eindeutig im Sinne der Parteireformer entschieden.

Der Katholizismus begann nach 1945 mit dem Anspruch auf eine Rechristianisierung des politischen Gemeinwesens. Mit großen Anfangserfolgen betrieb man den Neuaufbau und die Festigung des katholischen Milieus. Dies wurde begleitet von demokratie-skeptischen Impulsen. Das katholische Verständnis von Naturrecht sollte als allgemein verbindliche Grundlage von Staat, Gesellschaft und Wirtschaft Geltung erlangen. Die

Bischöfe und an ihrer Spitze Papst Pius XII. wurden als letztverbindliche Autoritäten auch für das politische Handeln von Katholiken angesehen. Dieser paternalistischen Auffassung von Politik drohte die Gefahr der Klerikalisierung. Sie stand in einer ungelösten Spannung zur Gründung der CDU und der Einheitsgewerkschaft. Durch den bischöflich abgesegneten Verzicht auf die Fortführung einer katholischen Partei und einer eigenen katholischen Gewerkschaft hatte man jedoch die Milieugrenzen bereits überschritten und den Weg hin zu einem pluralen Katholizismus vorgezeichnet. Viele Auseinandersetzungen innerhalb des deutschen Katholizismus vor allem in den fünfziger und sechziger Jahren (z. B. um die politische Alleinvertretung der Katholiken durch CDU/CSU, um »christliche Gewerkschaften« und um das Weltamt katholischer Laien) lassen sich begreifen als Debatten um den Versuch einer Entideologisierung. Die stark von der katholischen Soziallehre inspirierte pragmatische Sozial- und Wirtschaftspolitik der frühen Bundesrepublik trug zur Überwindung partikularer Sichtweisen bei. Letztlich entschieden wurde die Auseinandersetzung um einen pluralen Katholizismus und um die Anerkennung eines vom kirchlichen Lehramt unabhängigen politischen Engagements von Katholiken jedoch erst auf dem 2. Vatikanischen Konzil Mitte der sechziger Jahre.

Die inhärenten Widersprüche im Katholizismus und in der Sozialdemokratie bestimmten auch das spannungsgeladene Verhältnis dieser beiden großen Wirkungskräfte der deutschen Politik untereinander. Die Wahlkämpfe in den fünfziger Jahren – und auch noch als Nachhutgefechte über diesen Zeitraum hinaus – wurden nicht selten zu weltanschaulichen Richtungsentscheiden hochstilisiert. Für die katholische Seite war die sozialdemokratische Forderung nach einer radikalen Demokratisierung eine liberalistische Ideologie ohne sittliches Fundament. Die Sozialdemokraten hingegen werteten den katholischen Ansatz als klerikalistische Bevormundung freier demokratischer Kräfte. Erst die beiderseitige Wahrnehmung des Abschmelzens im je eigenen Milieu verhalf der bereits in Ansätzen vorhandenen Entideologisierung zum allmählichen Durchbruch. Für die SPD bedeutete das die Abkehr von einer sozialistischen Klassendoktrin und die Hinwendung zu einer Fundierung des sozialdemokratischen Weges aus einem Ethos der Grundwerte Freiheit, Gerechtigkeit und Solidarität. Für den Katholizismus bewirkten die Wandlungen die allmähliche Entdeckung der parteipolitischen Pluralität in den eigenen Reihen und die Suche nach religiösen und ethischen Impulsen aus ökumenischer Gemeinsamkeit für eine offene demokratische Gesellschaft. Jedoch standen vor 40 Jahren nicht allen Beteiligten diese Standards bereits deutlich vor Augen. Jedes der bis dahin zurückreichenden Jahrzehnte war geprägt von Auseinandersetzungen, die zwischen alten Vorurteilen und neuen Schritten der Annäherung oszillierten.

Die Brücke ist noch nicht befahrbar

Das Jahrzehnt nach der Verabschiedung des Godesberger Programms begann zunächst in gewohnter Weise. Das Zentralkomitee der deutschen Katholiken formulierte 1960: »Verschwommene politische Grundsatzprogramme lehnen wir ab.« Die Bischöfe forderten zur Bundestagswahl 1961: »Es ist aber klar, dass die Stimme des Gewissens jedem aufrichtigen Katholiken befiehlt, seine Stimme den Kandidaten oder der Liste zu geben, die gemäß dem Gesetze Gottes und der christlichen Sittenlehre wirklich hinreichende Garantien bieten für den Schutz der Rechte Gottes, der Familie und der Gesellschaft.« Aber dennoch vollzogen sich gerade in diesem Jahrzehnt entscheidende Differenzierungen zwischen dem organisierten Katholizismus und den Bischöfen, zwischen katholischen Verbänden und der CDU/CSU.

Die Entdeckung einer katholischen Pluralität wurde wesentlich angestoßen durch den Pontifikat Johannes' XXIII. Seine Enzykliken »Mater et magistra« (1961) und »Pacem in terris« (1963) und die Einberufung des Konzils veränderten das katholische Selbst- und Weltverständnis fundamental. Wandlungen in der politischen Szenerie der Bundesrepublik wirkten sich aus: Das Abbröckeln des Patriarchats Konrad Adenauers, das offene und moderne Erscheinungsbild der SPD unter Willy Brandt, das Niedersachsen-Konkordat von 1965 und schließlich die Große Koalition von CDU und SPD im Jahre 1966.

Benno Haunhorst

Die Enzyklika »Mater et magistra« wurde von der SPD sehr positiv aufgenommen und offensiv genutzt zur öffentlichen Darlegung einer Annäherung von katholischer Kirche und Sozialdemokratie. Johannes XXIII. plädierte für eine Öffnung der Kirche zur modernen, pluralen Gesellschaft, für die Anerkennung der Mitbestimmung und der Gewerkschaften. Er forderte die Überwindung sozialer Ungleichheit durch Vermögens- und Eigentumsumverteilung und die Demokratisierung von Wirtschaft und Gesellschaft. Die CDU zeigte sich in ihren Reaktionen auf diese Forderungen desorientiert. Das christlich-soziale Fundament schien aufgebraucht zu sein, die konservative Strömung hatte sich durchgesetzt.

Von ähnlich zentraler Bedeutung für die Revision des Verhältnisses von Katholizismus und Sozialdemokratie wie »Mater et magistra« wurde das niedersächsische Konkordat von 1965. Seit 1954 schwelte in diesem Bundesland der Konflikt zur Ordnung des Schulwesens, insbesondere zur Weiterführung bzw. Neugründung öffentlicher katholischer Bekenntnisschulen.

Dieser Streit hatte viele staatsrechtliche, konfessionelle und parteipolitische Nuancen. Die einvernehmliche Regelung, die letztlich gefunden wurde, erhielt große Bedeutung: Der sozialdemokratisch geführten Landesregierung gelang der Nachweis, dass sich SPD und katholische Kirche in Fragen der Schulpolitik einigen konnten. Die SPD konnte nicht mehr länger als antikirchlich eingestuft werden. Die Kirche zeigte, dass sie sich nicht nur mit CDU-Regierungen verständigen konnte, ja dies jetzt sogar gegen den erklärten Willen der CDU tat. Diese nämlich hatte sich mit dem Verbandskatholizismus gegen die Konkordatsregelungen verbündet. Zwischen Bischöfen und katholischen Verbänden offenbarte sich ein Dissens. Die CDU hatte ihren katholischen Alleinvertretungsanspruch in der Öffentlichkeit eingebüßt. Auch in Nordrhein-Westfalen fanden sich die Unterstützer der Konfessionsschulen nicht mehr uneingeschränkt in der Union. Die Bischöfe sahen keinen Grund mehr, zur dortigen Landtagswahl 1966 einen Hirtenbrief mit gewohnt eindeutiger Parteipräferenz zu veröffentlichen. Die Brücke zwischen SPD und Kirche sei gebaut, sagte in diesen Jahren der Münchener Kardinal Julius Döpfner, aber noch nicht befahrbar.

In den siebziger Jahren sahen sich die Sozialdemokraten zeitweise heftigen Angriffen aus dem Katholizismus ausgesetzt. Willy Brandt verdankte seinen überwältigenden Wahlsieg 1972 nicht zuletzt den katholischen Wählern. In den traditionell CDU-orientierten Führungsetagen des Katholizismus bewirkte diese Tatsache erhebliche Verunsicherung und einen Zusammenschluss der Reihen. In den tagespolitischen Auseinandersetzungen errichtete diese Koalition eine breite Front gegen die Reformbemühungen der sozialdemokratisch geführten Bundesregierung, vor allem gegen die Reformen des § 218 StGB, des Ehe- und Familienrechts und gegen die Bildungs- und Ostpolitik. In den katholischen Akademien wurde die Grundwertedebatte geführt. Im Kern stellte sich die Frage, ob der Staat verpflichtet sei, bestimmte Wertvorstellungen (gemeint war ein naturrechtlich verstandenes christliches Sittengesetz) durchzusetzen. Die sozialdemokratische Position zu dieser Frage lautet seit Godesberg: Der freiheitliche demokratische Rechtsstaat ist weltanschaulich neutral, aber wertegebunden. Er kann nur jene Wertvorstellungen zur Geltung bringen, die sich im gesellschaftlichen Konsens bilden. Die Kirchen sind die wichtigsten wertbildenden Instanzen in der Gesellschaft. Ihnen obliegt die Pflege des Grundwertekonsenses in erster Linie. Der insbesondere in katholischen Kreisen beklagte Verfall der Grundwerte verwies also nur auf die abnehmende Prägekraft des Katholizismus. Dass es zudem Sozialdemokraten waren, denen es in ihren Regierungsbündnissen gelang, dem Ansinnen der FDP nach einer grundsätzlichen Trennung von Staat und Kirche entgegenzutreten, wurde im Katholizismus gern übersehen.

Nicht frei von tagespolitischen Auseinandersetzungen entwickelten sich auch die drei gewichtigen programmatischen Debatten um den Orientierungsrahmen '85 der SPD (1975), um das neue Grundsatzprogramm der CDU (1978) und auf der Synode der bundesdeutschen Bistümer (1971–1975). Die Synode unternahm den Versuch, die Erkenntnisse des 2. Vatikanischen Konzils für den deutschen Katholizismus virulent werden zu lassen. Heftig umstritten war der Beschluss »Kirche und Arbeiterschaft«, in dem das Verhältnis der Kirche zur Arbeiterschaft als »fortwirkender Skandal« eingestuft und die fehlende Bereitschaft, sich mit

Benno Haunhorst

der Lehre von Marx und den verschiedenen Varianten des Sozialismus auseinander zu setzen, kritisiert wurden. Das Arbeitspapier »Aufgaben der Kirche in Staat und Gesellschaft« gelangte erst gar nicht zur Abstimmung. Es formulierte in Fortschreibung des Konzils: »Die Kirche ist zur Zusammenarbeit mit Parteien bereit, die nicht die christliche Selbstverpflichtung im Parteinamen zum Ausdruck bringen. Auch in den Programmen dieser Parteien finden sich Aussagen und Ziele, die auf menschlichen Grundwerten beruhen, in denen Übereinstimmungen mit den Lehren der Kirche bestehen. Einmal bedeutet das Führen der Bezeichnung ›christlich‹ im Parteinamen nicht, dass nur eine solche Partei christliche Grundsätze berücksichtigt … Zum anderen besteht eine Pflicht der Kirche, auch diesen Parteien gegenüber ihr politisches Mandat wahrzunehmen.«

Die modernisierte liberal-konservative CDU hatte diesen Ansatz bereits mitvollzogen, als sie in ihrem neuen Grundsatzprogramm feststellte: »Vom christlichen Glauben lässt sich kein politisches Programm ableiten.« Dennoch verbündeten sich erneut weite Teile des Katholizismus und der CDU miteinander, als es darum ging, der SPD mit ihrem Orientierungsrahmen '85 einen Rückfall in den Marxismus vorzuhalten. Freiheit werde dort nicht personal, sondern kollektivistisch verstanden, Gerechtigkeit meine Gleichmacherei und Umverteilung, Solidarität sei bloß ein sozialistischer Kampfbegriff. Die positive und einladende Wertschätzung der Kirchen in diesem programmatischen Zwischenschritt der SPD übersah man geflissentlich.

Zu den turbulenten Auseinandersetzungen zwischen Katholizismus und Sozialdemokratie in den siebziger Jahren setzte die Deutsche Bischofskonferenz 1980 mit ihrem bis heute letzten parteipolitisch akzentuierten Hirtenbrief zu einer Bundestagswahl einen heftig umstrittenen Schlusspunkt. Neben der Abtreibungs-, Ehe- und Familiengesetzgebung verurteilten die Bischöfe eine steigende Staatsverschuldung und Bürokratisierung. Vor allem mit den beiden letzten Stichworten sekundierten sie dem Kanzlerkandidaten der Union, Franz-Josef Strauß. Außerhalb der CDU/CSU und konservativen Kreisen wurde diese Parteinahme in der bundesdeutschen Öffentlichkeit abgelehnt. Angesehene Theologen meldeten sich in abgrenzenden Stellungnahmen zu Wort. Ihre Kritik basierte im Wesentlichen auf drei Vorbehalten. Erstens hätten die Bischöfe ihre lehramtliche Aufgabe überzogen, indem sie sich mit ihrer Autorität und im Gottesdienst an Stelle der Schriftauslegung in der Predigt zu tagespolitischen Fragen äußerten, obwohl Katholiken dazu durchaus unterschiedliche Positionen vertreten könnten. Zweitens sei die Auswahl ihrer Monita beliebig und träfe nicht die wirklichen Gegenwartsprobleme (z. B. Aufrüstung und Unterentwicklung). Und drittens verlangten die Bischöfe eine staatliche Durchsetzung von Wertvorstellungen, die offensichtlich in der Gesellschaft und auch von vielen Katholiken nicht mehr gelebt würden.

In dieser Auseinandersetzung formulierte der deutsche Katholizismus erstmals in seinem Zentrum seine Pluralität. In den folgenden Jahren kam es auf dieser Folie zu mehreren Konflikten zwischen kirchlichen Jugendverbänden, Pax Christi, der »Kirche von unten« einerseits und der Bischofskonferenz und dem Zentralkomitee der deutschen Katholiken andererseits. Mit einiger Verzögerung folgten dann die Ausdifferenzierungen in der KAB, der KFD, den kirchlichen Hilfswerken und einzelnen Diözesanräten.

Für diese Entwicklung unter den engagierten und kirchennahen Katholiken lassen sich mehrere Ursachen benennen. Politische Sachthemen wie Frieden, internationale Gerechtigkeit, Dritte Welt, Ökologie, Arbeitslosigkeit, Emanzipation der Frauen und Integration von Ausländern brachen sich auch mehr und mehr Bahn in traditionellen katholischen Organisationen. An vielen Stellen kam es zu Verständigungen mit Sozialdemokraten und zu Dissensen zum CDU-dominierten Katholizismus. Papst Johannes Paul II. veröffentlichte Rundschreiben mit einem eindeutig antikapitalistischen Geist und der Forderung nach Menschenrechten, Freiheit und Gerechtigkeit (z.B. Laborem exercens 1981, Sollicitudo rei socialis 1987). Obwohl auf diesen Politikfeldern die inhaltlichen Übereinstimmungen zwischen Katholizismus und Sozialdemokratie sichtbar groß waren, schlug sich die thematische Annäherung nicht nieder in einem Anwachsen katholischer Wählerstimmen für die SPD. Man vertraute auf die von Helmut Kohl angekündigte »geistig-moralische Wende« und erwartete von einer CDU-geführten Regierung die Rücknahme der bekämpften Gesetzesreformen der sozial-liberalen Koalition. Über einige Jahre wurde der Schulterschluss zwischen der CDU/CSU und dem Katholizismus wieder enger.

In den neunziger Jahren wurde das Verhältnis von Katholizismus und Sozialdemokratie nicht etwa neu bestimmt durch die Parteiprogramme, die für die SPD 1989 und für die CDU 1994 beschlossen wurden. Die SPD schrieb die Aussagen des Godesberger Programms zur Bedeutung von Kirche und Christentum und zu den Grundwerten politischen Handelns fort. Die CDU bemühte sich erneut darum, die Grundsubstanz des politischen Handelns von Christen im christlichen Menschenbild zu verankern, ohne jedoch einen Alleinvertretungsanspruch für Christen in der Parteipolitik festzuschreiben. Außerordentlich kontroverse Diskussionen fanden weder in den beiden Parteien statt noch in der Öffentlichkeit, auch nicht in der katholischen. Hier wurden die Programmaussagen der CDU zum Lebensschutz und zur Familienförderung bald enttäuscht zur Seite gelegt, weil die CDU-geführte Regierung nicht die erwarteten Taten folgen ließ.

Auch das erste Jahrzehnt des Zusammenwachsens der beiden deutschen Staaten beeinflusste das Verhältnis von Katholizismus und Sozialdemokratie nicht grundlegend neu, trotz der baldigen Formierung der ostdeutschen Katholiken nach dem westdeutschen Muster der fünfziger und sechziger Jahre, trotz des Abdrängens sozialdemokratischer Katholiken an die Ränder des politischen und kirchlichen Lebens in den neuen Bundesländern und trotz des Streits um die Nichteinführung des Religionsunterrichts im SPD-geführten Brandenburg.

Politik möglich machen

Gewandelt hat sich das Verhältnis von Sozialdemokratie und den Kirchen insgesamt durch den Konsultationsprozess zum Gemeinsamen Wort der Kirchen »Für eine Zukunft in Solidarität und Gerechtigkeit« (1997). Der Anstoß dazu ging von den beiden großen Kirchen aus. In einem bislang für Deutschland einzigartigen öffentlichen Reflexionsprozess formulierten sie ihr Verhältnis zur Politik neu. Wie kaum eine andere gesellschaftliche Gruppe haben sich Sozialdemokraten auf allen Ebenen an diesem doch eigentlich innerkirchlichen Vorgang aktiv beteiligt. Das wurde zwar von den Kirchen positiv wahrgenommen, war aber noch nicht die Basis für eine Neubestimmung des Verhältnisses. Diese liegt vielmehr in dem gewandelten politischen Selbstverständnis der Kirchen selbst und ist auf Zukunft hin zu deuten.

Wenn sich die katholische Kirche und der Katholizismus beim Gemeinsamen Wort nehmen lassen, dann eröffnen sich viele neue Wege. Als Handlungsfelder der Kirche werden nicht mehr nur Staat und Politik gesehen, sondern die offene Zivilgesellschaft. Die Modelle einer christlichen Partei, Politik und Gesellschaft oder eines christlichen Staates werden nicht mehr propagiert und das Prinzip der Äquidistanz zu den Parteien ist dem Anspruch gewichen, Politik möglich zu machen. Die Kirche erscheint von daher nicht mehr als »mater et magistra« von Politik und Staat, sondern als Moderatorin gesellschaftlicher Prozesse der Erneuerung!

Ob die katholische Kirche diesen Ansatz in Gemeinsamkeit mit der evangelischen Kirche wird durchhalten können und ob die Gesellschaft das akzeptiert, bleibt abzuwarten. Zu beobachten sind derzeit zwei – vermutlich gegenläufige – Tendenzen. Zum einen richtet die Gesellschaft an die Kirchen als Sozialeinrichtung und als Wertevermittlerinnen noch immer viele Erwartungen. Zum anderen jedoch lassen sich auf katholischer Seite Tendenzen zu einer Entflechtung des Staat-Kirche-Verhältnisses und des Rückzuges auf die inneren Prozesse der Gemeindebildung beobachten.

Für das Verhältnis von Religion und Politik ist nicht allein der zu beobachtende Wandel in der gesellschaftlichen Verortung des kirchlich gelebten Glaubens entscheidend. Auch der Bereich der Politik unterliegt Differenzierungen, die weitreichende Veränderungen mit sich führen. Die Globalisierung führt zum Verlust nationaler Steuerungskompetenzen. In unserer Gesellschaft wird der Ruf lauter nach einer Politik jenseits von Partei- und Verbandsinteressen. Neue politische Energien werden außerhalb der traditionellen politischen Institutionen gesucht. Schließlich wird Politik immer weniger von ideologischer Warte aus beurteilt, dafür spielen aktuelle Probleme und kurzfristige Stimmungsschwankungen, die häufig unverbunden und politisch wenig nachhaltig wirken, eine größere Rolle. Derartige Entwicklungen kehren die historisch gewachsene Beziehung von Katholizismus und Sozialdemokratie zwar nicht grundsätzlich um, bringen aber neue Begegnungsformen hervor.

Beide Seiten werden sich auf die gewandelte Verhältnisbestimmung von Religion und Politik einzulassen haben, die im Gemeinsamen Wort durchscheint. Der Katholizismus hatte sich über Jahrzehnte hinweg darauf eingestellt, Religion als Legitimierung einer bestimmten Politik anzusehen. Sozialdemokraten werteten das als Missbrauch der Autorität von Religion. Viele Konflikte resultierten aus dieser Konstellation. Im letzten Drittel des vergangenen Jahrhunderts setzte sich auch im Katholizismus mehr und mehr die Sichtweise durch, die Religion als personale Motivation zur Politik wertete. Das entsprach dem sozialdemokratischen Modell einer politischen Partei: Einheit im politischen Wollen bei Verschiedenheit in der weltanschaulichen Motivation. Unter diesem Dach konnten sich immer mehr Katholiken in der SPD beheimaten.

Das Gemeinsame Wort scheint allerdings ein drittes Modell des Verhältnisses von Religion und Politik zu verfolgen. Religion wird selbst als Impuls mit einem politischen Inhalt verstanden. Der christliche Glaube ist bezogen auf eine bestimmte politische Praxis, die sich mit ihren Optionen für die Armen, für Gerechtigkeit, Solidarität, Subsidiarität und Nachhaltigkeit kritisch artikuliert. Die Diskussionsbeiträge aus der SPD im Konsultationsprozess haben gezeigt, dass Sozialdemokraten dieser Ansatz nicht fremd geblieben ist.

Aus derart grundsätzlichen Überlegungen zur Bestimmung des Verhältnisses von Religion und Politik lassen sich auch für die Beziehungen von Katholizismus und Sozialdemokratie drei unverzichtbare Perspektiven entwickeln. Es gilt erstens das Bewusstsein wach zu halten für das der Politik Vorgegebene, für das Unabstimmbare: die Würde des Menschen, den Sinn des Lebens, die Verpflichtung auf Recht und Gerechtigkeit. Zweitens muss immer wieder neu die Erinnerung an das Unabgegoltene einge-bracht werden. Das lange Gedächtnis des Katholizismus und seine Universalität helfen über den zeitlichen und räumlichen Horizont hinauszublicken. In dieser Konfrontation wird sich auch die SPD fragen – und fragen lassen müssen –, ob sie denn noch eine gefährliche Erinnerung und eine unabgegoltene Sehn-sucht in sich trägt. Die Traditionspartei, die sich in der Eman-zipationsbewegung der Deklassierten gründete, darf nicht zur Klientelvertretung der Arrivierten werden. Drittens gilt es Men-schen zu motivieren, Verantwortung und Solidarität politisch wahrzunehmen und umzusetzen. Dafür bedarf es Hoffnung und Mut. Parteien sollten nicht meinen, diese Tugenden wecken zu können, aber sie sollten sich selbst verpflichten, durch einen ent-sprechenden Umgang im politischen Tagesgeschäft Wege dazu zu eröffnen. Das gilt jedoch nicht nur für SPD, sondern gleicher-maßen auch für die Kirchen.

Benno Haunhorst

Georg Leber

Zwischen den Milieus

Was ich aufschreibe ist keine theoretische Betrachtung, sondern einiges von dem, was ich erlebt habe. Ich schreibe es mit großer Dankbarkeit Vielen gegenüber, die mir geholfen und mir zuweilen auch den Rücken gestärkt haben, wenn ich einmal ratlos oder mutlos war. Über die Frage, ob die Mühen sich gelohnt haben, mögen am Ende Briefe Auskunft geben, die mich erreicht haben.

Meine Wiege stand in einer Westerwaldgemeinde. In unserer Kirche befand sich eine Marmortafel, auf der zu lesen war, dass das Dorf vor dem Dreißigjährigen Krieg mehrfach von einem Landesherrn an den anderen verkauft worden war. Die Einwohner von Obertiefenbach mussten deshalb mehrmals die Religion wechseln, je nachdem ob der neue Landesherr katholisch oder evangelisch war: Cuius regio eius religio. Es ist ein Zufall, dass meine Vorfahren am Ende des Handelns zwischen Landadeligen bei einem Katholischen gelandet waren und nicht bei einem Evangelischen wie die Nachbargemeinden Schupbach und Heckholzhausen. Der Verkehr mit den Einwohnern dieser beiden Gemeinden war eingeschränkt. Es hätte im ganzen Dorf Aufsehen erregt, wenn ein junger Mann einen Blick dorthin auf ein Mädchen – auf einen »Blaukopf« – riskiert hätte. In unserem Dorf mit etwa 1.800 Einwohnern war der Pfarrer Peter Herzmann die oberste Respektperson. Er war streng, hatte aber auch ein Herz für seine Gemeinde, über die er sich gesetzt fühlte. Er hat manch einem, der in den bedrückenden Jahren in Not geraten war, wenn es gar nicht anders ging, auch kurzerhand aus seiner eigenen Tasche, mit ein paar Mark aus der Klemme geholfen.

Pfarrer Herzmann war es auch, der zusammen mit meinem

Lehrer Otto Wagner in mein Elternhaus gekommen war. Das war ungewöhnlicher und hoher Besuch. Meine Brüder und ich mussten die Wohnküche verlassen. So schalldicht war die Türe aber nicht, dass man im Flur mit jungen Ohren nicht hören konnte, was in der Küche gesprochen wurde. Pfarrer Herzmann begann das Gespräch mit der Feststellung, der Schorsch sei ein guter Schüler und es sei jetzt an der Zeit, dass er die Volksschule verlasse und nach Hadamar ins Gymnasium wechsle.

Mein Vater war Arbeiter. Er hatte sich durch den Erwerb von etwas Grundeigentum für seine Familie eine gewisse Krisensicherung geschaffen. Dazu reichte es auch. Aber eines seiner Kinder auf eine höhere Schule zu schicken, das war einem Arbeiter unter den Verhältnissen von damals nicht leicht möglich, wenn er nicht von irgendwoher eine Hilfe erwarten konnte. Die war nicht in Sicht. – Ich konnte durch die Wand, an der ich lauschte, spüren, wie mein Vater zögerte, wie er mit sich rang und wie es ihm schwer fiel, sich zu entschließen. Dann sagte er dem Pfarrer und dem Lehrer: »Ich habe vier Buben. Um alle vier in eine höhere Schule zu schicken, wenn sie sich dafür eignen sollten, dafür habe ich nicht genügend Geld. Wenn ich nur meinen Ältesten schicke, dann handele ich ungerecht gegenüber seinen drei Brüdern. Die müssen dann nicht nur auf eine bessere Schulbildung verzichten, die ihr ältester Bruder erhält, sondern sich zu dessen Gunsten wahrscheinlich manche Einschränkung zumuten lassen. Wenn ich sie nicht alle nach Hadamar schicken kann, schicke ich besser keinen. Ich hoffe, der Schorsch wird das verstehen – später vielleicht noch besser als jetzt –, und ich hoffe, er wird auch ohne Gymnasium im Leben bestehen können.« Damit war das Kapitel abgeschlossen.

Ich habe Zeit gebraucht, bis ich richtig begriffen hatte, was diese Entscheidung für mein Leben bedeutet hat. Aber, so sehr ich auch betroffen war, ich hatte hohen Respekt vor meinem Vater. Er hatte Augenmaß, das man auf dem Bau braucht. Entweder die Ecke war im Lot oder sie war es nicht. Ich wurde auf eine Handelsschule geschickt und absolvierte eine kaufmännische Lehre. Als nach dem Kriege alles in Trümmern lag, wurde ich Maurer und meine Gewerkschaft berief mich als ihren Sekretär in Limburg an der Lahn.

Meine Arbeit für die Menschen in der Bauwirtschaft konnte in dieser Stadt und in der sie umgebenden Landschaft nur erfolgreich sein, wenn ich Kontakt nach allen Seiten suchte, nicht nur zu den Unternehmen, sondern auch zu den politischen Parteien und den Kirchen, in der relativ kleinen Stadt mit einem Bischof, besonders auch zur katholischen Kirche. Dazu kam etwas, was mich geprägt hat. In den Vorlesungen in der Akademie der Arbeit, die an die Frankfurter Universität angelehnt war, lernte ich einen Mann kennen, der mein Lehrer und im Laufe der Zeit mein Freund wurde, dem ich lebenslang verbunden geblieben bin, den Professor der Sozialwissenschaften Pater Oswald von Nell-Breuning. Er war viel älter als ich und zwischen uns entwickelte sich eine Art Vater-Sohn- oder Sohn-Vater-Verhältnis.

In meiner gewerkschaftlichen und politischen Arbeit hatte ich Erfolge, wuchs auch in das damals noch erhebliche Spannungsfeld hinein, das es auch innerhalb der Gewerkschaften wie auch zwischen Arbeiterbewegung und Unternehmern und zu den Kirchen gab, und erhielt manchen Denkzettel.

Ein Beispiel: 1951 hatte ich einen Streik in der Steine- und Erden-Industrie in die Wege geleitet, weil die sozialen Verhältnisse der Arbeitnehmer dort mit der allgemeinen Entwicklung nicht Schritt hielten. Schließlich kam es zu Verhandlungen und zu einem Tarifvertrag, in dem neben einer Erhöhung der Löhne ein Kindergeld eingeführt wurde – damals etwas völlig Neues, lange ehe es ein durch Gesetz geregeltes Kindergeld gab. Zusätzlich zu jeder Lohnstunde musste ein Pfennig an eine Kasse abgeführt werden, aus der die Arbeiter mit Kindern zusätzlich zum Lohn ein Kindergeld erhielten. Der ehrenamtlich tätige Vorstand dieser Lohnausgleichskasse wurde paritätisch von Unternehmern und Gewerkschaftern besetzt, auch das war ein Novum.

Ich war stolz auf den Erfolg und war überrascht, als ich auf ungewöhnlichen Widerstand in den höchsten Gremien meiner Gewerkschaft stieß. Für einige der Kollegen war das ein Abweichen von den geheiligten Grundsätzen unserer Lohnpolitik. Andere, die sich Marxisten nannten, erklärten, dies sei ein Zugehen auf den Klassenfeind, und die Tatsache, dass man sich mit ihm zur gemeinsamen Verwaltung einer neu gegründeten Lohnausgleichskasse auch noch in einem gemeinsamen Vorstand an einen Tisch setzen müsse, das wäre ein Ruch von kapitalistisch angehauchter katholischer Soziallehre. Einige der älteren, auch einige aus den früheren christlichen Gewerkschaften kommende Kollegen kuschten vor den zwar nicht zahlreichen, dafür aber lautstarken alten Marxisten und Kommunisten sowie vor den Konservativen in der Lohnpolitik und kämpften nicht. Nach stundenlangem Ringen erhielt ich die Billigung einer gerade noch ausreichenden Mehrheit.

Im Frühjahr 1952 gab der Vorsitzende der SPD in Limburg aus Altersgründen sein Amt auf. Vor allem die Gewerkschafter, aber nicht nur sie, kamen auf die Idee, mich für eine Kandidatur zu gewinnen. Ich wehrte mich dagegen, zumal ich meine Zeit für die sich immer stärker ausweitende Gewerkschaftsarbeit brauchte. Das wurde in Kauf genommen und ich wurde von einer großen Mehrheit der Mitglieder zum Vorsitzenden des Stadtvereins der SPD in Limburg an der Lahn gewählt.

Meine Mutter nahm sich ein- oder zweimal im Jahr die Zeit und fuhr mit dem Omnibus nach Limburg, um in der Pallottinerkirche zu beichten. Der Beichtvater, zu dem sie ging und von dem sie gar nicht wusste, ob er sie persönlich kennen würde, fragte sie, ob sie die Mutter von dem Georg Leber wäre, der in Limburg bei der Gewerkschaft arbeite und Vorsitzender der SPD sei. Meine Mutter war überrascht, dass ihr eine solche Frage gestellt wurde und bejahte. Dann erklärte der Pater ihr sehr fürsorglich, aber auch eindringlich und unzweideutig, dass Eltern, auch wenn die Kinder erwachsen seien, immer noch Verantwortung für sie tragen. Sie müsse damit rechnen, dass sie am Ende ihres Lebens, wenn sie vor dem göttlichen Richterstuhl stünde, wegen ihres Sohnes einiges gefragt würde und sie würde darüber wohl Rechenschaft ablegen müssen.

Das Ereignis, das mir meine Mutter Wochen danach gestand, hatte mich tief getroffen und sie hat lange daran getragen.

Das Erlebte führte bei mir zu einem Prozess, aus dem schließlich die Überzeugung wuchs, soweit es mir möglich war, daran zu wirken und mitzuwirken, soweit es sie gab oder noch gab, Gräben in der Gesellschaft einzuebnen, wo es nicht möglich war, Brücken zu bauen. Das Überwinden von Gräben zwischen Kapital, Unternehmertum, Kirchen, bewaffneter Macht und der

Arbeitnehmerbewegung in Gewerkschaften und Sozialdemokratie wurde zu einem, mein politisches Wirken wesentlich mitbestimmenden Element. Zentraler Punkt war der freiheitlich verfasste Staat. Ich war kein Wissenschaftler, hatte keine Theorien zu verkünden, sondern habe versucht, im praktischen Wirken zusammenzuführen. Wenn Gräben nicht einzuebnen waren, mussten sie wenigstens so eng werden, dass man von beiden Ufern her noch mit gedämpfter Stimme miteinander reden und sich verstehen konnte, so dass man sich nicht, über eine zu große Entfernung hinweg, im Umgang miteinander anschreien musste. So kam es auch in der Gewerkschaftsarbeit zu vielen, auch das Verhältnis zu den Kirchen prägenden Schritten. Zwei davon möchte ich nennen.

Das Erste: In den Jahren des Aufbaues ereigneten sich jährlich mehr als 1.200 Unfalltote in der Bauwirtschaft. Am Tag vor dem Heiligen Abend war auf einer vereisten Autobahnbrücke ein VW-Bus ins Schleudern geraten und alle sechs Bauarbeiter verloren auf der Heimfahrt von ihrer Arbeit ihr Leben. Sechs Frauen wurden Witwen und vierzehn Kinder verloren ihren Vater. Die Männer waren unsere Kollegen gewesen und hatten der Gewerkschaft die Treue gehalten. Unsere Reaktion durfte nicht nur in einem Kranz und ein paar schönen Worten an den Gräbern bestehen, wie es üblich war.

Es kam zu Verhandlungen mit den Unternehmern der Bauwirtschaft und an deren Ende zu einem Einvernehmen auch über eine Lösung in dieser Frage. Durch einen Tarifvertrag wurden von den Bauunternehmen 15 Millionen Mark aufgebracht. Das war damals viel Geld, mit dem die Gewerkschaft eine Stiftung gründen konnte. Sie erhielt die Aufgabe, Kinder tödlich verunglückter Arbeiter bei ihrer Berufsausbildung zu helfen, ihnen bei entsprechender Eignung auch den Besuch einer höheren Schule oder ein Studium zu ermöglichen.

Für die Gründungsversammlung der Stiftung wurde von der Stadt Frankfurt die Paulskirche zur Verfügung gestellt. Der hessische Ministerpräsident Georg August Zinn überreichte mir die Stiftungsurkunde und sagte in seiner Ansprache: »Alte eingefahrene Geleise werden verlassen!« Bundespräsident Heinrich Lübke kennzeichnete das, was geschah, in seiner Rede mit den

Worten: »Hier geschieht etwas Neues!« Carlo Schmid als Vizepräsident des Deutschen Bundestages fügte es ein in einen Vortrag unter dem Leitmotiv: »Demokratie ist eine Form der Humanität!« An der gewerkschaftlichen Veranstaltung nahmen erstmalig in der deutschen Sozialgeschichte auch führende Unternehmer und Bischöfe beider christlichen Kirchen teil.

Das Zweite: Die überkommene Forderung nach Sozialisierung der Bauwirtschaft wurde von einem Gewerkschaftstag mit großer Mehrheit aus der Gewerkschaftssatzung gestrichen. Von da aus ergab sich in einem weiten Bogen der Gedanke zur Vermögensbildung der Arbeitnehmer und nach langem Ringen, im Zusammenhang mit Lohnerhöhungen, 1963 der Abschluss eines Tarifvertrages über Vermögensbildung der Arbeitnehmer in der Bauwirtschaft. Er war weltweit der Erste in der Sozialgeschichte der industriellen Arbeitswelt. Die Idee gehört zu den Kernelementen der katholischen Soziallehre und der Vertrag löste nicht nur in der Bundesrepublik, sondern auch in anderen Ländern bis in die USA Aufmerksamkeit aus.

Der französische Staatspräsident Charles de Gaulle hat mir später gesagt, er habe sich diesen Tarifvertrag übersetzen lassen. Er sei General und kein Sozialpolitiker, deshalb habe er ihn sehr sorgfältig studiert und angeregt, in Frankreich ähnliche Wege zu gehen. Das sei in einem freiheitlich verfassten Staat die evolutionäre Antwort auf eine Kernfrage, für die der Kommunismus Revolution und die Abschaffung des privaten Eigentums zum Ziele habe. Aufgrund der Stärke der kommunistischen Gewerkschaften in Frankreich sei der Gedanke aber abgelehnt worden.

Ich wurde von den amerikanischen Gewerkschaften zu einem Vortrag vor dem erweiterten Vorstand der AF of L/CIO nach Washington eingeladen. Die Folge davon war in den USA in den Jahren danach die Bildung einer großen Zahl von Fonds zugunsten der Arbeitnehmer, die dort inzwischen in der Finanzwelt zu einem Faktor geworden sind.

Ein besonderes Ereignis in diesem Kontext war eine Einladung nach Rom zu einem Vortrag vor der Kommission Justitia et Pax im Vatikan. Nach meinen Darlegungen kam es unter den sehr sachkundigen Teilnehmern zu einer eindrucksvollen Aussprache.

Was wir getan hatten, führte in der Bundesrepublik zunächst zu einer lang anhaltenden, auch öffentlich geführten heftigen Auseinandersetzung in den Gewerkschaften. In einem Teil der Gewerkschaften entwickelte sich pure Ablehnung, deren Begründung zumindest bei einigen Wortführern auf die noch nicht abgelegten marxistischen Eierschalen verwies. Das konnte ich ertragen, auch dass ich in einigen Interviews in großen Zeitungen als Knecht des Kapitalismus bezeichnet wurde, der die Arbeiter zu Kleinkapitalisten machen wolle.

In der SPD übte man zunächst Zurückhaltung. Die Mehrheit zögerte und wollte sich nicht in den innergewerkschaftlichen Streit einmischen. Auf den Parteivorsitzenden Erich Ollenhauer und einige andere, z. B. auf Heinrich Deist, vor allem auch auf Willy Brandt, den damaligen Regierenden Bürgermeister von Berlin, konnte ich mich verlassen.

In der evangelischen Kirche hatte ich in Bischof Kunst einen Verbündeten und nach einem Vortrag in der evangelischen Akademie in Tutzing gewannen wir Unterstützung. Im katholischen Lager waren neben meinem Limburger Bischof Wilhelm Kempf, dem Domvikar Alexander Stein, dem Sozialwissenschaftler und Bischof von Münster, Josef Höffner, und natürlich Oswald von Nell-Breuning feste Stützen. Im Übrigen war im Hintergrund auch dort ein Gärungsprozess im Gange, der nach meinem Eindruck mit der Frage verbunden war, wie nahe man sich, bei aller Bejahung im konkreten Fall, auf Tuchfühlung mit den Gewerkschaften und der ihnen doch verbundenen atheistischen SPD begeben könne. Aber es gab doch auch andere Signale.

1968 wurde ich in das Zentralkomitee der deutschen Katholiken berufen. Dort war ich neu, aber doch nicht fremd. In der ersten Sitzung nahm Bundesinnenminister Paul Lücke, der zur Führungsriege der CDU gehörte, fast demonstrativ neben mir Platz. Fürst Löwenstein, der damalige ZdK-Vorsitzende, sagte mir, es freue ihn, dass nun erstmalig ein Sozialdemokrat zu diesem Komitee gehöre. Nach einiger Zeit wurde ich in den geschäftsführenden Ausschuss des ZdK gewählt und habe ihm 26 Jahre lang angehört. Als ich auf eigenen Wunsch ausschied, weil mein 75. Geburtstag unaufhaltsam näher rückte, konnte ich das mit gutem Gewissen, denn nach mir hatten andere Sozialdemokraten im ZdK Platz genommen, darunter auch Wolfgang Thierse, der jetzige Präsident des Deutschen Bundestages. Das war ein Zeichen dafür, dass sich etwas bewegt hatte.

Kardinal Julius Döpfner lernte ich kennen, als er in Berlin Bischof war. Als ich zum Bundesvorsitzenden der Baugewerkschaft gewählt wurde, gratulierte er mir in einem sehr herzlich gehaltenen Brief. Döpfner wurde dann Kardinal und Erzbischof in München. Ich besuchte ihn Ende 1967, einige Wochen bevor ich in München auf einem Landesparteitag der SPD das so genannte Hauptreferat zu halten hatte. Ich wollte bei dieser Gelegenheit vor allem auch über das Thema »Kirchen und Sozialdemokratie« sprechen und damit über etwas, was mit einer fast hundertjährigen Geschichte aus Vorbehalten, Voreingenommenheiten, Ressentiments und Missverständnissen belastet war. Das Gespräch mit dem Kardinal währte lange.

Auszüge aus meiner Rede am 13. Januar 1968:

»Unser Volk hat sich in der Vergangenheit zu rund 90 Prozent für eine demokratische Partei entschieden und es bekennt sich zu etwa 90 Prozent zu einer der beiden Kirchen ...

Unsere Partei hat in fast allen Großstädten Mehrheiten, sie stellt die Oberbürgermeister und regiert in vielen Ländern mit Mehrheit und absoluter Mehrheit. Sie kann sich also in genügendem Maße auch auf den Auftrag christlicher Wähler berufen ...

Das ist so, obwohl wir wissen, dass in den letzten 100 Jahren zwischen den beiden Kirchen und der SPD nicht immer Freundschaft geherrscht hat. Es hat Misshelligkeiten und Streit gegeben ...

Zu diesem Staat gehören Kirchen und Parteien, und es ist selbstverständlich, dass sie in diesem Staat auch ihr Verhältnis zueinander suchen und nach Möglichkeit ordnen müssen. Wir wissen aus der hinter uns liegenden Zeit, dass nicht nur die Parteien, sondern auch die Kirchen eine große Verantwortung für den Staat tragen ...

Die Kirchen können von uns erwarten, dass wir sie nicht nur tolerieren wie etwas, was nun einmal da ist, mit dem man zwangsläufig leben muss. Die Parteien müssen respektieren, dass die Kirchen nicht nur im seelsorgerischen Bereich, sondern auch in der freien Gesellschaft und in der Demokratie Aufgaben haben, bei deren Erfüllung sie vom Staat und den politischen Kräften, die ihn repräsentieren, nicht nur Toleranz, sondern aktive Hilfe, Förderung und Unterstützung erwarten können ...

Es ist vieles verändert ... Das ist gut so und sollte ermutigen, den Weg zu einem vernünftigen und verantwortlichen Miteinander im Staat zu finden. Wer das will, muss die Probleme offen so sehen, wie sie sind. Da ist zuerst einmal der ideologische Bereich. Er scheint mir am wenigsten problematisch ...

Auf der Seite der SPD gibt es keine Parteiideologie mehr, die von irgendjemand als Ersatzreligion verstanden werden könnte und die als Barriere gegenüber einer Kirche wirken müsste. Im Grundsatzprogramm heißt es: Der demokratische Sozialismus will keine letzten Wahrheiten verkünden. Die Grundwerte, aus denen die Partei schöpft, sind bestimmt, auch das steht im Grundsatzprogramm, von der christlichen Ethik, dem Humanismus und der klassischen Philosophie. Es gibt also keine Ideologie, die dem Zusammenkommen entgegensteht ...

Viele Christen, die es in der Sozialdemokratie gibt, sind meiner Ansicht nach von einem Komplex befallen ... Sie ducken sich, wenn CDU-Leute voll Überzeugungskraft verkünden, sie seien bessere Christen, und Gott dafür danken, dass sie nicht so sind wie die schlechten Christen in der SPD ...

Schlimm und schlecht ist, dass Christen in der SPD aus diesem Komplex heraus den anderen die Kirche überlassen, als sei sie die Kirche einer bestimmten Partei. Aus dieser Ecke müssen wir heraus. Wir müssen hineingehen, teilhaben und teilnehmen auch am kirchlichen und religiösen Leben und uns nicht damit begnügen, Kirchensteuer zu bezahlen und allenfalls hinten in der Kirche am Weihwasserkessel einen Stehplatz einnehmen ...

Die Kirchen sollten darüber nachdenken, dass eine Hand, die segnet, nicht zu offensichtlich in Berührung kommen darf mit dem, was die Befassung mit der Politik zwangsläufig auch mit sich bringt und auch darüber, dass ein katholischer Arbeiter, der Sozialdemokrat ist, keine Hemmungen haben darf, nach einem Priester zu rufen, weil er das Gefühl haben muss, dass ihm ein politischer Gegner ins Haus kommt.«

*

Herbert Wehner hat diese Rede ungekürzt an viele Hundert Pfarrhäuser in Deutschland geschickt und zahlreiche Antworten erhalten.

Mit der Bundestagswahl 1969 wurde Willy Brandt Bundeskanzler. Wir berieten in einem kleinen Kreis über ein Regierungsprogramm und damit auch über eine Regierungserklärung. Dabei kamen wir auch auf die Kirchen zu sprechen. Ich schlug vor, in die Regierungserklärung den Gedanken zu übernehmen, den ich in meiner Münchener Rede ausgeführt hatte; dann könnten auch die Vielen, denen Wehner die Rede geschickt hatte, sehen, dass sie durch die Übernahme in die Regierungserklärung Inhalt der Politik wurde.

Willy Brandt war dazu bereit und Herbert Wehner sagte zu mir: »Das solltest du eigentlich auch dem Papst sagen!« Ich reagierte darauf: »Wenn du mitkommst, fliege ich gerne nach Rom!« Wir flogen nach Rom und wurden von Papst Paul VI. empfangen.

Auf Bitte von Wehner trug ich vor: »Heiliger Vater, wir überbringen Ihnen achtungsvolle Grüße des Herrn Bundespräsidenten und des Herrn Bundeskanzlers. Der Herr Bundeskanzler wird in einigen Tagen seine Regierungserklärung vor dem Parlament abgeben und damit wie üblich die großen Linien und den Rahmen für die Politik seiner Regierung darstellen. Bisher war es üblich, das Verhältnis zu den Kirchen mit der Feststellung zu beschreiben, die Regierung werde die Kirchen tolerieren. Der Bundeskanzler wird eine solche Erklärung nicht abgeben.«

Der Papst: »Was wird der Herr Bundeskanzler dann sagen?«

Ich fuhr fort: »Der Herr Bundeskanzler hat die Absicht zu erklären, die von ihm geführte Regierung werde die Kirchen in der Erfüllung ihrer Aufgaben unterstützen, und er hat Herrn Wehner und mich beauftragt, Sie, Heiliger Vater, noch vor der Abgabe dieser Erklärung darüber zu informieren. Der Bundeskanzler hält das für angemessen, weil nun das erste Mal ein Sozialdemokrat die Bundesregierung anführt und wir annehmen, dass besonders auch in der Kirche Fragen über die Richtung der Politik einer von einem Sozialdemokraten geführten Bundesregierung gestellt werden.«

Darauf der Papst: »Das ist eine gute Nachricht, ich hoffe, dass Sie die Kraft haben, das durchzuhalten!«

Dann Herbert Wehner: »Darauf können Sie sich verlassen! Was der Bundeskanzler öffentlich verspricht, das werden wir halten!«

Papst Paul VI.: »Dann wünsche ich Ihnen Kraft und erbitte Gottes Segen für Ihre Arbeit!«

Wir haben es gehalten!

Willy Brandt in seiner Regierungserklärung am 28. Oktober 1969:

»Mitbestimmung, Mitverantwortung in den verschiedenen Bereichen unserer Gesellschaft wird eine bewegende Kraft der kommenden Jahre sein. Wir können nicht die perfekte Demokratie schaffen. Wir wollen eine Gesellschaft, die mehr Freiheit bietet und mehr Mitverantwortung fordert. Diese Regierung sucht das Gespräch, sie sucht kritische Partnerschaft mit allen, die Verantwortung tragen, sei es in den Kirchen, der Kunst, der Wissenschaft und der Wirtschaft oder in anderen Bereichen der Ge-

Georg Leber

sellschaft ... Wenn wir leisten wollen, was geleistet werden muss, brauchen wir alle aktiven Kräfte unserer Gesellschaft. Eine Gesellschaft, die allen weltanschaulichen und religiösen Überzeugungen offen sein will, ist auf ethische Impulse angewiesen, die sich in solidarischem Dienst am Nächsten beweisen. Es kann nicht darum gehen, lediglich hinzunehmen, was durch die Kirchen für die Familie, in der Jugendarbeit oder auf dem Sektor der Bildung geleistet wird. Wir sehen die gemeinsamen Aufgaben besonders da, wo Alte, Kranke, körperlich oder geistig Behinderte in ihrer Not nicht nur materielle Unterstützung, sondern auch menschliche Solidarität brauchen. Im Dienst am Menschen – nicht nur im eigenen Land, sondern auch in den Entwicklungsländern – begegnet sich das Wirken kirchlicher und gesellschaftlicher Gruppen mit dem politischen Handeln. Wir werden uns ständig darum bemühen, dass sich die begründeten Wünsche der gesellschaftlichen Kräfte und der politische Wille der Regierung vereinen lassen.«

Es kam zu mancherlei Bemühungen. Aus Gesprächen im Präsidium der SPD ergab sich der Gedanke zu einem Vortrag auf dem Bundesparteitag der SPD im Dezember 1979 über das Verhältnis SPD und Kirchen. Willy Brandt hatte mich darum gebeten. Das war neu für die SPD. Auszüge aus meiner Ansprache auf dem Parteitag:

»Solange es unsere Partei gibt, ist es uns in unserer Arbeit immer zuerst um den Menschen gegangen. Er hat immer im Mittelpunkt unseres Denkens und unseres Handelns gestanden.

Die Frage, die sich heute auf der Ebene, die wir so gewonnen haben, auftut, lautet: Müssen wir unter den Bedingungen, die sich entwickelt haben, die wir mitentwickelt haben, nicht darüber nachdenken, dass dem Menschen, dem wir dienen wollen, der materielle Teil allein nicht ausreicht? ... Wir dürfen nicht darüber hinwegsehen, dass materielle Verbesserungen allein nicht immer nur zu größerer Zufriedenheit, sondern oft auch zu innerer Aushöhlung, zu geistiger Leere und manchmal auch zur Verführung führen können. Wir dürfen nicht übersehen, dass der Mensch zu den materiellen Interessen, die er hat, in besonderem Maße auch ideelle, geistige und auch religiöse Werte anstrebt, um zu einer inneren Balance mit sich selber zu gelangen ...

Auch in den Kirchen spürt man, welche Chance und welche Aufgabe auf die Kirchen wartet. Die spezifische Aufgabe der Kirchen am Menschen kann von keiner Partei erfüllt werden, sie kann auch nicht durch Politik ersetzt werden. Dem Menschen Inhalt und geistigen Halt geben ist mehr, als es Bismarck einmal ausgedrückt hat, indem er formulierte, wo ein guter Pastor sei, könne er zehn Gendarmen ersparen ...

Für uns als Partei könnte die Schlussfolgerung lauten: Der Mensch, der nach religiösem Halt und Inhalt sucht, darf ihn nicht in Widerspruch und in einem inneren Konflikt mit der politischen Kraft suchen müssen, zu der er gehören möchte. Er muss sich frei fühlen können, seinen Weg als Christ und als Sozialdemokrat nicht nur aus gewährter Toleranz, sondern mit der Ermutigung seiner Partei und ihrer Ermunterung zu gehen. Er muss zugleich auch zu uns, zu unserer Partei gehören können, ohne dass dies für ihn als Christen zu einer persönlichen Belastung wird ...

Wir sollten nicht übersehen, dass es diese Konflikte auch heute noch gibt. Ich will nicht darstellen, was ich selber über Jahre empfunden habe, als ich meinen Weg als Christ zur Sozialdemokratie gesucht und gelebt habe. Wenn hier Vorwürfe zu machen wären, dann sicher nicht nur an eine Adresse.

Es ist gut, dass so genannte Spitzengespräche miteinander geführt werden, dass auch Kompromisse eingegangen, dass Gedanken ausgetauscht werden und Übereinstimmung gesucht wird. Das ist auf vielen wichtigen Gebieten geschehen. Das ist so wahr, wie auch wir es bedauern, dass es nicht immer gelingt, in jeder Frage, die es gibt, einen für jede Seite befriedigenden Kompromiss und eine Lösung zur Befriedigung aller Beteiligten herbeizuführen. Aber am Willen sollte niemand zweifeln, weder die Kirchen, die das Recht haben, zu fordern und für ihren Standpunkt auch zu kämpfen, noch eine Regierung, die die Regierung eines freien Staates mit einer freien pluralistischen Gesellschaft ist ...

Wir sollten die Frauen und die Männer, die politisch zu uns stehen, ermutigen, soweit sie zu einer Kirche gehören und dem Religiösen zugewandt sind, sich um ihre Kirche zu kümmern. Wir sollten sie anregen, ihre Kirche, wenn sie zu ihr gehören und auch zu ihr gehören wollen, nicht allein zu lassen. Schon gar nicht sollen sie der Kirche den Rücken drehen; denn es ist meine feste Überzeugung: Die Kirchen brauchen sie; ich vermute, die Kirchen warten in Wirklichkeit auch auf sie.

Deshalb sollten es auch möglichst viele Sozialdemokraten für ihre Pflicht halten, am Leben ihrer Kirche teilzuhaben, sich dort auch zu Wort zu melden und mitzuarbeiten. Und wenn Pfarrgemeinderäte, Kirchenvorstände und Presbyterien gewählt werden, sollten sich auch Sozialdemokraten in genügender Zahl bereit finden, sich um Kandidaturen zu bewerben und zu ihrem Teil Verantwortung in ihrer Kirche zu übernehmen ...

Unsere Kirchen sind Kirchen in der Demokratie. Wir erwarten von ihnen, dass auch sie ihrerseits den Bürger im demokratischen Staat mit seinem Gewissen nicht in eine bestimmte Ecke drängen und auf eine bestimmte Partei festlegen. Der demokratische Bürger muss wählen können. Er muss sich in Freiheit, in eigener Freiheit der Partei zuwenden können, bei der er seine Interessen im Staat wahrgenommen fühlt, und er muss sich von einer Partei abwenden können, wenn er empfindet, dass er mit seinen Erwartungen dort nicht mehr gut aufgehoben ist. Er muss eine demokratische Alternative haben, sonst kommt er in die Gefahr, an der Demokratie zu zweifeln.

Der schlechteste Ausweg aus seinem Dilemma wäre, wenn er sich in Widerspruch zu Kirchen und demokratischem Staat radikalen und extremen Kräften zuwendete. Gerade deshalb sollten wir diejenigen, die auf uns hören und die auch dem Religiösen zugewandt sind, ermutigen, sich um ihre Kirchen zu kümmern und sie in ihrer Sorge und Fürsorge in die eigene Mitverantwortung zu nehmen.

Das ist der Sinn dessen, was ich hier vor dem Parteitag einmal ausdrücken wollte. Mich stört dabei gar nicht, dass es Kritiker geben wird, die mir vorhalten werden, ich hätte dazu aufgerufen, die Kirchen zu unterwandern. Die Kirchen werden dadurch nicht schlechter und nicht kleiner, wenn mehr Sozialdemokraten in ihnen sind, Flagge zeigen und dort mitarbeiten.«

Einige Wochen danach kam ein Brief vom Vorsitzenden der Deutschen Bischofskonferenz, Josef Kardinal Höffner:

Der Erzbischof von Köln   14. Januar 1980

Sehr geehrter Herr Präsident!

Sie haben mir am 12. Dezember Ihre Ansprache auf dem Parteitag in Berlin zugeschickt. Ich danke Ihnen vielmals.

Ich weiß, wie Sie das Verhältnis zwischen unserer Kirche und Ihrer Partei sehen; und ich bin Ihnen dankbar, dass Sie sich in Ihrer Partei und überall, wo Sie im Staat Einfluss haben, für Ihre Gedanken einsetzen, auch wenn dies auf Schwierigkeiten stößt. Vor diesem Hintergrund halte ich es für gut und konsequent, dass Sie vor dem obersten Forum Ihrer Partei Ihre Haltung in so deutlicher und eindrucksvoller Weise bekundet haben. In meinen Dank schließe ich auch Ihre Bereitschaft ein, die Gespräche zwischen Abgeordneten Ihrer Fraktion im Deutschen Bundestag und dem Kommissariat der Bischöfe führend zu betreuen …

Mit herzlichen Grüßen

Ihr Joseph Card. Höffner

Es hat in den Jahren von 1969 bis 1982, in denen die Sozialdemokraten die Bundesregierung anführten, kaum einmal eine ernste Dissonanz in einer wesentlichen Frage mit den Kirchen gegeben, bis auf den leidvollen Streit um den § 218 StGB, der nicht nur Kirchen, Regierung und Parlament gegeneinander aufbrachte, der während der folgenden Jahre unter der Regierung von Helmut Kohl anhielt und quer durch alle Parteien und am Ende sogar in der Konferenz der katholischen Bischöfe Dissonanzen auslöste, die bis nach Rom reichten.

Ich wurde vom Papst empfangen. Paul VI. dankte mir für meine Bemühungen im Zusammenhang der Restaurierung des Campo Santo. Nach Absprache mit meinen Kollegen in der Nato hatte ich ein Anliegen vorzutragen:

Unsere Aufgabe als Verteidigungsminister sei es, Vorsorge zu treffen, dass der Kommunismus sich nicht mit Mitteln der Gewalt nach Westen ausdehne. Dieser habe derzeit bereits etwa zwei Fünftel der Menschheit unter seiner Herrschaft, mehr als das ganze Christentum in zweitausend Jahren erreicht habe. Ich sagte dem Papst, wir seien zuversichtlich, dass der Osten, angesichts der Verteidigungsfähigkeit des Westens, keinen militärischen Konflikt riskieren würde. Er würde aber versuchen, seine ideologische Aktivität nachhaltig fortzusetzen. Seine Agitatoren würden gründlichst ausgebildet und seien in der Auseinandersetzung oft überlegen. Das gelte nach unseren Beobachtungen auch für Kirchen- und Ordensleute. Nur zu behaupten, der Kommunismus sei Atheismus, das reiche in der geistigen Auseinandersetzung nicht aus. Immerhin sei es in einigen westlichen Ländern bisweilen schwierig, bei der Stärke der kommunistischen Parteien, eine Regierung zu bilden. Nach unserer Einschätzung wäre es nicht ausgeschlossen, dass sogar in Rom ein Kommunist zum Bürgermeister gewählt würde. Der Papst hielt meine Besorgnisse für übertrieben. Einige Monate danach war es so weit. In Rom wurde ein Kommunist Bürgermeister und blieb es eine Reihe von Jahren.

Unser Gespräch hatte wesentlich länger gedauert als geplant; nun wurden meine Mutter, meine Frau mit Sohn und Schwiegertochter in den Empfangsraum gebeten. Meine Mutter war mit ihren mehr als achtzig Jahren ähnlich alt wie der Papst und dieser merkte wohl, wie sie innerlich zitterte, als sie nun vor dem »Stellvertreter Christi« auf Erden stand. Der Papst gab sich Mühe und half ihr in ihrer Bedrängnis. Als er ihr sagte, er gratuliere ihr zu ihrem Sohn, mit dem er gerade ein wichtiges Gespräch geführt habe, fiel alle Beklemmung von ihr ab. Für sie hatte sich wohl auch die in ihrem Inneren über Jahrzehnte mitgeschleppte Mahnung eines Pallottiners in Limburg aufgelöst und in einem guten großen Bogen hatte sich der Kreis geschlossen.

Damit möchte ich meine Betrachtungen zum Thema schließen. Ich habe sie auf eigenes Erleben gegründet, nicht um mich zu rühmen, sondern weil ich meine, dass sich die Entwicklungen so am besten erklären lassen.

Für das Viele, das es noch zu sagen gäbe, lasse ich drei Briefe folgen, die über das, was sich verändert hat, aus ihrer unterschiedlichen Sicht Auskunft geben, in der Reihenfolge, wie sie bei mir eingegangen sind.

Willy Brandt
Vorsitzender der Sozialdemokratischen Partei

Georg Leber wird 60 Jahre alt, morgen am 7. Oktober 1980. Mir ist es eine Freude, aus diesem Anlass einem Weggefährten Glückwunsch und Dank zu sagen, der auf seine unverwechselbare Weise Sozialdemokratie in der Nachkriegszeit und unser demokratisches Gemeinwesen mitgeprägt hat. Politisch Andersdenkende respektieren diesen Mann seiner Offenheit wegen. Parteigänger – auch solche, denen er nicht immer bequem ist – wissen, wie viel Vertrauen er für die gemeinsame Sache erworben hat. Für die Freunde zählt seine menschliche Zuverlässigkeit mindestens so viel wie seine sachliche Leistung...

Georg Leber hat seine Motivation für sozialdemokratische Politik ohne Bruch aus seiner religiösen Überzeugung begründet und bezeugt. Auch wenn er es in seiner Kirche nicht immer leicht gehabt haben mag, wird dies heute auch dort anerkannt. Er hat überlebte Vorurteile und Verkrustungen deutlich gemacht. Vieles von dem, was heute der Kirche in ihrem Wirken in der pluralistischen Gesellschaft möglich geworden ist, ist ihm und denen zu verdanken, die wie er eine Brückenfunktion auszuüben verstanden. Auch in der SPD hat er aus seiner glaubensmäßigen Verankerung nie einen Hehl gemacht. Auch hier hat er geholfen, alte Missverständnisse und Fremdheiten zu überwinden und die SPD des Godesberger Programms als eine politische Gemeinschaft erlebbar zu machen, in der Menschen unterschiedlicher Weltanschauung ihre im Verhältnis zueinander unangefochtene politische Heimat haben.

Wir deutschen Sozialdemokraten haben im viel zu verdanken...

Mit besten Grüßen

Dein Willy Brandt

D. Dr. Hermann Kunst D. D.
Bischof   1. Oktober 1990

Verehrter, lieber Herr Minister!

... Man braucht nur die Daten 1920 und 1990 nebeneinander zu stellen, um unmittelbar dessen bewusst zu werden, welcher Brüche in der Geschichte, nicht nur unseres Landes, wir Zeugen waren, und dies ja nicht auf der Zuschauertribüne. Als Sie 1940 20 Jahre alt wurden, konnten Sie nicht ahnen, welche Aufgaben und Verantwortungen Ihnen Gott der Herr für die Zukunft noch zuteilen würde. Was sollten Sie in der Rückschau anderes sagen als der fromme Knecht im Alten Testament: »Der Herr hat Gnade zu meiner Reise gegeben.« Es ist Ihnen sehr viel geraten. Ich möchte Ihnen ein Gehilfe Ihres Dankes vor Gottes Angesicht sein. Über meinem Pfarrhaus in Herford stand neben dem Wappen der Erbauerin vor 200 Jahren: »Gelobet sei der Herr täglich. Er beladet uns mit Heil und Segen.« Ich erbitte Ihnen, dass Sie mit Ihrer Frau Gemahlin auf dem Wege vor Ihnen wie bisher dies erfahren: »beladen sein mit Heil und Segen« ...

Mit herzlichen Grüßen bleibe ich Ihr
Ihnen treu und dankbar verbundener
Ihr Hermann Kunst

Der Vorsitzende
der Deutschen Bischofskonferenz   2. Oktober 1995

Sehr verehrter Herr Minister Leber!

... An Ihrem Ehrentag sind wir Ihnen im Gebet und in dankbarem Gedenken an Ihren außergewöhnlichen Dienst und Einsatz verbunden, den Sie in vielen Jahren in herausragenden Ämtern in Staat, Arbeitswelt und Gesellschaft für unser Land, seine wirtschaftliche und gesellschaftliche Entwicklung und nicht zuletzt auch als überzeugter Katholik und langjähriges Mitglied des Zentralkomitees der deutschen Katholiken für unsere Kirche geleistet haben. Als ebenso überzeugter Sozialdemokrat wie Verfechter der katholischen Soziallehre ist es Ihnen in Ihrer Person und in Ihrer Politik gelungen, scheinbar Gegensätzliches miteinander zu versöhnen und noch vielfach bestehende Ressentiments, Vorbehalte und Missverständnisse im Verhältnis zwischen Kirchen, Parteien und Gewerkschaften abbauen zu helfen. Populär und beliebt wie nur wenige Politiker der Nachkriegszeit ist Ihr Name nicht nur mit bleibenden Erfolgen in der Tarif- und Vermögensbildungspolitik, sondern auch in der Verkehrsund Verteidigungspolitik verbunden; er steht zudem an der Stelle der für einen erfolgreichen Politiker nicht immer und unbedingt förderlichen Tugenden: Grundsatztreue, Verlässlichkeit, Gradlinigkeit, persönliche Integrität und Glaubwürdigkeit.

Dass Sie die politischen Zeitabläufe in unserem Land und darüber hinaus nicht nur aus der gelassenen Distanz eines Elder Statesman beobachten und begleiten, sondern – wie erst in diesen Tagen wieder bei dem Gedenken an das 40-jährige Bestehen der Bundeswehr – Ihren Rat und Ihre Erfahrungen richtungweisend weiterhin in den Meinungsbildungsprozess einbringen, ist Ausdruck Ihrer tief verwurzelten demokratischen Gesinnung und nicht nachlassender Verantwortung für unser Gemeinwesen.

Gerne denke ich immer wieder an persönliche Begegnungen. Wir hoffen Sie bei guter Gesundheit und wünschen Ihnen Gottes reichen Segen für noch viele glückliche und erfüllte Jahre in Gesundheit und Zufriedenheit. In die guten Wünsche schließen wir Ihre verehrte Frau mit ein. Gerne denke ich im Gebet an Sie, besonders an Ihrem Geburtstag.

Mit besten Grüßen und herzlichen Segenswünschen

Ihr Bischof Karl Lehmann

Hans-Jochen Vogel

Von der Konfrontation zur Normalität
Zur Entwicklung des Verhältnisses zwischen Katholiken und Sozialdemokraten

I

Dass Katholiken und Katholikinnen – und zwar auch praktizierende – bei Wahlen sozialdemokratischen Kandidaten ihre Stimme geben, ist nicht mehr außergewöhnlich. Und ebenso ist es keine Sensation mehr, dass Sozialdemokraten und Sozialdemokratinnen in kirchlichen Gremien aktiv sind und erklärte Katholiken als Sozialdemokraten in und außerhalb ihrer Partei öffentliche Funktionen wahrnehmen. Im Einklang damit gehören heute Sozialdemokraten selbstverständlich dem Zentralkomitee der Katholiken an, einer von ihnen als Vizepräsident. Umgekehrt ist in der Person von Wolfgang Thierse – um nur ein Beispiel zu nennen – ein Katholik, der eine Zeit lang auch Mitglied des Berliner Diözesanrats war, Bundestagspräsident und Stellvertreter Parteivorsitzender. Und ich selbst war von 1987 bis 1991 der erste Katholik an der Spitze der SPD. Ein Katholik, dessen kirchenrechtlicher Status zwar infolge seiner Wiederverheiratung eingeschränkt ist, der aber am Leben der Kirche beständig Anteil nahm und nimmt.

Gewiss ist der Stimmenanteil der Sozialdemokraten unter den praktizierenden Katholiken noch immer geringer als unter den übrigen Wahlberechtigten und liegt auch unter dem Anteil der praktizierenden Protestanten. Aber es ist ein Grad der Normalität erreicht, den in den 50er und selbst noch in den 60er Jahren so niemand für möglich gehalten hätte. Sogar in den 80er Jahren gab es noch Hirtenbriefe, die sich kaum verhüllt gegen die Sozialdemokratie und für eine andere große Partei aussprachen.

Diese Normalität anerkennt, dass es Christen innerhalb von Parteien, nicht jedoch christliche Parteien gibt, denen andere nicht christliche Parteien gegenüberstehen. Getauft werden ja auch nicht Vereine oder politische Organisationen, sondern einzelne Menschen. Unserer Demokratie tut diese Normalität schon deshalb gut, weil mit ihrer Hilfe Gräben eingeebnet worden sind, die unsere Gesellschaft lange trennend durchzogen haben. Der Weg dorthin war weit. Manchem ist er schon nicht mehr bewusst. Deshalb sollte er gelegentlich in Erinnerung gerufen werden.

II

Zu Beginn dieses Jahrhunderts standen sich Katholizismus und Sozialdemokratie in scharfer Konfrontation gegenüber. Zwei Dokumente, die beide aus dem Jahre 1891 stammen, machten die Unvereinbarkeit der jeweiligen Positionen besonders anschaulich – nämlich das Erfurter Programm der SPD einerseits und die Enzyklika »Rerum novarum« Papst Leo XIII. andererseits.

Das Erfurter Programm war in seinem theoretischen Teil erfüllt von der Gewissheit, dass mit dem Sozialismus, das hieß nach dem damaligen Verständnis mit der im Wege des Klassenkampfes zu verwirklichenden Vergesellschaftung der Produktionsmittel, nicht nur die Befreiung des Proletariats, sondern die Befreiung des gesamten Menschengeschlechtes und damit ein geschichtlicher Endzustand eintreten werden. Diese Gewissheit war mit einer uneingeschränkten Fortschrittsgläubigkeit verbunden, die für religiöse Bindungen kaum Raum ließ und die sich auch auf die Überzeugung bezog, dass die Entwicklung zum Sozialismus zwingend sei. Dem lagen Marxsche Gedankengänge zugrunde, so etwa die Lehre von dem durch die Ökonomie determinierten Bewusstsein des Menschen. Die im Programm ebenfalls enthaltene Formulierung »Religion ist Privatsache« hat diese Grundgedanken eher bekräftigt als modifiziert.

Auf der anderen Seite verurteilte »Rerum novarum« den Sozialismus ohne jede Differenzierung mit den härtesten Wendungen und charakterisierte ihn als »Abfall von der Wahrheit«. Auch verteidigte die Enzyklika das Eigentum ohne Unterscheidung zwischen dem Eigentum an Produktionsmitteln und der ihm innewohnenden Verfügungsgewalt über Menschen einerseits und dem die individuelle Freiheit sichernden Eigentum des persönlichen Bereichs andererseits. Beides ist erst 40 Jahre später in »Quadragesimo anno« korrigiert worden.

Bei näherer Betrachtung überrascht allerdings, dass sich in derselben Enzyklika Äußerungen finden, die für die damalige Zeit als geradezu provozierend erscheinen mussten. So kritisierte Leo XIII. die seinerzeit herrschenden sozialen Zustände in einer Art und Weise, die bis dahin aus dem Munde eines Papstes niemand für möglich gehalten hätte. Den Satz beispielsweise, in dem in diesem Zusammenhang von dem »sklavenähnlichen Joch« die Rede ist, das »wenige Reiche einer Masse von Besitzlosen« auferlegten, würde man als zugespitzte Beschreibung einer Klassengesellschaft auf Anhieb eher bei Engels, Liebknecht oder Kautsky als in einem päpstlichen Lehrschreiben vermuten. Auch die Forderung nach dem gerechten Lohn, die Bejahung der Pflicht des Staates, in die wirtschaftlichen Prozesse einzugreifen, und die Ermutigung der Arbeiterschaft zur solidarischen Selbsthilfe standen keineswegs im Einklang mit den Auffassungen der damaligen Inhaber der staatlichen und wirtschaftlichen Macht, sondern näherten sich den Vorstellungen sozialreformerischer Kräfte. Sogar das Recht der Arbeiter auf solidarische Zusammenschlüsse zur Durchsetzung berechtigter Interessen bis hin zur gemeinsamen Arbeitsniederlegung als einem notwendigen Übel im äußersten Fall wird angesprochen und in vorsichtiger Form bejaht. Aber diese Aussagen kamen offenbar um die Jahrzehnte zu spät, in denen sich substantielle Teile der Arbeiterschaft nicht nur in Deutschland von der Kirche im Stich gelassen fühlten und sich deshalb ihre eigenen Strukturen zur Lösung der sozialen Frage geschaffen hatten. Auch verstand zumindest die Hierarchie die Kirche damals und noch lange Zeit nicht als Kirche in der Gesellschaft, sondern als eine Art Gegenwelt zur Gesellschaft, die es integral gegen Einflüssen von außen abzuschirmen galt.

Diese Erwägungen lagen wohl auch bereits dem vom Ersten Vatikanum 1870 gut geheißenen Unfehlbarkeitsdogma zugrunde. Und in diesem Punkt sogar hinter Leo XIII. zurückfallend, stellte die Mehrheit des deutschen Episkopates bis kurz vor dem

Ersten Weltkrieg die Mitgliedschaft katholischer Arbeiter nicht nur in den freien – also sozialdemokratisch dominierten – Gewerkschaften, sondern sogar in den sogenannten christlichen Gewerkschaften in Frage, weil diesen auch protestantische Arbeitnehmer angehörten. Übrigens eine bemerkenswerte, nur die Arbeitnehmer treffende Inkonsequenz, da es den katholischen Arbeitgebern zu keiner Zeit verwehrt wurde, ihre wirtschaftlichen Interessen in interkonfessionellen oder sogar in gänzlich areligiösen Verbänden gemeinsam mit nichtkatholischen Unternehmern zu vertreten. Auch stand einem ernsthaften gesamtgesellschaftlichen Dialog die kirchliche Skepsis gegenüber der Demokratie und den demokratischen Kräften im Wege – eine Skepsis, die im Ergebnis auf eine deutliche Ablehnung hinauslief. Leo XIII. hat daraus keinen Hehl gemacht und Ludwig Windthorst, der immerhin der unangefochtene Repräsentant des Zentrums und damit der großen Mehrheit der politisch bewussten Katholiken in Deutschland war, von der Beteiligung an den Verhandlungen über die Beendigung des Kulturkampfes ausgeschlossen. Und noch im November 1917 – zum selben Zeitpunkt, in dem auch die katholische Arbeitnehmerschaft in ihrer großen Mehrheit die Abschaffung des Drei-Klassen-Wahlrechtes in Preußen forderte – sprach sich der deutsche Episkopat in einem gemeinsamen Hirtenbrief gegen »die Schlagworte von der Gleichberechtigung aller« und »von der Gleichheit aller Stände« aus.

Die Fronten blieben lange starr. Eine erste Lockerung brachte im Jahre 1931 auf katholischer Seite die Enzyklika »Quadragesimo anno«, die sich klarer zur gewerkschaftlichen Solidarität äußerte und erstmals zwischen verschiedenen Richtungen des Sozialismus unterschied; ja sogar bei den nichtideologischen Spielarten allerlei Lobenswertes fand. Auf sozialdemokratischer Seite war es vor allem Kurt Schumacher, der nach dem Zweiten Weltkrieg als einer der Ersten die Offenheit der Sozialdemokratie für unterschiedliche Begründungen ihrer Zielsetzungen proklamierte und dabei neben anderen Beweggründen ausdrücklich auch den Geist der Bergpredigt als mögliches Motiv für eine Mitarbeit in der SPD nannte. Dies ging bei Schumacher allerdings mit lebhafter Kritik an der katholischen Kirche einher, deren Hierarchie er einmal sogar die fünfte Besatzungsmacht nannte. Umgekehrt machte die Hierarchie aus ihrer Nähe, ja Verflechtung mit der damaligen Union keinen Hehl. Die Wahlhirtenbriefe jener Zeit belegen das eindeutig.

Der entscheidende Durchbruch kam erst in der ersten Hälfte der 60er Jahre mit dem Zweiten Vatikanum. Es öffnete die Kirche zur Welt von heute und akzeptierte die recht verstandene Eigengesetzlichkeit der irdischen Wirklichkeiten. Dem entsprach die Feststellung in der Pastoral-Konstitution »Gaudium et spes«, dass für die weltlichen Aufgaben und Tätigkeiten eigentlich, wenn auch nicht ausschließlich, die Laien zuständig seien und es in gleicher Sache oft mehrere Meinungen über das Richtige gäbe. Von der Kirche dürften die Laien Licht und geistige Kraft, nicht aber die Lieferung fertiger Lösungen erwarten. Mit dem Zweiten Vatikanum kam auch die Entwicklung der kirchlichen Einstellung zur Demokratie zu einem positiven Abschluss. Dazu heißt es jetzt in »Gaudium et spes«: »In vollem Einklang mit der menschlichen Natur steht die Entwicklung von rechtlichen und politischen Strukturen, die ohne jede Diskriminierung allen Staatsbürgern immer mehr die tatsächliche Möglichkeit gibt, frei und aktiv teilzuhaben an der rechtlichen Grundlegung ihrer politischen Gemeinschaft, an der Leitung des politischen Geschehens, an der Festlegung des Betätigungsbereichs und des Zwecks der verschiedenen Institutionen und an der Wahl der Regierenden.«

Nur wenig vorher hatte die Sozialdemokratie ihrerseits 1959 mit der Annahme ihres Godesberger Programms auch programmatisch von der Vorstellung eines gesellschaftlichen Endzustandes, auf den die geschichtliche Entwicklung hinauslaufe, Abschied genommen und den demokratischen Sozialismus nunmehr als die dauernde Aufgabe definiert, den aus dem Zentralbegriff der Menschenwürde hergeleiteten Grundwerten der Freiheit, Gerechtigkeit und Solidarität in der gesellschaftlichen Realität immer aufs Neue Geltung zu verschaffen. Gleichzeitig wurden die Kirchen und ihr besonderer Auftrag erstmals ausdrücklich anerkannt und ihr öffentlich-rechtlicher Status bejaht. Das Berliner Programm von 1989 hat diese Position bekräftigt und durch die Feststellung, es sei zu begrüßen, wenn Kirchen und Religionsgemeinschaften, kirchliche Gruppen und einzelne

Gläubige durch Kritik, Anregung und praktische Mitarbeit auf die Gestaltung des gesellschaftlichen und politischen Lebens einwirken und sich damit auch öffentlicher Kritik stellen, noch verstärkt.

In der Folgezeit häuften sich in den verschiedenen Sozialenzykliken klare gesellschaftsethische Aussagen. So heißt es – um nur einige Beispiele zu nennen – in »Mater et magistra« nunmehr ausdrücklich, dass der Arbeiter die freie Wahl habe, welcher Gewerkschaft er sich anschließen wolle. In »Laborem exercens« führt Johannes Paul II. aus, dass der Arbeit ein wesentlicher und wirksamer Vorrang vor dem Kapital zukomme, das er als Frucht der menschlichen Arbeit – also als ein Abgeleitetes – begreift. In derselben Enzyklika wird die Auflehnung gegen das ungerechte und schädliche System, das in der Zeit der schnellen Industrialisierung auf dem arbeitenden Menschen lastete und das – so wörtlich – »um Rache zum Himmel schrie«, als sozialmoralisch gerechtfertigt, und das ehrliche und überlegte Ringen um soziale Gerechtigkeit und Solidarität auch in unserer Zeit als eine Aufgabe der Gewerkschaften bezeichnet. Schließlich heißt es zur Eigentumsfrage nun in »Laborem exercens« mit aller wünschenswerten Deutlichkeit: Man dürfe Eigentum an Produktionsmitteln »nicht gegen die Arbeit besitzen…, der einzige Grund, der ihren Besitz rechtfertigt (sei), der Arbeit zu dienen«. Ein Gedanke, den ich ob seiner Klarheit und Eindeutigkeit gerade derzeit auch aus sozialdemokratischem Munde gerne des öfteren hören würde.

Übereinstimmungen finden sich auch auf den Gebieten der Asylproblematik, des Umgangs mit Asylbewerbern und Flüchtlingen, der Integration der bei uns lebenden Ausländer, der Bioethik und der Bewahrung der Schöpfung. Wobei auch hier Äußerungen aus dem kirchlichen Raum nicht selten ein Stück weitergehen als offizielle sozialdemokratische Verlautbarungen. Der gemeinsame Text der Kirchen zur wirtschaftlichen und sozialen Lage in Deutschland ergänzt diese Reihe von Übereinstimmungen und aktualisiert sie.

Natürlich gibt es auch weiterhin Meinungsverschiedenheiten. Dabei denke ich nicht an innerkirchliche Kontroversen wie die über die Rolle der Frau in der Kirche und die Frauenordination, über den Zölibat, über das Verhältnis zwischen Priestern und Laien und über die innerkirchlichen Strukturen. Sie gehören in den eigenen Bereich der Kirche, in dem sich eine Partei als solche nicht engagieren sollte, mag die Verlockung auch noch so groß sein, bei diesen Diskussionen dem Zentralkomitee der deutschen Katholiken und seinen kritischen Stellungnahmen an die Seite zu treten. Vielmehr denke ich an Fragen, die sowohl die Kirche als auch den Staat berühren.

Als Beispiel von besonderem Rang nenne ich hier die Problematik des Schwangerschaftsabbruchs. Die substantielle Kontroverse, die hier ausgetragen wurde, hat mich in meinen verschiedenen Funktionen, insbesondere aber als Bundesjustizminister, über all die Jahre hinweg beschäftigt. Hier standen sich die Positionen lange diametral gegenüber. Für mich selbst stand nie die Schutzwürdigkeit auch des ungeborenen Lebens in Frage. Deshalb habe ich es begrüßt, dass die Kirche unermüdlich auf diese Schutzbedürftigkeit hingewiesen hat und weiterhin hinweist. Und gerade auf mein Betreiben wurde 1989 in das Berliner Grundsatzprogramm der SPD der Satz aufgenommen: »Wir wollen werdendes Leben schützen.« Gestritten habe ich in- und außerhalb meiner Partei nie um das Ob, sondern stets um das Wie des Lebensschutzes. Da allerdings bin ich schon früh dafür eingetreten, auf Staatsanwalt und Polizei zu verzichten und stattdessen die verantwortliche Entscheidung der Schwangeren anzuerkennen und ihr dabei durch eine am Lebensschutz orientierte, aber im Ergebnis offene Beratung und durch soziale Vorkehrungen zu helfen. Am Ende liefen in diesem Streit erfreulicherweise die Fronten quer zu den Trennungslinien zwischen den Fraktionen und Parteien. Und es waren in nicht geringer Zahl praktizierende Katholiken und Katholikinnen, die dem Lebensschutzkonzept schließlich zur Mehrheit verhalfen. Auf diesem Hintergrund bedeutet für mich der von Rom erzwungene Rückzug der Diözesen aus der Beratungstätigkeit einen schweren Rückschlag und im Ergebnis eine Schwächung des Lebensschutzes. Besonders bedrückt mich, dass nach der Logik dieser Entscheidung auch die Beratung eingestellt werden müsste, wenn der Staat etwa als Nachweis der Beratung eine eidesstattliche Erklärung der Frau genügen lassen würde. Das zeigt am deutlichsten den Widersinn einer Position, die die Verantwortungsethik um der vermeintlichen Reinheit der Gesinnung willen aus den Augen verliert.

Andere Kontroversen standen nur eine Zeit lang im Vordergrund und verebbten dann bald wieder. So etwa die um die Reform des Scheidungsrechtes, die unter Gerhard Jahn – meinem Vorgänger im Amt des Bundesjustizministers – bereits weit fortgeschritten war und dann während meiner Amtszeit verabschiedet worden ist. Zunächst wurde in offiziellen kirchlichen Stellungnahmen gerügt, dass das nunmehr für die Scheidung maßgebende Zerrüttungsprinzip die nach katholischer Lehre gebotene Unauflöslichkeit der Ehe noch stärker gefährde und beeinträchtige, als das ohnehin seit Einführung der sogenannten Zivilehe bereits der Fall sei. Heute ist dieser Einwand kaum mehr zu hören. Stattdessen wird auch in diesem Punkt deutlicher zwischen dem unterschieden, was die Kirche von ihren Gläubigern aufgrund ihrer Interpretation des Evangeliums fordern zu müssen als ihre Pflicht ansieht, und dem, was der Staat aufgrund seiner Abwägung der für ihn relevanten Argumente im Rahmen der verfassungsmäßigen Ordnung als für alle Bürgerinnen und Bürger geltende rechtliche Möglichkeit normiert. Eine andere Qualität käme einer solchen Diskrepanz dann zu, wenn der Staat von seinen katholischen Bürgerinnen und Bürgern etwas verlangen würde, was ihnen ihre Religion verbietet. Davon kann aber im konkreten Fall keine Rede sein. Davon abgesehen, ist die mit dem Scheidungsrecht zusammenhängende Frage der Wiederverheiratung inzwischen auch innerhalb der Kirche Gegenstand weniger rigoroser Betrachtungen. Ich verweise insoweit nur auf den gemeinsamen Text der Bischöfe der oberrheinischen Kirchenprovinz aus dem Jahre 1993.

Ein anderer Streit, der insbesondere in Bayern zunächst hell aufloderte, aber bald wieder erlosch, war der um das so genannte Kruzifixurteil des Bundesverfassungsgerichts vom Mai 1995. Dieses Urteil – in Wahrheit war es ein Beschluss – wurde infolge ungenauer Formulierungen der in der Presse verlautbarten, ihm vorangestellten Leitsätze dahin missverstanden – und nach der wenige Tage später vom Gericht vorgenommenen Klarstellung – dahin missdeutet, nunmehr sei die Anbringung von Kreuzen in Schulen schlechthin unzulässig. Das weckte böse Erinnerungen an den 1941 gescheiterten Versuch der Nationalsozialisten, die Kreuze aus den bayerischen Volksschulen zu entfernen. In Wahrheit ging es aber nur darum, ob das Kruzifix als zentrales Symbol des christlichen Glaubens oder nur als ein Zeichen der vom Christentum mitgeprägten abendländischen Kultur anzusehen sei. Das Gericht entschied sich, gestützt auf theologische Standardwerke – ich meine zu Recht –, für die erste Alternative. Daraus folgerte es, dass es mit dem Grundrecht der Glaubensfreiheit (Art. 4, Abs. 1, GG) unvereinbar sei, die Anbringung und Belassung des Kruzifixes in staatlichen Schulen auch dann zu erzwingen, wenn Eltern für ihr Kind dem aus Gründen ihrer Überzeugung widersprechen. Der Freistaat Bayern hat daraufhin eine bis dahin obligatorische Vorschrift im Sinne dieser Entscheidung modifziert. In der Praxis hat sich dadurch allerdings so gut wie nichts geändert. Nur in einigen wenigen Klassenzimmern musste dass Kreuz auf Verlangen von Erziehungsberechtigten abgehängt werden. In allen übrigen verlieb es. Heute ist das Thema nahezu vergessen.

Ein grundsätzlicher Disput könnte sich an einer anderen und in der Tat zentralen Frage entzünden, nämlich an der Frage nach der generellen Regelung des Verhältnisses zwischen der Kirche und dem Staat. Mir erscheint es in der geltenden Verfassung vernünftig geordnet und deshalb auch nicht änderungsbedürftig. Des öfteren wundere ich mich jedoch darüber, dass solche Veränderungen in einigen Punkten übereinstimmend von Kräften gefordert werden, die innerhalb ihres Spektrums jeweils am entgegengesetzten Rande stehen. Dabei denke ich beispielsweise an die staatlichen Theologischen Fakultäten, für deren Abschaffung der Fuldaer Oberhirte bekanntlich fast noch nachdrücklicher eintritt als die Vertreter exponierter laizistischer Positionen. Eine Haltung, die inzwischen leider auch im Vatikan Befürworter findet, wie die Schwierigkeiten zeigen, die hinsichtlich der Richtung einer Theologischen Fakultät an der Universität Erfurt entstanden sind.

Nicht nur verwundert, sondern geradezu bedrückt bin ich darüber, dass in dem aktuellen Streit über die Schwangerschaftsberatung Töne angeschlagen werden – und zwar wieder vornehmlich aus Fulda –, die geeignet sind, das Verhältnis zwischen

Kirche und Staat auf ganz neue Art in Frage zu stellen. Wer nämlich dem Staat vorwirft, er wolle die Kirche zur Ausstellung von »Tötungslizenzen« zwingen, der wird sich früher oder später erklären müssen, warum er einen solchen Staat dennoch zur Einziehung der Kirchensteuer in Anspruch nehmen will und wie er es mit seinem Gewissen vereinbaren kann, ihm als Militärbischof in herausgehobener Funktion zu dienen.

III

Dennoch bleibe ich dabei, dass im Umgang zwischen Katholizismus und Sozialdemokratie ein höheres Maß an Normalität Platz gegriffen hat als je zuvor in den letzten eineinhalb Jahrhunderten. Bestreiten werden das wohl nur diejenigen, die in den Positionen der Vergangenheit verharren oder zu ihnen zurückkehren wollen. Allzu viele sind das nicht. Eher wird die gesellschaftliche Relevanz dieser Normalität auf Skepsis stoßen, ja da und dort sogar verneint werden. In der Tat ist der gesellschaftliche, und damit der politische Einfluss der Kirche heute schwächer als in den 50er und 60er Jahren oder gar zu Beginn des Jahrhunderts. Und nicht selten hört man, dass auch die Sozialdemokratie als Partei an Einfluss verloren habe. Wo sie reüssiere, liege das eher an einzelnen Personen, die sich in der Medienpräsenz zu behaupten wüssten. Überhaupt komme es auf Wertvorstellungen und programmatische Orientierung kaum mehr an. Entscheidend sei pragmatisches Handeln und die Erringung oder Verteidigung politischer Machtpositionen.

Ich bin da anderer Meinung.

Gewiss hat mit dem Zerfall herkömmlicher Milieus auch die Bindungskraft großer gesellschaftlicher Organisationen und damit auch der Kirchen und der Parteien nachgelassen. Und die Tendenz, den Wettbewerb zu verabsolutieren und den Markt nicht mehr als ein – nützliches und anderen Instrumentarien wie etwa der zentralen Wirtschaftsplanung weit überlegenes – Instrument, sondern als die letzte und höchste Instanz unserer gesellschaftlichen Wirklichkeit zu begreifen, ist ebenso unbestreitbar wie die Tatsache, dass die Kommerzialisierung, also die

Maßgeblichkeit des ökonomischen Prinzips oder einfacher ausgedrückt, die Gewinnmaximierung als ausschlaggebendes Motiv des Handelns im Lauf der letzten beiden Jahrzehnte immer rascher in Lebensbereiche vorgedrungen ist, die ihr vorher verschlossen waren. Aber umso wichtiger erscheint mir, dass sich die Kräfte sammeln, die dem Widerstand entgegensetzen. Die nicht Besitzstände verteidigen oder notwendige Strukturreformen verhindern, sondern den Zusammenhalt unserer Gesellschaft bewahren und an den Grundwerten und den Zielvorstellungen festhalten wollen, die in unserem Grundgesetz ihren Niederschlag gefunden haben.

Solche Kräfte gibt es in den Kirchen, in den Gewerkschaften, in den sozialen Verbänden und im politischen Raum. Und es gibt sie insbesondere unter den Katholikinnen und Katholiken, die die katholische Soziallehre und unter den Sozialdemokraten und Sozialdemokratinnen, die die Grundwerte ihres Programms ernst nehmen. Ihre Stärke sollte nicht unterschätzt werden und nimmt in jüngster Zeit auch wieder zu. Wie dargetan, sind diese Kräfte zum Teil auch personell identisch.

Das von mir schon erwähnte gemeinsame Papier der Kirchen hat diese Kräfte ermutigt und mit dazu beigetragen, dass sich einige seiner Forderungen im Koalitionsvertrag der neuen Bundesregierung und in Ansätzen auch in ihrer konkreten Politik wiederfinden. Aus der Normalität des Umgangs könnte deshalb auf einem Feld von substantieller Bedeutung bewusste Kooperation werden. Sie würde unserem Gemeinwesen helfen. Denn sie könnte einen entscheidenden Beitrag zur Bewahrung und Aktivierung des ethischen Potentials leisten, ohne dass unser Gemeinwesen ungeachtet immer neuer Wachstumsrekorde verdorren und unsere Gesellschaft in den Kampf aller gegen alle zurückfallen würde. Gerade ein solcher gemeinsamer Beitrag läge auch in der Logik der bisherigen Entwicklung.

Der Aufsatz beruht auf einem früheren Vortrag und ist in Teilen bereits in der Ausgabe der *Zeit* vom 31. März 1999 und in einem Beitrag zu der 1999 im Verlag Bernward bei Don Bosco in München erschienenen Festschrift für Bischof Dr. Josef Homeyer veröffentlicht worden.

Hans-Jochen Vogel

Burkhard Reichert

Erfahrungen zwischen Bonn, Rom und Berlin

Es war eine überraschende und verlockende Einladung, den katholischen Part im neu aufzubauenden Referat Kirchenfragen des SPD-Vorstandes zu übernehmen. Nach dem ersten Gefühl einer Ehrung wurde rasch erkennbar, dass die Einladung weniger der Person des jungen Diplomtheologen galt, als vielmehr den Erfahrungen, die man bei einem Mitarbeiter der Katholischen Akademie in Bayern vermuten konnte. Diese damals bundesweit auch als politisches Forum wirksame Einrichtung war es gewesen, die schon in den 50er Jahren erste Schritte zu einem Dialog zwischen Katholizismus und Sozialdemokratie gewagt hatte, zu einer Zeit, in der die ideologischen und weltanschaulichen Gegensätze noch mit bloßem Auge zu erkennen waren und in der die Verbundenheit der katholischen Lebensbereiche mit den C-Parteien unangefochten galt.

Die Münchener Gespräche zwischen Sozialdemokratie und Katholizismus waren Stationen auf dem Weg zum Godesberger Programm der SPD, das mit seinem Verzicht auf die fast 100-jährige Tradition weltanschaulich untermauerten Politikverständnisses die SPD zur Volkspartei geformt hatte, in der auch für engagierte und ihrer Kirche verbundene Christen Platz war.

Auf kirchlicher Seite war der frühe Gesprächsversuch durch die Diskussionen und Arbeitsergebnisse des II. Vatikanischen Konzils (1961–1965) legitimiert worden. Die Kirche sprach von der eigenen Kompetenz der Christen in Fragen der Weltgestaltung und setzte voraus, dass sie bei politischen Entscheidungen zu unterschiedlichen Auffassungen, gar zu gegnerischen Positionen kommen können.

Der Dialog zwischen Katholischer Kirche und Sozialdemokratie war während der Großen Koalition und insbesondere nach der sozial-liberalen Regierungsbildung 1969 zu einem Bedürfnis geworden. Erst recht, als schon bald politische Themen mit Zündstoff auf die Tagesordnung kamen. Die Auseinandersetzung um Reformgesetze zur Pornographie, zur Ehescheidung und schließlich die Reform des § 218 StGB führten zu zunehmend scharfen Gegensätzen. Nach der Verabschiedung einer Fristenregelung 1974 waren die Gespräche fast völlig abgebrochen. Zu diesem Zeitpunkt begann die Arbeit des Kirchenreferats.

Motive und Methoden

Zwei Beweggründe der Parteiführung waren für die Einrichtung des Kirchenreferats bestimmend. Einmal war dies der Wunsch, die nach Godesberg gewonnene Resonanz für sozialdemokratische Politik bei Mitgliedern und Wählern aus dem kirchlichen Bereich zu pflegen und auszubauen. Bei den Wahlen von 1969 und 1972 waren großen Zuwächse kirchlich gebundener Wähler zu verzeichnen, gerade auch aus dem katholischen Bereich. Bei der Wahlanalyse war sichtbar geworden, wie einflussreich das katholische Wahlverhalten für Defizite und Zuwächse sozialdemokratischer Erfolge war. Den positiven Trend wollte man durch eine Kontaktstelle und eine verbesserte Gesprächssituation zu den Kirchen befördern.

Zum andern war es die Absicht, in der SPD das Defizit an Wahrnehmungsfähigkeit gegenüber der gesellschaftlichen und politischen Wirksamkeit von Glaube, Religion und Kirche abzubauen. Dies wurde als notwendige Konsequenz nach der Korrektur des Godesberger Programms in diesen Fragen gesehen. Dabei war der Respekt vor der einflussreichen Tradition des politischen Katholizismus ebenso maßgebend wie die Achtung vor der moralischen Kraft und der Resonanz, die damals der Aktivität kirchlicher Hierarchie beigemessen wurde. Noch wurden Hirtenbriefe als gefürchtete und respektierte politische Waffen eingeschätzt.

Von Anfang an war für die Vorgehensweise klar: Der Hintergrund einer speziellen sozialdemokratischen Kirchenarbeit im katholischen Bereich sind die parteipolitische Tradition des Katholizismus und die aus dieser Geschichte resultierenden Verständigungsschwierigkeiten zur Sozialdemokratie. Zielpunkt dieser Arbeit muss die Kirche als Ganze sein. Dabei sind Kirchenleitung und Hierarchie, Laienvertretungen, kirchliche Werke, Verbände, Arbeitsgruppen und Initiativen einzubeziehen. Gute und bewährte Beziehungen auf offizieller Ebene sind Voraussetzung für eine politisch wirkungsvolle Arbeit, auch mit informellen, progressiven, politisch engagierten und kirchenkritischen Initiativen. Die Methode ist das Gespräch auf sachlicher Grundlage mit dem Ziel des Vertrauensgewinns. Vertrauen entsteht, wenn Vereinnahmung ausgeschlossen ist. Die Gesetze des Dialogs sind zu beachten: Respektierung des Partners in seinem Selbstverständnis und seiner Eigenständigkeit.

Zunächst mussten in der kontrovers-verspannten Situation Gesprächspartner gefunden werden. Es gab Gesprächsanlässe, denen sich die Kirche nicht entziehen konnte, z. B. Anhörungen und parlamentarische Kontakte zu Gesetzgebungsvorhaben, die vom Katholischen Büro in Bonn und von kirchlichen Kontaktstellen bei den Bundesländern wahrgenommen wurden und über den Anlass hinaus für allgemeine Gesprächsthemen genutzt werden konnten. Ähnliche Gelegenheiten boten Akademieeinladungen. In dieser Zeit kam es auch zu ersten Kontakten zu Verbänden, die für ihre Themen Resonanz bei der Regierungspartei SPD suchten.

Die Suche nach Gespräch wurde stets unterstützt vom Kommissariat der Deutschen Bischöfe in Bonn, schon unter seinem Leiter, dem späteren Weihbischof Wöste, und erst recht von dem offenen, herzlich-pastoralen Franken Prälat Bocklet, der das Katholische Büro seit 1977 leitete. Wichtig waren die regelmäßigen Gespräche dort mit SPD-Abgeordneten unter der Führung von Bundestagsvizepräsident Hermann Schmitt-Vockenhausen. Dieses Gespräch überdauerte auch die Zeit der Dialogverweigerung und wurde unter Hinzuziehung der jeweiligen Fraktionsexperten für Sachgespräche zu kontroversen Fragen genutzt, die auf anderer Ebene ausdrücklich nicht hätten zustande kommen können. Gespräche also zu Themen wie Ehescheidung und Scheidungsfolgenrecht, Jugendhilferecht, Familienpolitik und immer wieder Subsidarität versus Etatismusverdacht. In den späten 70er Jahren gab es eine intensive Abfolge von Gesprächen zu Fragen der Entwicklungspolitik.

Dialog statt Dialogverweigerung

Die Arbeit des Kirchenreferats wurde in einem Augenblick aufgenommen, der ungünstiger nicht hätte sein können. Hatte Kardinal Döpfner 1963 immerhin von einem Brückenschlag zwischen katholischer Kirche und Sozialdemokratie gesprochen, so waren 1974, kurz vor der Entscheidung über die Reform des § 218 StGB nach dem Modell der Fristenregelung, die Beziehungen regelrecht eingefroren.

Die Verantwortlichen in der Kirche fühlten sich hintergangen. War doch Jahre hindurch diese Frage mit den Repräsentanten der SPD stets unter dem Aspekt einer modifizierten Indikationenregelung besprochen worden, wie es auch der Regierungsentwurf aus der ersten Amtsperiode der Regierung Brandt vorsah. Dass Parteitagsbeschlüsse solche Absprachen außer Kraft setzen konnten, war den Bischöfen nicht verständlich zu machen und ihren sozialdemokratischen Gesprächspartnern unterstellten sie Wortbruch. Die Bundestagsentscheidung wurde scharf abgelehnt. Man werde sich niemals abfinden mit dieser Preisgabe des Lebensschutzes für die Ungeboren, erklärte Kardinal Döpfner als Vorsitzender der Deutschen Bischofskonferenz.

Kein Thema hat die Beziehung zwischen SPD und Kirche so lange und nachhaltig geprägt wie die Auseinandersetzung um die § 218-Reform. Das Urteil des Verfassungsgerichts, das 1975 die Entscheidung vom April 1974 aufhob, zur großen Genugtuung der Kirche in Übereinstimmung mit den Unionsparteien, auf deren Betreiben die Klage in Karlsruhe eingereicht worden war, die neue Debatte um das Indikationenmodell, die neuerliche Ablehnung des veränderten Gesetzes, dies alles floss zusammen in der Grundwertedebatte, die zwischen 1975 und 1977 geführt wurde und ihren Höhepunkt in dem Wahlhirtenbrief zur Bundestagswahl 1976 erreichte mit dem Vorwurf, der Staat schütze die implizit der Verfassung zugrunde liegenden Grundwerte nicht

Burkhard Reichert

mehr. Die Antwort darauf, das Kirchenreferat war daran beteiligt, war eine große Rede von Bundeskanzler Helmut Schmidt in der Katholischen Akademie Hamburg mit der These, selbstverständlich sei der Staat auf Grundwerte und den Konsens über Werte angewiesen, bei Preisgabe seiner Existenz habe er dem Schutz dieser Werte zu dienen. Allerdings sei der Staat hier auf etwas angewiesen, was er selbst nicht aus eigenem hervorbringen und nicht lebendig halten könne. Beim Schutz dieser Werte habe der demokratische Staat unbestreitbare Aufgaben, jedoch beschränkte Möglichkeiten, wenn diese Werte in der Gesellschaft nicht mehr wertgehalten und lebendig seien. Mit Nachdruck sei der Staat hier auf das Wirken gesellschaftlicher Kräfte, vorab der Kirchen, angewiesen.

Diese Kontroverse löste eine sehr ausführliche und umfassende Diskussion aus – nicht nur auf dem Spannungsfeld zwischen Kirche und Politik, sondern in der ganzen Breite der Gesellschaft. Dem Argument, dass ein Appell an den Staat nicht ausreicht, um den Wertebestand zu sichern, konnte sich auch die Kirche verschließen. Die Anzeichen einer Werteveränderung auch in kirchlich gebundenen, religiös geprägten Bereichen, war allzu offensichtlich.

Einsichten in solche Entwicklungen dürften eine Rolle gespielt haben, als endlich 1977 ein erstes offizielles Gespräch zwischen Bischofskonferenz und dem Präsidium der SPD zustande gebracht werden konnte. Willy Brandt hatte genaues Gespür für die historische Bedeutung der Begegnung. In seiner Begrüßungsansprache, die bislang nicht veröffentlicht ist, sprach er u. a. offen auch die schlechten Erfahrungen an, die beide Seiten gegenseitig gemacht hatten und die auf beiden Seiten noch schmerzhaft in Erinnerungen seien:

»Wer die Parteiengeschichte in unserem Land kennt, der kennt auch die Gründe dafür, dass eine große Zahl von Katholiken – gerade auch die engagierten im katholischen Leben – ihre politische Heimat bei den Unionsparteien sieht. Ich will dies offen ansprechen: Dass aus dem deutschen Katholizismus heraus einmal eine politische Partei entstanden ist und dass eine der heutigen Bundestagsparteien mit der Firmierung »christlich« in den Augen vieler Katholiken die politische Tradition für sich in Anspruch nehmen kann, ist nach meinem Dafürhalten eine nicht geringe Ursache der Probleme zwischen katholischer Kirche und SPD. [...] Auch wenn heute die innerkirchliche Diskussion seit dem II. Vatikanischen Konzil durchaus ein politisches Engagement der Katholiken in unterschiedlichen Parteien anerkennt und obwohl mindestens seit dem Godesberger Programm der SPD viele der weltanschaulichen Barrieren, die Katholiken von dieser Partei trennten, abgebaut wurden, bewirkt die politische Tradition des deutschen Katholizismus an vielen Stellen Nähe und Bindung kirchlicher Bereiche an die heutigen Unionsparteien und Fremdheit andererseits zur Sozialdemokratie. [...] Sie haben, verehrter Herr Kardinal, bei unserem letzten Gespräch darauf hingewiesen, dass es zu wenig öffentlich erkennbare Sozialdemokraten gibt. Ich weiß, dass dies auch das Ergebnis dessen ist, dass die deutsche Sozialdemokratie im vorigen Jahrhundert ideologische Barrieren aufgerichtet hatte. Dies hängt aber auch damit zusammen, dass die katholische Kirche in Deutschland durch parteipolitische Identifizierung ein Mitwirken von Katholiken in der SPD lange Zeit hindurch erschwert hat. Auch heute noch sind es nicht nur Einzelfälle, wenn Katholiken, die ihr politisches Engagement suchen, in kirchlichen Bereichen diskreditiert werden.«

Am Ende seiner Ansprache dankte Brandt für das hochherzige Engagement der katholischen Kirche für Fragen der Dritten Welt, ein Thema, auf dem die Kirche »mutiger Zukunftsaufgaben angeht, als dies im Bereich der Politik bisher für möglich gehalten wird«, und er schloss mit der Bemerkung, dass das endlich zustande gekommene Gespräch ein Anfang dafür sein kann, »ohne Verwischung von Unterschieden und Gegensätzen und ohne jede Vereinnahmung gemeinsame Herausforderungen mit der Gemeinsamkeit anzugehen, die zwischen Arbeitsbereichen einer Kirche und einer politischen Partei möglich ist«.

Kardinal Höffner, seit 1976 Vorsitzender der Bischofskonferenz, war dieser offenen Ansprache gewachsen. Er räumte Versäumnisse in Bezug auf die politischen Themen der Arbeiterbewegung ein und betonte eine prinzipielle Offenheit hinsichtlich der politischen Themen; Nähe und Ferne in diesen Fragen ergebe sich je nach den Positionen der verschiedenen Parteien. Die

Kirche vertraue nicht auf besondere Nähe zu bestimmten Parteien, sondern wisse um das notwendige Gespräch mit allen demokratischen Parteien. Dies ermögliche Streit und Auseinandersetzung, aber auch die Wahrnehmung gemeinsamer Verantwortung und gemeinsamer Sorge. Er kündigte an und löste späterhin ein, dass bei folgenden Gesprächen der Aspekt gemeinsamer Aufgaben im Vordergrund stehen werde.

Mit dieser ersten offiziellen Zusammenkunft war eines der wichtigsten und ersten Ziele der Arbeit des Kirchenreferats erreicht: Gesprächsbereitschaft. Zukünftig standen Sachfragen im Mittelpunkt der Gespräche, meist ohne kämpferische Zuspitzung und ohne die Überhöhung durch ideologische Gegnerschaft. Dies bestätigte sich auch, als 1982 die Bundesregierung wechselte und die Koalition aus CDU/CSU und FDP die Regierung übernahm.

Katholikentage

Öffentlichkeit erreichte die Dialogarbeit dieser Jahre maßgeblich bei den Katholikentagen. Die Zeit der Heerschauen des politisch fest beheimateten Katholizismus ging zu Ende. Zwar hatte der Katholikentag 1974 in Mönchengladbach noch einmal das katholische Milieu vereinigt. Eine kleine Gruppe von katholischen Sozialdemokraten – vom Kirchenreferat eingeladen – versuchte vergeblich und kaum beachtet, den Anspruch der Pluralität sichtbar zu machen. Unvergessen und von großer Wirkung waren die Gesprächsrunden, an denen u.a. Hermann Schmitt-Vockenhausen, Georg Leber, Heinz Rapp, Hermann Precht, Willi Kreiterling und Karl-Heinz Koppe beteiligt waren und zu denen auch immer wieder Pressevertreter stießen. Die kritische Frage vieler Kommentare und Berichte nach dem Katholikentag galt denn auch der unbestreitbaren einseitigen Vertretung der Unionsparteien im Katholikentagsgeschehen.

Sicher war es eine Folge davon, dass sich danach das Konzept der Katholikentage wesentlich änderte. Schon in Freiburg 1978 waren sozialdemokratische Positionen im Programm vertreten, und zum ersten Mal fanden die Gesprächsrunden der sozialdemokratischen Teilnehmer in großem Kreis statt, die bis heute eine feste Institution am Rande der Katholikentage geworden sind und in hohem Maße das Interesse von Journalisten finden. Freiburg war aber auch der erste Katholikentag neuen Typs infolge eines unerwartet großen Zuspruchs von Teilnehmern, vor allem von jungen Menschen – ein Trend, der bis in die Gegenwart anhält.

Die politischen Auseinandersetzungen der Katholikentage neuen Stils sind gekennzeichnet durch Offenheit und Pluralität. Foren und Diskussionen werden in aller Regel nach den kontroversen Positionen unterschiedlicher politischer Standpunkte besetzt. Die Mitwirkung sozialdemokratischer Experten ist eine Selbstverständlichkeit geworden. Die Schärfe und Redlichkeit dieser Auseinandersetzungen – übrigens auch zu innerkirchlichen Fragen – ist ein wesentliches Element der Attraktivität der Katholikentage geworden.

Das Kirchenreferat steht in der Vorbereitungszeit in regelmäßigem Kontakt mit dem Zentralkomitee als Veranstalter und ist bei der Vermittlung von sozialdemokratischen Mitwirkenden im Katholikentagsprogramm behilflich.

Ebenso wichtig für die sozialdemokratische Präsenz bei den Katholikentagen ist die Teilnahme einer Gruppe von katholischen Sozialdemokraten mit Mandaten in den unterschiedlichen Politikbereichen, die als schlichte Katholikentagsteilnehmer das Geschehen beobachten und Möglichkeiten zu Kontakten und zur Mitwirkung nutzen. Diese Gruppe trifft sich allabendlich, zusammen mit den sozialdemokratischen Mitwirkenden im offiziellen Programm, zum Austausch von Eindrücken und Bewertungen, die es erlauben, einen umfassenden Rückblick über das Geschehen des jeweiligen Tages zu erhalten. Zu diesen Treffs werden Vertreter aus verschiedenen kirchlichen Bereichen und Journalisten als Gäste hinzugeladen. Die Gelegenheit zu unbefangenen Kontakten und Diskussionen wird gerne genutzt und ist zu einer informellen Einrichtung des Katholikentags geworden.

Die nachhaltige Pluralisierung der Katholikentage wäre nicht möglich geworden, wenn dies nicht den Intentionen und Interessen der Repräsentanten des Laienkatholizismus entsprochen hätte. Weitsichtig haben die Präsidenten und Präsidentin des

Zentralkomitees der Deutschen Katholiken in den letzten Jahrzehnten diesen Öffnungsprozeß für die Katholikentage und auch für die Gremienarbeit des Zentralkomitees gefördert. Mit Beharrlichkeit hat der Generalsekretär Dr. Kronenberg dies Schritt für Schritt umgesetzt. Die Intention war, ein Konzept für den Dienst von Christen in der Welt von heute zu finden, der die Erfahrung von Christen in den verschiedenen beruflichen und politischen Arbeitsbereichen, aber auch das politische Engagement von Christen in unterschiedlichen Parteien einbezieht.

Rom

Es gehört zu den besonders schönen Aufgaben des Kirchenreferenten, Kontakte auch im Bereich der katholischen Weltkirche zu pflegen und zu diesem Zweck immer wieder nach Rom reisen zu dürfen. Dies setzte ein mit der Vorbereitung und Nacharbeit zu den Rombesuchen von Bundeskanzler Helmut Schmidt, damals stellvertretender SPD-Vorsitzender. Sie galten Paul VI., der Amtseinführung von Johannes Paul I. und mehrmals Johannes Paul II. Es war eine Besonderheit, dass der Bundeskanzler den Kirchenreferenten des Parteivorstands in die Vorbereitung, Begleitung und Nacharbeit dieser Vatikanbesuche einbezog. Vieles bei der weiteren eigenständigen Kontaktarbeit im Vatikan wurde dadurch erheblich erleichtert.

Der SPD-Vorsitzende Willy Brandt stattete 1978 als Vorsitzender der Nord-Süd-Kommission dem Heiligen Stuhl einen Besuch ab, um im Zusammenhang mit einer Reise zu zahlreichen europäischen Regierungen über die Arbeitsergebnisse der Nord-Süd-Kommission zu informieren. Dies war eine der letzten Audienzen von Papst Paul VI., der wenige Wochen nach dem Besuch in Castel Gandolfo starb. Beim Gespräch zeigte der Papst große Anteilnahme an der Arbeit der Nord-Süd-Kommission. Er bezeichnete sie als eine politische Konkretisierung der Anregungen, die er selbst mit seiner Enzyklika Populorum progressio etwa zehn Jahre vorher gegeben hatte.

Die frühesten Kontakte zwischen SPD und dem Heiligen Stuhl waren 1963 auf Anregung des damals neuen Papstes Paul

VI. zustande gekommen, damals gegen den Widerstand der Bonner Nuntiatur und der Deutschen Botschaft beim Heiligen Stuhl. In der zweiten Hälfte der 70er, in den 80er und 90er Jahren kam es zu regelmäßigen und intensiven Kontakten, die nicht in jedem Fall auf eine Papst-Audienz gezielt waren, sondern bei denen es vornehmlich um die Wahrnehmung der katholischen Kirche als Weltkirche und als Brennpunkt weltweit wirksamer Entwicklungen ging. Willy Brandt, Helmut Schmidt, Hans-Jochen Vogel, Herta Däubler-Gmelin, Hans Koschnick, Rudolf Scharping und Wolfgang Thierse, alle ließen sich bei ihren Besuchen in Rom ein auf das vielfältige Zusammenwirken alter und neuer Elemente der katholischen Weltkirche.

Ein früher Anknüpfungspunkt gemeinsamen Interesses war die vatikanische Ostpolitik, die – ähnlich wie die deutsche Ostpolitik – auf menschliche Erleichterungen, hier Verbesserungen von seelsorgerischen Möglichkeiten zielte. Die Überlegungen beim Heiligen Stuhl, die rechtliche Situation der Kirche in Ländern des Ostblocks zu verbessern durch eine modellartige, staatskirchenrechtlich wirksame Vereinbarung mit der DDR, war mehrmals ein Thema. Trotz der benachbarten Ziele gab es große Skepsis gegenüber Veränderungen der rechtlichen Situation. Papst Johannes Paul II. beendete diese Diskussion und ließ früh eine Haltung gegenüber den osteuropäischen Staaten erkennen, die auf Überwindung der kommunistischen Diktaturen zielte.

Eine weiteres Berührungsthema waren die Fragen der Dritten Welt. Zunächst standen die Möglichkeiten einer internationalen Verbesserung der Entwicklungspolitik im Vordergrund. Aber auch die neue Gestalt kirchlichen Selbstbewusstseins in den Ländern der Dritten Welt kam dabei in den Blick. Es wurden Chancen des Glaubens und politischer Konsequenzen aus dem Glauben erkennbar, wie sie insbesondere in der Theologie der Befreiung zum Ausdruck kamen. Besondere Aufmerksamkeit fand die schwankende Haltung der verschiedenen vatikanischen Instanzen zu »Aspekten der Theologie der Befreiung«.

Viel Übereinstimmung ergab sich zu den Inhalten der katholischen Soziallehre, die in diesem Zeitraum eine deutliche Weiterentwicklung erfuhr. Nach den richtungweisenden Impulsen von Papst Paul VI. wurden die Enzyklika Laborem exercens von Jo-

Burkhard Reichert

hannes Paul II. mit ihrer Sozialethik der Arbeit, aber auch »Solicituto rei socialis« und »Octogesimo adveniens« Gegenstand des Austauschs. Bis heute hält der Papst an einer scharfen Kritik der menschenwidrigen Tendenzen des Kapitalismus fest, was 1993 in einem Interview seinen Ausdruck fand, in dem der Papst die Samenkörner der Wahrheit festzuhalten suchte, die auch in den sozialistischen und kommunistischen Ansätzen enthalten gewesen waren, um einem bloßen Sieg des Kapitalismus als alleinigem Gesellschaftsmodell entgegenzuwirken.

Erfolge und Mängel

Wenn Gesprächsbereitschaft das erste und die Schaffung regelmäßig funktionierender Gespräche zwischen Sozialdemokratie und den Kirchen das wichtigste Ziel der Arbeit des Kirchenreferats gewesen waren, kann einiges an Erfolg vermeldet werden. Dialog findet heute in voller Breite mit den unterschiedlichen kirchlichen Bereichen statt, in der Hierarchie ebenso wie bei kirchlichen Werken, karitativen Einrichtungen, den Repräsentanten des Laienkatholizismus und der Verbände sowie mit Akademien, Hochschulen und Ordensgemeinschaften.

Eine besonders intensive und ergiebige Phase des Dialogs war der Konsultationsprozess zum Gemeinsamen Wort der Kirchen zur wirtschaftlichen und sozialen Lage in Deutschland (1994-1997). Die SPD beteiligte sich auf vielen Ebenen an den Diskussionen mit Anregung und Kritik zu den verschiedenen Stadien der Entwürfe. Es gab Anhörungen mit den Vorsitzenden des Rates der EKD und der Deutschen Bischofskonferenz in der Bundestagsfraktion, mehrere gemeinsame Veranstaltungen auf Bundesebene, viele örtliche Diskussionsabende, von Unterbezirken und Ortsvereinen veranstaltet, und ausführliche Stellungnahmen zum ersten Entwurf und zum abschließenden Dokument, von den Arbeitsbereichen der Bundestagsfraktion erarbeitet. Dabei wurde zwar viel Übereinstimmung mit der Grundintention und den vielen Anregungen des Kirchenpapiers bekundet, aber gleichzeitig stets eingeräumt, dass auch eine sozialdemokratisch geführte Bundesregierung nicht ohne Schwierigkeiten den Forderungen und Anregungen des Kirchenwortes wird entsprechen können.

Ein weiteres Ziel, nämlich der Abbau von Sperren gegen die SPD im Wahlverhalten der Katholiken, ist auf den ersten Blick noch nicht umfassend erreicht. Noch immer bringen Wahlen in überwiegend katholischen Gegenden deutliche Defizite. Hier zeigt sich ein großes Beharrungsvermögen, das allerdings heute nur noch selten durch direkte kirchliche Einflussnahme gestützt wird. Parteibindung, Sympathien und Antipathien beruhen inzwischen mehr auf verselbständigten Traditionen. Gerade in ihrer Kirche aktive Katholiken mit Interesse an den kirchlich besetzten politischen Themen, z. B. soziale Gerechtigkeit, Stärkung der Familien, Gerechtigkeit und Solidarität für die Dritte Welt, Friedenssicherung, Menschenrechte, sind im Laufe der Zeit thematisch ansprechbar geworden und blicken mit Erwartungen und Kritik auf die Sachaussagen und das konkrete Handeln der Parteien. Hier liegt eine Chance für die SPD und ihre Dialogarbeit. So hat der Konsultationsprozess zum Wort der Kirchen und erst recht das 1997 veröffentlichte Ergebnisdokument die traditionelle Nähe vieler kirchlich gebundener Bereiche zu den C-Parteien infrage gestellt und zumindest durch Delegitimierung der Unions-geführten Regierung Einfluss auf das Wahlergebnis von 1998 genommen.

Eine besonders schwer zu überwindende Schwierigkeit im katholischen Bereich ist auch heute noch der Mangel an Sozialdemokratinnen und Sozialdemokraten mit katholischem Profil. Insbesondere wenn es um Namensvorschläge für Mitarbeit in katholischen Gremien geht, ist innerkirchliches Engagement Voraussetzung. Oft sind die Türen für die Mitgliedschaft von Sozialdemokraten in kirchlichen Gremien, selbst im Zentralkomitee, weiter offen, als dies mit geeigneten und in der Kirche verankerten SPD-Mitgliedern beantwortet werden kann.

Gerade diesem Mangel will der von Hans-Jochen Vogel vor vielen Jahren angeregte Arbeitskreis katholischer Sozialdemokraten entgegenwirken: Die lose Vereinigung, ohne Namenformel, Statut oder Vorsitzende, aber mit wichtigen Schutzpatronen (Hans-Jochen Vogel, Wolfgang Thierse) und Inspiratoren (Georg Leber, Heinz Rapp) ist hervorgegangen aus sozialdemokrati-

Burkhard Reichert

schen Kirchentagsbeteiligten und der Koordination von Kontaktbemühungen zwischen SPD und katholischer Kirche auf den verschiedenen Ebenen. Ebenso sind einbezogen Frauen und Männer, die als Sozialdemokraten in wichtigen kirchlichen Aufgabenbereichen tätig sind. Etwa zweimal im Jahr trifft sich die Gruppe zum Erfahrungsaustausch über die Situation in den einzelnen Arbeitsbereichen und diskutiert Anregungen und Analysen zu kirchlichen und innerparteilichen Entwicklungen. Hier werden auch die Akzente unserer Präsenz bei den Katholikentagen beraten.

Ökumene

Immer wieder wird gefragt, warum die sozialdemokratische Kirchenarbeit bisher in zwei nach Konfessionen getrennten Referaten vorgenommen wurde. Die Antwort ist einfach: Die Entscheidung wurde zu Beginn der 70er Jahre bei der Einrichtung des Kirchenreferats getroffen, als sich die Parteiführung für einen getrennten evangelischen und katholischen Ansatz entschied. Beide Bereiche boten ganz unterschiedliche Voraussetzungen. Die politische Geschichte des Katholizismus mit seiner Prägung durch die Zentrumstradition, fortgesetzt durch die Unionsparteien, schuf zahlreiche ideologische und sachliche Gegensätze zur SPD, während es im evangelischen Bereich ein breites Terrain gewonnenen Vertrauens für die Sozialdemokratie ebenso gab wie innerhalb der SPD zahlreiche personelle Querverbindungen zum Protestantismus. Dies machte unterschiedliche Vorgehensweisen nach Stil und Methoden erforderlich. Für den katholischen Bereich mussten zunächst die Beziehungen auf offizieller Ebene aufgebaut werden, bis Vertrauen und inhaltlicher Austausch möglich wurde.

Diese Unterschiede haben die beiden Kirchenreferate nie gehindert, da gemeinsam vorzugehen, wo dies angezeigt war; dies gilt z. B. für die Beratungstätigkeit von Kirchenkontakten in den Landesverbänden, für die Entwicklung von Sachpositionen und für unsere Präsentation im ökumenischen konziliaren Prozess der 80er Jahre, vor allem bei der ersten Europäischen Ökumenischen Versammlung in Basel 1989, für die ein gemeinsames Positionspapier entwickelt und eingebracht wurde.

Die konfessionelle Polarisierung ist heute in vielerlei Hinsicht abgebaut. Zwar gibt es noch immer eine größere Fremdheit im katholischen Bereich, aber die Verständigungsmöglichkeiten haben sich denen zum evangelischen Bereich angeglichen. Die Kirchen haben gelernt, gemeinsam als Gesprächspartner aufzutreten; die wichtigsten Stellungnahmen der letzten Jahre sind in Form gemeinsamer Papiere entstanden. Es kommt heute darauf an, die besonderen politischen Anliegen aus beiden Bereichen zu transportieren, sodass sie in der SPD vernommen werden können und umgekehrt bei den kirchlichen Strukturen Verständnis für die Politik der SPD, gerade in ihrer Aufgabe als Regierungspartei, wecken.

Ein wichtiger Schritt für das gemeinsame Handeln evangelischer und katholischer Christen wird im Jahre 2003 der ökumenische Kirchentag in Berlin sein, bei dem die bis heute sehr unterschiedlichen Traditionen des Evangelischen Kirchentags und des Katholikentags zusammengeführt werden. Wenn die Kirchen mit ihren unterschiedlichen historischen Erfahrungen so den Versuch machen, gemeinsam den Weg der Zukunft des politischen Dialogs zu gehen, bedarf dies auch seitens der SPD einer Antwort, die auf diese Trends eingeht.

Zukunft

Muss eine besondere Kontaktpflege zu den Kirchenbereichen in Form eines Kirchenreferats nicht darauf gerichtet sein, sich auf Dauer überflüssig zu machen? Diese Frage kennzeichnete den Anfang der Arbeit des Kirchenreferats. Heute, wo vieles an Gegensätzen abgebaut ist und Dialog und Dialogbereitschaft selbstverständliche Übung geworden sind, bleibt es immer noch nötig und sinnvoll, in der Sozialdemokratischen Partei Deutschlands die Aufmerksamkeit für die politisch relevanten Vorgänge in den Kirchen und Religionsgemeinschaften zu schärfen und umgedreht den politischen Sorgen, Anliegen und Gestaltungsvorschlägen aus den Bereichen von Kirchen und Religion als aufmerksame Kontaktstelle zu dienen. Dabei kann sich diese Arbeit längst nicht mehr auf die großen christlichen Kirchen beschränken. Judentum und Islam, aber auch kleinere Religionsgemeinschaften sind seit Jahren in den Dialog einbezogen. Gerade im Wandel, dem die Bereiche von Politik ebenso wie die der Religion unterworfen sind, wird ein eigenes Referat beim Parteivorstand der SPD mit wacher Aufmerksamkeit und sichtbarem Dialogangebot für die Kirchen und Religionsgemeinschaften auch in Zukunft eine Aufgabe haben, erst recht am neuen Sitz von Parlament und Regierung in Berlin.

Heinz Rapp

Ein Katholik in der Programmarbeit der SPD

Anfänge

Im Jahr 1952 schrieb ich auf einen Artikel hin dem Vorstandsmitglied der SPD, Dr. Adolf Arndt, einen Brief etwa des folgenden Inhalts: »Ich bin katholisch und möchte Mitglied der SPD werden.« Unter meinen Freunden sprach es sich herum: helles Entsetzen! Meine Freunde und ich sind im katholischen Milieu groß geworden (z. B. Jungschar bis zum Verbot, Ministranten). Nach dem Krieg trafen wir uns wieder, viele gingen zur Jungen Union – deren Vorstellung: »Unsere Kirche steht im Abwehrkampf gegen Marxismus und Sozialismus, im Kirchenkampf gegen die SPD.« Meine Antwort: »Mein Eindruck ist ein ganz anderer, – tatsächlich will die SPD für sich ein neues Beginnen; sie sucht, sie fragt, sie lernt, sie erneuert sich. Stört euch das? Offenbar durch die Schule des falschen Propheten Carl Schmitt mit seiner katholischen Zuspitzung gegangen, braucht die CDU wohl den unerbittlichen, unversöhnlichen, identitätsstiftenden Todfeind – erinnert euch, wie die CDU den Wahlkampf geführt hat!« Und weiter: »Wie ›katholisch‹ ist eigentlich die Kirche noch, die um ihres machtbewussten Integralismus willen sich vor die CDU stellt – anstatt in die günstige Situation hinein der SPD werbend ihre Gesellschaftslehre anzubieten?«

Dann aber wandte ich mich kritisch der SPD zu: »Von Ihnen, Herr Dr. Arndt, abgesehen, lässt die SPD dies alles über sich ergehen – uninteressiert, wie ich finde. Die vielen evangelischen Christen in der SPD, die vereinzelten Katholiken, warum wehren sie sich nicht, warum verweisen sie nicht auf ihre Einsicht, wie nach ihrer Überzeugung christliche Verantwortung wahrzunehmen sei? Die SPD sollte es nicht mehr zulassen, dass die Parteienkonstellation in Deutschland im allgemeinen Bewusstsein auf der Linie Christlich / Nicht-Christlich = Widerchristlich verläuft: um der Demokratie, des demokratischen Wettbewerbs willen, um des Christentums willen, weil es sonst zum Manichäismus verkommt, und um der SPD willen, die nur dann zur Volkspartei und also regierungsfähig werden kann, wenn auch ein großer Teil der katholischen Arbeitnehmerschaft sich an sie bindet. Es genügt nicht, ihn nur willkommen zu heißen: Was dazu im angekündigten SPD-Grundsatzprogramm stehen wird, darauf wird es ankommen.«

Arndt schrieb mir zurück, er sehe die Dinge ähnlich, und lud mich nach Bonn ein; ich würde dort mit Leuten reden können, die sich im Blick auf das kommende Grundsatzprogramm eben darüber Gedanken machten. Neben Adolf Arndt lernte ich Willi Eichler, Susanne Miller, Fritz Erler, Waldemar von Knöringen, Bruno Gleitze und andere kennen.

»In der SPD kommen Menschen aus verschiedenen Glaubens- und Denkrichtungen zusammen, deren Übereinstimmung auf sittlichen Grundwerten und gleichen politischen Zielen beruht«, leitete einer das Gespräch ein, »so etwa wird es wohl im Programm stehen – wird das den Katholiken zu wenig sein?« Ein anderer: »Niemals darf uns passieren, was der holländischen Bruderpartei nach dem Krieg passierte: Unter dem Druck der verschiedenen Glaubens- und Werthaltungen haben die per Satzung die Partei ›versäult‹ – bis nichts mehr funktionierte.« Ich antwortete, dies sei das genaue Gegenteil dessen, was ich wolle und erwarte: Die Satzung stellt die Mitgliedsrechte für alle sicher, wozu auch gehört, dass unterhalb der Satzungsebene aus gegebenem Anlass oder im Turnus Parteimitglieder sich zusammensetzen, um in die Partei zurück Anregungen oder Beschwerden zu formulieren. Man war zufrieden.

Am meisten wurde darüber gesprochen, was es denn mit der katholischen Soziallehre auf sich habe; werde sie für Andersdenkende überhaupt nachvollziehbar sein? Auf diese Frage war ich vorbereitet (Enzykliken, Nell-Breunings »Wirtschaft und Gesellschaft«). Aus all unseren Gesprächen nahm ich jedenfalls die

Überzeugung mit, dass ehrlich und ernsthaft an diesem Teil des Entwurfs gearbeitet wurde: Ich hatte mich nicht getäuscht, das Bloß-Taktische hatte kaum eine Rolle gespielt. Alsbald darauf bin ich in die SPD eingetreten – wohl wissend, welche besondere Aufgabe sich mir da stellte. Die Korrespondenz mit Adolf Arndt ging weiter.

In den mittleren Fünfzigerjahren kamen Spannung und Bewegung auch im deutschen Katholizismus auf. Vor allem in den kirchlichen Akademien und im Episkopat wurde erkannt, wie sehr durch die vielfältigen Personalunionen zwischen den Verbänden und den C-Parteien und durch das arbeitsteilige Zusammenspiel das katholische Milieu sich der Gefahr der Verengung in ein selbst-gezimmertes Ghetto aussetzte; die großartige Chance zur Neu-Evangelisierung nach dem Krieg war jedenfalls vertan.

Sowohl vom SPD-Parteivorstand als auch von der Katholischen Akademie in Bayern bekam ich 1957/58 die Einladung zu Tagungen in München, die die Akademie unter dem Titel »Gespräch mit der Welt« publizierte, während die entsprechende SPD-Broschüre mit »Katholizismus und Sozialdemokratie« überschrieben war. Zu aller Überraschung gab es da auf der kirchlichen Seite gleich einen Zwist zwischen dem »Löwen von Rom«, dem Jesuiten-Pater Gustav Gundlach und P. Oswald von Nell-Breuning SJ von Frankfurt: Während dieser dem Programmprozess der SPD Gerechtigkeit widerfahren ließ, hat Gundlach hartnäckig auf seinem Integralismus bestanden – die SPD eines weltanschaulichen Liberalismus anklagend (»gegen das bisschen SPD-Sozialismus haben wir nichts«). Adolf Arndt, Carlo Schmid, Knöringen und Weißer setzten dagegen, dass eine politische Partei um der Freiheit aller Bürger willen keine letzten Wahrheiten zu verkünden, wohl aber die Glaubenswahrheiten des Volkes und nicht zuletzt der eigenen Mitglieder zu achten habe. Neben mir im Saal saßen zwei CDU-Granden, die sich zuflüsterten:»Wir werden uns gegen die SPD jetzt eine neue Taktik einfallen lassen müssen.« Gegen die Münchener Tagung hatte Adenauer im Vatikan interveniert und protestiert: Es half nichts. Von da an setzte das allmähliche Ende des »katholischen Integralismus« ein.

Wenig später formulierte dann das »Godesberger Programm«:

»Der demokratische Sozialismus, der in Europa in christlicher Ethik, im Humanismus und in der klassischen Philosophie verwurzelt ist, will keine letzten Wahrheiten verkünden, nicht aus Verständnislosigkeit gegenüber den Weltanschauungen oder religiösen Wahrheiten, sondern aus Achtung vor den Glaubensentscheidungen der Menschen, über deren Inhalt weder eine politische Partei noch der Staat zu bestimmen haben.

Der Sozialismus ist kein Religionsersatz. Die sozialdemokratische Partei achtet die Kirchen und Religionsgemeinschaften, ihren besonderen Auftrag und ihre Eigenständigkeit. Sie bejaht ihren öffentlich-rechtlichen Schutz. Zur Zusammenarbeit mit den Kirchen und Religionsgemeinschaften im Sinne einer freien Partnerschaft ist sie stets bereit. Sie begrüßt, dass Menschen aus religiöser Bindung heraus eine Verpflichtung zum sozialen Handeln sehen und zur Übernahme von Verantwortung in der Gesellschaft bereit sind.«

Wichtige kirchliche Stimmen zogen aus dem Godesberger Programm den Schluss, die SPD könne nun nicht mehr als eine kirchenfeindliche Partei angesehen werden. In jeder Partei und Koalition seien Katholiken mit dabei, es gebe in Deutschland keine »Kirchenpartei« mehr; die Christen und die Kirchen müssten sich daran gewöhnen – soweit sie das nicht schon getan hätten –, dass auch »wirklich kirchliche Christen« verschiedenen Parteien angehören. Es gebe nach dem SPD-Grundsatzprogramm »ein klares Ja zum religiös neutralen Staat – und nicht zu einem wertneutralen«.

1964 erklärte das II. Vatikanische Konzil (Gaudium et spes) für die Zukunft grundlegend: »In Fragen der Ordnung der irdischen Dinge kann es unter Christen Meinungsverschiedenheiten geben; in diesen Fällen hat niemand das Recht, die kirchliche Autorität ausschließlich für sich in Anspruch zu nehmen.«

Der Übergang der katholischen Kirche von der politischen Parteinahme für eine Art von »Christlicher Einheitspartei« hin zur Gestaltung der Beziehungen zu den Parteien nach dem Äquidistanz-Prinzip hatte stattgefunden – ungeachtet nur langsam abnehmender Proteste.

Das Äquidistanz-Prinzip besagt: Jede Partei bestimmt die Nähe oder Ferne zur Kirche (zu den Kirchen) je nach Maßgabe ihrer faktischen Politik selber. Eine Partei also, die

– nicht nur in den großen Linien ihrer Politik, sondern auch im Tages-Pragmatismus die Reflexion auf die Grundwerte vermissen lässt, verfehlt sich selber und entfremdet sich auch den Kirchen;

– die religiöse und weltanschauliche Pluralität ihrer Mitglieder nicht auf wertgebundenes, einheitliches Handeln hinlenkt und stattdessen alles »laufen lässt« (»alles geht«) und gar ihren Indifferentismus noch weltanschaulich überhöht, wird nicht mit der Sympathie der Kirche (der Kirchen) rechnen können;

– den Kirchen und Religionsgemeinschaften »im Sinne freier Partnerschaft« die Zusammenarbeit anbietet, ihre Anregungen oder auch Warnungen aber nicht zur Kenntnis nimmt oder nicht beantwortet, verabschiedet sich selbst aus der Partnerschaft.

Herbert Wehner, Willy Brandt und vor allem Hans-Jochen Vogel haben »die Zusammenarbeit mit den Kirchen in freier Partnerschaft« hochgehalten – von den letzten vier Parteivorsitzenden war diesbezüglich wenig zu hören. Nun steht die dritte Erneuerung des Grundsatzprogramms der SPD bevor – wir dürfen gespannt sein ...

Arbeit am Programm

Eher durch Zufall fand ich das Gehör der für die Erstfassung des Godesberger Programms Zuständigen; die nach mehreren Jahren vorgelegten Texte und das 1959 vom Parteitag beschlossene Dokument gingen über meine Erwartungen hinaus.

Nach dem Wahlsieg 1972 (ich wurde selbst in den Bundestag gewählt) sagte mir Willy Brandt, den Erfolg verdanke er vor allem den katholischen Arbeitnehmern, die Vertrauen gefasst hätten zu unserer Haltung zu ihrer Kirche; er werde das nicht vergessen. Er setzte beim Parteivorstand einen katholischen und einen evangelischen Kirchenreferenten ein (der katholische kam von der Katholischen Akademie in Bayern, Burkhard Reichert). 1973 etablierte er die »Grundwerte-Kommission« beim Parteivorstand (GWK), deren Aufgabe es sein sollte, »die nach 1959 aufgetretenen Probleme, Konflikte, veränderten Verhaltensweisen und Werthaltungen zu präzisieren und zu konkretisieren«;

die Ergebnisse wurden in »Diskussionsschriften« festgehalten. Nach einem Interim wurden Erhard Eppler der Vorsitzende der GWK, Richard Löwenthal, später Thomas Meyer und ich seine Stellvertreter; Burkhard Reichert war der Sekretär. Sie besteht unter dem Vorsitz von Wolfgang Thierse und Thomas Meyer auf Dauer weiter. Erst 1982 wurde eine eigene, satzungsgemäß aus Delegierten der Landes- und Bezirksverbände besetzte »Programm-Kommission« (PrK) geschaffen. Erhard Eppler war der stellvertretende Vorsitzende der PrK und »die Seele des Ganzen«, Thomas Meyer und ich waren Delegierte aus den Landesverbänden. Im Blick auf den Verfahrensvorsprung aus der GWK erwartete uns drei eine besondere Menge Arbeit; die Zahl der Anträge aus den Orts-, Kreis- und Landesverbänden war gewaltig.

Übrigens war ich nicht der einzige Katholik in der Programm-Kommission 82/89. Und ich müsste alle enttäuschen, die aus dem mir gestellten Thema »ein Katholik in der Programmarbeit der SPD« ableiteten, es müsse dabei zu Sensationen gekommen sein: »Wir begrüßen und achten die persönlichen Grundüberzeugungen und Glaubenshaltungen, sie können niemals Parteibeschlüssen unterworfen werden«, heißt es im Parteiprogramm; und niemand hat es versucht. Wenn jemand einen dummen Witz zu »catholicis« meinte machen zu sollen, wusste ich mich dessen zu erwehren.

Was schon vorkommt, ist, dass »in den beiden Sprachen« die gleichen Begriffe unterschiedliche Bedeutung haben und man »übersetzen« muss. Beispiel: »Solidarität« ist in beiden »Sprachen« etwas, das nicht erzwingbar ist; sie ist die Bereitschaft, über Rechtsverpflichtungen hinaus füreinander einzustehen – zunächst einmal also nur »Gesinnung«. Erzwingbar ist, was »rechtens« ist, sich auf den Grundwert der Gerechtigkeit bezieht – die geforderte Tat selbst. Im alten Begriffsgebrauch der SPD (der noch eine Prise von Kampf-Solidarität enthält) steht oftmals Solidarität für Gerechtigkeit. Nimmt man hinzu, dass der katholische Begriff von Solidarität sich auf »Subsidiarität« stützt, also Zuständigkeiten mit enthält – Missverständnisse liegen da nahe. Jedermann fällt auf, dass im Berliner Grundsatzprogramm von 1989 viel von Freiheits- und Teilhaberechten die Rede ist und nur sehr wenig von den korrespondierenden Pflichten. Bei genauer Betrachtung liegt es meist an unterschiedlichen Wortbedeutungen.

In diesem Zusammenhang fiel mir auf, dass alle Parteiprogramme nur UNS und WIR ansprechen, wobei nicht vor Augen kommt, wie sehr das Funktionieren der Kollektivethik vom individuellen Verhalten, von ICH und DU abhängt. Wenn ich mich richtig erinnere, habe ich daran mitgewirkt, dass im Unterkapitel »Grundwerte des demokratischen Sozialismus« diesem Mangel entgegengewirkt wird: Die Grundwerte sind Maßstäbe sowohl für die Beurteilung der Wirklichkeit, für eine bessere Ordnung der Gesellschaft und zugleich für das Handeln der einzelnen Sozialdemokratinnen und Sozialdemokraten. Einrede gab es dazu auch: Ein Programm sei ein Programm und kein Beichtzettel; es gehe hier um Strukturen und nicht um das Wohlverhalten von Einzelnen. Im Übrigen sei das ICH und DU im WIR und UNS mit erfasst. – Als ob man nicht aus jeder Tageszeitung den Gegenbeweis führen könnte! – In der Programm-Diskussion hat einmal einer gefragt, ob wir, wenn wir Solidarität sagen, dabei auch die »Compassion« mit bedächten, das Mitgefühl, die »soziale Liebe«, ohne die die Solidarität letztlich ein kaltes Wort bleibt.

Schon zu Beginn der Grundwerte-Kommission hatte ich moniert, dass das Godesberger Programm das NICHT ABSTIMMBARE – Grundüberzeugungen, Glaubenshaltungen – zwar dem Griff der Politik entzieht, seinen Einfluss auf die politisch handelnden Menschen aber nicht genügend beachtet; ich sagte, auch wir müssten ein unbestritten »nicht abstimmbares Menschenbild« haben wie z.B. die C-Parteien mit ihrem »christlichen Menschenbild«. Letzteres hätte ich besser nicht gesagt; der Widerspruch kam zu Recht: »am Ende christliches Menschenbild für alle?« Besser wäre gewesen, ich hätte von unserer Vorstellung vom Menschen, von einer uns gemeinsamen Anthropologie gesprochen. Für den Moment war das Thema damals erledigt. In der späteren Debatte der Programm-Kommission brach die anthropologische Frage von selber wieder auf. Inzwischen hatte der »Orientierungsrahmen 85«, eine nicht von der Grundwerte-Kommission vorgestellte Schrift, ein Modell vorgelegt, an das wir uns halten konnten.

Die C-Parteien haben das Leitwort »Politik aus dem christlichen Menschenbild« gewiss nicht nur, aber oft genug, in taktischer Absicht benutzt: Da die SPD sich bei der weltanschaulichen Pluralität ihrer Anhängerschaft nicht auf ein »christliches Menschenbild« berufen kann, suggerierte die CDU, die SPD stelle sich gegen das »christliche Menschenbild«.

Einige evangelische und katholische Christen aus der Partei mit dem soeben beschriebenen Interesse haben darüber mit einem Moraltheologen gesprochen; gemeinsam fanden wir die Lösung des Problems; unser Gesprächspartner: »Keine politische Partei kann und darf von ihren Mitgliedern das Bekenntnis zu einem Menschenbild gleich welcher Art abfordern; tatsächlich tut das auch keine, schon deshalb nicht, weil der Begriff ›Menschenbild‹ nicht sauber zu definieren ist – ein gesicherter theologischer und philosophischer Terminus ist das nicht. Solange beispielsweise die katholischen und evangelischen Christen in Sachen Rechtfertigung einen Bann ›Gnade/Werkheiligkeit‹ zwischen sich aufgerichtet hatten (inzwischen abgeschafft), hatten beide ein höchst unterschiedliches christliches Menschenbild.« Wir wurden vor der Versuchung gewarnt, in bester Absicht ein positiv gefülltes und politisch gewichtetes Menschenbild zu konstruieren – um der Freiheit willen. Was allein gehe, sei ein »Menschenbild«, das aufzeigt, was man mit Menschen auf keinen Fall veranstalten darf. »Mein Rat: Verweisen Sie doch einfach in Ihrem Programm auf die Deklaration der Menschenrechte, da haben Sie ein fast weltweit anerkanntes ›Unabstimmbares‹; wer z. B. den Parteiantrag stellte, die Folter wieder einzuführen, hätte ohne weiteres sein Parteibuch abzugeben.« So getan – man lese den gedankenreichen und sprachlich glänzenden Abschnitt II »Die Grundlagen unserer Partei« im Berliner Programm.

Erfolge also – beispielsweise – aus der Sicht eines »Katholiken in der Programmarbeit der SPD«, die ich auch mir zurechne. Hingegen ist es mir zu Fragen der Wirtschafts- und Finanzpolitik weniger gut ergangen. Etwa zur Hälfte der Beratungen sah ich mich veranlasst, ein Kapitel »Wie wir morgen leben wollen und können« vorzulegen, das den allmählich überbordenden Trend zu »Machen wir alles, und zwar etwas schneller, größer, besser, schöner« zurückstutzen sollte – ohne dabei die Menschen zu entmutigen. Insbesondere wurde aufgerufen zur Konsolidierung der öffentlichen Finanzen. Dieser Antrag wurde zunächst akzeptiert – bei der Abstimmung des Parteitags am 20. 11. 89 aber war ich längere Zeit krank – und siehe da: »mein« Antrag war gestrichen. Wenige Jahre später schrieb ich an die Adresse Ollenhauer-Haus, die SPD werde auseinander fallen, wenn sie die Konsolidierung der öffentlichen Haushalte nicht als »sozialdemokratisches Projekt« betrachte.

Zur Unternehmensverfassung habe ich versucht, die Leistung der Unternehmer als einen »Produktionsfaktor besonderer Art« (O. v. Nell-Breuning) vorzustellen; damit habe ich den Typ von Unternehmer gemeint, den wir gern als Mitglied in der SPD hätten. Das kam zu früh – ein Gewerkschafter sagte mir über den Tisch: »Lass mal – bei der nächsten Fortschreibung des SPD-Programms geht das reibungslos.«

Die SPD ist und bleibt eine Programmpartei; sie bleibt es auch in Bezug auf die »jeweils neuen Probleme, Konflikte, Herrschaftsverhältnisse, Verhaltensweisen und Werthaltungen«. Die dritte Fassung des Grundsatzprogramms werde ich altershalber aus der Distanz verfolgen. Sie wird nachvollziehen, was Hans Eichel geleistet hat, und wird aufzeigen müssen, wie unter veränderten Umständen wieder Gerechtigkeit geschaffen werden kann. Die gemeinsamen Texte der Kirchen »Für eine Zukunft in Solidarität und Gerechtigkeit« wird mancher zu Rate ziehen. Über diese Entwicklung freue ich mich ebenso wie über die Tatsache, dass inzwischen viele SPD-Mitglieder im Zentralkomitee der Deutschen Katholiken mitarbeiten – zeitweise war ich dort der einzige gewesen.

Ottmar Schreiner

»Nicht der Markt,
sondern der Mensch ist das Maß!«

Der Weg ist das Ziel. Eine kleine Revolution war es schon, als die beiden großen christlichen Kirchen diesen Satz zum methodischen Leitmotiv ihres gemeinsamen »Wort(es) ... zur sozialen und wirtschaftlichen Lage in Deutschland« gemacht hatten. Es fiel nicht als Hirtenwort vom Himmel auf die Herde. Es wurde auch nicht die bis dato vertraute Verfahrensweise gewählt, das Papier durch ein Beraterteam vorbereiten und dann von den Kirchenleitungen fertig stellen und präsentieren zu lassen. Gesucht und erreicht wurde vielmehr ein in der Geschichte der deutschen Kirchen bislang einmaliger demokratischer Konsultationsprozess. Einbezogen in das Gespräch waren Vertreter aus Politik, Gewerkschaften, Wirtschaft und Verbänden und anderen gesellschaftlichen Gruppen. Ein spezielles Interesse galt dem Dialog mit den »Mühseligen und Beladenen«, jenen in unserer Gesellschaft, die in besonderem Maße Belastungen und Schwierigkeiten ausgesetzt sind. Gefunden wurde schließlich ein für kirchliche Verhältnisse elementar neuer Ausdruck der Sozialverkündigung, nämlich eine »Konsultation an der Basis«. Die Auseinandersetzung wurde angestoßen mit dem im November 1994 verkürzt als »Sozialpapier« veröffentlichten Dokument, das Grundlage für die nachfolgende breite Diskussion war. Nahezu vier Jahre später wurde dann die Endfassung des gemeinsamen Wortes beider Kirchen publiziert.

Viele Bürgerinnen und Bürger, die ihre Alltagserfahrungen, ihre Anliegen, Ansichten und Probleme in den Diskussionsprozess einbringen konnten, wurden dabei gewahr, selbst Subjekt des Veränderungsprozesses zu sein. Die Kirchen sind mit dieser neuen Form ihrer inhaltlichen Arbeit nunmehr in der Demokratie angekommen. Das war seit längerem überfällig. Die breite gesellschaftliche und öffentliche Resonanz, die der Dialog und das Ergebnis gefunden hatten, ermutigt dazu, dem eingeschlagenen Weg auch künftig zu folgen. Wesentlichen Anteil am methodischen Vorgehen und am Inhalt des Kirchenwortes hatten die Verantwortlichen in den beiden Kirchen, Bischof Dr. Josef Homeyer als Vorsitzender der für gesellschaftliche und soziale Fragen zuständigen Kommission der Deutschen Bischofskonferenz sowie Hermann Barth als Vizepräsident des Kirchenamtes der Evangelischen Kirche Deutschlands. Beide haben rückblickend Anliegen und Wirkung des Dialogs in dem Satz zusammengefasst: »Mit ihrem Konsultationsprozess zur Vorbereitung eines gemeinsamen Wortes zur wirtschaftlichen und sozialen Lage in Deutschland haben die Kirchen einen umfassenden Dialog über die Grundlagen und Zukunftsperspektiven unserer Gesellschaft und ihres solidarischen Zusammenhalts angestoßen.«

Die Kirchen sind nicht politische Partei. Sie können und wollen nicht die Funktionen oder auch nur Teilfunktionen politischer Parteien wahrnehmen, da sie keine unmittelbare Verantwortung bei der Gestaltung von Politik haben. Insoweit ist das Kirchenwort auch kein, auf sofortige Umsetzung angelegtes politisches Aktionsprogramm und als solches auch nicht diskutierbar. Andererseits ist es gerade ein elementarer Wesenskern des christlichen Selbstverständnisses – die Bergpredigt sei hier als besonders augenfälliges Beispiel genannt –, dass Christen sich mutig und engagiert in das gesellschaftliche Geschehen einmischen. Oswald von Nell-Breuning, der vor einigen Jahren verstorbene große alte Mann der katholischen Soziallehre hat diesen Auftrag an die Kirche und ihre Mitglieder – in Anlehnung an ein Zitat von Karl Marx – einmal so formuliert: »Wir sollten über unsere Welt nicht geistreich philosophieren, sondern sie herzhaft anpacken, sie verändern, sie gegebenenfalls umkrempeln und vom Kopf auf die Füße stellen.«

Welches sind die Leitmotive und Leitgedanken des Kirchenwortes, die jenen Christen Orientierung bieten, die gegebenenfalls die Welt umkrempeln wollen?

Ottmar Schreiner

Solidarität und Gerechtigkeit sind nicht nur die titelgebenden Stichwörter, sie sind tonangebend für den gesamten Text. Normatives Leitbild ist die solidarische Gesellschaft. Der hier zugrundeliegende christliche Solidaritätsbegriff hat seine entscheidende ethische Grundlage in der personellen Einzigartigkeit jedes Menschen, in seiner Würde als Person. Bischof Dr. Josef Homeyer formulierte 1991 in seinem Vortrag »Eine neue Kultur der Solidarität – Rerum Novarum nach 100 Jahren« den Zusammenhang zwischen Solidarität und Gerechtigkeit wie folgt: »Solidarität will und fördert zugleich die gerechte Verfassung der Gesellschaft. Sie lebt aus der Überzeugung, dass alle Menschen in ihrer Würde anzuerkennen sind. Soziale Gerechtigkeit trägt dafür Sorge, dass Bedingungen der gegenseitigen Zuordnung der Menschen geschaffen werden, die deren gemeinsamer Würde angemessen sind. So bereitet Solidarität der Gerechtigkeit den Weg.« Es ist evident, dass die im Kirchenwort postulierte »solidarische Gesellschaft« mit einer sozial entfesselten neoliberalen Marktökonomie nichts gemeinsam hat.

Prägend für den Text wie für den gesamten mehrjährigen Vorbereitungsprozess war eine doppelte Sorge. Zum einen wurde die Gefahr gesehen, dass der für die demokratische Stabilität der bundesdeutschen Nachkriegsentwicklung geradezu konstitutive Sozialstaatskonsens zwischen relevanten Parteien und gesellschaftlichen Gruppen zerbrechen könnte. Über lange Wegstrecken der westdeutschen Republik war es nahezu Allgemeingut, dass nach den großen Katastrophen in der ersten Hälfte dieses Jahrhunderts der in der »Bonner Republik« aufgebaute Sozialstaat den mit Abstand stärksten Beitrag zur Festigung von Demokratie, sozialem Zusammenhalt und zivilem Verhalten beigetragen hat. In den beginnenden 90er Jahren zeichneten vor allem in der Debatte um den »Wirtschaftsstandort Deutschland« Politiker aus dem konservativ-liberalen Parteienspektrum, Wirtschaftslobbyisten und meinungsbildende Teile der Medien ein vielfach völlig verzerrtes und nachgerade denunziatorisches Bild vom deutschen Sozialstaat. Begriffe wie »soziale Hängematte«, »Sozialschmarotzer« und dergleichen mehr machten die Runde. Nach dem Zusammenbruch der realsozialistischen Systeme und dem damit verbundenen Wegfall der Systemkonkurrenz, die ja immer auch eine Konkurrenz um die bessere soziale Qualität der Gesellschaft war, sahen die treibenden neoliberalen Kräfte offenbar ihre Stunde gekommen. Die fortgesetzte Denunziation des Sozialen, ja die versuchte Umwidmung zum Schimpfwort – Schlachten werden bekanntlich auch an der Semantikfront gewonnen – sollten den in Gang gebrachten gesellschaftlichen Wandel zur neoliberalen Marktradikalität ideologisch vorbereiten und legitimieren. Das Kirchenwort stellte sich dieser Kampagne mit klaren Worten entgegen: »Doch Solidarität und Gerechtigkeit genießen heute keine unangefochtene Wertschätzung. Dem Egoismus auf der individuellen Ebene entspricht die Neigung der gesellschaftlichen Gruppen, ihr partikulares Interesse dem Gemeinwohl vorzuordnen. Manche würden der regulativen Idee der Gerechtigkeit gerne den Abschied geben. Sie glauben fälschlich, ein Ausgleich der Interessen stelle sich in der freien Marktwirtschaft von selbst ein. Für die Kirchen und Christen stellt dieser Befund eine große Herausforderung dar.«

Zur Sorge um den gefährdeten Sozialkonsens gesellte sich die Befürchtung, dass sich die tatsächlichen gesellschaftlichen Verhältnisse immer weiter vom angestrebten Sozialkonsens entfernen. Von einer wirklich solidarischen Gesellschaft kann in Deutschland keine Rede sein. Das Kirchenwort enthält zahlreiche diesbezügliche Hinweise, die für sich selbst sprechen: »Tiefe Risse gehen durch unser Land: vor allem der von der Massenarbeitslosigkeit hervorgerufene Riss, aber auch der wachsende Riss zwischen Wohlstand und Armut oder der noch lange nicht geschlossene Riss zwischen Ost und West« (Nr. 2). Oder: »Heute ist die Gefahr groß, dass die Wettbewerbsfähigkeit auf Kosten der sozialen Sicherung gestärkt werden soll. Nicht nur als Anwalt der Schwachen, auch als Anwalt der Vernunft warnen die Kirchen davor, den Pfeiler der sozialen Sicherung zu untergraben« (Nr. 9). oder: »Nicht nur Armut, auch Reichtum muss ein Thema der politischen Debatte sein. Umverteilung ist gegenwärtig häufig Umverteilung des Mangels, weil der Überfluss auf der anderen Seite geschont wird« (Nr. 24). Die Kritik des Kirchenworts an den gesellschaftlichen Zuständen ist klar, hart und mutig. Diese Zustände sind allerdings nicht vom Himmel gefallen, gleichwohl nennt das Kirchenwort weder Ross noch Reiter. Da allerdings war Augustinus präziser: »Der Staat wäre ohne Gerechtigkeit nichts anderes als eine große Räuberbande.«

Das Kirchenwort versuchte, – und hier liegen Stärke und Verdienst – in einer hochkomplexen Phase der gesellschaftlichen Entwicklung, die für viele Menschen mit tief greifenden Unsicherheiten verbunden war, ein weithin beachtetes normatives Fundament zu setzen. Es war eine Phase teilweise immer noch nicht abgeschlossener historischer Umbrüche: Implosion des Realsozialismus, deutsche Einheit, europäischer Binnenmarkt, fortschreitende Globalisierung mit weltweitem strukturellem und sozialem Wandel. Es war eine Phase mit einer aggressiven und lautstarken Antisozialstaatsrhetorik auf der nationalen Bühne. Auf der gleichen Bühne wurde realer Sozialabbau betrieben, die Vermögensungleichheiten nahmen stürmisch zu und die Arbeitslosigkeit mit ihren jährlich steigenden Horrorzahlen wurde fast schon als schicksalhaftes Ereignis empfunden.

Das Kirchenwort bemühte sich, den brüchigen Konsens über elementare Werte, Grundlagen und Ziele des gesellschaftlichen Zusammenlebens zu erneuern und zu stärken. Solidarität und Gerechtigkeit sind dabei nicht nur Gegenwartsmuster, sie sollen auch den nachfolgenden Generationen zuteil werden. Deshalb wurden moderne Begriffe wie Zukunftsfähigkeit und Nachhaltigkeit eingeführt: Es geht um gesellschaftliche Perspektiven, die auch »über den Tag hinaus« Bestand haben sollen. Und nicht zuletzt geht es um ein weltumspannendes Verständnis von Solidarität und Gerechtigkeit: »Die Globalisierung der Wirtschaft bedeutet gleichzeitig die Globalisierung der sozialen und der ökologischen Frage. Damit wächst die Bedeutung einer gemeinsamen Verantwortung der Völkergemeinschaft. Globalisierung ereignet sich nicht wie eine Naturgewalt, sie verlangt nach politischer Gestaltung« (Nr 24). Hier wird klipp und klar am Primat des Politischen festgehalten.

Die Kirchen haben mit ihrem Wort zur wirtschaftlichen und sozialen Lage nicht nur ihr legitimes Recht auf gesellschaftliche Einmischung wahrgenommen. Sie hatten auch die Pflicht dazu. Gerade, weil Solidarität und Gerechtigkeit Wesensbestandteil jeder christlichen Ethik sind, war angesichts manifester gesellschaftlicher Spaltungen und Ausgrenzungen ein überzeugendes

Wort dringlich geworden. Der werteorientierende Teil als Kern des Ganzen ist denn auch wirklich gelungen. Hier werden Intensität und Tiefe des mehrjährigen Dialogs spürbar. Manch Gesagtes ist wohl wirklich unter die Haut gegangen; die auf diesem Feld häufig sich tummelnden Floskeln, Phrasen und Plattitüden sind – dem Himmel sei Dank – unterblieben. Der moralische Impetus ist so beeindruckend formuliert, dass man ihn bei Bedarf der Kirche auch zukünftig gerne als Spiegel vorhalten möchte: »Sie (die Kirchen) betrachten es als ihre besondere Verpflichtung, dem Anliegen jener Gehör zu verschaffen, die im wirtschaftlichen und politischen Kalkül leicht vergessen werden, weil sie sich selbst nicht wirksam artikulieren können: den Armen, Benachteiligten und Machtlosen, auch der kommenden Generationen und der stummen Kreatur. Sie wollen auf diese Weise die Voraussetzungen für eine Politik schaffen, die sich an den Maßstäben der Solidarität und Gerechtigkeit orientiert.«

Während des Konsultationsprozesses zum Kirchenwort gab es etliche Begegnungen, an denen auch Fachleute der Sozialdemokratie beteiligt waren. Wozu kann dieser besondere Dialog zwischen Kirchen und Sozialdemokraten nützlich sein? Dazu gehört zunächst einmal der Versuch, sich über die grundlegenden Werte, die für eine menschenwürdige Ordnung des gesellschaftlichen Zusammenlebens unabdingbar sind, zu verständigen. Dazu gehört dann auch, sich kontinuierlich über gesellschaftliche Entwicklungstendenzen auszutauschen, die den Ordnungsrahmen gefährden oder auch festigen könnten. Die Sozialdemokratie kann zudem über eine gründliche Befassung insbesondere mit der christlichen Soziallehre, die ja über eine lange und fundierte Tradition verfügt, Bereicherungen für die eigene programmatische Arbeit erhalten. Die Kirchen schließlich können von den Erfahrungen einer Partei profitieren, zu deren Kernkompetenz seit weit über einhundert Jahren das Streben nach sozialer Gerechtigkeit, sozialem Ausgleich und solidarischem Zusammenhalt gehört. Es war ein Mann der Kirche, nämlich der Präses der evangelischen Kirche im Rheinland, D. Peter Baier, der am 25. April 1995 vor der SPD-Bundestagsfraktion in einem leidenschaftlichen Beitrag zum Wort der beiden Kirchen unter anderem ausführte: »Es steht doch außer Zweifel, dass ohne den qualvollen und viele Opfer an Leben und Glück fordernden Kampf der deutschen und der internationalen Arbeiterbewegung weder die im Grundgesetz definierte Sozialverantwortlichkeit der staatlichen Gemeinschaft noch irgendein konkreter Fortschritt des sozialen Rechts möglich gewesen wäre. Diesen Menschen gab seinerzeit der Sozialismus in seinen verschiedenen Erklärungsweisen die Kraft der Hoffnung, die sie trug.«

Der reale Sozialismus in Gestalt seiner Zwangssysteme scheiterte u. a. am Versuch, den Menschen ihre Individualität zu nehmen und sie zu einem Funktionselement des totalitären gesellschaftlichen Organismus herabzuwürdigen. Diese zutiefst missratene und für alle Zeiten diskreditierte Variante von Sozialismus ist zu Recht gescheitert. Nicht gescheitert aber ist das »unverlierbare Humanum« (Präses Baier), das der sozialistischen Theorie innewohnt und in seinem elementarsten Ausdruck der Ausbeutung des Menschen durch den Menschen entgegentritt.

Ausbeutungsverhältnisse unerträglichster Art sind weltweit nach wie vor massenhaft auf der Tagesordnung. So beschreibt die vor gut 10 Jahren publizierte Enzyklika »Centesimus annus« die Lage der Mehrheitsbevölkerung in den Entwicklungsländern wie folgt: »Ihnen wird de facto keine Menschenwürde zuerkannt … Dort herrschen noch die Regeln des Kapitalismus der Gründerzeit mit einer Erbarmungslosigkeit, die jener der finstersten Jahre der ersten Industrialisierungsphase in nichts nachsteht.«

Ohne das »unverlierbare Humanum« verbliebe einem Großteil der Weltbevölkerung nur dumpfeste Hoffnungslosigkeit. Demokratischer Sozialismus wird Zukunft haben.

Anfragen

Jürgen Werbick

Religion ist keine Privatsache!
Theologische Einwände gegen eine politisch
allzu bequeme Floskel

I. »Politik muss ohne Gott auskommen«:
eine Schutzbehauptung

Die Politik hat es nicht mit Gott zu tun. Sie muss gesamtgesellschaftliche Entscheidungen mit allgemeiner Verbindlichkeit organisieren und tut deshalb gut daran, die Entscheidungsgründe
nicht von »letzten Optionen« herzuleiten, in denen es unter politischen Entscheidungsträgern und Entscheidungs-Betroffenen
rebus sic stantibus keine Übereinstimmung geben kann. Konsens
oder Mehrheitsentscheidungen dürfen, da sie allgemeine Bürger-
Akzeptanz beanspruchen, nicht unabdingbar verbunden sein
mit einer Stellungnahme zu Glaubenswahrheiten, die mit den
Überzeugungen vieler Betroffener nicht vereinbar wäre. Der Dissens in »letzten« Überzeugungen darf nicht durchschlagen auf
die politisch relevanten Entscheidungsgründe, weil der Anspruch auf allgemeine Beachtung des politisch Entschiedenen
ansonsten unmoralisch wäre.

Das heißt natürlich nicht, dass politische Entscheidungen
»wertneutral« wären. Politik »lebt« von Wertsetzungen und wird
entscheidungsfähig durch Wertvorgaben, die sie nicht selbst her-
beiführen kann, sondern voraussetzen muss. Sie hat sich aber an
einem Wertekonsens zu orientieren, der politische Entscheidungen auch für die tolerierbar macht, die ihnen im konkreten Fall
nicht zustimmen können. Das verlangt offenbar zweierlei: zum
einen, dass der politisch vorauszusetzende Wertekonsens die
Wertbegründung für verschiedene *Begründungswege* offen hält,
wie sie in »subjektiv-privaten« Überzeugungen nachvollzogen

werden, aber nicht allgemein anerkannt sind; zum anderen, dass politische Entscheidungen sich im Rahmen dessen halten, was man seit *Dietrich Bonhoeffer* den Bereich des »Vorletzten« nennt[1], sodass die Bürgerloyalität allen Betroffenen abverlangt werden kann, weil niemand sich in seinen »letzten Wertüberzeugungen« getroffen fühlen muss.

Die Unterscheidung in »Letztes« und »Vorletztes« schützt politisches Handeln vor integralistisch-fundamentalistischer Zudringlichkeit, die es nicht toleriert, wenn der die politische Entscheidung legitimierende Wertekonsens nicht all das umfasst, was man – weil von Gottes Willen so angeordnet – selbst als unabdingbar ansieht. Solchen Ansprüchen auf Allein-Kompetenz einer religiösen Überzeugungsgemeinschaft im Bereich der werthaften Normierung auch des politischen Handelns ist seit der Aufklärung immer nachdrücklicher widersprochen worden, ohne dass die normative Verankerung politischen Handelns und die Bedeutung religiöser Wertbegründung generell bestritten worden wären. Man versuchte vielmehr, die gesellschaftliche *Öffentlichkeit* als ideelle Trägerin des politisch in Anspruch genommenen Wertekonsenses zu profilieren und es der *privaten* Entscheidung zu überlassen, von welchen – gegebenenfalls religiösen – Vorentscheidungen her die Gültigkeit der den öffentlichen Wertekonsens ausmachenden Normsetzungen abgeleitet wird. Der Staatsbürger, der Mitglied einer Religionsgemeinschaft ist, bleibt gefordert, seine religiöse Überzeugung einzubringen in den öffentlichen Normendiskurs und die öffentliche Meinungsbildung, auf die politisches Handeln sich beziehen muss. Aber er ist als mündiger Bürger – als Privatperson – gefordert, nicht als »verlängerter Arm« einer Kirche, die das politische Geschehen zu dominieren versucht. Politische Subjekte sind nicht die kirchlichen Institutionen des gesellschaftlichen Subsystems Religion, sondern die Privatpersonen, die kirchlich gebunden sein mögen, aber im politischen Bereich gefordert sind, ihre Überzeugungen »fruchtbar« zu machen für die Solidarisierung zu gemeinsamem politischen Handeln.

II. Grundwerte und »weltanschauliche« Überzeugungen – das Godesberger Programm

Die SPD hat sich bis hin zum Godesberger Programm an dieser Bestimmung des Verhältnisses von politischem Handeln und religiös-weltanschaulichen Überzeugungen orientiert. Das Godesberger Programm bekennt sich zu Freiheit, Gerechtigkeit und Solidarität als »Grundwerten des sozialistischen Wollens«. Es betont, dass der diesen Grundwerten verpflichtete demokratische Sozialismus in unterschiedlichen Traditionen »verwurzelt« sei – genannt werden die christliche Ethik, der Humanismus und die klassische Philosophie –, aber »keine letzten Wahrheiten verkünden« wolle; dies »nicht aus Verständnislosigkeit und nicht aus Gleichgültigkeit gegenüber den Weltanschauungen oder religiösen Wahrheiten, sondern aus der Achtung vor den Glaubensentscheidungen der Menschen, über deren Inhalt weder eine politische Partei noch der Staat zu bestimmen hat«. Die SPD definiert sich – als »Partei der Freiheit des Geistes« – im Sinne einer »Gemeinschaft von Menschen, die aus verschiedenen Glaubens- und Denkrichtungen kommen« und sich in »gemeinsamen sittlichen Grundwerten« sowie zur Förderung der gleichen politischen Ziele zusammenfinden.[2] Da der Sozialismus »kein Religionsersatz« sein will, begrüßt es die SPD, »dass Menschen aus ihrer religiösen Bindung heraus eine Verpflichtung zum sozialen Handeln und zur Verantwortung in der Gesellschaft bejahen«. Sie »achtet die Kirchen und die Religionsgemeinschaften, ihren besonderen Auftrag und ihre Eigenständigkeit«, macht aber zugleich geltend, dass nur »gegenseitige Toleranz, die im Andersglaubenden und Andersdenkenden den Mitmenschen gleicher Würde achtet ... eine tragfähige Grundlage für das menschliche und politische Zusammenleben« bietet.[3]

Das Godesberger Programm nahm Abschied von der »Weltanschauungs-Partei«; die Abgrenzung zum weltanschaulichen Wahrheitsanspruch der Parteien marxistisch-leninistischen Typs mag hier eine entscheidende Rolle gespielt haben: Der *demokratische* Sozialismus definiert sich, was die »letzten« Begründungen seiner Grundwerte angeht, als *pluralistisch*. Er will Menschen aus allen »weltanschaulichen Lagern«, sofern sie sich zu diesen

Jürgen Werbick

Grundwerten und ihrer demokratischen Durchsetzung bekennen, zur politischen Mitverantwortung einladen; deshalb
organisiert er sich als *Volkspartei*. Damit übernimmt er ein Differenzierungsmodell, das Religion als Überzeugungs- und Verant-
wortungsressource privatisiert und die Eigenständigkeit der Religionsgemeinschaften bzw. ihren »besonderen Auftrag« achten
lässt, aber ihren Einfluss auf die politische Sphäre möglichst neu-
tralisieren will bzw. lediglich in der »privaten« Motivation der
Kirchenmitglieder zum Engagement für die Grundwerte des
Sozialismus oder andere demokratische Optionen als politisch
relevant anerkennt.

Ich möchte in meinem Beitrag die These begründen, dass dieses Differenzierungsmodell in einer gesellschaftlichen Situation
triftig sein konnte, die von den Entwicklungen der letzten vierzig
Jahre überholt wurde, sodass es in der bisherigen Form aufgegeben werden muss. Es unterstellt eine Unterscheidung des »Privaten« und des »Öffentlich-Politischen«, die der gegenwärtigen
gesellschaftlichen Realität nicht entspricht und dem Selbstverständnis von Religion, jedenfalls des Christentums, widerspricht.

III. Die Ausweglosigkeit bloß defensiver Verhältnisbestimmungen

Die klassische Differenzierungsthese war defensiv: Sie wollte den
kirchlich-institutionellen Einfluss auf die Sphäre des Öffentlich-
Politischen eingrenzen, um so das Selbstbestimmungsrecht des
politischen Souveräns – des Volkes, von dem alle politische
Macht ausgeht – und die Handlungsfähigkeit der politischen
Handlungssubjekte zu schützen. Religionen, Konfessionen und
Weltanschauungen waren willkommen, insoweit sie ihre »Gläubigen« in die Lage versetzten, sich politisch verantwortlich zu
verhalten und sich an jenen »Grundwerten« zu orientieren, die
nach gemeinsamer Überzeugung politisches Handeln normieren
sollten. Religion wird als Motivationsressource in Anspruch genommen, ohne die womöglich nicht sichergestellt werden kann,
dass die Bürger und Bürgerinnen sich in ihre politische Verantwortung rufen und zur Identifikation mit den für unverzichtbar

gehaltenen Grundwerten bewegen lassen. Entscheidungen über »letzte Wahrheiten« sind nach der hier unterstellten Logik des Politischen zu privatisieren, weil sie nicht konsensfähig sind. Als »privatisierte« sind sie aber nicht in jenem allgemeinen Geltungsanspruch ernst genommen, den sie für die Mitglieder der Religionsgemeinschaften haben.

Es wird sinnvoll gewesen sein, den Streit zwischen allgemeinen, »letzten« Geltungsansprüchen aus dem Bereich des Politisch-Öffentlichen zu verbannen, so lange er diesen Bereich zu zerstören oder der Logik des Politischen zu widersprechen schien. Aber diese Defensiv-Reaktion wird fragwürdig, wenn sie ihrerseits ein Öffentlichkeitsmonopol des Politischen suggeriert und die »Privatheit des Religiösen« identifizieren lässt mit einer prinzipiellen Beliebigkeit – weil Unentscheidbarkeit – religiöser Geltungsansprüche. Die Privatheitsthese macht dazu geneigt, die öffentliche Relevanz des Religiösen auf jenen »Überzeugungs-Output« zu begrenzen, der politisch genutzt werden kann – und alles andere für eine Frage des religiösen »Geschmacks« zu halten, über den sich nicht zu streiten lohnt, weil sich ja kaum Argumente finden lassen, mithilfe derer in diesem Streit entschieden werden könnte.

Diese Konsequenz der Differenzierungsthese »verlängert« die Leitidee der Aufklärung, das im Wesentlichen Unstrittige und allen Überzeugungen Gemeinsame sei das Vernünftige und allein Bedeutsame; alles andere sei nicht nur subjektiv beliebig – »privat« –, sondern auch letztlich irrelevant. Auf der Basis dieser Leitidee ließ sich weder damals noch lässt sich auf ihr heute ein Zugang finden zum spezifischen Öffentlichkeitsanspruch von Glaubensüberzeugungen, der sich seit der Aufklärung freilich selbst dem Zwang zum nachvollziehbaren Argument ausgesetzt sieht. Aber kann die Politik diesen Öffentlichkeitsanspruch nicht auf sich beruhen lassen? Muss sie ihn – womöglich gar um des Politischen selbst willen – würdigen?

Die klassische Differenzierungsthese konnte so lange »defensiv« bleiben, als sie einen politisch »vernünftigen« und – was die SPD anbetraf – den (demokratischen) Sozialismus fundierenden Wertekonsens als *gegeben* ansah, sodass man sich über die Bedingungen seines Zustandekommens keine Rechenschaft ablegen,

Jürgen Werbick

sich zu ihnen jedenfalls nicht programmatisch äußern musste. Diese Situation hat sich in den Jahren seit Godesberg durchgreifend verändert. Politische Handlungsträger und Parteien, die sich nicht von vornherein »weltanschaulich« festgelegt haben, können nicht mehr selbstverständlich auf Motivations- und Normressourcen zurückgreifen, die gleichsam »privat« aufgebaut und angesammelt wurden und politisch genutzt werden können. Indiz für die neue Situation bzw. für ihre theoretisch-bewusste Würdigung ist das so genannte *Böckenförde-Dilemma*, wonach der demokratische Staat »die Grundlagen, auf denen er beruht, nicht garantieren« kann.[4] Dieses Dilemma kommt zu Bewusstsein, wo die Grundlagen demokratisch-handlungsleitender Verständigung nicht mehr selbstverständlich gegeben scheinen, wo sie als »erschöpfbare Ressource« wahrgenommen werden. Man könnte geradezu als Axiom formulieren: Je weniger selbstverständlich politisch von gegebenen und in sich hinreichend bestimmbaren Grundwerten ausgegangen werden kann, die dann in demokratischen Entscheidungen nur noch konkretisierend interpretiert und als normative Vorgaben politischen Handelns in Geltung gesetzt werden, desto weniger darf die Politik das Zustandekommen »letzter« normativer Orientierungen als »Privatsache« marginalisieren.

Aber wie soll sich Politik zu jenem gesellschaftlichen Diskurs und den gesellschaftlichen Instanzen verhalten, die der Ausbildung und Begründung »privater« Wertüberzeugungen einen Entfaltungsraum bieten? Soll sie hier selbst Akteurin oder Partei werden? Oder soll sie die entsprechenden Diskurse und Instanzen – so auch die Kirchen – fördern, damit sich der von Politik vorauszusetzende normative Konsens reorganisieren kann?

IV. Plädoyer für eine weniger defensive Bestimmung des Verhältnisses von Politik und Religion

Die Verfassungsgeschichte Deutschlands während des 20. Jahrhunderts hat es im Verhältnis des Staates zu den Kirchen – bei grundlegender Neutralität des Staates in Fragen der Wertbegründungen – zu einem Geflecht mehr oder weniger institutionell abgesicherter Formen einer Kooperation kommen lassen, in der der Staat seine Verantwortung dafür wahrzunehmen versuchte, dass im gesellschaftlichen Umfeld Sinnressourcen und tragende Wertüberzeugungen nicht »austrocknen«; in der die Kirchen Räume öffentlicher Präsenz und Einflussnahme fanden, sich aber auch auf ihren gesamtgesellschaftlichen Auftrag verpflichten lassen mussten. Es ist nun kaum zu übersehen, dass dieses Geflecht in einer gesellschaftlichen Situation – aktuell von Seiten der katholischen Zentralinstanzen, aber hintergründig auch im politischen Bereich – zur Disposition gestellt wird, in der die normative Ungesichertheit des Politischen deutlich wie nie zuvor als Risiko zu Bewusstsein kommt.

Römische Interventionen, die auf eine mittel- bis langfristige Auflösung von Kooperationsstrukturen zwischen Staat und Kirche abzielen, sind offenkundig von der Sorge motiviert, das von Glaubensgewissheit getragene und deshalb Entschiedenheit verlangende Zeugnis der Christen kompromittiere sich, wenn es sich mit dem politischen Pragmatismus eines demokratischen Staatswesens einlasse. Politische Distanzierungskonzepte verraten die entgegengesetzte Befürchtung, die Politik kompromittiere sich durch ein Paktieren mit religiösen Fundamentalismen, denen es letztlich nur darauf ankomme, die Politik religiös zu instrumentalisieren. Dass dieses von wechselseitigen Defensivstrategien gezeichnete Szenario keine produktiven Auswege erkennen lässt, versteht sich fast von selbst. Aber zeichnen sich schon alternative Szenarien ab, die auch in der Programmdiskussion der SPD Resonanz verdienten?

Zunächst wäre politisch dafür Sorge zu tragen, dass der gegenwärtig im Blick auf Rom so verständliche anti-fundamentalistische Reflex die Problemwahrnehmung nicht völlig beherrscht – bis zu der absehbaren Konsequenz, dass man dem Rückzug der katholischen Kirche ins Ghetto einer »Kontrastgesellschaft« politisch Vorschub leistet. Theologisch wäre deutlicher als bisher klarzustellen, weshalb es dem Glaubens-Selbstverständnis und seiner – wie auch immer genauer zu beschreibenden – »Gewissheit« – nicht widersprechen muss, sich auf gesellschaftliche Felder einzulassen, in denen das religiöse Selbstverständnis gläubiger Menschen *als solches* nur begrenzt Resonanz finden und

Jürgen Werbick

gewürdigt werden kann. Im Bereich von Praktischer Theologie und Religionspädagogik werden gegenwärtig Konzepte diskutiert, die den *diakonischen Auftrag* der Kirchen deutlicher in den Vordergrund rücken und dabei die »ekklesiologische Selbstlosigkeit« des kirchlichen Dienstes einfordern.[5] Die Diskussion um den gesellschafts-diakonischen Auftrag der Kirchen wird umso schwieriger, je nachhaltiger sich die Kirchen hier nicht als bloße – möglicherweise auch »auswechselbare« – Dienstleister gefragt, sondern mit ihrer Glaubens-Identität in diesen Dienst »verwickelt« und damit auch auf dem Spiel stehen sehen, je ausdrücklicher dieser Dienst von ihnen als *Zeugnis* verstanden wird.

Die Politik kann mit der Zeugnis-Normiertheit kirchlichen Handelns wenig anfangen und ist deshalb geneigt, zeugnis-normiertes Handeln in die bloße Motivations- bzw. Privatsphäre zu verbannen, ihm zumindest jede politische Relevanz zu bestreiten. Aber kann und muss die Zeugnisdimension religiös-kirchlichen Handelns nicht als politische Herausforderung begriffen und angenommen werden, den Wertekonsens, der politisches Handeln tragen muss, immer wieder neu zu thematisieren und weiterzuentwickeln? Können Politik und Gesellschaft die diakonische Selbstlosigkeit religiös-kirchlichen Handelns einfordern und von ihr »profitieren«, sich am identitätsdarstellenden Zeugnis, das mit ihm ja auch kommuniziert werden soll, aber schlechthin desinteressiert zeigen?

Die Neigung dazu ist groß, weil man sich politisch nicht religiösen Gewissheitsansprüchen ausliefern kann. Demokratie ist »sozusagen die institutionalisierte Form des öffentlichen Umgangs mit Ungewissheit«.[6] Auch religiöse Gewissheiten können deshalb im Raum des Politischen nicht als unhintergehbare Gewissheiten gelten, sondern als immer wieder neu zu prüfende und insofern auch zu relativierende Geltungsansprüche. Aber diese Relativierung darf politisch nicht zur Neutralisierung werden, denn der politische Bereich lebt nicht von der Neutralisierung religiöser Geltungsansprüche und gläubiger Identitätsdarstellung, sondern von ihrer öffentlich-gesellschaftlichen Artikulation, genauer: von Artikulationsweisen, die die dabei bezeugte Geltung als Wahrheitsanspruch überprüfbar und zum Angebot machen für die politisch-gesellschaftliche Verständigung über normative Voraussetzungen und Grundlagen politischen Handelns. Politik profitiert nicht von der fundamentalistischen Selbst-Ghettoisierung kirchlicher Selbstverständigungs- und Zeugnisdiskurse – von der Privatisierung der in ihnen als verbindlich erfahrenen und bezeugten Geltungen –, denn mit solcher Privatisierung schwinden die gesellschaftlichen Möglichkeiten, überhaupt noch Geltungsdiskurse zu führen und mehr an Verbindlichkeit zu begründen, als in den bloß »privat« respektierten Geltungen wahrnehmbar wird.

Die Privatisierung von Geltungen scheint selbstverständlich und unaufgebbar zu dem Modell einer pluralistischen Öffentlichkeit zu gehören, das auch dem Godesberger Programm zugrunde liegt. Aber sie wird nur da nicht zum Problem, wo ein Grundbestand allgemein anerkannter »Grundwerte« fraglos als allgemein verpflichtend anerkannt und im Wesentlichen übereinstimmend interpretiert wird. Man kann sich eine durchgreifende Privatisierung von Geltungen – und so auch der Geltungsansprüche der Religionsgemeinschaften – gewissermaßen so lange leisten, als der Vorrat an Geltungen mit öffentlich-allgemeiner Geltung selbstverständlich gegeben scheint und weiter greifende Geltungsansprüche politisch einigermaßen risikolos als bloß »private« Behauptungen über die unaufhebbar unterschiedlichen Begründungswege marginalisiert werden können. Wo der politisch handlungsleitende Normenkonsens zerfällt – und dies nicht etwa nur deshalb, weil sich die Kirchen mit ihren Wertvorstellungen nicht mehr adäquat in ihm repräsentiert sehen, sondern viel radikaler deshalb, weil er von der Multikulturalität moderner Gesellschaften in Frage gestellt und von neuen Regelungsanforderungen überfordert scheint –, da muss auch die Politik darauf setzen, dass normative Geltungsansprüche *öffentlich* artikuliert, repräsentiert und »bezeugt«, freilich auch auf ihre Begründungen hin befragt und kritisiert werden können. Religion kann und darf hier nicht mehr Privatsache bleiben; sie hat einen Öffentlichkeitsauftrag von geradezu dramatischen Dimensionen.

Die Politik ist dazu bereit gewesen, diesen Auftrag zu achten; und sie hat bisher vielfältige Formen öffentlicher, religiös-kirchlicher Präsenz in der gesellschaftlichen Öffentlichkeit geschützt

Jürgen Werbick

und gefördert, von diakonischen Einrichtungen und Initiativen bis hin zu Einrichtungen und Kooperationen im Bildungsbereich. Auch die SPD scheint daran mittelfristig nicht rütteln zu wollen. Aber die zurückgehenden Mitgliederzahlen der Kirchen – denen freilich ebenso dramatisch sinkende Mitgliederzahlen in Gewerkschaften und Parteien entsprechen – werden hier neue Überlegungen auslösen. Dass diese sich nicht auf eine platte Privatheitsthese zurückziehen sollten, das mögen die hier angestellten Überlegungen hinlänglich begründet haben. Aber welche Lösungswege zeichnen sich ab, wenn man an der Ausdifferenzierung der weltlich-politischen Sphäre und ihrer »Emanzipation von der Kontrolle durch religiöse Institutionen und Normen« als für alle modernen Gesellschaften konstitutiv festhalten will[7], ohne sich gegen den für das Christentum konstitutiven Öffentlichkeitsanspruch zu sperren und fundamentalistische Rückzugsbewegungen zu begünstigen?

V. Die Öffentlichkeit des Glaubens in der Zivilgesellschaft

Die Privatheitsthese ist insofern unaufgebbar, als sie den »inneren Überzeugungsraum« der Bürger gegen staatlichen wie kirchlichen Zugriff schützt. Sie führt in die Irre, wo sie eine Privatisierung normativer und religiöser Geltungsansprüche festschreiben wollte, denn damit würde sie einem Geltungs-Dezisionismus Vorschub leisten.[8] Es kommt hier gerade auf einen lebendigen Austausch zwischen privater Sphäre und Öffentlichkeit an, für den nicht zuletzt die Religionsgemeinschaften im Einflussbereich der biblischen Überlieferungen Sorge trugen und sich noch immer engagieren. Indem Religionen »die persönliche Moral mit öffentlichen Problemen und die Öffentlichkeit mit Fragen der privaten Moral konfrontieren, nötigen sie moderne Gesellschaften dazu, sich reflexiv auf ihre normativen Grundlagen zu beziehen und diese zu rekonstruieren«.[9]

Aber welche konkrete Gestalt hat diese »Nötigung«? Wozu nötigt sie wirklich? Und wozu dürfen sich Gesellschaft und Politik nötigen lassen, ohne religiös »dominiert« zu werden? Es wäre gewiss zu wenig, verstünde man die Nötigung, die von Religion ausgeht, nur als Anstoß zu gesellschaftlicher Selbstreflexion. Sie ist – jedenfalls im Traditionsraum biblischen Glaubens – eine Nötigung, sich der reflexiven Möglichkeiten vernünftiger gesellschaftlich-politischer Verständigung über die Grundlagen politischen Handelns zu verständigen. Und diese Nötigung nötigt dazu, sich der Bedeutung prägender Erinnerungen und herausfordernder Traditionen zu stellen und sie nicht in die Funktionslogik moderner »Wirtschaft-Gesellschaften« einzuordnen.

Johann Baptist Metz hat immer wieder dafür plädiert, dass Vernunft sich durch Erinnerung bestimmen lässt, um so berührbar zu bleiben vom Leid der anderen, von der elementaren Ungerechtigkeit, die um der Modernisierungen, Rationalisierungen und Globalisierungen willen in Kauf genommen wird, um berührbar zu bleiben für die großen ethischen Herausforderungen, die sich eben nicht einfach privat abarbeiten lassen. Und er hat darauf hingewiesen, dass es – »an den Grenzen der Moderne« – Institutionen geben muss, die sich von solcher Erinnerung in Anspruch nehmen lassen, »die den reflexiv gewordenen Umgang mit Traditionen produktiv auffangen können und die damit auch die zumeist nur noch aporetisch formulierbare Unverzichtbarkeit von Traditionen politisch und kulturell zur Geltung bringen können«.[10]

Die »biblische Nötigung« ist die grund-vernünftige, aber ohne Glaubensüberlieferung von Auszehrung bedrohte Nötigung, das Leiden der anderen nicht für eine Quantité négligeable und Gerechtigkeit nicht für einen »Atavismus« zu halten (F. A. von Hayek); die Nötigung, die Gaben der guten Schöpfung als »Leihgaben« für den gemeinsamen Gebrauch anzusehen – weiterzugeben an die nächsten Generationen – und nicht als beliebig ausbeutbare und nutzbare Ressourcen. Diese Nötigung ist nicht bloß private Motivation. Sie ist eine öffentliche Herausforderung, das Schöpfungs- und damit Gottgemäße unseres politischen Handelns nicht aus dem Blick zu verlieren – um der Menschen willen, die nicht zur politischen Verfügungsmasse werden dürfen. Sie ist die öffentlich-nachdrückliche Einladung, die »Überlieferung der Geschichten und der Bilder von der Würde des Menschen« nicht zu vergessen, wie sie in der Bibel und den

Jürgen Werbick

von ihr in Anspruch genommenen Überlieferungsgemeinschaften aufbewahrt werden.[11] *Fulbert Steffensky* hat Recht: »Erinnerung an die Träume und Erinnerung an die Opfer – das schuldet die Kirche sich selbst und einer traumlosen Gesellschaft.«[12]

Aber braucht man dafür Religion, womöglich gar einen Schöpfungs-Fundamentalismus, der sich von bestimmten Tabus nicht abbringen lässt? Oder sollte man nicht möglichst »vorurteilslos« die Möglichkeiten erproben, die menschliches Wissen im Umgang mit Natur und Menschen erschließt? Man wird die Erinnerungen brauchen, um nicht zu vergessen, was dabei auf der Strecke bleiben und unter die Räder geraten kann; Erinnerungen, die sich der Versuchung zur politischen Funktionalisierung des »sozialen Gedächtnisses« widersetzen; höchst vernünftige Erinnerungen und Träume, aber durchaus bedrohte und rebus sic stantibus nur religiös zu bewahrende. Man wird die Erinnerung brauchen an die religiös oft so umstrittenen und missachteten, aber eben überlieferten Forderungen der geheiligten Menschenwürde, des Gemeinwohls und mitmenschlicher Solidarität. Mit diesen Erinnerungen werden die biblischen Religionen »eine Herausforderung für die vorherrschenden individualistisch-liberalen Theorien dar(stellen), die das Gemeinwohl auf die Gesamtsumme persönlicher Präferenzen reduzieren«; werden sie »die unmenschlichen Ansprüche der kapitalistischen Märkte in Frage stellen, allein gemäß unpersönlicher und moralisch neutraler selbstregulativer Mechanismen zu funktionieren«; werden sie einklagen, »dass Marktakteure oder staatliche Bürokratien für die von ihnen möglicherweise verursachten menschlichen, sozialen und ökologischen Schäden zur Rechenschaft gezogen werden und sich den Bedürfnissen aller Mitglieder der Gesellschaft gegenüber verantworten müssen«.[13]

Diese Erinnerungen und Visionen sind nicht einfach politisch nutzbare Ressourcen, deren Geltungs-Hintergrund religiös-weltanschauliche Privat- und Geschmacksache wäre. Sie haben ihren Ort in Zeugnistraditionen, in denen gläubige Menschen um ihres Glaubens an einen gerechten und für Gerechtigkeit engagierten Gott willen der Berufung des Menschen zur Gottesherrschaft *jetzt schon* auf der Spur bleiben wollen und deshalb nicht vergaßen, was Menschenherrschaft – gerade die mit ökonomischen

Sachzwängen sich maskierende – mit den ihr unterworfenen Menschen macht. Solche Zeugnistraditionen wären nicht ernst genommen, wollte man ihnen nur einen Motivations-Output zutrauen. Sie fordern dazu heraus, dass man in ihre Schule geht und sich so die Augen – und das »Herz« – öffnen lässt für Dimensionen der Wirklichkeit, die offenkundig nicht jeder sieht oder sehen will.

Aber ist damit nicht einer neuen »Politisierung« der Religion bzw. des Christentums das Wort geredet? Wenn man mit J. Casanova und vielen anderen Stimmen in der gegenwärtigen Soziologie und Gesellschaftstheorie das moderne Gemeinwesen in drei »Arenen« unterteilt – den Staat, die politische Gesellschaft und die Zivilgesellschaft –, so sind »öffentliche« Religionen denkbar, »die zwar die Trennung vom Staat akzeptieren … aber dennoch das Recht für sich in Anspruch nehmen, in Wort und Tat in die Öffentlichkeit der Zivilgesellschaft einzugreifen«.[14]

Der Begriff der Zivilgesellschaft und der in ihr »neu erfundenen« Politik[15] mag in vielem noch theoretisch klärungsbedürftig sein. Für unseren Zusammenhang enthält er die Anregung, zivilgesellschaftliche Dimensionen kirchlich-öffentlichen Handelns angemessener als solche zu würdigen und sie von kirchlicher Politik »alten Stils« zu unterscheiden. Wo Kirche sich als Politiksubjekt versteht, das in der staatlich-politischen Arena aktiv werden und hier in Konkurrenz treten will zu den anderen Politiksubjekten, da werden Abgrenzungs- und Abwehrstrategien das Feld beherrschen. Eine kirchliche Präsenz in dieser Arena mag sinnvoll und nützlich sein; aber es wird in Zukunft für die Kirchen immer mehr darauf ankommen, zivilgesellschaftlich präsent zu sein: in all jenen gesellschaftlichen Handlungs- und Diskursfeldern, in denen Interessen organisiert, gesellschaftliche Perspektiven und Handlungsmöglichkeiten erprobt, Entwürfe einer möglichen gesellschaftlichen Zukunft erarbeitet, Widerstand gegen die strukturelle Ungerechtigkeit und die Entwürdigung von Menschen mobilisiert und so das öffentliche Gedächtnis für das *Menschliche* eines menschlichen Zusammenlebens lebendig erhalten wird.

Auch die SPD wird gut daran tun, auf solche zivilgesellschaftliche Präsenz von Religion genauer zu achten; und das würde

Jürgen Werbick

etwa konkret bedeuten, nicht alle Aufmerksamkeit auf die »Kirchen-Politik« alten Stils und das Politik-Subjekt Hierarchie bzw. Kirchenleitung zu richten. Wo die Politik nur den Interessenausgleich zwischen den Politik-Subjekten des staatlichen Bereichs und den Kirchenleitungen im Blick hätte – die offiziellen Beziehungen zu den Kirchen –, da bliebe die öffentliche Bedeutung des Glaubensgedächtnisses verwechselbar mit den Ansprüchen amtskirchlicher Interessenwahrung. Eine der Leitidee »soziale Gerechtigkeit« programmatisch so eindeutig verbundene Partei wie die SPD darf es nicht (wieder) dazu kommen lassen, dass diese Verwechslung die bekannten Vorbehalte gegen die Kirchen mobilisiert und aufrechterhält. Sie würde sich damit den Herausforderungen einer Tradition verschließen, die wie keine andere die »religiöse Ernsthaftigkeit« der Gerechtigkeitsforderung artikuliert hat und lebendig erhält. Sie würde sich einer wesentlichen Dimension ihres eigenen Gedächtnisses berauben, ihrer Berührbarkeit für Not, die zum Himmel schreit und die Politik in Pflicht nimmt, auch wenn sie ihr nicht ohne weiteres Abhilfe schaffen kann.

Zivilgesellschaftlich präsent ist Kirche, sind die biblischen Glaubenstraditionen als Orte des Gedächtnisses und der daraus erwachsenden »letzten«, großen Fragen. Die Neigung, sich vor ihnen im politischen Alltagsgeschäft abzuschirmen, ist verständlich, aber auch prekär. Politik braucht religiöse Traditionsorte und Institutionen als »Asylorte« der großen Fragen und der unermäßigten Problem-Wahrnehmung, braucht das Gegengewicht gegen den Pragmatismus des Politischen, der Probleme und Fragen oft nur insoweit zulässt, als er diese für lösbar hält. Sie braucht die Erinnerung daran, was die Gerechtigkeit fordert, auch wenn sich gegenwärtig vielleicht kein Weg zeigt, dieser Forderung in jeder Hinsicht politische Geltung zu verschaffen. Sie braucht die Sensibilität dafür, wie Sozial- und Wirtschaftssysteme zu Lasten bestimmter Menschengruppen funktionieren und sie zu Opfern machen, auch wenn sich politische Alternativen nur in Ansätzen abzeichnen sollten. Religiöse Überlieferungsgemeinschaften brauchen ihrerseits den »langen Atem«, der nicht nur in kurzfristigen Realisierungsperspektiven denken lässt – aber eben auch die prophetische Ungeduld des »Wie lange noch?« nicht verliert, die sich von der Politik nicht immer nur vertrösten lässt, weil man gerade Wichtigeres zu tun habe.

Das politische Engagement derer, die sich mit ihren religiösen Überzeugungen und Visionen nicht in die Privatssphäre verbannen lassen, wächst aus der Spannung zwischen politischem Pragmatismus und prophetischer Ungeduld, die nicht »gut« und »gerecht« nennen will, was schlecht und ungerecht ist – allenfalls ein prekärer, immer wieder neu sorgfältig zu prüfender Kompromiss. Dass die SPD gerade in Zeiten der Regierungsverantwortung, in der man in der Gefahr steht, den Pragmatismus für der Weisheit letzten Schluss zu halten, auf solches religiös-politisches Engagement angewiesen ist, liegt auf der Hand. Dass sie sich mit ihm nicht leicht tut und manche Verantwortungsträger dazu neigen, sich die Probleme, die es aufwirft, mit einem Griff in die Mottenkiste bequemer Abgrenzungsfloskeln vom Leib zu halten, mag entschuldbar sein. Dass diese Strategie in der Sache nicht weiterführt und politisch schädlich ist, dafür sprechen viele Indizien und Argumente. Auch die Programmatik der SPD spricht inzwischen eine andere Sprache, wenn sie Kirchen und die einzelnen Gläubigen auffordert, »durch Kritik, Anregung und praktische Mitarbeit auf die Gestaltung des gesellschaftlichen und politischen Lebens einzuwirken« (Berliner Programm von 1989). Sozialdemokraten dürften sich freuen, wenn auch Katholikinnen und Katholiken sich von dieser Aufforderung angesprochen fühlen und die alten Milieu-Ressentiments Vergangenheit sein lassen, weil ihre Erinnerung weiter reicht als in die von Abgrenzung beherrschten Zeiten sozialdemokratischer Religionsfeindlichkeit. Und sie sollten sich politisch fordern lassen von einer öffentlichen religiösen Gedächtniskultur, die der Politik die Erinnerung an schuldig Gebliebenes und die Konfrontation mit den Träumen von Gerechtigkeit und »gutem Leben« nicht ersparen kann.

Jürgen Werbick

1 Vgl. *D. Bonhoeffer*, Ethik, hg. von E. Bethge, München [6]1963, 128 ff.

2 Grundsatzprogramm der SPD, Abschnitt »Grundwerte des Sozialismus«.

3 Ebd., Abschnitt »Religion und Kirche«. Mit diesen Formulierungen ist zumindest im Ansatz eine Distanzierung vollzogen zu der Parole »Religion ist Privatsache«, zu der sich noch das Erfurter Programm von 1891 ausdrücklich bekannte.

4 *E.-W. Böckenförde*, Recht, Staat, Freiheit. Studien zur Rechtsphilosophie, Staatstheorie und Verfassungsgeschichte, Frankfurt a. M. 1991, 112.

5 Dazu habe ich mich selbst geäußert in dem Aufsatz: Heutige Herausforderungen an ein Konzept des Religionsunterrichts, in: Sekretariat der Deutschen Bischofskonferenz (Hg.), Religionsunterricht 20 Jahre nach dem Synodenbeschluss (Arbeitshilfen 111), Bonn 1993, 35–76.

6 *H. Dubiel*, Ungewissheit und Politik, Frankfurt a. M. 1994, 9.

7 Vgl. *J. Casanova*, Religion und Öffentlichkeit. Ein Ost-/Westvergleich, in: Transit 8 (1994) 21–40, hier 23.

8 Vgl. ebd., 28.

9 Ebd.

10 Vgl. *J. B. Metz*, Religion und Politik an den Grenzen der Moderne. Versuch einer Neubestimmung, in: Ders., Zum Begriff der neuen Politischen Theologie, Mainz 1997, 174–192, Zitat 189.

11 Vgl. *F. Steffensky*, Das Haus, das die Träume verwaltet, Würzburg 1998, 18.

12 Ebd., 19.

13 Vgl. *J. Casanova*, a.a.O., 39 f.

14 Ebd., 27.

15 Vgl. *U. Beck*, Die Erfindung des Politischen, Frankfurt a. M. 1993.

Heiner Ludwig

Zur politischen Dimension von Religion in der katholischen Soziallehre

Das, was der Begriff »katholische Soziallehre« meint, steht nicht eindeutig fest. Es gibt darüber keinen Konsens. Keiner der Universitätslehrstühle, die sich mit ihr befassen, nennt sich nach ihr – und jeder nennt sich anders. Ich kann dieses Dilemma, wenn es denn eines ist, hier nicht aufheben. Ich will versuchen, historisch zwei Traditionsstränge zu rekonstruieren, die zum einen m. E. die zentrale Ambivalenz der kirchlichen Soziallehretradition ausmachen und zum anderen den Weg der Kirche im 19. und 20. Jahrhundert kennzeichnen. In der einen Tradition muss man politisch sagen: Religion ist Privatsache, Gott sei Dank! In der anderen Tradition muss man genauso entschieden und genauso politisch sagen: Religion ist keine Privatsache; sie darf es zumindest nicht bleiben.

I. »Der Weg der Kirche ist der Mensch« (Johannes Paul II.) und nicht die gottgewollte Ordnung: Religion ist Privatsache!

Dass der Mensch der Weg der Kirche sei, steht in der Antrittsenzyklika des gegenwärtigen Papstes (Redemptor hominis). Um die Tragweite dieses Satzes zu verstehen, ist es hilfreich, sich Sätze von vor hundert Jahren in Erinnerung zu rufen, selbst aus einer Enzyklika, die wir gemeinhin und zu Recht als fortschrittlich bezeichnen. Der erste Satz der ersten Sozialenzyklika, Rerum novarum von Papst Leo XIII. (1891), lautet in der deutschen Übersetzung:

»Der Geist der Neuerung, welcher seit langem durch die Völker geht, musste, nachdem er auf dem politischen Gebiete seine verderblichen Wirkungen entfaltet hatte, folgerichtig auch das volkswirtschaftliche Gebiet ergreifen«. In der Nr. 14 dieser Enzyklika heißt es weiter:

»Vor allem ist also von der einmal gegebenen unveränderlichen Ordnung der Dinge auszugehen, wonach in der bürgerlichen Gesellschaft eine Gleichmachung von Hoch und Niedrig, von Arm und Reich schlechthin nicht möglich ist. Es mögen die Sozialisten solche Träume zu verwirklichen suchen, aber man kämpft umsonst gegen die Naturordnung an. Es werden immerdar in der Menschheit die größten und tief greifendsten Ungleichheiten bestehen. Ungleich sind Anlagen, Fleiß, Gesundheit und Kräfte, und hiervon ist als Folge unzertrennlich die Ungleichheit in der Lebensstellung, im Besitze. Dieser Zustand ist aber ein sehr zweckmäßiger, sowohl für den Einzelnen wie für die Gesellschaft. Das gesellschaftliche Dasein fordert nämlich eine Verschiedenheit von Kräften und eine gewisse Mannigfaltigkeit von Leistungen; und zu diesen verschiedenen Leistungen werden die Menschen hauptsächlich durch jene Ungleichheiten in der Lebensstellung angetrieben.«

Vierzig Jahre später lautet die Überschrift der 2. Sozialenzyklika, also von Quadragesimo anno: »Über die gesellschaftliche Ordnung, ihre Wiederherstellung und ihre Vollendung nach dem Heilsplan der Frohbotschaft«. In Nr. 41 dieser Enzyklika heißt es dann:

»Die von Gott uns anvertraute Hinterlage der Wahrheit und das von Gott uns aufgetragene heilige Amt, das Sittengesetz in seinem ganzen Umfang zu verkünden, zu erklären und – ob erwünscht, ob unerwünscht – auf seine Befolgung zu dringen, unterwerfen nach dieser Seite hin wie den gesellschaftlichen, so den wirtschaftlichen Bereich vorbehaltlos unserem höchstrichterlichen Urteil.«

Diesem sozialmetaphysischen Ansatz liegt – sehr verkürzt gesprochen – die Vorstellung zugrunde: Der Mensch ist aufgrund seiner Vernunft fähig, in der Schöpfung die Grundstrukturen, wie Gott sie dort festgelegt hat – auch für die gesellschaftliche Ordnung, auch für die Wirtschaftsordnung, auch für andere Teilbereiche der Gesellschaft –, zu erkennen und dann durch schlussfolgerndes Denken bis zur positiven Gesetzgebung zu gelangen und diese »dem innerlich gesellschaftlichen Menschen als seine Ordnungsaufgabe« vorzugeben.

Es ist genau dieser Anspruch, der mit der Moderne, d. h. im

Prozess der gesellschaftlichen Differenzierung zu immer größerer Komplexität endgültig in die Krise gerät und nicht durchgehalten werden kann. In dieser Krise gab es bedrohliche integralistische Bewegungen, die »nur aus dem Glauben allein« Gesellschaft und Staat zu formen trachteten. Der so genannte deutsche Gewerkschaftsstreit hatte darin seinen Kern. Dort hatte z. B. der Trierer Bischof Korum gesagt: »Auch wenn die Gewerkschaften nur katholische Mitglieder aufwiesen, die Leitung aber einem Arbeiter zuwiesen, müssten wir sie verbieten. Alles kommt darauf an, dass die Geistlichen die katholischen Arbeiter in der Hand behalten.«[1] Das Amt in der Kirche sollte also sicherstellen, dass aus der kirchlichen Lehre allein die Antworten auf alle Fragen nicht nur des privaten, sondern auch des öffentlichen Lebens zu entnehmen sind.

Ein anderes, etwas aktuelleres Beispiel: Im Hirtenwort der deutschen Bischöfe zum Grundgesetz der Bundesrepublik Deutschland vom 23. 05. 1949 heißt es:

Das Grundgesetz sollte »eine öffentliche und feierliche Anerkennung der ›schon in der Natur gegebenen, ewig gültigen, durch Christus neu gefestigten und vollendeten Gottesordnung‹ sein, ohne die für ein Volk auf die Dauer ein glückliches und gesundes Leben unmöglich ist... Wir wollen es nicht verkennen, dass das Grundgesetz manche Bestimmungen enthält, die den Forderungen des Naturrechts und des christlichen Sittengesetzes gerecht zu werden suchen... Wir dürfen uns aber nicht darüber täuschen lassen, dass es nicht gelungen ist, dem ganzen Grundgesetz die tiefere religiöse Bedeutung zu geben, um deren Verankerung christlich denkende Abgeordnete sich so sehr bemüht hatten. Auch die Anrufung Gottes als solche allein ändert an diesem Grundcharakter noch nichts. Dieses Bedenken ist umso ernster, als die Mehrheit des parlamentarischen Rates es abgelehnt hat, von ›gottgegebenen‹ Menschenrechten zu sprechen, welcher Antrag ausdrücklich gestellt war.«

Die Forderung aus dem Jahr 1949 wird vor allem bei Wahlen bis zum Konzil immer wieder wiederholt: Die Kandidaten »müssen vor allem die Gewähr bieten, dass sie das Naturgesetz als Grundlage für das staatliche Gemeinschaftsleben anerkennen und mit allem Nachdruck dem natürlichen Recht wie den christlichen Grundsätzen im Gesamtleben unseres Volkes Geltung verschaffen wollen« (14. 07. 1949).

Heiner Ludwig

Hier ist in aller Deutlichkeit die Grundschwierigkeit angesprochen, die die Kirche bis zum Konzil daran gehindert hat, ein
ungestörtes Verhältnis zum demokratischen Staat und den sie
tragenden Parteien zu erreichen. Ausgangspunkt für diese
Schwierigkeiten, die in der Neuzeit – d. h. nach dem Zerbrechen
der mittelalterlichen Glaubenseinheit und besonders mit der
Entstehung der pluralistischen Gesellschaft – das Verhältnis von
Kirche und Staat charakterisierten, ist die Lehre der Kirche, dass
nicht nur das Individuum Gott verherrlichen müsse, sondern
dass dieser Anruf Gottes auch an die Gesellschaft ergehe: »Der
Zweck der Gesellschaft ist wie der des geschaffenen Individuums
die Verherrlichung Gottes.«[2] Die Kirche hielt ihren Anspruch
aufrecht, als einziges Bekenntnis das Recht auf staatlich anerkanntes Dasein zu haben.

Das traditionelle Argument, mit welchem sie anderen Glau-
bensgemeinschaften und Kirchen das grundsätzliche Recht auf
öffentliche Betätigung versagte, lautete: Der Irrtum hat kein
Recht auf Dasein. In seiner Kritik der traditionellen Toleranz-
idee, wie sie Pius XII. gelehrt hatte und wie sie all diesen Vorstellungen zugrunde liegt, wies Ernst-Wolfgang Böckenförde sehr
früh auf die Konsequenzen dieser Lehre hin:

Das Recht ist dort, »nicht mehr etwas, das dem Menschen als
Menschen zukommt, als Ausfluss seines personalen Seins und
zur Sicherung seiner personalen Freiheit, sondern dem Menschen, insofern und insoweit er in der religiösen und sittlichen
Wahrheit steht. Insofern und insoweit er im Irrtum lebt, hat er
prinzipiell kein Recht, sondern allenfalls – je nach auf dem Spiele
stehenden höheren Gütern – den Genuss staatlich gewährter Toleranz.«

Mit der Konzentration der kirchlichen Äußerungen auf dieses
Grundproblem des Verhältnisses von Staat und Wahrheit lenken
diese Äußerungen zugleich ab von den zentralen Problemen der
Gesellschaft, die z. B. das gesellschaftliche Engagement der evangelischen Kirche in diesen Jahren zunehmend bestimmt hatten:
Einheit Deutschlands, Wiederaufrüstung, der mögliche Zusammenhang beider, Kriegsdienstverweigerung, Atombewaffnung,
Probleme der Landwirtschaft, Mitbestimmung, das Verhältnis
zum Nachbarn im Osten, Abrüstungs- und Friedensfragen usw.

Diese »Reduktion des Politischen«, die die politischen Hirtenbriefe vollziehen, verschiebt zudem für den Katholiken die Perspektive: Der Teilaspekt des nach Auffassung der Amtskirche Wesentlichen soll bei Wahlen den Wähler bestimmen und nicht der
Gesamtaspekt, über den in Wahrheit entschieden wird. Dieser
kommt allenfalls als globaler Hinweis vor, gleichsam als garan-
tiere die Wahl der nach dem Teilaspekt richtigen Partei auch die
richtige Entscheidung jeder anderen bedeutsamen Frage.

Dass man angesichts der Komplexität und Vielfalt der gesellschaftlichen Verflechtungen überhaupt und legitimerweise unterschiedlicher Meinung sein kann, ohne dass die eine nur Irrtum und die andere nur Wahrheit wäre, das wird erst das II.
Vatikanische Konzil feststellen. Dort heißt es, dass es auch unter
Katholiken berechtigte Meinungsverschiedenheiten geben kann,
dass andere Katholiken, »wie es häufiger, und zwar legitim, der
Fall ist, bei gleicher Gewissenhaftigkeit in der gleichen Frage zu
einem anderen Urteil kommen« und dass in solchen Fällen »niemand das Recht hat, die Autorität der Kirche ausschließlich für
sich und seine eigene Meinung in Anspruch zu nehmen« (Gaudium et spes, Nr. 43). Die für das demokratische Denken grundlegende prinzipielle Gleichheit aller Menschen wird vom Konzil
begrüßt und es betont die Forderung, diese Gleichheit immer
stärker zur Anerkennung zu bringen (GS, Nr. 29). Die Gleichheit
der Bürger vor dem Gesetz darf auch um der Religion willen weder offen noch verborgen verletzt werden (Dignitatis humanae,
Nr. 6).

Mit dem Konzilsdokument Dignitatis humanae und der darin
festgehaltenen Religionsfreiheit wird zum Ausdruck gebracht,
dass diese mit der Glaubens-, Gewissens- und Meinungsfreiheit
unaufgebbar zum Menschen gehört, der »Wurzelgrund nämlich,
Träger und Ziel aller gesellschaftlichen Institutionen ist« (GS, Nr.
25). Damit ist endgültig die Absage an die bisher zumindest
prinzipiell angestrebte Position einer katholischen Staatsreligion
gegeben. Niemand darf in religiösen Dingen von irgendeiner Instanz gegen sein Gewissen gezwungen werden (DH, Nr. 2). Die
Toleranz wird prinzipiell positiv gesehen und ist letztlich in Jesu
Botschaft von der Gewaltlosigkeit und seinem gewaltlosen Leben
begründet (DH, Nr. 11). Alle Mittel, die dem Geist des Evange-

Heiner Ludwig

liums entgegengesetzt sind, sind ausgeschlossen (DH, Nr. 14).
Auf grundsätzlicher Ebene sind damit die Probleme zwischen
Kirche und demokratischer Gesellschaft aus dem Weg geräumt.
Das Weiterleben der mittelalterlichen Tradition, einer »indirek-
ten Gewalt der Kirche in zeitlichen Dingen«, die den Staat
grundsätzlich oder in grundsätzlichen Dingen unter die das gött-
liche Gesetz interpretierende Kompetenz der Kirche stellten, ist
nicht mehr möglich. Das Verhältnis der Kirche zur Welt, zu Gesellschaft und Staat ist ein anderes geworden:

»Die Kraft nämlich, die die Kirche der menschlichen Gesellschaft von
heute mitzuteilen vermag, ist jener Glaube und jene Liebe, die sich in
Tat und Wahrheit des Lebens auswirken, nicht aber irgendeine äußere,
mit rein menschlichen Mitteln ausgeübte Herrschaft« (GS, Nr. 42).

Wenn die Rechtfertigung und der Sinn des Staates, wie in der
Pastoralkonstitution Gaudium et spes Nr. 74 betont wird, in der
Verwirklichung des Gemeinwohls liegt, dann ist die Aufgabe des
Staates nicht die Herrschaft über die Gesellschaft, sondern die
Ordnung der menschlichen Gesellschaft durch Ausgleich und
Zusammenführung der auseinander strebenden gesellschaftlichen Einzel- und Gruppeninteressen mit der Möglichkeit letzt-
verbindlicher Entscheidung, die ja das Wesen staatlicher Autorität ausmacht. Die Gewalt des Staates beschränkt sich auf das
äußere menschliche Zusammenleben und kann keine einheitlichen Ordnungsvorstellungen im sittlich-ethischen Bereich
erzwingen. Hier muss der Staat der Pluralität der Wertvorstellungen uneingeschränkt Rechnung tragen und kann keine Entscheidung treffen, die für den Einzelnen oder Gruppen einen Ge-
wissenszwang bedeuten.[3] Religion ist Privatsache! Für den Staat
wird die Aufgabe der Wahrung des Gemeinwohls schwieriger,
zumal in der Demokratie die Parteien wegen ihrer Abhängigkeit
von Wählerstimmen immer in Versuchung stehen, organisierte
Interessen überzubewerten. Hier entstehen für die Kirche und
für die Christen neue und authentische Aufgaben. Die Religion
bleibt nicht Privatsache![4]

II. Was aber war (und ist) die soziale Frage?
Religion ist keine Privatsache!

Die katholische Kirche – und mit ihr ihre Soziallehre – hat so wie bisher beschrieben auf die Moderne reagiert, insofern sie das Erbe der katholischen Staatslehre angetreten hatte oder sich in ihr als selbstverständlicher Tradition bewegte. Die Moderne trat der Kirche nicht zuletzt aber als Industrialisierung entgegen, mit all ihren Folgeerscheinungen: der sozialen Frage eben. Die Kirche hat sich also einerseits im 19. Jh. als »Bollwerk gegen alles Moderne« verstanden. Andererseits ist die Katholische Soziallehre selbst zwar Teil dieses Abwehrkampfes, aber dann doch auch Reaktion auf dieses kirchliche Bollwerkdenken, und zwar weithin eine Reaktion auf ganz moderne Art und Weise. Von daher gibt es immer eine Mischung von modernen und traditionellen Elementen im Traditionsbestand der katholischen Soziallehre. Zu diese Ambivalenz gehört auch noch, dass die Kirche die sozialen Veränderungen zunächst herkömmlich als Armutsfrage (Pauperismus) gesehen hat und auf imponierende Art und Weise mit Caritas reagiert hat. Bei der anderen (herkömmlichen) Diagnose, nämlich »Säkularisierung«, hieß die Therapie: Rechristianisierung. Diese Rechristianisierung bezog sich aber nicht auf die Individuen und auch nicht auf die noch nicht entdeckte Gesellschaft. Sie meinte, wie wir bisher gesehen haben, die Rechristianisierung der Staaten, der Verfassungen. Diese ständische Rückorientierung nach idealisiertem mittelalterlichen Vorbild einer gerade gefestigten neuscholastischen Naturrechtslehre war für Kirche und Theologie die zunächst kennzeichnende Reaktion.

Aber zunehmend überwog in Kirche und Katholizismus des 19. Jh. die pastorale Sorge um die Arbeiter. In dieser Sorge und diesen Gefährdungen entdeckte die Kirche die Bedeutung der gesellschaftlichen Organisation der Arbeit und darin entdeckte sie allmählich die Gesellschaft und damit einen neuen Platz kirchlichen Handelns und Redens. Die Bedeutung der ersten Sozialenzyklika besteht nun darin, dass die eingangs zitierten Passagen nicht die dominierenden sind. Der Papst verweigert sich der Forderung, das neue Wirtschaften, den Kapitalismus als etwas Modernes radikal abzulehnen. Er schließt einen »historischen Kompromiss«! Er spricht das Verdammungsurteil gegenüber dem Kapitalismus nicht aus, sondern erklärt, dass die kapitalistische Wirtschaftsweise moralisch indifferent sei. Sie könne akzeptiert werden – aber nur dann –, wenn den Menschen in der politischen Willensbildung die Möglichkeit gegeben ist, die Ziele und die Bedingungen des Wirtschaftens politisch mitbestimmen zu können (Staatsintervention, Gewerkschaften, familiengerechter Lohn).

1. Die Arbeit als der Schlüssel der sozialen Frage
(Johannes Paul II.)

Der gegenwärtige Papst Johannes Paul II. sieht in seinem Rückblick auf die Entstehungsgeschichte von Rerum novarum die epochalen Veränderungsprozesse nüchtern und in großem Zusammenhang:

»Gegen Ende des vergangenen Jahrhunderts stand die Kirche einem geschichtlichen Prozess gegenüber, der schon seit einiger Zeit im Gange war, nun aber einen neuralgischen Punkt erreichte. Ausschlaggebender Faktor dieses Prozesses war – neben dem vielfältigen Einfluss der vorherrschenden Ideologien – ein ganzes Bündel radikaler Veränderungen auf politischem, wirtschaftlichem und sozialem Gebiet, aber auch im Bereich von Wissenschaft und Technik. Ergebnis dieser Veränderungen war auf politischem Gebiet eine *neue Gesellschafts- und Staatsauffassung* und folglich auch eine neue Auffassung der *Autorität* gewesen. Eine traditionelle Gesellschaft war im Begriff sich aufzulösen und eine andere befand sich im Entstehen, voller Hoffnungen auf neue Freiheiten, aber auch reich an Gefahren neuer Formen von Ungerechtigkeit und Knechtschaft.
Auf wirtschaftlichem Gebiet, wo die Entdeckungen und Anwendungen der Wissenschaften zusammenflossen, war man Schritt für Schritt zu neuen Strukturen in der Güterproduktion gelangt. Es entstand eine *neue Form des Eigentums*, das Kapital, und eine *neue Art der Arbeit*, die Lohnarbeit, gekennzeichnet von der Fließbandproduktion, ohne jede Berücksichtigung von Geschlecht, Alter oder Familiensituation des Arbeiters, einzig und allein bestimmt von der Leistung im Blick auf die Steigerung des Profits ... Die soziale Folge dieser Umwandlung war ›die Spaltung der Gesellschaft in zwei Klassen, die eine ungeheure Kluft voneinander trennt‹. Diese Situation verband sich mit einer tief greifen-

den Veränderung der politischen Ordnung. So versuchte die damals vorherrschende politische Theorie, durch entsprechende Gesetze oder, umgekehrt, durch bewusste Unterlassung jeglicher Einmischung, die totale Wirtschaftsfreiheit zu fördern. Gleichzeitig entstand in organisierter und nicht selten gewaltsamer Form eine andere Auffassung von Eigentum und Wirtschaft, die eine neue politische und gesellschaftliche Ordnung in sich schloss« (Centesimus annus, Nr.4).

Hier ist der Inhalt der »Sozialen Frage« beschrieben und die »politische« Aufgabe der Christen, »zusammen mit allen Menschen guten Willens« eine gerechte Ordnung des menschlichen Zusammenlebens zu erreichen. Daher widmet sich Johannes Paul II. ausführlich wie kein Papst vor ihm der Tradition der menschlichen Arbeit,

»nicht so sehr in der Absicht, die bisherigen Aussagen des kirchlichen Lehramtes aufzugreifen und zu wiederholen. Vielmehr geht es darum, vielleicht mehr als bisher herauszustellen, dass *die menschliche Arbeit ein Schlüssel* und wohl der wesentliche Schlüssel in der gesamten sozialen Frage ist, wenn wir sie wirklich vom Standpunkt des Wohls für den Menschen betrachten wollen... Rückte man früher in dieser Frage vor allem *das Problem der ›Klasse‹* in den Mittelpunkt, so ist in neuerer Zeit *das Problem ›der Welt‹* in den Vordergrund getreten. Es wird also jetzt nicht nur der Bereich der Klasse beachtet, sondern der weltweite Bereich der Unausgeglichenheiten und Ungerechtigkeiten und infolgedessen die breite Dimension der Aufgaben auf dem Weg zur Gerechtigkeit in der Welt von heute.«

In dieser letzten Passage kommt zum Ausdruck, dass die kirchliche Soziallehre sich natürlich nicht auf den Gegenstandsbereich der Arbeit beschränkt. Sie wählt aber die menschliche Arbeit als Weg, als Schlüssel, als Zugang zu den universalen und weltweiten Problemen der sozialen Gerechtigkeit und der politischen Veränderung. Die »Haider-Thesen« deutschsprachiger Theologen hatten 1883 noch formuliert: »Die Arbeit ist eine sittliche Betätigung der menschlichen Kraft und lässt sich nicht vom Menschen trennen und darf erst recht nicht in das Eigentum eines anderen überführt werden.«

Auch wenn mit dem »historischen Kompromiss« von Rerum novarum diese rigide Tradition überwunden ist, bleibt sie als Stachel im Fleisch wirksam und ist in dem Kompromiss nicht ganz aufgegeben worden. Auch Rerum novarum sagt, »dass es eine unumstößliche Wahrheit ist, nicht anders woher als aus der Arbeit der Werktätigen entstehe Wohlhabenheit im Staate« (RN, Nr. 27). Vierzig Jahre später, in der Enzyklika »Quadragesimo anno«, mahnt Papst Pius XI., die Arbeit dürfe nicht wie eine feile Ware im Markt umhergehen, und er fordert, der Lohnvertrag müsse zu einem Gesellschaftsvertrag weiterentwickelt werden (QA, Nr. 83 und 65). Ein neues Gewicht bekommt dieser Gedankengang in der Pastoralkonsitution des II. Vatikanischen Konzils, Gaudium et Spes: »Die Arbeit hat Vorrang vor allen anderen Faktoren des wirtschaftlichen Lebens, denn diese sind nur werkzeuglicher Art, die Arbeit aber ist unmittelbarer Ausfluss der menschlichen Person ... (GS, Nr. 67).

Die schon angesprochene Enzyklika »Laborem exercens« von Papst Johannes Paul II. aus dem Jahre 1981 betont den subjektiven Sinn der Arbeit, den Menschen als Subjekt der Arbeit (Nr. 6 und 9). Diese Einschätzung der Arbeit sieht der Papst bedroht und er nimmt an, dass diese Bedrohung im Zuge neuer Entwicklungen, einer neuen technologischen Revolution weiter zunimmt. Daher, so sagt er, halte es die Kirche für ihre Aufgabe,

»immer wieder die Würde und die Rechte der arbeitenden Menschen ins Licht zu stellen und die Verhältnisse anzuprangern, in denen diese Würde und diese Rechte verletzt werden, und dem Wandel der Dinge in die Richtung zu lenken, dass dabei ein echter Fortschritt für die Menschen und für die Gesellschaft herauskommt« (LE, Nr. 6). Denn, so heißt es in einer späteren Passage: Man darf die Produktionsmittel »nicht gegen die Arbeit besitzen, man darf sie auch nicht um des Besitzes willen besitzen, denn der einzige Grund, der ihren Besitz rechtfertigt – sei es in der Form des Privateigentums, sei es in der des öffentlichen oder kollektiven Eigentums –, ist dieser, der Arbeit zu dienen und dadurch die Verwirklichung des ersten Prinzips der Eigentumsordnung zu ermöglichen, nämlich die Bestimmung der Güter für alle und das Recht auf ihren gemeinsamen Nutzen« (LE, Nr. 14).

2. Der Wandel der Lehre: »Die Kirche hat keine Modelle vorzulegen« (Johannes Paul II., CA, Nr. 43)

Zusammenfassend kann man festhalten: Die Kirche ist keine eigenständige Gesellschaft, keine »societas perfecta«, die mit ihrer Soziallehre ihre »eigenen« weltlichen Belange regelt oder darin vorstellt, wie es wäre, wenn sie (allein) bestimmen könnte, wie die Welt und ihre Ordnung auszusehen hätte. Von der Gegnerschaft zu anderen – weltanschaulich geprägten – Entwürfen oder gesellschaftlichen Ordnungsvorstellungen ist sie übergegangen zur Zeitgenossenschaft mit den Problemen der Menschen und sie bietet die Hilfe der kirchlichen Tradition an. Sie fragt stärker als früher, welchen Part sie zu spielen hat neben anderen Institutionen der Gesellschaft und was ihre eigene unverwechselbare Aufgabe ist.

Das Kirchenverständnis, das hinter solchen Veränderungen sichtbar wird, zeigt sich deutlicher, wenn wir zwei – maßgebliche – Definitionsversuche von katholischer Soziallehre nebeneinander stellen. Gustav Gundlach, der in der Ära Papst Pius XII. die kirchliche Sozialverkündigung wie kein anderer geprägt hat, definiert sie als

»die einheitliche Zusammenfassung aller aufgrund der christlichen Heilsordnung möglichen Erkenntnisse von den Ordnungsstrukturen der diesseitigen menschlichen Gesellschaft im Ganzen und in ihren Einzelbereichen, als Norm der dem innerlich gesellschaftlichen Menschen dauernd und im Wandel der Geschichte erwachsenden Ordnungsaufgabe«[5].

Dieser Ansatz prägt, vor allem in Deutschland, die katholische Soziallehre weit über das Konzil hinaus.

Für den gegenwärtigen Papst Johannes Paul II. dagegen ist die Soziallehre der Kirche eine Konsequenz des Evangeliums sowie einer aus dem Evangelium hervorgehenden Vision des Menschen in seinen interpersonalen Bezügen, in seinem sozialen und gesellschaftlichen Leben. Sie entsteht, so sagt er in Puebla, »im Lichte des Wortes Gottes und des authentischen Lehramtes wie auch der Gegenwart der Christen inmitten der wechselvollen Verhältnisse der Welt und in unmittelbarer Berührung mit den Herausforderungen, die sich daraus ergeben«[6]. Das ist ein offenbar ganz anderes Verständnis von katholischer Soziallehre und den grundlegenden Orientierungen für das Wirken der Christen und der Kirche in dieser Welt.

Er bestätigt diese Konzeption in der Enzyklika »Sollicitudo rei socialis« von 1987:

Heiner Ludwig

»Die kirchliche Soziallehre ist kein ›dritter‹ Weg zwischen liberalisti-
schem Kapitalismus und marxistischem Kollektivismus und auch keine
mögliche Alternative zu anderen, weniger weit voneinander entfernten
Lösungen: Sie ist vielmehr etwas Eigenständiges. Sie ist auch keine Ideologie, sondern die genaue Formulierung der Ergebnisse einer sorgfältigen Reflexion über die komplexen Wirklichkeiten menschlicher Existenz
in der Gesellschaft und auf internationaler Ebene, und dies im Licht des
Glaubens und der kirchlichen Überlieferung. Ihr Hauptziel ist es, solche
Wirklichkeiten zu deuten, wobei sie prüft, ob diese mit den Grundlinien
der Lehre des Evangeliums über den Menschen und seine irdische und zugleich transzendente Berufung übereinstimmen oder nicht, um daraufhin
dem Verhalten der Christen eine Orientierung zu geben« (SRS, Nr. 41).

Die hier beschriebenen Veränderungen sind in der Kirche auch
erkämpft, erstritten und erlitten worden. Sie sind zu einem guten Teil Reflexion von politischer Glaubenspraxis. Der durch
Forschungen zur Arbeiterbewegung hervorgetretene Historiker
Josef Mooser hat für die Jahrhundertwende festgehalten,

»dass die katholischen Organisationserfolge sich nicht nur der Macht der
Tradition, sondern auch (und vielleicht noch mehr) dem Einlassen auf
›die moderne Welt‹ und einer neuen Macht verdanken: der Organisation.
Im Volksverein und in den überlokalen Präsideskonferenzen wurde eine
spezifische Arbeiterseelsorge entwickelt, die den Emanzipationsbedürf-
nissen von Arbeitern entgegenkam. Teile des katholischen Klerus haben
auf dem Weg der organisierten Selbstbildung eine Kompetenz gewonnen, um die ›die sozialen Pastoren‹ ihn häufig beneideten. Vergleichbare
Anstrengungen setzten im protestantischen Bereich später ein oder kamen im Spannungsfeld der kirchenpolitischen, theologischen und parteipolitischen Differenzierungen, trotz des großen Einsatzes von Einzelnen, über Ansätze nicht hinaus. Den katholischen Außenseitern der
›bürgerlichen Gesellschaft‹, scheint es, erleichterte gerade diese Position
das Projekt der ›Eingliederung der Arbeiterschaft‹ als eines ›gleichbe-
rechtigten Standes‹, selbst gegen die Reserven oder die Distanz der bürgerlichen Schichten«[7].

Obwohl also der Katholizismus ein Kind der Moderne ist, trat er
zunächst als einer ihrer entschiedensten Kritiker auf – oder doch
zusammen mit fundamentaler Kritik an dieser Moderne. Dadurch aber, dass diese Formierung mit den Mitteln der Moderne
erfolgte – soziale Bewegung und Öffentlichkeit –, wurde der Katholizismus als politische und soziale Größe zu einem wichtigen
Träger dieser Moderne. Noch einmal Josef Mooser:

»Die katholische Kirche festigte sich in ungeahntem Maße gerade im prinzipiellen Widerspruch zu Liberalismus, säkularisiertem Staat und Kapitalismus und errang dadurch den starken Rückhalt in den Bevölkerungsschichten, für die die Herausbildung der modernen Welt lange Zeit eine Geschichte des Leidens war.«[8]

Die Grundwertekommission beim Parteivorstand der SPD hat in Reaktion auf das so genannte Schröder-Blair-Papier »sozialdemokratische Markierungen für Reformpolitik im Zeitalter der Globalisierung« herausgegeben: »Dritte Wege – Neue Mitte«. Darin heißt es:

»Die Politik selbst unterliegt einem tief greifenden Wandel. Die Rolle der großen Parteien wird problematisch, weil viele Jüngere neue Formen des politischen Engagements vorziehen. Dies betrifft in gleichem Maße andere Großorganisationen wie die Kirchen, Gewerkschaften, Sozialverbände und andere zivilgesellschaftliche Gruppen. Die gesellschaftlichen Milieus, die ehedem eine stabile und auf Dauer eine verlässliche Unterstützung für eine linke Reformpolitik bewirkten, haben sich aufgelöst und sind vielen kleinen flexiblen Milieus gewichen, deren Unterstützung nur durch eine fortwährende intensive Kommunikation über sozialdemokratische Reformprojekte gewonnen werden können« (S. 9).

Bei einer solchen Kommunikation will der vorliegende Beitrag mitwirken, nicht zuletzt dadurch, dass er diejenigen dazu ermuntert, die sich der hier vorgestellten Tradition verpflichtet fühlen. Die gesellschaftliche Integration durch Arbeit[9], d. h. die Lösung der sozialen Frage ist nach lang anhaltender und struktureller Massenarbeitslosigkeit weder für die Kirche noch für die SPD eine beliebige Frage, und die Traditionen, die aus dieser Verpflichtung entstanden sind, müssen sich verändern. Sie dürfen sich aber nicht aufgeben. Entgegen der Rede vom Ende der Arbeitsgesellschaft drängen immer mehr Menschen auf den Arbeitsmarkt. Globalisierung der Produktion bedeutet in dieser Perspektive die Durchindustrialisierung der ganzen Welt und die Informationsgesellschaft ermöglicht die Industrialisierung der Dienstleistung. Was bedeutet es aber auf Dauer für die politische und demokratische Kultur, wenn sich Gesellschaften weiterhin über Arbeit definieren und organisieren, aber ein wachsender Teil ihrer Mitglieder keinen Anteil hat? An die sozialkatholischen Traditionen von Demokratie und Arbeit zu erinnern, kann bei der Suche nach Antworten hilfreich sein.

1 Zit. nach *J. Horstmann,* Katholizismus und moderne Welt. Katholikentage – Wirtschaft – Wissenschaft 1848–1914, München 1976, S. 78.

2 *Gustav Gundlach,* Artikel: Gesellschaft, in: Staatslexikon, 6. Aufl. 1959, Bd. 3, Sp. 822.

3 Vgl. zum Ganzen *Paul Mikat,* Kirche und Staat in nachkonziliarer Sicht, in: Kirche und Staat. Festschrift für H. Kunst. Berlin 1967, S. 105–125, 115 ff.

4 Bei einem gemeinsamen Seminar der Georg-von-Vollmar-Akademie Kochel und dem Sozialinstitut der KAB 1981 in Freising, auf dem Heinz Rapp, Susanne Miller und Oswald von Nell-Breuning die Hauptreferate hielten, erinnerte *Heinz Rapp* an den Erfurter Parteitag von 1891, seine Erklärung der Religion zur Privatsache und an dessen verschiedene Interpretation durch führende Sozialdemokraten. Für Liebknecht war es auf dem Parteitag eine taktische Erklärung, da Religion ohnehin absterbe; für Bebel stand im Mittelpunkt, dass »kein Staat und keine Kommune das Recht hat, irgendeine religiöse Überzeugung im Gegensatz zu anderen zu begünstigen«. Heinz Rapp erläutert dann Eduard Bernsteins Interpretation auf dem Bremer Parteitag von 1904: Die Erklärung der Religion zur Privatsache, so meine Bernstein, drücke einen richtigen Gedanken falsch aus. Eigentlich müsste er lauten: Gleiches Recht für die Anhänger aller religiösen und philosophischen Bekenntnisse, Freiheit der Religionsausübung, denn Religion als Kulturaufgabe ist keine Privatsache, sondern eine öffentliche Angelegenheit von großer Bedeutung. Vgl.: Zur Geschichte des Verhältnisses von Arbeiterbewegung, katholischer Kirche und demokratischem Sozialismus. Protokoll eines gemeinsamen Seminars der Georg-von-Vollmar-Akademie Kochel und des Kath. Sozialinstitutes Freising vom 20.–22. Februar 1981, hg. von der KAB Süddeutschlands, S. 7–8.

5 *Gustav Gundlach,* Artikel: Katholische Soziallehre, in: Staatslexikon, 6. Aufl. 1959, Bd. 6, Sp. 910–930.914.

6 Zit. nach *Ernst-Wolfgang Böckenförde,* Das neue politische Engagement der Kirche. Zur »politischen Theologie« Johannes Pauls II., in: Stimmen der Zeit 198 (1980), 219–234.233.

7 *Josef Mooser,* Arbeiter, Bürger und Priester in den konfessionellen Arbeitervereinen im deutschen Kaiserreich, 1880–1914, in: Kocka, J. (Hg.), Arbeiter und Bürger im 19. Jahrhundert: Varianten ihres Verhältnisses im europäischen Vergleich. Schriften des Historischen Kollegs, München 1986, S. 79–105, 103 ff.

8 Ebd., S. 103.

9 Vgl. ausführlich *Heiner Ludwig, Karl Gabriel* (Hg.), Gesellschaftliche Integration durch Arbeit. Über die Zukunftsfähigkeit sozialkatholischer Traditionen von Arbeit und Demokratie am Ende der Industriegesellschaft (Studien zur Christlichen Gesellschaftsethik Bd. 3), Münster 2000.

Karl Gabriel

Zur gesellschaftlichen Präsenz der Katholiken

I. Katholiken im vereinten Deutschland

Unter dem Titel »Die Katholiken in der deutschen Gesellschaft«
sprach Ende November 1999 Georg Paul Hefty in der FAZ den
Katholiken im vereinten Deutschland den Status einer Minderheit zu und verband damit die Forderung, in der Frage der
Schwangerschaftskonfliktberatung durch Widerständigkeit und
durch die Befolgung eines »einheitlichen Wertekanon« wieder
mehr Einfluss auf die Bevölkerungsmehrheit in Deutschland zu
gewinnen (Hefty 1999,1). Welches Bild zeichnet sich nach dem
Ausweis der jüngsten Umfrageforschung und Statistik tatsächlich für die Katholiken in Deutschland ab? Von den 82 Mio.
Deutschen rechnen sich ca. 27,5 Mio. der katholischen Kirche zu
(Statistisches Bundesamt 1998). Nach den Daten der Allgemeinen Bevölkerungsumfrage der Sozialwissenschaften (ALLBUS)
aus dem Jahr 1998 machen dies in den alten Bundesländern 40 %
der Bevölkerung aus, in den neuen Bundesländern 4,6 % (ALL-
BUS 1998, V. 383). Schon die reinen Mitgliedschaftszahlen verweisen mit Nachdruck darauf, dass die Katholiken in Ost und
West nach wie vor innerhalb zwei sehr unterschiedlicher religiös-
weltanschaulicher Systeme leben. In den neuen Bundesländern
treffen sie auf eine Bevölkerung, die mit großer Mehrheit – und
zwar mit knapp 70 % – keiner Religionsgemeinschaft mehr angehört und in der die Protestanten – die Angehörigen evangelischer Freikirchen eingeschlossen – 25 % der Bevölkerung ausmachen. In den alten Bundesländern haben sie es mit einer etwa
gleich großen Zahl von Protestanten zu tun, mit Mitgliedern

nicht-christlicher Religionsgemeinschaften – zwischen 3 und 4%
der westdeutschen Bevölkerung – und mit ca. 15%, die keiner
Religionsgemeinschaft mehr angehören.

Im bekanntermaßen groben Netz der Umfrageforschung lässt
sich heute ein besonderes Profil der Katholiken in Deutschland
nur noch schwer ausmachen (ALLBUS 1991, 1992, 1994, 1996,
1998). Die Katholiken erscheinen in vielen Fragen, Orientierungen und Handlungsweisen ähnlich differenziert oder homogen
wie auch die übrige Bevölkerung. Die gleichberechtigte gesellschaftliche Integration der Katholiken in die deutsche Gesellschaft ist alltägliche Wirklichkeit geworden. Insofern hat ein
historisch entscheidender Grund für die besondere gesellschaft-
lich-politische Präsenz der Katholiken in der deutschen Gesellschaft längst seine Grundlage verloren. Die Emanzipation der
Katholiken als einer nachweislich über längere Zeit benachteiligten Gruppe in der protestantisch geprägten, deutschen National-
gesellschaft ist unwiderruflich vollzogen. Die Entwicklung der
Lage der Katholiken in den 90er Jahren in Gesamtdeutschland
hat daran nichts geändert.

Die Daten aus den 90er Jahren bestätigen einen schon länger
anhaltenden Trend, der sich wie folgt charakterisieren lässt:
Signifikante Unterschiede zwischen den Katholiken und der
übrigen deutschen Bevölkerung haben ihren Fokus eindeutig im
kirchlich-religiösen Bereich und beschränken sich weitgehend
auf diesen. Trotz unverkennbarer kirchlicher Desintegrations-
erscheinungen sind die Katholiken nach wie vor deutlich kirchlicher als ihre protestantischen Glaubensgeschwister. Im Westen
stehen den 40% relativ regelmäßigen katholischen Kirchgängern
(mindestens 1 x im Monat) 16% auf evangelischer Seite gegenüber. Im Osten fällt der Unterschied mit 51% zu 13% – verstärkt
durch die Minderheitensituation der Katholiken – noch krasser
aus. Die evangelischen Freikirchen liegen hinsichtlich des Kirch-
ganges etwa in der Mitte zwischen Katholiken und Mitgliedern
der evangelischen Landeskirchen (ALLBUS 1998, V. 34 und 384;
Ebertz 1998, 113 ff.). Von der für alle Dimensionen geltenden aus-
gepägteren Kirchlichkeit der Katholiken strahlt die Differenz
auch auf eine größere Intensität in der christlich geprägten Religiosität aus.

Über den engeren, kirchlich-religiösen Bereich hinaus kommen lediglich zwei Felder in den Blick, in denen sich eine konfessionelle, in das Politische hineinreichende Differenz hartnäckig auch in den 90er Jahren hehauptet. Nach den Daten der ALLBUS 98 haben im Westen 55 %, im Osten 71 % der Katholiken bei der Bundestagswahl 1994 den Unionsparteien ihre Zweitstimme gegeben und nur 33,3 % bzw. 29 % der SPD. Im Westen fällt mit 31 % zu 50 % das Verhältnis bei den Protestanten genau umgekehrt aus, während im Osten die SPD 1994 auf 29 % kommt gegenüber 52 % für die CDU (ALLBUS 1998, V. 179). Die traditionellen Wahlpräferenzen der Katholiken für die Unionsparteien – so mit Blick auf die Wahl von 1994 – scheinen sich auch in den 90er Jahren fortzusetzen. Allerdings deutet sich schon 1998 eine verstärkte politische Mobilität der katholischen Wähler an. Vor der Bundestagswahl nach ihrer Wahlabsicht bei der Bundestagswahl 1998 befragt, schmilzt unter den Katholiken im Westen die Differenz zwischen Unionsparteien und SPD auf 2 %, im Osten auf 7 % zusammen (ALLBUS 1998, V. 431).

Weniger ausgeprägt, aber dennoch erkennbar bevorzugen die Katholiken nach wie vor überdurchschnittlich konventionelle Formen der politischen Beteiligung, während sie allen unkonventionellen Mustern wie Demonstrationen und Bürgeraktionen mit größerer Distanz als die übrige Bevölkerung gegenüberstehen. Zieht man die Unterscheidung von Inglehart zwischen Postmaterialisten (höhere Bedeutung von Bürgereinfluss und freier Meinungsäußerung) und Materialisten (höhere Einschätzung materieller und politischer Sicherheit) heran, so ist die Zahl der Materialisten unter den Katholiken nach wie vor überdurchschnittlich hoch. Mit 23 % Materialisten rangieren sie im Westen deutlich vor den Mitgliedern evangelischer Landeskirchen mit 17 %, mit Abstand die geringste Zahl von Materialisten weisen aber die Konfessionslosen mit 12 % aus. Bei den Postmaterialisten liegen die Konfessionslosen mit 32,5 % mit weitem Abstand an der Spitze, gefolgt von 19,8 % unter den Protestanten und 16,7 % unter den Katholiken (ALLBUS 1998, V.174). Zu den Differenzen zwischen Ost und West ist nach wie vor zu zählen, dass wir es mit unterschiedlichen Bedingungskonstellationen und Ausprägungen von Konfessionslosigkeit zu tun haben. So

Karl Gabriel

schnellt die Zahl der konfessionslosen Materialisten im Osten auf 25 % hinauf und liegt mit der Zahl unter den Katholiken etwa gleich auf.

Für die übrigen Felder, in denen sich die Katholiken bis in die 50er und 60er Jahre hinein noch deutlich von den Protestanten unterschieden, wie im Bildungs-, Einkommens- und Berufsprestigeniveau, gilt für den Westen folgende Tendenz: Als sozialstrukturell ausdifferenzierte und unterscheidbare Gruppe gibt es die Katholiken nicht mehr. Vergleicht man jeweils die Differenzen zwischen Katholiken und Protestanten mit den Unterschieden zu den Konfessionslosen, so zeigt sich, dass sich die Unterschiede zwischen den Konfessionen deutlich eingeebnet haben, während die Differenzen zu den Konfessionslosen an Profil gewinnen. Die internen Differenzen unter den Katholiken etwa zwischen den sehr regelmäßigen und den Selten- und Nie-Kirchgängern – immerhin zusammen 37 % der Katholiken – schlagen in allen Dimensionen stärker zu Buche als die Unterschiede zwischen den Katholiken und Protestanten mit ähnlicher Ausprägung von Kirchlichkeit (Gabriel 1997, 177 ff.). Betrachtet man das gesellschaftliche Engagement in Vereinen, Verbänden etc., so weisen die Katholiken Unterschiede zur übrigen Bevölkerung nur im engeren Bereich der kirchlichen und religiösen Vereine aus (ALLBUS 1998, V. 402). Der Tendenz nach haben wir es mit der Fortsetzung des schon lange anhaltenden Trends zu einer stärkeren Verkirchlichung des Christentums und darin wiederum zu einem höheren Grad der kirchenorganisatorischen Veramtlichung des Katholizismus zu tun (Kaufmann 1980, 100; Hürten 1986, 256). Für den klassischen politischen Katholizismus als konfessioneller Emanzipations- und Interessenbewegung gibt es schon lange keine Grundlage mehr und auch die veränderte konfessionelle Situation im vereinten Deutschland hat daran nichts geändert. Die Katholiken sind faktisch nicht mehr und nicht weniger eine Minderheit in Deutschland als die Protestanten. Schon 1980 vermerkte Oswald von Nell-Breuning, dass zwar der politische, nicht aber der soziale Katholizismus seine Ziele erreicht habe und ersterer deshalb zu Recht sein Ende gefunden habe, während letzterer notwendiger denn je sei (Nell-Breuning 1980, 37 f.). Wie ist es – so soll weiter gefragt werden –

um die Rolle und gesellschaftliche Präsenz des sozialen Katholizismus bestellt, nachdem die gesellschaftliche Präsenz der Katholiken immer stärker kirchenamtliche Formen angenommen hat? Dazu bedarf es zunächst eines Blicks auf die veränderte Lage der großen Sozialbewegungen in Deutschland insgesamt.

II. Erosion der sozial-moralischen Milieus

Es waren vornehmlich zwei Großgruppenmilieus in Deutschland – das der sozialistischen Arbeiterschaft und das der Katholiken –, die sich in der zweiten Hälfte des 19. Jahrhunderts ausgebildet hatten und die eine hohe Geschlossenheit nach außen und eine prägende Kraft nach innen entwickelten (Arbeitskreis für kirchliche Zeitgeschichte [AKKZG], 1993; Gabriel 2000). Dabei verhalf gerade die eher negative Integration in die Gesellschaft des Kaiserreichs beiden Gruppen, ihren Milieus alltagsprägende Wirksamkeit zu verleihen und sie mit scharfen Grenzen nach außen zu versehen. Nachdem beide Milieus etwa um die Jahrhundertwende den Höhepunkt ihrer Prägekraft erlebten, blieben sie mit unterschiedlich nachlassenden Wirksamkeitsgraden in ihrer strukturbildenden Kraft bis in die Epoche nach dem 2. Weltkrieg erhalten. Für das katholische Milieu gilt in besonderer Weise, dass es in der Sondersituation der späten 40er und 50er Jahre in der Bundesrepublik eine gewisse Renaissance erlebte.

Mit einigen Jahren der Zeitverzögerung gegenüber der Ende der 50er Jahre einsetzenden wirtschaftlichen Prosperität lösten sich beide Großgruppenmilieus in parallelisierbaren Erosionsprozessen auf (Beck 1986, 139 ff.; Gabriel 1997, 124 ff.) Eine Vielzahl von Bedingungen wirkten beim Abschmelzungsprozess der Milieus zusammen: Die in der Geschichte der Arbeiterschaft einmalig hohen Einkommenzuwächse boten neue Möglichkeitsspielräume, vom Auto bis zur Urlaubsreise, denen das milieuspezifische sozial-moralische Normengefüge nicht standhielt. Mit den Sicherheiten des im Ausbau befindlichen Wohlfahrtstaats im Rücken konnte sich bei der Arbeiterschaft zum ersten Mal das Gefühl einstellen, ein Stück eigenes Leben realisieren zu können.

Zwischen den Generationen lösten sich die Milieus durch die Umwälzungen im Bildungssektor auf. Arbeiterschaft und Katholiken gaben ihr traditionelles Bildungsverhalten auf und setzen für ihre Kinder auf Aufstieg durch Bildung. Neue Ströme von Mobilität bildungsmäßiger, beruflicher, räumlicher, arbeitsmarktorientierter Art ließen die Milieugrenzen zusammenbrechen und raubten ihnen im Bewusstsein der Beteiligten ihre Plausibilität.

Als Resümee für unseren Zusammenhang ergibt sich, dass der Katholizismus seit Mitte der 60er Jahre seinen traditionellen Ort als Teil eines der großen sozial-moralischen Milieus der Bundesrepublik verloren hat. Die katholischen Arbeiter zum Beispiel, die bis dahin als Teil des katholischen Milieuzusammenhangs die katholische Sozialbewegung getragen haben, sind aus dem Milieu ebenso ausgebrochen wie die sozialistisch geprägte Arbeiterschaft aus dem ihrigen.

III. Pluralisierung der gesellschaftlichen Präsenz der Katholiken

Geht man den Entwicklungen des (Sozial-)Katholizismus in den letzten beiden Jahrzehnten nach, kommt man zu dem Schluss, dass er sich nicht einfach aufgelöst hat, sondern eine Entwicklung hin zu pluralen Strukturen zu beobachten ist. Wie lässt sich diese Struktur beschreiben? Drei Elemente möchte ich im Folgenden hervorheben.

Innerhalb der Gemeinden haben sich Milieus ausdifferenziert, in denen es zu unterschiedlichen Gruppenbildungen gekommen ist (Nuscheler u. a., 1995, 409 ff.). Im Kernmilieu der Gemeinden sind neue Gruppen im Zusammenhang der Einrichtung von Sachausschüssen der Gemeinderäte für Mission, Entwicklung, Frieden (MEF) bzw. Caritas entstanden. Zum Kernmilieu der Gemeinden gehören auch neue Gruppenaktivitäten und Arbeitsfelder der sozial-katholischen Verbände, die sich der Arbeit mit Migranten, Aktivitäten im Dritte-Welt-Sektor oder Solidaritätsaktionen für Mittel-Ost-Europa geöffnet haben. In den bedrängenden gesellschaftlichen Konfliktfeldern von Arbeitslosigkeit bis zur Praxis des Asyls haben sich neue Gruppen von Christen gebildet, die – in der Regel in ökumenischer Zusammensetzung – ein gemeindliches Grenzmilieu mit konfliktiven Beziehungen zum Kernmilieu bilden. Wenn auch häufig innerhalb der Gemeinden enstanden, so haben sich auch neue Gruppen eines dritten Typs entwickelt, die zu den gemeindlichen Milieus auf deutliche Distanz gehen. Sie sind in einem parallel zu den neuen sozialen Bewegungen im Bereich von Frieden, Solidaritätsarbeit, Frauen und Umwelt sich bildenden christlich geprägten Bewegungsmilieu angesiedelt.

Nicht ohne Spannung zu den in den gemeindlichen Binnenmilieus verankerten Gruppen vor Ort nehmen heute eine Reihe von katholischen Verbänden – insbesondere an den stärker professionell geprägten Spitzen – den Charakter von Bewegungsorganisationen an (Hengsbach 1996; Gabriel 1999). Von den herkömmlichen Verbänden unterscheiden sich Bewegungsorganisationen bzw. Bewegungsverbände dadurch, dass sie den sozialen Bewegungen nahe stehen und die zivilgesellschaftliche Öffentlichkeit zum Adressaten ihres Handelns haben. Ihr spezifischer Beitrag zur Politik besteht darin, eine »Soziale Politik« im Interesse der von Unrecht und Leid Betroffenen möglich und politisch durchsetzbar zu machen. Sie unterscheiden sich damit von jener Art von Verbänden, die – in die sozialpolitischen Entscheidungsprozesse und -eliten eingebunden – die Maßnahmen staatlichen Handelns von oben nach unten treuhänderisch weitergeben bzw. zur Durchsetzung bringen. Gleichzeitig gehören sie zu einem neben öffentlichen Ämtern und gewerblichen Unternehmen »Dritten Sektor« von Non-Profit-Organisationen mit einer spezifischen Gemeinwohlverpflichtung.

Zweifellos lassen sich Elemente dessen, was Bewegungsorganisationen ausmachen, innerhalb neuerer Entwicklungen etwa von Caritasverband, aber auch von KAB und katholischen Frauen- und Jugendverbänden beobachten.

So nimmt etwa das nach einem langen kontroversen Diskussionsprozess entwickelte Leitbild des Deutschen Caritasverbands direkt Bezug zum Thema Bewegungsorganisation (Gabriel 1999). Teil der Sozialbewegungen zu sein, betrachtet der Verband als Element seines Organisationsprofils. Unter dem Stichwort

»Teil der Sozialbewegung« werden unterschiedliche Ebenen angesprochen. Als Erstes die Ebene der Beteiligung aller Interessierten – seien sie nun beruflich oder ehrenamtlich engagiert – an der Verwirlichung der Ziele und Aufgaben des Verbands mit den entsprechenden verbandsinternen Mitwirkungs- und Entscheidungsmöglichkeiten. Zum Zweiten die Ebene der Förderung des ehrenamtlichen caritativen Einsatzes in den traditionellen Sozialformen der Pfarrgemeinden wie in den sozial engagierten Initiativen und Freiwilligenzentren. Hier geht der Verband die Selbstverpflichtung ein, sich für verbesserte Rahmenbedingungen für das Ehrenamt und die Erleichterung der Zusammenarbeit zwischen Ehrenamtlichen und Beruflichen einzusetzen. Schließlich die gesellschaftlich-kulturelle Ebene, wo es heißt: »Er fördert die Idee einer Sozialbewegung und arbeitet mit sozial engagierten Menschen, Initiativen und Organisationen zusammen an der Verwirlichung einer solidarischen Gesellschaft« (Baldas u. a. 1997, 267).

Als drittes Element, das hier angesprochen werden soll, hat die katholische Sozialbewegung mit den bischöflichen Hilfswerken Misereor und Renovabis neue institutionelle Strukturen im Handlungsfeld der Sozialen Frage im weltgesellschaftlichen, globalen Rahmen erhalten. Der durch das II. Vatikanum initiierte Wandel des Missionsverständnisses hat gleichzeitig dazu beigetragen, dass die Arbeit von Adveniat und Missio über die Pastoral- und Missionshilfe für Lateinamerika, Afrika und Asien hinaus auch in die internationale Entwicklungs- bzw. Solidaritätsarbeit hineinreicht. Nach wie vor weist ein beträchtliches Spendenaufkommen auf eine stabile Verankerung der Hilfswerke im katholischen Bevölkerungsteil hin. Die Werke sind über die Projektunterstützung hinaus zum Kristallisationspunkt von Partnerschaften und Kontaktgruppen in Gemeinden und Verbänden geworden. Sie haben dazu beigetragen, dass der Anteil derer, die für Fragen internationaler Solidarität ansprechbar sind, gewachsen ist. Wenn heute die kirchliche Entwicklungsarbeit einen deutlich besseren Ruf genießt als etwa die staatliche, so haben die Werke daran einen erheblichen Anteil. Aus dem Netz der Nicht-Regierungs-Organisationen im internationalen Feld sind die kirchlichen Hilfswerke nicht mehr wegzudenken.

Die Kampagne zum Erlassjahr 2000 hat dies wiederum mit Nachdruck unter Beweis gestellt.

Zusammenfassend lässt sich sagen, dass die Tradition der gesellschaftlichen Präsenz der Katholiken im Bereich der im weitesten Sinne Sozialen Fragen mit der Erosion des katholischen Milieus nicht ersatzlos abgebrochen ist, sondern eine neue Sozialform angenommen hat. Sie ist gekennzeichnet durch eine Pluralität von Akteuren, die sich durch gesellschaftliche Not-und Problemlagen herausfordern lassen und ihrem Glauben eine explizit gesellschaftsbezogene Dimension geben. Gleichzeitig kommt als neuer gesellschaftlicher Ort des Engagements der Christen die Zivilgesellschaft in den Blick.

IV. Gesellschaftliche Präsenz der Katholiken als Akteure der Zivilgesellschaft

Idealtypisch lassen sich drei Modelle des Öffentlichkeitsbezugs von Religion unterscheiden (Casanova 1994, 21–41). Religiöse Akteure und Institutionen können sich als Teil der staatlichen Öffentlichkeit etablieren bzw. von ihr in den Dienst genommen werden. Die katholische Aufklärung z. B. ging am Beginn der Moderne ein ambivalentes, bis heute nachwirkendes Bündnis mit den Interessen des absolutistischen Staates an öffentlicher, ordnungswirksamer religiöser Legitimation ein. Die kirchliche Gegenbewegung des 19. Jahrhunderts richtete sich vielfach gegen beides: den Aufklärungs- wie den Staats-Öffentlichkeitsbezug der katholischen Religion. Als Nachfolgemodell öffentlicher Repräsentanz von Religion bildete sich seit der 2. Hälfte des 19. Jahrhunderts die Formierung eines konfessionell-katholischen Lagers heraus, das für die Wahrung und Durchsetzung katholischer Interessen im öffentlich-politischen Raum zu sorgen hatte. Mit der Erosion der katholischen Milieus und der konfessionell geprägten politischen Lager in Westeuropa seit Mitte der 60er Jahre ist auch dieses Modell öffentlicher Repräsentanz von Religion in die Krise geraten.

Damit ist der Weg frei geworden für ein drittes Modell von Religion und Öffentlichkeit: die zivilgesellschaftliche Rolle religiöser Gemeinschaften und Aktivitäten (Casanova 1994). Die Zivilgesellschaft, so meine These, eröffnet der Kirche wie den sich organisierenden Katholiken einen wichtigen Ort ihres künftigen Handelns in der Gesellschaft auf nationaler wie globaler Ebene. Während Religion im Modernisierungsprozess strukturell erzwungen aus der staatlichen wie politischen Öffentlichkeit im engeren Sinne zurückgedrängt wird, gilt dies nicht ebenso für die Sphäre der zivilgesellschaftlichen Öffentlichkeit. Die Zivilgesellschaft setzt eine geschützte und funktionierende Privatsphäre voraus. Die vom öffentlichen Zwang freigesetzte Religion kann sich im Feld des Privaten auf der Grundlage freier Glaubensentscheidungen und ungezwungener religiöser Zusammenschlüsse entfalten. Im zivilgesellschaftlichen Rahmen erhalten Motive – eingeschlossen der religiösen – eine besondere Bedeutung, die zum Überschreiten des Grabens vom Privaten zum Öffentlichen anleiten und animieren. Die Zivilgesellschaft ist auf im Privatbereich wurzelnde sozial-moralische Ressourcen angewiesen, die ein Interesse und eine Orientierung an der allgemeinen Sache hervorbringen. Religiöse Traditionen sind entsprechend – aus dem privaten Bereich heraustretend – herausgefordert, ihre Vorstellungen von Gemeinwohl, Gerechtigkeit, Solidarität und gutem Leben in den öffentlichen Diskurs einzubringen. Die diskursive Auseinandersetzungen um Wertorientierungen und um die Legitimität normativer Bindungen gehört in den Raum zivilgesellschaftlicher Öffentlichkeit. Die religiösen Traditionen können dafür sorgen, dass Wertfragen, Wahrheitsfragen und Themen kultureller Bindung nicht aus dem zivilgesellschaftlichen, öffentlichen Diskursen herausgedrängt werden. Dank der ihnen zur Verfügung stehenden religiösen Sprache und Symbolik sind sie in besonderem Maße in der Lage, Erfahrungen des gesellschaftlichen Leidens artikulierbar und in der zivilgesellschaftlichen Öffentlichkeit hörbar zu machen.

Aus alledem wird deutlich, dass der Raum der Zivilgesellschaft für die Zukunft sozial-katholischen Engagements ein unverzichtbares Handlungsfeld darstellt. Umgekehrt ist eine lebendige Zivilgesellschaft auch auf das gesellschaftliche Engagement aus dem Glauben heraus angewiesen. Die Präsenz der sozial-katholischen Bewegung in der zivilgesellschaftlichen Öffentlichkeit ist dabei an ihre Fähigkeit gebunden, sich auf die besondere Qualität eines diskursiven Kommunikationsstils einzulassen. Sie ist gezwungen, ihre Anliegen, Vorstellungen und Lösungsperspektiven argumentativ und offen für Kritik vorzutragen. Dass sich das Selbstverständnis der kirchlich-sozialen Praxis in die Richtung eines zivilgesellschaftlichen Orts in der Gesellschaft bewegt, lässt sich exemplarisch am Konsultationsprozess und Wort der Kirchen »Für eine Zukunft in Solidarität und Gerechtigkeit« aufweisen. Die Kirchen – so heißt es in Nr. 4 – »betrachten es als ihre besondere Aufgabe, dem Anliegen jener Gehör zu verschaffen, die im wirtschaftlichen und politischen Kalkül leicht vergessen werden, weil sie sich selbst nicht wirksam artikulieren können: der Armen, Benachteiligten und Machtlosen, auch der kommenden Generationen und der stummen Kreatur« (Für eine Zukunft, 8). Sie wollen auf diese Weise die Vorausetzungen für eine Politik schaffen, die sich an den Maßstäben der Solidarität und Gerechtigkeit orientiert. Der Beitrag des kirchlichen Engagements wird auf die Formel gebracht: »Die Kirchen wollen nicht selbst Politik machen, sie wollen Politik möglich machen« (Für eine Zukunft, 7).

Dabei wurde der Politik eröffnende und ermöglichende Weg über Lern- und Bewusstseinsprozesse nicht nur postuliert, sondern im Konsultationsverfahren auch selbst praktiziert. Der eineinhalbjährige Konsultationsprozess selbst zielte schon auf Bewusstseinsbildung und -veränderung über individuelle und kollektive moralische Lernprozesse. Schon im Weg war viel vom Ziel enthalten. Ansatzweise wird das Modell einer zweistufigen Öffentlichkeit erkennbar: Öffentlichen Diskursen und Bewusstseinsprozessen wird eine wichtige politische Funktion zugesprochen. Ihre Ergebnisse gehen – so die Argumentation – auf der zweiten Stufe in die Handlungsbereitschaft und -fähigkeit der Politik ein und und haben Einfluss auf deren Handlungsspielräume. »Der kirchliche Beitrag…« – so heißt es in Nr. 5 – »ist umso erfolgreicher, je mehr es ihm gelingt, Einstellungen und Verhaltenweisen zu verändern und dadurch die politischen Handlungsspielräume zu erweitern, und umgekeht umso erfolgloser, je weniger er in dieser Hinsicht auslöst und bewirkt.« Die Politik steht allerdings in der Verantwortung, diese Spielräume auch zu nutzen. Damit wird deutlich, dass die Akteure der kirchlich-sozialen Bewegung auch weiterhin in Staat und Politik im engeren Sinne wichtige Bezugspunkte haben werden. Die zivile Gesellschaft dürfte aber immer nachhaltiger zum primären Ort ihrer öffentlichen Funktion und Aufgabe werden.

Dabei haben die Vorgänge im katholischen Krisenherbst des Jahres 1999 deutlich gemacht, dass, wenn und insoweit ein integralistischer katholischer Fundamentalismus auf die kirchenamtlichen Strukturen entscheidend Einfluss gewinnt, das kirchenamtliches Handeln einerseits und das organisierte Handeln der Katholiken andererseits wieder stärker entflochten werden müssen. Für Verbände wie den Deutschen Caritasverband mit seinen Fachverbänden, die sich in ihrer kirchlichen und verbandlichen Doppelfunktion gewissermaßen zum Zentrum einer engen Verflechtung beider entwickelt haben, bedeutet dies notwendig eine konfliktreiche Zerreißprobe. Der spezifisch deutsche, geschlossene Katholizismus katholischer Verbände lässt sich nicht erneuern, selbst wenn man es sich als kirchenpolitisches Gegengewicht zu gegenwärtigen kirchenamtlichen Tendenzen wünschen würde. Eine offene, zivilgesellschaftlich handlungsfähige, organisierte Repräsentanz der Katholiken in der Gesellschaft braucht heute einen festen Rückhalt in verfassten, kirchenamtlichen Strukturen. Gleichzeitig benötigt aber eine in die Gesellschaft hinein offene und notwendig öffentliche Kirche das amtlich-hierarchische wie das selbstorganisierte Moment in einer unausweichlich spannungsreichen, durch Konsens wie Konflikt integrierten Einheit.

Literatur

Arbeitskreis für kirchliche Zeitgeschichte (AKKZG), Münster, Katholiken zwischen Tradition und Moderne. Das katholische Milieu als Forschungsaufgabe, in: Westfälische Forschung 43 (1993) 588–654.
Baldas, Eugen / Gleich, Johann Michael / Schmälzle, Udo (Hg.), Meinungsbild Caritas. Band 2. Freiburg i. Br. 1997.
Beck, Ulrich: Risikogesellschaft. Auf dem Weg in eine andere Moderne. Frankfurt a. M. 1986.

Casanova, Jose, 1994: Religion und Öffentlichkeit. Ein Ost-/Westvergleich, in: Transit 8, 21–41.

Ebertz, Michael N., 1998: Erosion der Gnadenanstalt? Zum Wandel der Sozialgestalt von Kirche. Frankfurt a. M.

Für eine Zukunft in Solidarität und Gerechtigkeit. Wort des Rates der Evangelischen Kirche in Deutschland und der Deutschen Bischofskonferenz zur wirtschaftlichen und sozialen Lage in Deutschland. Hg. vom Kirchenamt der Evangelischen Kirche in Deutschland und vom Sekretariat der Deutschen Bischofskonferenz. Hannover/Bonn.

Gabriel, Karl, 2000: Christentum zwischen Tradition und Postmoderne. Freiburg i. Br. 7. Aufl.

Gabriel, Karl, 1999: Caritas als Teil der Sozialbewegung, in: Caritas. Zeitschrift für Caritasarbeit und Caritaswissenschaft 100, 4–10.

Gabriel, Karl, 2000: Sozialkatholische Traditionen am Ende der Industriegesellschaft, in: H. Ludwig / K. Gabriel (Hg.), Gesellschaftliche Integration durch Arbeit. Münster, 216–230.

Hefty, Georg Paul, 1999: Die Katholiken in der deutschen Gesellschaft. FAZ vom 29.11.99. Frankfurt a. M.

Hengsbach, Friedhelm, 1996: Eine »Euro-Caritas« in der Staats- und Marktfalle? Die Funktion privater Wohlfahrtsverbände in der Europäischen Union, in: H. Puschmann (Hg.), Not sehen und handeln. Caritas: Aufgaben, Herausforderungen, Perspektiven. Freiburg i. Br., 153–163.

Hürten, Heinz, 1986: Geschichte des deutschen Katholizismus. Mainz.

Kaufmann, Franz-Xaver 1980: Kirche begreifen. Analysen und Thesen zur gesellschaftlichen Verfassung des Christentums. Freiburg i. Br.

Nell-Breuning, Oswald von, 1980: Katholizismus, in: K. Gabriel / F.-X. Kaufmann (Hg.), Zur Soziologie des Katholizismus. Mainz 1980, 24–38.

Nuscheler, Franz / Gabriel, Karl / Keller, Sabine / Treber, Monika, 1995: Christliche Dritte-Welt-Gruppen. Praxis und Selbstverständnis, Mainz.

Statistisches Jahrbuch der Bundesrepublik Deutschland 1998, Statistisches Bundesamt. Wiesbaden.

Zentralarchiv für empirische Sozialforschung an der Universität zu Köln (Hg.) 1991, 1992, 1994, 1996, 1998: Bevölkerungsumfragen der Sozialwissenschaften (ALLBUS). Pastoralsoziologische Arbeitsstelle Hannover, Konfessionsspezifische Auswertung.

Hans Langendörfer

Tradition und Programm
Was gibt politische Orientierung über den Alltag hinaus?

> Politik muss jedoch mehr und
> anderes sein als das Verwalten des
> unvermeidlich Gewordenen ...
> *(Grundsatzprogramm der SPD
> von 1989)*

I. Der Pragmatismus der Neuen Mitte

Wer am letzten Tag des alten Jahrhunderts im Handelsblatt die Beiträge von Bundeskanzler Gerhard Schröder und des CDU-Parteivorsitzenden Wolfgang Schäuble gelesen hat, konnte sich ein Bild von »Tradition und Programm«, »politischer Orientierung über den Alltag hinaus« unserer beiden großen Volksparteien machen: Die Beiträge sind an Expertenwissen und Pragmatismus kaum zu übertreffen. Statt über Werte, Ziele und Gesellschaftsentwürfe wurde der Leser am Übergang ins Jahr 2000 informiert über unterschiedliche Wachstumsprognosen, verschiedene Interpretationen des Steuerentlastungsgesetzes und deren Einzelheiten, »AfA-Tabellen« und vielerlei andere Zahlen, die der Leser, sofern er nicht Wirtschafts- und Finanzexperte ist, kaum verstehen kann. Was bleibt, ist der Eindruck, dass CDU und SPD sich lediglich noch in der Technik ihrer Berechnungen unterscheiden.

Zumindest, was die SPD angeht, scheint dies gewollt zu sein. Seit einiger Zeit schon profilieren sich herausragende Vertreter der Sozialdemokratie aus verschiedenen europäischen Ländern mit Appellen, die ideologischen Grabenkämpfe zu beenden und an deren Stelle eine Politik der Mitte, der Kompetenz und Vernunft zu setzen. Gestritten wird seitdem nicht mehr um Wertprämissen und Ziele, sondern um Maßnahmen und Instrumente, die am besten geeignet sind, den von der Globalisierung aufgezwungenen Standortwettbewerb zu gewinnen, um Arbeitslosigkeit abzubauen. Zwar überschrieb der Juso-Bundesausschuss kürzlich einen Grundsatzbeschluss mit dem Titel: »Es gibt eine Alternative!«[1] Doch daran scheint in der SPD angesichts der oft zitierten Zwänge der Globalisierung kaum noch jemand so recht zu glauben.

In Wahlkämpfen kommt es in dieser Sicht weniger auf inhaltliche Unterscheidbarkeit an, sondern ganz darauf, wer die kompetenteren Führungseliten hat. Wenn der Bundeskanzler meint, dass es keine linke und rechte Wirtschaftspolitik mehr gibt, sondern nur noch moderne und unmoderne, dann ist es auch folgerichtig, im Wahlkampf damit zu werben, dass er nicht alles anders, aber vieles besser machen werde. So gesehen wären Links und Rechts in der Wirtschaftspolitik keine Frage der Wertebalance, sondern bloß der Instrumente gewesen, die mit den neuen »modernen« Erkenntnissen über wirtschaftliche Zusammenhänge obsolet geworden ist. Beginnt eine Zeit der »eindimensionalen« Politik?

Es sieht jedenfalls so aus, als gebe die Linke die Vision einer gesellschaftlichen Alternative endgültig auf, während die Koalition aus Konservativen und Liberalen den Wettbewerb um die herrschende Meinung in der Wirtschaftspolitik für sich entscheide. Neu ist nicht die Mitte, sondern die Kapitulation der Linken – jedenfalls im Bereich der Wirtschaftspolitik. Anders verhält es sich freilich auf kulturell-gesellschaftlichem Feld. Dort setzt sich ein Linksliberalismus durch, dem sich bei Strafe eines Verstoßes gegen die political correctness keiner entziehen kann: Begriffe wie Ehre, Autorität, Moral, Tradition, Nation, Ehe und Religion sind »out«, »in« sind Begriffe wie Spontaneität, Emanzipation, Freiheit der sexuellen Orientierung, Lebensabschnittspartnerschaft, »Patchworkleben«, Multikulturalität und andere, die für geistige Offenheit und Modernität stehen sollen. Nach dem Motto »Mitten im Leben« folgt auch die CDU der Strategie, dem Zeitgeist in die Mitte hinterherzulaufen und alte programmatische Traditionen zu »überwinden«, wie man an dem neuen Familienbegriff erkennen kann.

II. Gründe für die Schwierigkeit politischer Orientierung über den Alltag hinaus

1. Gewiss gründen die Ursachen der Neuorientierung hin zu kurzfristigem Pragmatismus in den tektonischen Verschiebungen, die das Ende der bipolaren Weltordnung mit sich brachte und zu denen auch der »Sieg« der Gesetze des Marktes gehört. Konkret scheint ein wichtiger Grund für die Konzentration auf Sachzwänge das den öffentlichen Diskurs seit vielen Jahren dominierende Paradigma zu sein, dass die Arbeitslosigkeit das dringendste und wichtigste Problem der Gesellschaft darstelle. Der notwendige Abbau der Arbeitslosigkeit in Deutschland ist inzwischen zu einem Argument avanciert, das im Zweifel alle anderen Ansprüche und Argumente schlägt. Die Bundesregierung hat ihn zum entscheidenden Maßstab ihres Erfolgs gemacht. Zusammen mit der These, die Globalisierung erzwinge einen Standortwettbewerb der Staaten, führt diese Konzentration auf die Arbeitslosigkeit zu einer »Einsicht in die Notwendigkeit« optimaler Marktgängigkeit.[2] Darüber erscheint jedes politische Formulieren langfristiger Alternativen als weltfremd und naiv.

Angesichts dessen verwundert es freilich, dass die sozialdemokratischen Parteien in Europa, oft teils zögerlich zurückhaltend, teils sogar ablehnend, auf die Forderung nach verstärkter Zusammenarbeit auf europäischer Ebene reagieren. Alle nationalen Regierungen können zielführend eigene Ziele nur dann verfolgen, wenn politische Handlungs- und Gestaltungsspielräume zurückgewonnen werden. Hierzu wären z. B. effizientere Strukturen der Europäischen Union und die Durchsetzung eines Mindestmaßes an verbindlicher Regulierung im globalen Maßstab erforderlich.[3]

2. Eine zweite Entwicklung, die der Konzentration auf Tagesaktualitäten Vorschub leistet, ist die Auflösung der überkommenen Lebensformen und Milieubindungen und damit auch der traditionellen Wählerschichten.

Die Entwicklung hin zur modernen »Erlebnisgesellschaft« hat dazu geführt, dass sich Werthaltungen, Interessen und auch Antagonismen nicht mehr so leicht benennen lassen wie in früheren Zeiten. Zusätzlich führten rasche Veränderungen in der

Arbeitswelt dazu, dass die klassische Anhängerschaft der SPD geschrumpft ist und sich die Wählerstruktur änderte. Mit der Ausdifferenzierung unterschiedlicher Arbeitsverhältnisse geht auch eine Pluralisierung der Arbeitnehmerinteressen einher. Die massive Zunahme der Wechselwähler und derer, deren politische Überzeugungen sich nicht mehr an Programmen orientieren, sondern aus verschiedenen Einzelinhalten der verschiedenen Parteien zusammensetzen, erfordern neue Wahlkampfstrategien, die dieser Sachorientierung und auch ihrer Kurzfristigkeit gerecht werden.

In dieser Situation läuft die Politik Gefahr, nicht nur pragmatistisch ausgerichtet, sondern auch als Erlebnis-»event« missdeutet zu werden. Ohne Zweifel betreffen diese Überlegungen nicht nur die Sozialdemokratie, doch ist sie als traditionelle »Programmpartei« besonders herausgefordert.

III. Gründe für die Notwendigkeit politischer Orientierung über den Alltag hinaus

Angesichts der beschriebenen gesellschaftlichen Wandlungen stellt sich die Frage, ob es für eine große Volkspartei wie die SPD überhaupt wünschenswert und erfolgversprechend ist, sich an Traditionen und Programme zu binden. Ist nicht deren Zeit abgelaufen? Trifft das nicht besonders für Ostdeutschland zu, wo man den politischen Ideen ohnehin rasch misstraut?

Was kann den Einwänden der Wahlkampfstrategen gegen programmatische Festlegungen entgegnet werden? Die Antworten werden wohl je nach Politikverständnis unterschiedlich sein. Selbstverständlich muss sich jede Partei – und das ist gut so in der Demokratie – um Mehrheiten bemühen, um überhaupt politische Gestaltungsmacht zu erhalten. Doch ist dies sicher nicht der letzte Zweck einer Politik, die dem Allgemeinwohl verpflichtet ist, wenn dies mehr ist als die größtmögliche Summe kurzfristiger Einzelinteressen zu einem bestimmten Zeitpunkt.

Das Allgemeinwohl kann unpopuläre Entscheidungen fordern, die kurzfristigen Interessen widersprechen, aber den betroffenen Menschen trotzdem angemessen sind. Es kann z. B.

Hans Langendörfer

erfordern, dass Interessen der Mehrheit dort zurückstehen müssen, wo Minderheiten und Schwache in der Gesellschaft existenziell betroffen sind. Ohne eine Vorstellung davon, was dem Menschen über die Tagesaktualität hinaus angemessen ist, und ohne eine Vorstellung vom guten Leben kann man für solche politischen Schritte kaum werben. Die Bereitschaft einzelner Bevölkerungsgruppen, persönliche Nachteile zugunsten des Allgemeinwohls in Kauf zu nehmen, sinkt, wenn nicht deutlich wird, welches übergeordnete zustimmungsfähige Ziel damit befördert werden soll. Politik verkommt so zur Politik der Besitzstände und zum reinen Interessenkampf. Das Verständnis von Politik als Interessen- und Machtkampf ist aber eher ein Bestandteil der realistischen Schule als ein Bestandteil sozialdemokratischer Traditionen.

Es ist zudem weit von einem christlichen Politikverständnis entfernt, wie es in jüngster Zeit im Katholizismus das II. Vatikanische Konzil und die Verkündigung Papst Johannes Pauls II. entfaltet haben. Natürlich wissen die Christen, dass ihre Grundüberzeugungen und Glaubenshaltungen keinen Anspruch auf Alleinberücksichtigung haben. Sie wollen sich aber nicht damit abfinden, dass religiös motivierte Herleitungen und Einsichten der christlichen Sozialethik für die Formulierung politischer Positionen beliebig oder gar belanglos sein sollen. Dies wäre eine seltsame Verwechslung des Prinzips einer »Einheit im politischen Wollen und Vielfalt in den weltanschaulichen und politischen Begründungen« mit der Gleichgültigkeit gegenüber solchen Anschauungen. Zu Recht rühmt sich die SPD, in ihrem Programm von 1989 das Prinzip der Subsidiarität aus der katholischen Sozialverkündigung übernommen zu haben (Kap. V).

Auch die Zunahme der Politikverdrossenheit ist sicher eine unerwünschte Folge der mangelnden programmatischen Orientierung der Parteien.[4] Wenn der öffentliche Diskurs den Eindruck erweckt, Politik sei im Wesentlichen durch Sachzwänge definiert und kenne keine politisch begründeten Alternativen, dann bricht jedes politische Interesse in sich zusammen. Der Einsatz für eine Partei lässt sich schwer motivieren, wenn Parteien kein eigenes Profil mehr haben und sich inhaltlich kaum noch voneinander unterscheiden lassen.

Dieser für die Politik abträglichen Verdrossenheit kann man nicht durch Medienevents, die eher auf Personen, nicht aber auf Inhalte konzentriert sind, entgegenwirken. Wo Politik im besseren Fall nur noch als Expertenstreit, im schlechteren Fall als mehr oder weniger gelungene Unterhaltung wahrgenommen wird, da nimmt ihre Attraktivität ab und damit auch die Beteiligung der Bürger, die in der Demokratie so bedeutsam ist.

Zudem ist eine Politik ohne große Linien und ohne widerstandsfähige Überzeugungen oft nicht stimmig, sondern widersprüchlich, wie sich an vielen Beispielen im ersten Jahr der neuen Regierung gezeigt hat. Unzusammenhängende Einzelmaßnahmen können sich gegenseitig blockieren und den Erfolg zunichte machen.

Nicht zuletzt spricht die allgemeine Erfahrung dafür, dass die Menschen letztlich mit einem Leben ohne eine übergreifende Orientierung nicht zufrieden sind. Der Unruhe des Herzens – von der schon Augustinus wusste – ist nicht durch Aktivismus, sondern durch die Bindung an Modelle und Personen (und Gott) zu begegnen. Alternative Sinn- bzw. Programmangebote können die Menschen dazu anregen, sich über ihre eigenen Werte und Orientierungen klar zu werden. Ein Mangel an eigener Orientierung, verbunden mit der großen Sehnsucht nach Orientierung, kann ein für die Demokratie gefährlicher Nährboden für Konformismus sein.

Zugleich kann ein Defizit an gemeinsamen Ideen und Werten auch dazu führen, dass die Bindekräfte in der Gesellschaft noch mehr schwinden. Wenn Gerhard Schröder und Tony Blair meinen, eine Zunahme der Beschäftigung und der Beschäftigungschancen sei »die beste Garantie für eine in sich gefestigte Gesellschaft«[5], so lässt dies wichtige Faktoren für den gesellschaftlichen Zusammenhalt außer Acht.

IV. Werte und Traditionen der SPD aus christlicher Sicht und ihre heutige Bedeutung

Die SPD hat eine reiche Programmgeschichte. Zuletzt hat sie vor 10 Jahren unter Beweis gestellt, wie sie der Idee der sozialen

Hans Langendörfer

Gerechtigkeit unter gewandelten Bedingungen Gestalt verleihen will.[6] Es sollen hier einige traditionelle Orientierungen der SPD beschrieben werden, die aus christlicher und katholischer Sicht gegenwärtig besonders bedeutsam sind.

1. Das Eintreten für die Rechte und Interessen der abhängig Beschäftigten

Mit den Veränderungen des Wirtschaftslebens und der technischen Entwicklung hat sich die Situation der Arbeitnehmer stark gewandelt. Der Anteil der klassischen Industriearbeiter und der Anteil der »Normalarbeitsverhältnisse«, nehmen stetig ab. Dadurch verändern sich auch die Schwierigkeiten und Probleme, zu deren Bewältigung die Arbeitnehmer auf die Unterstützung der Gewerkschaften und der Politik hoffen. Bei einem relativ guten Wohlstand und hohem Lohnniveau ist sicher die Frage nach der Lohnfortzahlung im Krankheitsfall oder nach der Höhe der Tarifabschlüsse weniger bedeutsam als die Frage, wie diskontinuierliche Erwerbsverläufe sozial abgesichert werden können.

Die Abnahme der unbefristeten Normalarbeitsverhältnisse und die Zunahme der Mobilitäts- und Flexibilitätserwartungen stellen eine große Herausforderung für das Solidarisierungspotential der Arbeitnehmerschaft dar. Wenn die Tendenz kurzfristiger Arbeitsverhältnisse und mehrfacher Arbeitsplatzwechsel weiterhin zunimmt, wird es immer schwieriger, Solidarität mit den Kollegen zu entwickeln – auch deshalb nicht, weil sie nicht genügend Zeit haben, Vertrauensbeziehungen zueinander aufzubauen.[7] Da der lebenslange Beruf und die lineare Karriere mehr und mehr der Vergangenheit angehören, wird ein Arbeitnehmer seine Identität immer weniger auf eine bestimmte Tätigkeit und die Zugehörigkeit zu einem bestimmten Wirtschaftszweig gründen können. So wird es für die Gewerkschaften auch immer schwerer werden, ihre Mitgliederzahl zu halten und die Solidarität zu mobilisieren, die sie brauchen, um die Interessen der Arbeitnehmer durchzusetzen.

Durch die vermehrte örtliche Mobilität wird zusätzlich auch die Solidarität in privaten Beziehungen erschwert. Der Aufbau und die Pflege familiärer Bindungen, das Engagement in ortsgebundenen Gruppen und Vereinen und die unbürokratische Unterstützung von Nachbarn und Freunden sind auf ein Mindestmaß an Kontinuität angewiesen. Der christlichen Auffassung von der Sozialnatur des Menschen entspricht es, wenn die Grundwertekommission der SPD schreibt:»Die Menschen brauchen stabile Sozialbeziehungen, die durch uferlose Flexibilisierung und grenzenlose Mobilität gefährdet wären; sie brauchen ein Mindestmaß an berechenbarer Ordnung auch in ihren Arbeitsbeziehungen, auf die sie ihre Lebensplanung stützen können.«[8] Die Tradition des Sozialismus und der Arbeiterbewegung hat stets eine große Sensibilität hinsichtlich der Bedeutung der Arbeit für die Selbstentfaltung, aber auch hinsichtlich entfremdender Arbeitsstrukturen und -verhältnisse gezeigt. Die SPD würde sich von dieser Tradition entfernen, wenn sie sich nur noch auf Arbeitslosenstatistiken und die Quantität von Arbeitsplätzen konzentrieren und darüber deren humane Qualität aus den Augen verlieren würde.

2. Die Förderung der Emanzipation

Emanzipation als selbstbestimmte und verantwortliche Entfaltung der eigenen Persönlichkeit in Gemeinschaft mit den Mitmenschen ist eine traditionelle Grundorientierung der SPD, die sich mit dem christlichen Verständnis eines menschlichen Lebens in der Verantwortung vor Gott in eine gute Verbindung bringen lässt. Ein Ausdruck der Orientierung an emanzipatorischen Zielen ist die Frauenbewegung, die einen hohen Stellenwert in der Geschichte der SPD einnimmt und dazu beigetragen hat, dass unhaltbare und ungerechte Verhältnisse im Leben der Geschlechter miteinander aufgebrochen wurden. Gerade die katholische Kirche – dies sei hier zugegeben – hat sich mit diesem Traditionsstrang nicht immer leicht getan. Und sie tritt auch heute noch zu Recht und entschieden gegen Zerrformen ein, wenn z. B. ein »Recht auf Abtreibung« propagiert wird. Doch davon ist glücklicherweise nur noch selten die Rede. Wo es aber darum geht, der Würde der Frau entsprechend Benachteiligungen abzubauen, kann die SPD mit der Unterstützung der Kirche rechnen. Dabei geht es heute weniger um direkt diskriminie-

Hans Langendörfer

rende Regelungen im Rechtssystem als etwa um die Möglichkeit für Männer und Frauen, Familien- und Erwerbsarbeit miteinander zu verbinden. Dies führt z. B. zu der Frage, wie die Flexibilisierung der Arbeitswelt nutzbar gemacht werden kann zugunsten intensiver Familienphasen, ohne dass dies gleich mit einem schwer hinnehmbaren Karrierestopp oder gar dem vollkommenen Ausscheiden aus der Arbeitswelt bestraft wird.

Der Bildung kommt für die Emanzipation ebenfalls zentrale Bedeutung zu. Jenem freiheitsbestimmten Bildungsverständnis verpflichtet, zu dem auch die Gewährleistung des Religionsunterrichtes gehört, arbeiten die Kirchen nachdrücklich und engagiert in der gegenwärtigen Bildungsdebatte mit, etwa im »Forum Bildung« auf Bundesebene, um einer falschen »Ökonomisierung« des Bildungswesens zu wehren. Wenn z. B. Bildung, Forschung und Wissenschaft in der Koalitionsvereinbarung zwischen SPD und Bündnis 90/Die Grünen nahezu ausschließlich unter dem Gesichtspunkt ihres Beitrages zur Überwindung der Arbeitslosigkeit, zur Lösung von Umweltproblemen sowie zur Stärkung der Wettbewerbs- und Leistungsfähigkeit der Wirtschaft betrachtet werden, so gibt dies Anlass zu einer gewissen Sorge.[9] Sowohl für die katholische als auch für die evangelische Kirche ist es natürlich auch sehr belastend, wie deutlich – nach den Enttäuschungen in Brandenburg – in Berlin die Frage des Religionsunterrichtes vom kleineren Koalitionspartner als »punctum saliens« bewertet wurde, an dem alles hätte scheitern können.

3. Option für die Schwachen

Der Einsatz für die Rechte der Arbeitnehmer war früher immer auch ein Einsatz für die Schwachen und Benachteiligten. Diese Gleichung entspricht heute nicht mehr in jedem Fall der Realität. Aus christlicher Sicht ist es sehr zu begrüßen, wenn die SPD ihre Option für die Schwachen beibehält. Die Frage ist nur, wer in unserer Gesellschaft die Benachteiligten sind. Hierzu zählen gewiss ein großer Teil der Arbeitslosen, aber auch viele alte Menschen, Geringqualifizierte und nicht zuletzt die (ungeborenen) Kinder. Diese Menschen sind zumeist nicht in der »Mitte« der Gesellschaft zu finden, sondern an ihrem Rand. Es fällt auf, dass in der Modernisierungsrhetorik vom »aktivierenden Sozialstaat« und vom »Sprungbrett in die Eigenverantwortung« diejenigen zu kurz kommen, die von vornherein nicht oder nur eingeschränkt in der Lage sind, Arbeit zu leisten. Solche Rhetorik darf nicht dazu führen, dass ein Klima sozialer Kälte entsteht, das auch durch noch so viel Umverteilung nicht kompensiert werden kann.

4. Internationale Solidarität

Die Tradition der internationalen Solidarität müsste heute angesichts mangelnder Kontrolle des internationalen Finanzkapitals, weltweiter Umweltprobleme, des international organisierten Verbrechens, großer Flüchtlingsströme und anderer globaler Probleme eine Konjunktur haben wie nie zuvor. Wie oben schon angesprochen, ist es vor diesem Hintergrund schwer verständlich, dass selbst sozialdemokratische Regierungen nur sehr begrenzt bereit sind, begründete Souveränitätsverzichte zugunsten der supranationalen Ebene zu üben.

Für diejenigen, die in der kirchlichen Eine-Welt-Arbeit engagiert sind, war die überproportionale Kürzung der Mittel in der Entwicklungspolitik durch eine rot-grüne Regierung trotz aller Einsicht in die Notwendigkeit der Haushaltskonsolidierung nicht leicht zu verstehen. Das Engagement der Bundesregierung für die Entschuldung wurde dagegen sehr begrüßt. Es erschien jedoch vielen fraglich, wie diese beiden gegenläufigen Maßnahmen in ein Gesamtprogramm passen sollten. Der Handlungsbedarf bei diesem Thema ist ungeschmälert, und es entspräche sicher der Grundorientierung der SPD, nicht nur Lobby für die Schwachen in unserer Gesellschaft zu sein, sondern auch für die Armen und Benachteiligten in anderen Gegenden der Welt.

5. Demokratisierung der Gesellschaft

Die Demokratisierung der relevanten gesellschaftlichen Bereiche ist heute weniger durch mangelnde Mitbestimmungsrechte und Beteiligungsmöglichkeiten gefährdet als durch die oben beschriebenen Souveränitätsverluste des Nationalstaates, solange diese nicht durch internationale und supranationale Zusammenarbeit kompensiert werden.

Die Demokratisierung ist aber ebenso durch eine zunehmende Politikverdrossenheit gefährdet. Das abnehmende Interesse an politischer Beteiligung zeigt sich z. B. in der Altersstruktur der Parteien, aber auch in der schlechten Wahlbeteiligung der letzten Jahre. Es wäre dringend nötig, dass sich die SPD (natürlich auch die anderen Parteien und Großinstitutionen, einschließlich der Kirchen) über die Gründe und Ursachen des »Abstimmens mit den Füßen« klar würde. Vielleicht ließe sich ja durch andere Parteistrukturen und eine bessere Mitgliederbetreuung schon eine Umkehr des Trends bewirken. Die oben beschriebenen Sachzwangargumente und die oft inhaltsarme Öffentlichkeitsarbeit der Parteien tun ihr Übriges, um Bürger zu Privatiers zu machen. Auch eine noch sorgfältigere Untersuchung der Auswirkungen einer veränderten Medienwelt auf die persönliche Disposition zum Engagement wäre lohnenswert. Wenn die Möglichkeiten der neuen Medien eher in eine »Zuschauergesellschaft« führen, so werden deren demokratiefreundlichen Potentiale konterkariert.

V. Streit ist besser als Sprachlosigkeit

In der Geschichte der SPD gab es eine Reihe von Traditionen und Einstellungen, die Gründe für Konfrontationen oder Spannungen zwischen der SPD und der katholischen Kirche waren. Vor allem das Godesberger Programm und das II. Vatikanische Konzil haben zu einer grundlegenden Veränderung dieser Situation beigetragen. Es vollzog sich eine Annäherung, die bis heute so weit gediehen ist, dass von einer »Normalität« im Verhältnis zwischen Kirche und SPD gesprochen wird. Das hat viele persönliche und sachliche Gründe. Dazu gehört auch, dass die SPD gewisse religionskritische Einstellungen überwunden hat und andererseits die Kirche die Prinzipien sozialer Gerechtigkeit und Solidarität sehr viel anschlussfähiger als früher hervorhebt. Es ist jedenfalls keineswegs außergewöhnlich, dass sich Katholiken in der SPD engagieren und Sozialdemokraten in Institutionen des

Katholizismus, z. B. dem Zentralkomitee der deutschen Katholiken, mitwirken.

Diese »Normalität«, die zu begrüßen ist, sollte jedoch nicht zu dem Missverständnis führen, alles nehme schon wie von selbst seinen richtigen Gang. Wenn sich Kräfte durchsetzen sollten, die einen Abschied von Wertvorstellungen und programmatischen Orientierungen zugunsten des Pragmatismus und medialer Orientierung propagieren, könnte wieder eine stärkere Sprachlosigkeit zwischen SPD und Kirche Raum greifen. Gewiss hat die Kirche ihre besondere Kompetenz auf dem Gebiet der religiösen Ausrichtung sowie grundsätzlicher Fragen und Orientierungen. Sie kann auf der Ebene der wirtschaftspolitischen Instrumente und Maßnahmen von sich aus wenig Eigenes anbieten. Ihr Gesprächsangebot wird umso stärker je mehr es um langfristige Orientierungen und Programme geht. Auf dieser Ebene gibt es einen hervorragenden Ansatzpunkt für die Zusammenarbeit und für wechselseitiges Lernen: »Jede wahrhaft humane Kultur lebt von der Achtung vor dem Unverfügbaren«, heißt es in dem Text der Grundwertekommission vom September 1999.[10] Etwas später heißt es: »Moral, Ästhetik, Religion, die geistigen Grundlagen der menschlichen Gemeinschaft sind aller Ökonomie vor- und übergeordnet. Die für die Zukunft der Gesellschaft entscheidenden Werte werden nicht an der Börse gehandelt.«

Allianzen gegen eine einseitige Prägung aller Lebensbereiche durch die ökonomische Vernunft und für den Zusammenhalt unserer Gesellschaft, wie sie Hans-Jochen Vogel immer wieder gefordert hat[11], könnten eine substantielle Zusammenarbeit fördern. Dies setzt aber voraus, dass die SPD sich trotz allen notwendigen Realismus auf ihre übergreifenden Orientierungen besinnt. Der Beschluss, ein neues Grundsatzprogramm zu erarbeiten, gibt diesbezüglich guten Grund zur Hoffnung.

Hans Langendörfer

1 Beschluss des Juso-Bundesausschusses vom 12.9.99: »Neuer Gesellschafts-vertrag statt Secondhand-Liberalismus«, S. 1.

2 Vgl. z.B. *Gerhard Schröder* und *Tony Blair*, Der Weg nach vorne für Europas Sozialdemokraten, Berlin Juni 1999, III, S. 7–14.

3 Vgl. Grundwertekommission beim Parteivorstand der SPD, Dritte Wege – Neue Mitte. Sozialdemokratische Markierungen für Reformpolitik im Zeitalter der Globalisierung, Berlin 1999, S. 32. Vgl. auch: *Wolfgang Thierse* und *Ernst-Ulrich von Weizsäcker*, Der »freie« Markt und die mühsam erkämpfte Demokratie, Memorandum zur Globalisierung, in: Frankfurter Rundschau Nr. 224, 26. September 1997, S. 18.

4 Zum Problem der Politikverdrossenheit hat die Grundwertekommission beim Parteivorstand der SPD wesentliche Einsichten formuliert in ihrer Broschüre: Ermutigung zur Politik. Gesellschaft in der Krise, Bonn 1993. Allerdings konnte sie damals im Gegensatz zu heute noch davon ausge-hen, es fehle nicht an Programmen und Visionen, sondern »am entschie-denen Willen zu ihrer Umsetzung« (S. 8).

5 *Gerhard Schröder* und *Tony Blair*, a.a.O., S. 7.

6 *Hans Langendörfer/Peter Siebenmorgen*, Zwischen Selbstverwirklichungs-utopien und Solidargemeinschaft, in: HK 44 (1990), S. 124–129.

7 Vgl. hierzu: *Richard Sennet*, Die Kultur des neuen Kapitalismus, in: *Rüsen, Leitgeb, Jegelka* (Hg.), Zukunftsentwürfe. Ideen für eine Kultur der Veränderung, Frankfurt am Main/New York 1999, S. 36–47.

8 Grundwertekommission beim Parteivorstand der SPD, a.a.O., S. 34.

9 Siehe Koalitionsvereinbarung zwischen der Sozialdemokratischen Partei Deutschlands und Bündnis 90/Die Grünen, Aufbruch und Erneuerung – Deutschlands Weg ins 21. Jahrhundert, Bonn 1998, S. 28 ff.

10 Grundwertekommission beim Parteivorstand der SPD, a.a.O., S. 42.

11 Siehe z.B. *Hans-Jochen Vogel*, Konfrontation, Normalität und nun etwas Neues?, Beitrag in DIE ZEIT Nr. 14/31.3.1999.

Reinhard Marx / Helge Wulsdorf

Gesellschaftsgestaltung als Aufgabe
Der programmatische Beitrag der SPD aus der
Sicht christlicher Sozialethik

I. Das gegenwärtige Verhältnis zwischen SPD und katholischer Kirche nach dem Regierungswechsel

Dass sich mit der Regierungsübernahme durch die rot-grüne Koalition im Herbst 1998 grundlegende Veränderungen zwischen Regierung und katholischer Kirche abzeichnen würden, ist von der Kirche zu keiner Zeit ernsthaft in Frage gestellt worden. Gut ein Jahr später bestätigt sich weitestgehend das, was sich schon kurze Zeit nach dem Wahlsieg abzeichnete: Mit dem Verhältnis der Regierung Schröder zur katholischen Kirche steht es nicht unbedingt zum Besten.[1] Bereits die bewusste Ablehnung der Eidesformel »So wahr mir Gott helfe!« seitens des Bundeskanzlers und der Hälfte seiner Kabinettsmitglieder hat nicht nur in der katholischen Öffentlichkeit für Irritationen gesorgt. Mit einem Schlag wurde deutlich, dass die über Jahrzehnte hinweg voranschreitende Säkularisierung nun auch auf die höchste Regierungsebene vorgedrungen ist und öffentlich kundgetan wird.

Die in der Folgezeit aufgeworfenen Diskussionen über die Abtreibungspille RU 486, die Zukunft der Familienpolitik sowie die Schwangerschaftskonfliktberatung haben die aktuellen gesellschaftspolitischen Konfliktherde schnell vor Augen geführt. Auch wenn sich einige Ungeschicklichkeiten sicherlich als Startschwierigkeiten und noch nicht geklärte Komptenzzuweisungen interpretieren lassen, zeichnet sich insgesamt ein Bild ab, das von wenig Herzlichkeit gekennzeichnet ist.

Dass die katholische wie evangelische Kirche bei weitem nicht mehr so stark im Bewusstsein des neuen Bundeskanzlers verankert sind wie bei seinen Vorgängern, zeigt sich in seiner Regierungserklärung. Dort wird unter dem Stichwort *Bündnis für die Zukunft* eher beiläufig bemerkt, dass die Zusammenarbeit mit den Kirchen und Religionsgemeinschaften als wichtigen Kräften des kulturellen, politischen und sozialen Lebens gefördert und fortgesetzt werden soll.[2] Wie sich diese Zusammenarbeit konstruktiv und zukunftsfähig gestalten lässt, wird jedoch weder hier noch an anderer Stelle erläutert oder vertieft. Der Bundeskanzler erkennt die Kirchen zwar als, wie er es nennt, wichtige Kräfte des gesellschaftlichen Lebens an, ihre besondere Bedeutung und Stellung sowie ihr kritisch-konstruktives Potential hinsichtlich einer gerechteren Gestaltung der Gesellschaft wird von ihm allerdings nicht zum Ausdruck gebracht.[3] Da seitens des Bundeskanzlers die Gruppe wichtiger Gesellschaftskräfte nicht näher definiert bzw. eingegrenzt wird, lassen sich ihnen nahezu alle Gruppierungen zuordnen, die etwas auf sich halten und ihre Eigeninteressen durchsetzen wollen.

Die Kirchen, die sich als *offene und öffentliche Kirchen* verstehen, werden sich von der Politik nicht einfach in ein *weltloses* Abseits drängen lassen. Sie können sich ihrem in der biblischen Tradition der Propheten begründeten und in ihren Sozial- bzw. Gesellschaftslehren weiterentwickelten, gesellschaftlichen Auftrag nicht entziehen. Der Kirche kommt seit alters her ein öffentlicher Charakter zu, der je nach Gesellschaftsform eine mehr oder weniger stark kontrastierende Wirkung hat. Sicherlich können und werden die Kirchen in einer pluralistischen und zunehmend säkularisierten Gesellschaft nicht mehr den Stellenwert für sich beanspruchen wie noch vor Jahrzehnten; dies steht unbestritten fest. Doch in einer modernen zivilgesellschaftlich ausgerichteten Ordnung stellen sie neben anderen, wenn auch nur *eine*, dafür aber besonders maßgebliche, intermediäre Gesellschaftskraft dar, deren Aufgabenfelder sich nicht nur im Gegenüber zum Staat erstrecken, sondern gegenüber allen Gesellschaftskräften.

Gewinnt man eine differenzierte Sichtweise von den Angeboten der Kirchen, die weit über den sozial-caritativen Bereich hinausgehen, wird schnell deutlich, dass gerade in ihrer religiöswertorientierten Dimension Potentiale liegen, die für Staat und

Gesellschaft langfristig von nicht zu unterschätzender Bedeutung sind. Die Kirchen werden sich daher nicht damit abfinden, als eine irgendwie geartete wichtige Kraft in der Masse anderer Interessenvertretungen zu verschwinden. Ihr spezifisches Profil, das in ihrer religiösen Kompetenz begründet ist, gebietet es, ihren maßgeblichen gesellschaftlichen Stellenwert deutlicher als bisher zu markieren. Würden die Kirchen seitens des Staates auf lange Sicht als wirkungslose Randerscheinungen eingestuft, entstände ein Vakuum, das von keiner anderen gesellschaftlichen Kraft in auch nur annähernder Weise gefüllt werden könnte.

Von einer spürbaren Verbesserung des Verhältnisses zwischen SPD und katholischer Kirche seit dem Regierungswechsel kann also auf höchster Ebene nicht die Rede sein. Dass sich in wesentlichen Punkten bereits programmatische Übereinstimmungen beider Positionen hinsichtlich einer gerechteren Gesellschaftsgestaltung finden lassen, zeigt die nachfolgende Analyse. Für eine zukünftige Zusammenarbeit im gesellschaftspolitischen Bereich, aber auch für die aktuelle SPD-Programmdebatte können diese von zentraler Bedeutung sein.

II. Solidarität und Gerechtigkeit als gemeinsame Leitmotive gesellschaftlichen Handelns

Im so genannten *Konsultationsprozess* haben die Kirchen deutlich zum Ausdruck gebracht, dass sie sich kritisch wie konstruktiv hinsichtlich einer gerechteren Gesellschaftsgestaltung einbringen können. In ihrem Gemeinsamen Wort (GW) zur wirtschaftlichen und sozialen Lage in Deutschland wollen die beiden Kirchen, so das Vorwort,

»ihren Beitrag zu der notwendigen Neuorientierung der Gesellschaft und Erneuerung der Sozialen Marktwirtschaft leisten. Ihr Anliegen ist es, zu einer Verständigung über die Grundlagen und Perspektiven einer menschenwürdigen, freien, gerechten und solidarischen Ordnung von Staat und Gesellschaft beizutragen und dadurch eine gemeinsame Anstrengung für eine Zukunft in Solidarität und Gerechtigkeit möglich zu machen.«

Reinhard Marx / Helge Wulsdorf

Die Erfahrung, dass aufgrund der lang anhaltenden Massenarbeitslosigkeit, der weiter auseinander klaffenden Schere zwischen Arm und Reich und der immer noch bestehenden Unterschiede zwischen Ost und West tiefe Risse durch Deutschland
gehen, hat die Kirchen dazu veranlasst, ihren Beitrag zu einem
Grundkonsens für eine zukunftsfähige Gesellschaft zu leisten.
Den Kapiteln 3 und 4 des Gemeinsamen Wortes kommt dabei
eine besondere Bedeutung zu. Sie bilden das eigentliche Herz-
stück des Papiers.[4] In ihnen werden Prinzipien und Maßstäbe
dargelegt, die nach Ansicht der Kirchen die wesentliche Voraussetzung für eine solidarische und zukunftsgerechte Gesell-
schafts- und Wirtschaftsordnung bilden. Die Aufgabe der Kirchen besteht also nicht darin, so ihre Selbsteinschätzung,
detaillierte politische und ökonomische Empfehlungen zu geben, sondern die Gesellschaftsordnung wertorientiert auf einen
allgemein einsichtigen Grundkonsens zu stellen.

Für eine nachhaltige Verbesserung der wirtschaftlichen und
sozialen Lage lassen sich aus christlicher Perspektive eine Reihe
ethischer Impulse geben, die für eine Weltgestaltung von zentraler Bedeutung sind. Ausgehend von einem »Menschenbild,
das Freiheit und persönliche Verantwortung wie Solidarität und
soziale Verpflichtung beinhaltet« (GW 91), zählen hierzu die
Grundanliegen der *Gottes- und Nächstenliebe*, die *vorrangige
Option für die Armen, Schwachen und Benachteiligten*, sowie die
Leitmotive der *Gerechtigkeit, Solidarität, Subsidiarität* und *Nachhaltigkeit*.[5]

Das Doppelgebot der Liebe, d.h. die Liebe zu Gott und den
Menschen, erweist sich als zentrale »Grundnorm, in der sich das
biblische Ethos als Gemeinschaftsethos auf den Begriff bringen
lässt« (GW 103). Während die in der biblischen Tradition begründete vorrangige Option für die Armen den speziellen Fokus
vorgibt, mit dem Gesellschaftsstrukturen analysiert und beurteilt
werden, bildet das Leitmotiv der Gerechtigkeit das grundlegende
gesellschaftliche Ordnungsprinzip. Denn das umfassende Ziel
sozialer Gerechtigkeit besteht darin, gegebene Diskriminierungen abzubauen und allen Gliedern der Gesellschaft gleiche
Chancen und gleichwertige Lebensbedingungen zu ermöglichen
(GW 111).

»In dem Begriff der sozialen Gerechtigkeit drückt sich aus, dass soziale Ordnungen wandelbar und in die gemeinsame moralische Verantwortung der Menschen gelegt sind. Zur Verwirklichung von Gerechtigkeit gehört es daher, dass alle Glieder der Gesellschaft an der Gestaltung von gerechten Beziehungen und Verhältnissen teilhaben (...). ›Soziale Gerechtigkeit (...) erschöpft sich nicht in der persönlichen Fürsorge für Benachteiligte, sondern zielt auf den Abbau der strukturellen Ursachen für den Mangel an Teilhabe und Teilnahme an gesellschaftlichen und wirtschaftlichen Prozessen.‹« (GW 112. Der Text integriert eine Passage aus der EKD-Denkschrift Gemeinwohl und Eigennutz, 1991, Ziff. 155).

Subsidiarität und Solidarität stellen hierzu zwei ergänzende Prinzipien dar, mit denen ein Mehr an Gerechtigkeit verwirklicht werden kann. Sie bringen den Menschen in seiner Eigenschaft als je einmaliges Individuum und als Sozialwesen zur Entfaltung. Die Zielperspektive der Nachhaltigkeit schließt die solidarische Verantwortung für die Zukunft der Schöpfung und der kommenden Generationen ein. Letztlich geht es um eine dauerhaft gerechte Entwicklung, bei der das Problembewusstsein für eine verstärkte Vernetzung sozialer, ökonomischer und ökologischer Fragestellungen geschärft werden soll.

Mit zunehmender gesellschaftlicher Komplexität und weiter voranschreitender Globalisierung, Pluralisierung sowie Individualisierung soll der von den Kirchen vorgelegte ethische Grundkonsens eine wichtige Basis für die Verständigung der Gesellschaftsmitglieder untereinander über ihre gemeinsame Zukunft sein. Konsens wird dabei nicht als Harmonie verstanden, sondern als ein ausreichendes Maß an Übereinstimmung trotz verbleibender Gegensätze. Absicht eines solchen Grundkonsenses ist es, »die unterschiedlichen Überzeugungen und Lagebeurteilungen miteinander zu einem Ausgleich zu bringen und Entscheidungen zu ermöglichen, mit denen alle Beteiligten leben können« (GW 127).

Dass die Kirchen als öffentliche Kirchen mit ihrem Gemeinsamen Wort auch im Bereich der politischen Parteien für Diskussionen gesorgt und wichtige Anregungen geliefert haben, zeigen die verschiedenen Reaktionen in Folge des Konsultationsprozesses. Wenngleich keine der Parteien die Inhalte des Gemeinsamen Wortes ganz für sich beanspruchen kann, so lässt sich eine gewisse Nähe zwischen den dargelegten ethischen Leitmotiven und den Grundwerten, die die SPD in ihrem Berliner Parteiprogramm von 1989 (geändert 1998) ausgeführt hat, nicht leugnen. Dort wird die Trias *Freiheit*, *Gerechtigkeit* und *Solidarität* als Kriterium zur Beurteilung der politischen Wirklichkeit, als Maßstab für eine neue und bessere Ordnung der Gesellschaft und zugleich als Orientierung sozialdemokratischen Handelns verstanden.

Der zur Freiheit befähigte und berufene Mensch kann sich, so das Programm, nur in der Gesellschaft entfalten. Seine Entfaltung ist dabei stets als eine Leistung der Gesellschaft zu verstehen, die von einem System sozialer Sicherung untermauert wird. Als Garant der Freiheit und Gleichheit aller Menschen erweist sich die Gerechtigkeit. Sie ist begründet in der Würde des Menschen und beinhaltet das Recht auf politische und soziale Teilhabe. Solidarität lässt sich hingegen rechtlich wie auch anderweitig nicht erzwingen. Sie ist gekennzeichnet von der Bereitschaft füreinander einzustehen und dient der Entfaltung menschlicher Entwicklungschancen.

»Solidarität ist zugleich Waffe der Schwachen im Kampf um ihr Recht und Konsequenz aus der Einsicht, dass der Mensch der Mitmenschen bedarf. (…) Wer in Not gerät, muss sich auf die Solidarität der Gesellschaft verlassen können. (…) Ohne Solidarität gibt es keine menschliche Gesellschaft« (Grundsatzprogramm der SPD [GSP], S. 13).

Freiheit, Gerechtigkeit und Solidarität können, so das Verständnis der SPD, nicht losgelöst voneinander betrachtet werden. Sie »bedingen einander und stützen sich gegenseitig. Gleich im Rang, einander erläuternd, ergänzend und begrenzend erfüllen sie ihren Sinn« (ebd.). Mit ihrer Grundwertetrias gibt die SPD bereits eine bestimmte inhaltliche Richtung vor, die den solidarisch-gesellschaftlichen Aspekt in den Vordergrund stellt. Selbst die individuelle Kategorie Freiheit wird umgehend an die soziale Größe Gesellschaft rückgebunden. Auch der Aspekt der Eigenverantwortung bzw. der Subsidiarität oder Hilfe zur Selbsthilfe, der in dem SPD-Programm an anderer Stelle genannt und als wichtiger Baustein der Gesellschaft hervorgehoben wird, erhält nicht den Status eines Grundwertes und bleibt damit zweitrangig.[6] Die Gesamtschau des Textes zeigt, dass das Programm letztlich vom Solidaritätsgedanken dominiert wird und hierin seine wesentliche Stoßrichtung zu sehen ist.

Legt man das Gemeinsame Wort der Kirchen und das SPD-Parteiprogramm nebeneinander, sind auf den ersten Blick Anknüpfungspunkte offensichtlich. Schon der Titel des Kirchenwortes *Für eine Zukunft in Solidarität und Gerechtigkeit* nimmt zwei der drei SPD-Grundwerte auf. Auch wenn sich die Palette der christlich-ethischen Leitmotive bedeutend umfassender gestaltet als bei der SPD, so entsteht auch bei der Durchsicht des Kirchenpapiers »der Eindruck, bei der Konzentration auf Ordnungen und Normen gerate mit dem gesellschaftlichen Prozess (…) die Person etwas aus dem Blick.«[7] Somit lässt sich ebenfalls für das Gemeinsame Wort festhalten, dass es – wenn auch nicht so massiv wie das SPD-Parteiprogramm – das solidarisch-gesellschaftliche Motiv in den Vordergrund stellt und damit (gewollt oder ungewollt) eine nicht zu bestreitende Nähe zur SPD-Position aufweist.

Solidarität und Gerechtigkeit sind also – ohne Fragen der Person und Umwelt völlig außer Acht lassen zu wollen – die beiden Zentralkategorien, die gemeinsam von den Kirchen und der SPD mit Blick auf eine zukünftige Gestaltung der Gesellschaft in die öffentliche Diskussion gebracht werden. Aufgezeigte Parallelen auf Grundsatz- bzw. Prinzipienebene dürfen allerdings nicht dahingehend (fehl-)interpretiert werden, dass damit zwangsläufig auch bei konkretisierenden Maßnahmen eine gleiche Vorgehensweise angestrebt wird. Lassen sich auf programmatisch-prinzipieller Ebene noch Übereinstimmungen konstatieren, so zeigen sich auf inhaltlich-konkreter Ebene möglicherweise frappierende Unterschiede, auf die hier nicht eingegangen wird. Festzuhalten bleibt, dass grundsätzlich zwischen den Kirchen und der SPD keine unüberwindbaren Widersprüche bestehen, im Gegenteil: Für die derzeitige Regierungskoalition könnte es sich sogar als Gewinn herausstellen, bei der Vertiefung ihrer Programmaussagen auf die Kirche zuzugehen und auf ihren Sachverstand zu rekurrieren.

III. Eine ausgewogene Verwirklichung von Personalität, Subsidiarität, Solidarität und Nachhaltigkeit als Fundament für ein Mehr an Gerechtigkeit

Parteiprogramme dokumentieren genauso wie gemeinsame Kirchenworte keine unumstößlich für alle Zeiten geltenden Wahrheiten, sondern unterliegen einer gewissen Dynamik und Anpassung. Um den gesellschaftlichen Veränderungen sachgemäß Rechnung zu tragen, bedürfen sie ständiger Fortschreibung und Weiterentwicklung. In der SPD ist mit dem so genannten *Schröder-Blair-Papier* eine neue Programmdebatte entfacht worden.[8] Beide Regierungschefs stellen in dem Papier ihre Sicht zur Diskussion, wie ein sozialdemokratischer Modernisierungsprozess aussehen könnte. Jenseits dogmatisierender Vereinseitigungen von Links und Rechts wollen sie eine Politik gestalten, die sich mit einer pragmatischen Vorgehensweise den erhöhten Anforderungen des gesellschaftlichen Wandels stellen will. Bereits erste parteiinterne wie -externe Reaktionen auf das Papier haben deutlich gemacht, dass dieser Programmentwurf sozialdemokratische Grundauffassungen zur Disposition stellt. Speziell in Deutschland ist damit die Frage nach dem programmatischen Kernprofil der SPD als Regierungspartei erneut aufgeworfen und bislang äußerst konträr diskutiert worden.

Sofern programmatische Entwürfe vorgelegt werden, ist vorerst einmal zu prüfen, welche Grundwerte die Politik zukünftig bestimmen sollen, wie diese richtungweisend, d. h. profilbildend, interpretiert und zukunftsfähig realisiert werden können. Ebenfalls ist das zugrunde liegende Menschenbild zu analysieren. Auch wenn das Schröder-Blair-Papier zu Beginn *Fairness, soziale Verantwortung, Freiheit und Chancengleichheit, Solidarität und Verantwortung* als zeitlose, nie preiszugebende Werte anerkennt, entpuppen sie sich in vorliegender Form letzten Endes nur als aneinander gereihte Worthülsen, denen im weiteren Textverlauf keine grundlegende Bedeutung mehr beigemessen wird. Bezüglich eines aussagekräftigen Menschenbildes stochert man bei der Analyse des Papiers ebenso im Dunkeln. Gerade für eine bewusst initiierte Programmdebatte kommt es jedoch darauf an, Grundwerte und Menschenbild derart zur Diskussion zu stellen, dass sie intern wie extern als wertorientierende Zielperspektiven erkannt und interpretiert werden. Es reicht auch nicht aus, sie einfach mit dem Anstrich des Neuen oder Modernen zu versehen, ohne dass zuvor eine inhaltliche Vertiefung stattgefunden hat. Solch ein Vorgehen erweist sich bei genauer Betrachtung schnell als ein Werfen mit Nebelbomben, welches einer richtungweisenden Diskussion nur abträglich sein kann und langfristig sogar einem Substanzverlust gleichkommen wird.

Eine bewusst in die Wege geleitete Programmdebatte zielt darauf, parteipolitische Grundlagen danach zu befragen, ob und inwieweit sie gesellschaftlichen Veränderungsprozessen aktuell gerecht werden. Dabei gilt es, alle Grundwerte auf den Prüfstand zu stellen, um mögliche Weiterentwicklungen und Neuinterpretationen durchbuchstabieren zu können. Gefundene programmatische Grundwerte geben dann den Orientierungsrahmen vor. Sie präsentieren die eigentliche Zielrichtung parteipolitischer Arbeit. Konkreten gesellschaftspolitischen Maßnahmen verleihen sie Sinn und erhöhen ihre Akzeptanz. Im Gegenzug werden die jeweiligen Maßnahmen auf höherem Begründungsniveau legitimiert und erweisen sich dort als wesentliches Prüf- und Bewertungskriterium für die Programmaussagen. Fehlen überzeugende parteipolitische Programme, die gesellschaftspolitische Entscheidungen begründen, dümpelt Politik schnell visionslos dahin und paart sich mit pragmatischer Beliebigkeit. Das notwendige Wechselspiel von Programm und Maßnahme wird über kurz oder lang außer Kraft gesetzt. Allgemeiner Programmgrundsatz und spezielle Maßnahme bedingen sich aber gegenseitig. Sie stellen zwei komplementäre Größen dar, die nicht losgelöst voneinander betrachtet werden können. Politik erweist sich somit als eine Gratwanderung zwischen *Programmatischem* und *Pragmatischem*, mit anderen Worten zwischen *Prinzipiellem* und *Faktischem*.

Befragt man das Berliner SPD-Parteiprogramm auf seine anthropologischen und ethischen Vorentscheidungen, werden dort eingangs Konturen eines Bildes vom Menschen entworfen. Der Mensch wird verstanden

»als Vernunft- und Naturwesen, als Individual- und Gesellschaftswesen. Als Teil der Natur kann er nur in und mit der Natur leben. Seine Individualität entfaltet er nur in Gemeinschaft mit seinen Mitmenschen. Der Mensch, weder zum Guten noch zum Bösen festgelegt, ist lernfähig und vernunftfähig. Er ist fehlbar, kann irren und in Unmenschlichkeit zurückfallen. Darum ist Demokratie nötig« (GSP, S. 10 f.).

Eine neue und bessere Gesellschaftsordnung muss sich demnach der Würde des Menschen verpflichtet wissen und auf ihr gründen. Sie ist Ausgangs- und Zielpunkt SPD-politischen Handelns.[9]

Dieser *Minimalanthropologie* zufolge sind Staat und Wirtschaft auf den Menschen und seine Rechte auszurichten, nicht umgekehrt der Mensch und seine Rechte auf Staat und Wirtschaft. Ziel allen politischen Handelns ist die gleichrangige Sicherung der Freiheitsrechte, der politischen Teilhaberechte und der sozialen Gerechtigkeit. Die bereits erwähnte SPD-Grundwertetrias *Freiheit, Gerechtigkeit* und *Solidarität* bildet die Basis zur Entfaltung menschlicher Rechte, die in den einzelnen gesellschaftlichen Teilbereichen kontextspezifisch zu konkretisieren ist. Die erarbeiteten Konvergenzen zwischen der Trias und den ethischen Leitmotiven kirchlicher Gesellschaftsgestaltung stellen die wesentliche Grundlage für einen konstruktiven Dialog zwischen den beiden Akteuren SPD und Kirche dar. Umfassendes Ziel allen gesellschaftspolitischen Handelns muss es sein, die vier grundlegenden ethischen Eckpfeiler *Personalität, Subsidiarität* und *Solidarität* sowie neuerdings die *Nachhaltigkeit*[10] derart ausgewogen und systemisch innerhalb der unterschiedlichen gesellschaftlichen Teilbereiche integriert zur Geltung zu bringen, dass ein deutliches Mehr an Gerechtigkeit in der Gesellschaft zu erkennen ist. Das SPD-Grundsatzprogramm liefert hierfür wesentliche Anknüpfungspunkte, mit denen sozial-ökologische Reformmaßnahmen zukunftsgerecht ermöglicht werden.

IV. Gesellschaftsgestaltung als Aufgabe – Plädoyer für eine zukunftsgerechte soziale und ökologische Gesellschaftsordnung

Gerade die SPD, die die soziale Kälte und die neoliberalen Vorstöße ihrer Vorgängerregierung im Wahlkampf angeprangert und damit das Wählerpotential der so genannten *Neuen Mitte* mobilisiert hat, wird sich daran messen lassen müssen, ob sie die am Ende der Ära Kohl von manchen attestierte Gerechtigkeitslücke hat schließen können. Dass (soziale) Gerechtigkeit durchaus eine Kategorie gesellschaftlichen Handelns ist, die klare programmatische Konturen aufweist, zeigt die kirchliche Soziallehre. Konstruktive Anleihen wären hier für die aktuelle SPD-Programmdebatte durchaus möglich. Denn Gesellschaftsgestaltung ist nicht nur Sache der Parteien, sondern Aufgabe und Auftrag aller gesellschaftlichen Kräfte, also auch der Kirchen. Vor allem sie verstehen die Weltgestaltung aus Glauben als Gabe und Aufgabe, der sie sich als offene und öffentliche Kirchen zu stellen haben. Der Mensch ist nach ihrem Verständnis

»mit der Verantwortung für die ganze Schöpfung betraut; (… er) soll Sachwalter Gottes auf Erden sein (…). Trotz der Gebrochenheit menschlicher Existenz ist dem von Gott berufenen Menschen mit der Schöpfung wie mit der Erlösung die Fähigkeit zu einer verantwortlichen Gestaltung der Welt geschenkt. Dieses Können geht allem Sollen voraus. Die ethische Forderung entspringt der von Gott gegebenen Befähigung zu einem vernünftigen und verantwortlichen Handeln« (GW 93; 95).

Die Kirche sieht ihren Aufgabenbereich speziell darin, die menschlichen Erfahrungen in Geschichte und Gegenwart im Licht des christlichen Menschenbildes zu reflektieren. Sie gibt hierzu, wie gesehen, »keine technischen Lösungen und konkreten Handlungsanweisungen, sondern vermittelt Perspektiven, Wertorientierungen, Urteils- und Handlungskriterien« (GW 102). Sie ist stets darum bemüht, Gestaltungswillen und -vermögen ihrer Einzelmitglieder sowie ihrer Organisationen zu mobilisieren und konstruktiv einzubringen.

Das Ziel kirchlicher Bemühungen besteht darin, *eine neue Sozialkultur* zu fördern (vgl. GW 221 ff.), die den gesellschaftlichen Veränderungen gerecht wird. Dabei darf es der Kirche aber nicht nur um die so genannte *soziale Frage* gehen, sondern um eine ausgewogene Vernetzung sozialer, ökonomischer, ökologischer und kultureller Problemstellungen. Auch die SPD macht es sich in ihrem Grundsatzprogramm zur Aufgabe, Rahmenbedingungen für *eine neue Kultur des Zusammenlebens und Zusammenwirkens* zu schaffen (vgl. GSP, S. 20–52). Ihr geht es ebenso darum, sozial-ökologische Reformen mit wirtschaftlichem Sachverstand zu paaren. Eine gemeinsame Kultur basiert nach SPD-Verständnis auf einem *notwendigen Grundkonsens*, den es auf breiter Basis zu eruieren gilt (vgl. ebd., S. 20). Einen wichtigen Beitrag hierfür leistet der Versuch der Kirchen, einen Grundkonsens zu erheben, der Gesellschaftsgestaltung legitimiert. Damit Politik von einer aussagekräftigen Bevölkerungsmehrheit getragen wird, wird es darauf ankommen, vorhandenen gesellschaftlichen, also auch kirchlichen Sachverstand zu bündeln, wozu den zugehörigen Gesellschaftsakteuren ausdrücklich auch auf programmatischer Ebene ein Forum einzurichten ist.

Aus kirchlicher Sicht basiert ein gesellschaftstragender Grundkonsens auf den genannten vier Grundpfeilern Personalität, Subsidiarität, Solidarität und Nachhaltigkeit. Diese liefern wertorientierende und richtungweisende Leitmotive für eine zukunftsfähige Gesellschaft. Pointiert formuliert, stellen sie ein ethisches Koordinatenkreuz im Sinne eines »*magisches Vierecks*«[11] dar, mit dem bei politischen Programmen und Maßnahmen massive Vereinseitigungen zu Lasten bestimmter Bevölkerungsgruppen und der Umwelt aufgedeckt werden können. Gerade den in letzter Zeit immer wieder zutage tretenden neoliberalen Verlockungen, die einseitig Eigeninitiative und Eigenverantwortung als *die* Lösung vieler Probleme darstellen, gilt es eine Politik entgegenzustellen, die *gleichrangig* den solidarisch-gesellschaftlichen Aspekt betont.[12] Der Primat der Politik vor der Wirtschaft[13] gebietet es, dass Wirtschafts- und Individualinteressen nicht die Interessen sozial Schwacher und Benachteiligter ins Abseits drängen.

Für die am Ende der 1990er Jahre begonnene SPD-Programmdebatte wird es entscheidend sein, sich ihrer profilbildenden Grundwerte bewusst zu werden, sie inhaltlich differenziert auszuloten und richtungweisend für die unausweichlichen (Reform-)Maßnahmen transparent zu machen. Dabei wird man sich davor hüten müssen, sozialdemokratische Schlagworte *lediglich* mit dem Schleier des Neuen oder Innovativen zu verhüllen und damit der Interpretationsbeliebigkeit weiter Tür und Tor zu öffnen. Eine bewusst geführte Programmdebatte muss dazu dienen, einen programmatischen Kurs festzulegen, an dem die Politik gemessen werden kann. Das Programm ist deren Messlatte. Die Glaubwürdigkeit der Partei wird wesentlich davon abhängen, ob durchgeführte Maßnahmen mit dem Programm als schlüssigem Gesamtkonzept in Einklang stehen. Trotz aller nicht zu leugnender Zielorientiertheit und Kurzfristigkeit des politischen Geschäfts darf das Programmatische nicht dem Pragmatischen anheim fallen. Das Berliner SPD-Parteiprogramm und das Gemeinsame Wort der Kirchen stellen für die anstehende Programmdebatte konvergierende Ansatzpunkte zur Seite, die zum einen mit Blick auf eine zukunftsgerechtere soziale und ökologische Gesellschaftsgestaltung durchaus vertieft bzw. weiterentwickelt werden können, hinter die es jedoch zum anderen an der Schwelle zum 21. Jahrhundert nicht mehr zurückzufallen gilt.

1 Ähnlich bereits der Artikel von *Martin Gehlen* im Tagesspiegel vom 19. 01. 1999, der in seiner Überschrift konstatiert: »Abtreibungspille, Familie und ein rüder Umgangston – es kriselt zwischen Gerhard Schröders Regierung und katholischer Kirche. Die Bischöfe rätseln, ob Rot-Grün eine neue Strategie hat oder einfach keine Ahnung.«

2 Interessanterweise ist im nachfolgenden Satz nur noch von den *Religionsgemeinschaften* die Rede, deren Bereitschaft, zu den brennenden sozialen, wirtschaftlichen und kulturellen Gestaltungsaufgaben beizutragen, durchaus begrüßt wird.

3 Gegenüber dem Grundsatzprogramm der SPD von Berlin aus dem Jahr 1989, das auf dem Parteitag 1998 in Leipzig geändert wurde, bedeutet dies eine Rücknahme der Rolle und des Stellenwertes der Kirchen. Dort wurde ihre besondere Bedeutung und rechtliche Stellung ausdrücklich anerkannt. Kritik, Anregung und praktische Mitarbeit wurden begrüßt und als ein wesentlicher Beitrag zum gesellschaftlichen und politischen Dialog verstanden.

4 Dass die Kirchen die unterschiedliche Wertigkeit der einzelnen Kapitel in der öffentlichen Diskussion nicht in der wünschenswert gewesenen Deutlichkeit haben markieren können, ist ein Kritikpunkt an dem Prozess. Seine eigentliche Zielsetzung kommt in den Kapiteln 3 und 4 zum Ausdruck. Hier werden die systematischen Grundlagen erarbeitet, die vor allem zur Diskussion gestellt werden sollten. Problematisch erweist sich ferner beim Vorgehen der Kirchen, dass die Frage, ob und inwieweit in einer pluralistischen Gesellschaft ein Grundkonsens überhaupt vonnöten ist, nicht zur Diskussion gestellt worden ist. In dem Papier wird er als Grundlage vorausgesetzt, ohne jemals hinterfragt worden zu sein.

5 Schwierig erweist sich bei genauer Betrachtung des dritten Kapitels, dass eine systematische Wertigkeit und Verhältnisbestimmung der einzelnen christlichen Leitmotive zueinander nicht vorgenommen wird. Auch werden christlich-theologische und philosophisch-profane Argumentationsschemata nicht deutlich genug voneinander abgehoben.

6 Vgl. hierzu die Seiten 34, 36 und 48 des Parteiprogramms.

7 So *David Seeber:* Einführungsreferat, in: Sekretariat der DBK (Hg.): Kann Kirche Politik möglich machen?, Bonn 1999, S. 11–27, 26, in seiner Analyse der öffentlichen Rezeption des Kirchenwortes. Der Aspekt der Personalität bildet zwar das Fundament des gesamten Textes, ist aber nicht unbedingt offensichtlich.

8 Seitens der katholischen Kirche sind im Anschluss an das Gemeinsame Wort zwischenzeitlich die Papiere. Die deutschen Bischöfe – Kommission für gesellschaftliche und soziale Fragen: Handeln für die Zukunft der Schöpfung, Bonn 1998 und Memorandum einer Expertengruppe: Mehr Beteiligungsgerechtigkeit – Beschäftigung erweitern, Arbeitslose integrieren, Zukunft sichern: Neue Gebote für die Wirtschafts- und Sozialpolitik, Bonn 1998 zur Diskussion gestellt worden.

9 Parallelen hinsichtlich des Menschenbildes lassen sich somit zum Christentum durchaus erstellen. Das Parteiprogramm verweist ausdrücklich darauf,

dass der *Demokratische Sozialismus* seine geistigen Wurzeln im Christentum verankert sieht (vgl. GSP, S. 10). Denn, so auch das Gemeinsame Wort der Kirchen, »das Menschenbild des Christentums gehört zu den grundlegenden geistigen Prägekräften der gemeinsamen europäischen Kultur und der aus ihr erwachsenen wirtschaftlichen und sozialen Ordnung« (GW 92).

10 Vgl. zu den drei klassischen Leitprinzipien der kirchlichen Soziallehre *Arno Anzenbacher:* Christliche Sozialethik: Einführung und Prinzipien, Paderborn, München, Wien 1998, S. 178–224. Ferner zur Nachhaltigkeit *Markus Vogt:* Das neue Sozialprinzip »Nachhaltigkeit« als Antwort auf die ökologische Herausforderung, in: Handbuch der Wirtschaftsethik (HbWE), Bd. 1, Gütersloh 1999, S. 237–257. In dem Gemeinsamen Wort werden die gesellschaftsgestaltenden Leitprinzipien in anderer Form dargelegt. Sie spiegeln sich aber in den vier Eckpfeilern wider.

11 Dieses als *magisches Viereck* bezeichnete ethische Koordinatenkreuz geht auf das so genannte *Stabilitätsgesetz* zurück, in dem vier wirtschaftspolitische Ziele festgeschrieben worden sind. Es lässt sich entsprechend gesellschaftlicher Veränderungen jederzeit erweitern und gewinnt damit den Charakter eines *magischen Vielecks.* Im Vordergrund steht dabei jedoch nicht irgendetwas Magisches im Sinne einer Beschwörung geheimnisvoller Kräfte, sondern sein flexibel handhabbarer Charakter als sozialethisches Leitraster zur Bewertung gesellschaftspolitischen Handelns.

12 Genauso gilt es umgekehrt, Vereinseitigungen in Richtung *Konservativismus, Fundamentalismus* oder *Sozialismus* aufzudecken.

13 So dürfte es allerdings einem Bundeskanzler, der sich von einem Vorstandsvorsitzenden eines deutschen Automobilkonzerns diktieren lässt, die EU-Altauto-Rücknahme-Verordnung sei in geplanter Form zu kippen, nur sehr schwer gelingen, der Öffentlichkeit zu vermitteln, seine Politik werde nicht von den Interessen der Wirtschaft bestimmt.

Marianne Heimbach-Steins

Heil der Welt?
Sozialethischer Einspruch gegen die »Vermarktung« der Gesellschaft

I. Götze Markt?

Zu den Topoi einer kritischen Analyse der modernen Gesellschaft gehört neben *Individualisierung, Pluralisierung, Differenzierung* und *Globalisierung* das Stichwort der *Ökonomisierung*. In der modernen Gesellschaft scheint nur noch ein einziges Integrationsmedium bereichsübergreifend zu funktionieren – das Geld; so jedenfalls lautet die Diagnose bedeutender Gesellschaftstheoretiker. Geld als universales Tauschmedium avanciert damit aber zugleich zum letzten Medium universaler Kommunikation, zum »Esperanto« der modernen Gesellschaft. Wenn es denn wirklich so sein sollte – und manches spricht dafür, dann ist nach dem Preis zu fragen, den die moderne Gesellschaft, die in ihr lebenden Menschen für eine solche Reduktion der Kommunikation zu entrichten haben, im privat-individuellen Bereich und mehr noch im öffentlich-politischen Sektor. Was folgt aus der Tendenz zur Ökonomisierung aller Lebensbereiche für den gesellschaftlich-politischen Prozess?

Offenkundig erscheint jene Konsequenz, die als *Verlust des Primates der Politik* beschrieben werden kann. Schon die in jüngster Zeit gehäuft auftretenden Fälle, in denen professionelle Akteure der Politik aufgrund von Verstrickung in Finanzskandale, Parteispendenaffären, persönlicher oder parteispezifischer Vorteilsnahme ihre Souveränität und ihre Glaubwürdigkeit als Politiker riskieren, die dem Gemeinwohl verpflichtet zu sein haben, bieten Beispiele für die Überlagerung politischer durch ökonomische Interessen und damit für den Verlust des Primates der

Politik. Dass dies längst nicht mehr einzelne »Ausrutscher« sind, hat die Häufung entsprechender Enthüllungen von der kommunalen bis zur gesamtstaatlichen Ebene im Lauf des Jahres 1999 auf denkbar ernüchternde Weise vor Augen geführt. Dass entsprechende Praktiken nicht auf den Bereich der professionellen Politik beschränkt sind, sondern auch in anderen institutionellen Zusammenhängen eine Rolle spielen, steht außer Frage – der Caritasskandal in Trier ist ein unrühmliches Beispiel dafür, dass auch kirchliche Organisationen nicht über derlei Versuchungen stehen. Staats- und gesellschaftspolitische Ziele werden offenbar zunehmend monetären Interessen untergeordnet. Die Befolgung politischer Regeln wird aus wirtschaftlichen Erwägungen für »dehnbar« gehalten bis an die Grenze der Legalität – und oft genug auch darüber hinaus.

Ökonomisierung der Gesellschaft und der Politik manifestiert sich jedoch nicht nur, ja nicht einmal in erster Linie in Phänomenen der Funktionalisierung bzw. des Missbrauchs öffentlicher Ämter zur Verfolgung ökonomischer Interessen. Die Veränderung des gesellschaftlichen Handlungszusammenhangs reicht tiefer und bezieht sich vor allem auf die Verschiebung des Machtgefüges zugunsten der ökonomisch mächtigen Akteure, der großen, international und global agierenden Unternehmen und ihrer Aktionäre, und zu Lasten der ökonomisch aus sich heraus eben nicht mächtigen politischen Strukturen. Für eine Gesellschaft, die sich selbst demokratische Strukturen gegeben und sich in ihrer Verfassung auf demokratische Spielregeln verpflichtet hat, liegt das politische Grundproblem deshalb in der Verschiebung von Macht und Machtkontrolle weg von den demokratisch legitimierten Institutionen und ihren Vertretern hin zu Akteuren, die gerade nicht demokratisch legitimiert, sondern allein durch ökonomische Stärke ausgewiesen sind. Die demokratische Leitidee der Volkssouveränität wird damit von der Eigendynamik ökonomischer Prozesse her ausgehöhlt. Verschärft wird diese ohnehin beträchtliche Veränderung des Machtgefüges durch den Umstand, dass sich die ökonomisch starken und deshalb politisch einflussreichen Wirtschaftsakteure heute offenbar weniger als z. B. in der Aufbauphase der Bundesrepublik auch als *gesellschaftspolitische* Verantwortungsträger – über den Funk-

Marianne Heimbach-Steins

tionszusammenhang des Unternehmens und der Aktionäre hinaus – begreifen.

Im Ergebnis führen die angedeuteten Entwicklungen zu einer Instrumentalisierung der einzelnen Menschen und der menschlichen Gemeinschaft(en) innerhalb der Gesellschaft für ökonomische Zwecke. Dem Einwand, dass jede Art von Wirtschaft auf einer Indienstnahme der Einzelnen beruht, ist entgegenzuhalten, dass heute die ökonomische Verzweckung alles andere zu dominieren und sich gegenüber anderen, nicht-ökonomischen Zwecksetzungen zu verselbständigen scheint und eben dadurch problematisch wird. Freilich ist zu betonen, dass die Verantwortung für eine solche Entwicklung nicht allein »der Wirtschaft« zuzuschreiben ist, sondern dass sich darin zugleich eine Verlagerung der die Gesellschaft prägenden Wertpräferenzen spiegelt, die von der Gesamtheit ihrer Mitglieder zu vertreten ist. Insofern geht es bei der Ökonomisierung in der Tat um ein gesellschaftspolitisches Thema ersten Ranges.

Ein Verständnis von Mensch und Gesellschaft, wie es von der christlichen Sozialethik vertreten wird und immer vertreten wurde, dass nämlich die Wirtschaft dem Menschen zu dienen habe und nicht umgekehrt, dass also Menschsein als ein vieldimensionales, um die *Personalität* des Menschen sich entfaltendes Geschehen ist, das nicht auf seine – zweifellos notwendige – ökonomische Dimension reduziert werden darf, wird so geradewegs auf den Kopf gestellt. Die Ökonomisierung der Gesellschaft beruht letztlich auf einer reduktionistischen Vorstellung vom Menschen als »homo oeconomicus« und verfestigt zugleich diese einseitige Wahrnehmung menschlicher und gesellschaftlicher Belange.

Sehr deutlich wird die Kritik dieser Entwicklung in der bislang jüngsten päpstlichen Sozialenzyklika »Centesimus annus« (1991) zum Ausdruck gebracht. Darin heißt es: »Die Wirtschaft ist nur ein Aspekt und eine Dimension der Vielfalt menschlichen Handelns. Wenn sie verabsolutiert wird, wenn Produktion und Konsum von Waren schließlich die Mitte des gesellschaftlichen Lebens einnehmen und zum einzigen Wert der Gesellschaft werden, der keinem anderen mehr untergeordnet wird, so ist die Ursache dafür nicht allein und nicht so sehr im Wirtschaftssystem selbst als in der Tatsache zu suchen, dass das ganze sozio-kulturelle System mit der Vernachlässigung der sittlichen und religiösen Dimension versagt hat und sich nunmehr allein auf die Produktion von Gütern und Dienstleistungen beschränkt« (Nr. 39).

Die päpstliche Kritik richtet sich nicht gegen die Wirtschaft als solche, nicht gegen eine marktwirtschaftliche Ordnung – im Gegenteil, diese wird in dem zitierten Schreiben unter bestimmten Voraussetzungen ausdrücklich gut geheißen. Vielmehr zielt die Kritik des Papstes auf eine einseitig von wirtschaftlichen Belangen bestimmte Sicht von Mensch und Gesellschaft und nennt das, was hier unter dem Stichwort Ökonomisierung bedacht wird, eine »Vergötzung« des Marktes (vgl. Enzyklika »Centesimus annus«, Nr. 40). Auch das gemeinsame Wort der beiden Kirchen zur wirtschaftlichen und sozialen Lage in Deutschland von 1997 hat eine von gesellschaftspolitischen Erfordernissen des Gemeinwohls losgelöste und verabsolutierte Sicht der Wirtschaft kritisiert. Indem es ausdrücklich die Notwendigkeit einer Ordnung betont, die den Kriterien der sozialen Sicherung, der ökologischen Verträglichkeit und der globalen Verantwortung gegenüber dem Dominanzstreben ökonomischer Rationalität Geltung verschafft, insistiert es auf der Notwendigkeit, den Primat der Politik gegenüber den Tendenzen zur Ökonomisierung der ganzen Gesellschaft zu sichern (vgl. Für eine Zukunft in Solidarität und Gerechtigkeit, Nr. 9. 142 f. u. ö.).

II. »Grundkonsens«? – Rhetorik und Ressourcen

Immer wieder vernimmt man – nicht nur in Kirchenkreisen, aber vor allem von Menschen, die ihr politisches Bewusstsein und ihren Standort an der katholischen oder der evangelischen Sozialethik geschult und gefestigt haben – die Klage über den Einflussverlust eben dieser Quellen gesellschaftspolitischer Orientierung, die doch in der Aufbauphase der Bundesrepublik in der Tat einigen Einfluss hatten – z. B. auf die Ausbildung der spezifisch deutschen Form der Sozialen Marktwirtschaft, auf die Ausgestaltung des Systems der umlagefinanzierten dynamischen Rente, auf die Programme der großen Volksparteien usw. Demgegenüber sei heute nicht nur die politische »Szene«, sondern

Marianne Heimbach-Steins

auch die wissenschaftliche Sozialethik so viel pluraler und uneindeutiger geworden, dass eine klare Orientierung kaum noch gelinge und der Einfluss der kirchlich propagierten Sozialethiken massiv zurückgegangen sei. An der Diagnose der Vervielfältigung, der Pluralisierung sowohl der politischen »Angebote« und ihrer weltanschaulichen Grundlagen als auch der Entwürfe einer christlichen Sozialethik ist nicht zu zweifeln. Ob die Möglichkeiten der Einflussnahme bzw. der Mitgestaltung der Politik tatsächlich so dramatisch geschwunden sind, wie manche behaupten, wäre zu diskutieren – jedenfalls unterliegen sie einem Wandlungsprozess, der dem Wandel der gesellschaftlichen Verhältnisse und Entwicklungen selbst entspricht.

Eine verbreitete Reaktion auf die Beobachtung solcher Veränderungen ist – seitens der Kirchen wie auch immer wieder im Raum der professionellen Politik – der Ruf nach einem neuen Konsens oder »Grundkonsens«. Darin artikuliert sich mehr oder weniger deutlich das Bewusstsein, dass es eine Verständigung über die Wertgrundlage politischen Handelns und mehr noch über die Zielsetzungen einer politischen Gestaltung der Gesellschaft für heute und für morgen bedarf, um den sozialen Frieden zu sichern und den Zusammenhalt der Gesellschaft, gerade weil sie plural ist, nicht aufs Spiel zu setzen. Für das gemeinsame Wort der Kirchen zur wirtschaftlichen und sozialen Lage in Deutschland war die Suche nach einem solchen Grundkonsens als dem »ausreichenden Maß an Übereinstimmung trotz verbleibender Gegensätze« (Für eine Zukunft in Solidarität und Gerechtigkeit, Nr. 127) ein zentrales Leitmotiv.

Gleichwohl erscheint es gerade nach den Erfahrungen mit dem Konsultationsprozess, der dem Gemeinsamen Wort vorgeschaltet war, fraglich, ob es einen solchen materialen Grundkonsens unter den gegebenen gesellschaftlichen Bedingungen noch geben und falls ja, wie weit er reichen und schließlich, welche Rolle den christlichen Kirchen in einem solchen Suchprozess zukommen kann. Die Schwierigkeiten, einen solchen Konsens verlässlich zu definieren, dürften dabei keineswegs nur von der Frage der zu wählenden Strategie abhängen. Sie sind vielmehr in der Struktur der modernen Gesellschaft selbst begründet. Dabei ist unter soziologischer Rücksicht zu beachten, dass mit der zunehmenden Ausdifferenzierung der gesellschaftlichen Teilbereiche und mit der fortgeschrittenen weltanschaulichen Pluralisierung ein tief greifender Funktionswandel auch von Religion und Kirche einhergegangen ist. Während die Kirche als religiös-moralische Instanz in der vormodernen Gesellschaft – grosso modo – eine gesamtgesellschaftliche Integrationsfunktion erfüllte und so wesentlich zu Stabilisierung und Erhaltung der moralischen Grundlagen der Gesellschaft beitrug, kann in der modernen Gesellschaft weder Religion im Allgemeinen noch eine kirchlich institutionalisierte Form des Christentums im Besonderen diese Integrationsleistung für die ganze Gesellschaft erbringen.

Gleichwohl scheint bei den allermeisten Verantwortlichen in der Politik, in der Gesellschaft insgesamt und in den Kirchen ein Gespür dafür wach zu sein, dass das Bemühen um Verständigung über Wertprioritäten und Zielsetzungen des gesellschaftlichen Prozesses so unaufgebbar ist wie das Bemühen um den sozialen Frieden selbst. Wie anders wäre der regelmäßige Ruf nach Werten, nach Erneuerung des prekären Konsenses usw. zu deuten? Und bei jenen, die überhaupt noch etwas von den Kirchen erwarten (und das sind interessanter Weise keineswegs nur ihre Mitglieder!), richten sich die Erwartungen offenbar vor allem auf einen Beitrag zu der unter Pluralitätsbedingungen schwierig gewordenen, aber gerade deshalb umso unerlässlicher erscheinenden sozialmoralischen Verständigung.

Derlei Beschwörungen einer öffentlichen Moral, einer gesellschaftlichen Verständigung über die Grundlagen des Zusammenlebens und einer Erneuerung der Werte sind aber nur die eine Seite der Medaille. Paradoxerweise gehen sie einher mit gleichzeitigen Tendenzen, aus einer einseitigen und kurzsichtigen Präferenz für ökonomische Interessen gerade jene gesellschaftlich etablierten Möglichkeiten aufs Spiel zu setzen, die es erlauben, Verständigung über Werte und Wertprioritäten, die Auseinandersetzung mit Angeboten ethischer und religiöser Orientierung einzuüben und zu fördern und dafür notwendige Freiräume des gesellschaftlichen Lebens zu schaffen bzw. zu sichern. Die Debatte um den arbeitsfreien Sonntag und die immer wieder diskutierte Infragestellung des Religionsunterrichtes an Berufsschulen seien stellvertretend für viele Beispiele genannt.

Marianne Heimbach-Steins

III. Diakonie als Kulturauftrag

Die Kirchen haben nur langsam und schwerfällig auf diese Herausforderungen zu reagieren begonnen. Als vor einigen Jahren die Abschaffung des Buß- und Bettages als eines gesetzlichen Feiertages auf der politischen Tagesordnung stand, kam der kirchliche Protest viel zu spät und viel zu leise, was sich erst angesichts vollendeter Tatsachen änderte. Inzwischen ist die Sensibilität für den nicht nur religiösen, sondern gesellschaftlich-kulturellen Aspekt kirchlicher Diakonie deutlich gewachsen: Diakonie als Dienst der Kirchen an den Menschen und für die Gesellschaft beschränkt sich nicht auf den ohne Zweifel höchst wichtigen Bereich der sozialen Arbeit und der Wohlfahrtspflege. Sie umfasst ebenso eine politische und kulturelle Dimension, die sich auf die Pflege gewachsener kultureller Güter, Wertressourcen, Traditionen und Symbole bezieht, nicht um eine vermeintlich bessere Vergangenheit zu konservieren, sondern um Humanität und Zukunftsfähigkeit der Gesellschaft zu sichern und die Ebene ökonomischer Sachzwänge zu transzendieren.

Der Einsatz für den Schutz des Sonntags ist dafür nur ein Beispiel. Es geht den Kirchen um weit mehr als um die »Rettung« bestimmter Güter im *eigenen* Interesse. Christinnen und Christen könnten durchaus auch dann einen sonntäglichen Gottesdienst besuchen, wenn der Sonntag nicht arbeitsfrei ist. Das ist nicht der Kern dessen, was auf dem Spiel steht. Es geht um einen Beitrag zur gesellschaftlichen Kultur, die sich in wesentlichen Elementen der jüdisch-christlichen Tradition verdankt. Im Fall des arbeitsfreien Sonntags ist es nicht weniger als die im Judentum »erfundene« Rhythmisierung der Zeit im Schema der sieben Tage mit dem »siebten Tag« als Ruhetag, der im Horizont des christlichen Auferstehungsglaubens auf den »ersten« oder »achten Tag« der Woche, den Sonntag, übergegangen ist. Als *Ressource gemeinsamer Zeit*, die nicht von den Erfordernissen der Erwerbstätigkeit bestimmt sein soll, hat er einen hohen kulturellen Wert, der nicht durch wechselnde arbeitsfreie Wochentage aufgewogen werden kann. Es geht nicht nur um die Zeitzone, die den Individuen für die Regeneration ihrer (Arbeits-)Kraft zuzugestehen ist, sondern ebenso sehr um die Sicherung gemeinsamer Zeit für Familien, für die Pflege freundschaftlicher Beziehungen und für eine Vielzahl sozial-kultureller Aktivitäten, die ohne eine verlässliche, den meisten Mitgliedern der Gesellschaft gemeinsam verfügbare erwerbsarbeitsfreie Zeitzone nicht aufrechtzuerhalten sind. Wenn solche Errungenschaften, die nicht Partikularinteressen der Kirchen, sondern die Kultur des gesellschaftlichen Zusammenlebens insgesamt betreffen, aus ökonomischen Gründen aufs Spiel gesetzt werden, ist es Aufgabe der Kirchen, Einspruch zu erheben und deutlich zu machen, worum es tatsächlich geht.

Der im kirchlichen Selbstverständnis gründende Auftrag zu gesellschaftlich-kultureller und politischer Diakonie bezieht sich, wie das Beispiel des Sonntags zeigt, auf grundsätzliche Fragen, die immer wieder »hinter« konkreten gesellschaftlichen Auseinandersetzungen aufbrechen und darin ihre Brisanz erweisen: ob es sich um einen humanen Umgang mit der Zeit handelt oder um ein Verständnis sozialer Gerechtigkeit, das einem ganzheitlichen Bild des Menschen als Person entspricht, oder um die Achtung der Menschenrechte eines jeden Menschen, der in unserer Gesellschaft Schutz und Aufnahme sucht, wie im Fall der Asyl- und Ausländergesetzgebung, um nur einige Beispiele zu nennen. In jedem Fall geht es immer *auch* um Einspruch gegen eine Verkürzung menschlicher Belange auf materielle Aspekte und Bedürfnisse, um die Kritik einer ökonomistischen Sicht menschlicher und gesellschaftlicher Entwicklungen, und das heißt um die Kritik einer Prioritätenskala, die in der Sprache des Geldes definiert ist.

IV. Kirchen und Politik – eine Verhältnisbestimmung

»Die Kirchen wollen nicht selbst Politik machen, sie wollen Politik möglich machen« (Für eine Zukunft in Solidarität und Gerechtigkeit, Nr. 4). Das Gemeinsame Wort der Kirchen hat mit dieser These die Ebene angedeutet, auf der gesellschaftliche und politische Verantwortung der Kirchen wahrgenommen werden kann und wahrgenommen werden muss. Dabei grenzt es sich zunächst gegen falsche Erwartungen ab, um vor diesem Hinter-

Marianne Heimbach-Steins

grund den eigenen Anspruch positiv zu umschreiben: »Das Wort der Kirchen ist kein alternatives Sachverständigengutachten und kein weiterer Jahreswirtschaftsbericht. Die Kirchen sind nicht politische Partei; sie streben keine politische Macht an, um ein bestimmtes Programm zu verwirklichen. Ihren Auftrag und ihre Kompetenz sehen sie auf dem Gebiet der Wirtschafts- und Sozialpolitik vor allem darin, für eine Wertorientierung einzutreten, die dem Wohlergehen aller dient. Sie betrachten es als ihre besondere Verpflichtung, dem Anliegen jener Gehör zu verschaffen, die im wirtschaftlichen und politischen Kalkül leicht vergessen werden, weil sie sich selbst nicht wirksam artikulieren können: der Armen, Benachteiligten und Machtlosen, auch der kommenden Generationen und der stummen Kreatur. Sie wollen auf diese Weise die Voraussetzungen für eine Politik schaffen, die sich an den Maßstäben der Solidarität und Gerechtigkeit orientiert« (Nr. 4).

Dieser Abschnitt aus dem Gemeinsamen Wort enthält wichtige Aussagen über die Art, wie die Kirchen gesellschaftliche Verantwortung wahrnehmen wollen: *Zum einen:* Entgegen dem ersten Anschein der These plädieren die Kirchen mit dieser Positionsbestimmung für ein *weites Politikverständnis.* Bezugsgröße ist nicht allein das Verhältnis Kirche – Staat, sei es in scharfer Trennung oder in einer bei aller grundsätzlichen Unterscheidung der Sphären doch kooperativ-integrativen Art und Weise, wie es sich in Deutschland historisch entwickelt hat; es geht auch um die Rolle der Kirchen als gesellschaftliche Akteure im vorstaatlichen Raum. *Zum anderen:* Die Kirchen bestimmen ihren Standort bzw. die Perspektive zur Beurteilung der gesellschaftlichen Prozesse von der *Option für die Armen* her. Sie bekennen sich also zu einer ganz bestimmten Parteilichkeit und Anwaltschaft, die ihre Rolle als gesellschaftliche Verantwortungsträger determiniert und damit sehr deutlich einen Maßstab geltend macht, der einer ökonomistischen Sichtweise entgegenarbeitet. *Schließlich:* In ihre anwaltliche Aufgabe beziehen die Kirchen die nachfolgenden Generationen sowie die in ihrer Integrität bedrohte Schöpfung ausdrücklich ein; sie plädieren damit zugleich für ein *Gerechtigkeitsverständnis,* das über den heutigen Tag hinausschaut und den Gesamthaushalt der natürlichen Lebensgrundlagen als Gegenstand gesellschaftlich-politischer Verantwortung ernst nimmt. All dies ist getragen von einem bestimmten Verständnis des Menschen, das in der Rede vom Menschen als Person zum Ausdruck kommt und den Menschen in seiner leiblich-seelisch-geistigen Verfasstheit ganzheitlich wahrnimmt (vgl. ebd., Nr. 93-95).

Von diesen Stichworten her lässt sich die *spezifische Ebene der gesellschaftlichen Verantwortung* der Kirchen präzisieren. Die diakonische Verantwortung der Kirchen erfordert die Beteiligung an den gesellschaftlichen Suchprozessen, die der Verständigung über Zukunftsorientierungen und -perspektiven der Gesellschaft dienen sollen. Hier haben die Kirchen – möglichst gemeinsam – die Stimme zu erheben und sich als kompetente Gesprächspartnerinnen auszuweisen, die in der Klärung von Wertprioritäten für die gesellschaftlichen Prozesse Orientierung zu bieten vermögen; dies setzt aber zugleich die Bereitschaft voraus, sich in den fairen Streit um zukunftsfähige Wege einzulassen.

Denn so leicht es sein mag, sich auf das Ziel *Gerechtigkeit* zu einigen, so umstritten ist, was die einzelnen gesellschaftlichen Akteure und Meinungsmacher darunter verstehen wollen. So leicht es sein mag, grundsätzliche Zustimmung für das Ziel *Lebensschutz* zu gewinnen, so schwierig ist es, dieses Ziel zwischen verschiedenen, je für sich durchaus legitimen Interessen so umzusetzen, dass tatsächlich bedrohtes, gefährdetes oder schwaches Leben wirksam geschützt werden kann. Die in verschiedenen »Wellen« verlaufende, das gesamte 20. Jahrhundert durchziehende Diskussion um die strafrechtliche Bewertung des Schwangerschaftsabbruchs hat diese Schwierigkeit gesamtgesellschaftlich deutlich gemacht, und die im Jahr 1999 zugespitzte Auseinandersetzung innerhalb der katholischen Kirche um Verbleib oder Ausstieg aus dem staatlichen System der Schwangerenberatung zeigt auf dramatische Weise, wie wenig Konsens über die einzuschlagenden Wege und die zu wählenden Prioritäten hier selbst unter katholischen Christinnen und Christen besteht. Es geht also nicht nur darum, bestimmte Werte zu proklamieren, sondern vor allem darum, die *Prozesse der Auseinandersetzung um Prioritäten*, um *Güterabwägungen* in konkreten gesellschaftlichen Auseinandersetzungen *zu begleiten* und durch

Marianne Heimbach-Steins

bestimmte Orientierungen aus dem christlichen Glauben *zu un-terstützen*. Dass dies nicht einmal in der innerkirchlichen Ver-ständigung problemlos möglich ist (wie an den oben angespro-chenen Beispielen ersichtlich), ist kein Argument gegen diese Aufgabe; es weist allerdings darauf hin, dass es sich dabei um einen grundsätzlich unabschließbaren und in sich vielschichti-gen und anspruchsvollen Prozess handelt.

Die Hinweise und Orientierungen des Gemeinsamen Wortes zur Verpflichtung der Kirchen auf die anwaltliche Vertretung der Ansprüche von Benachteiligten und Machtlosen in der Gesell-schaft zeigen, wie der Beitrag der Kirchen zur Politik als unver-zichtbare Komponente ihrer diakonischen Aufgabe grundsätz-lich aussehen kann und soll. Weder kann und darf es Aufgabe der Kirchen sein, der professionellen Politik die Arbeit abzunehmen. Noch dürfen die Kirchen für sich eine Rückzugsposition einneh-men: Sie können es nicht verantworten, sich aus allem he-rauszuhalten, um sich nicht am politischen Geschäft »die Finger schmutzig zu machen«.

Die politische und kulturelle Diakonie der Kirche muss auf den entschiedenen Widerstand gegen ein reduktionistisches Menschenbild und Gesellschaftsverständnis ausgerichtet sein, wie es sich in der Gegenwart besonders unter dem Vorzeichen der Ökonomisierung artikuliert und in praktischen gesellschaft-lichen Prozessen Wirkung zeitigt. Die Kirchen müssen in ihrer gesellschaftlichen Praxis Zeichen setzen, die die Transzendenz-fähigkeit des Menschen plausibilisieren und dies auch in konkre-ten Wortmeldungen prophetisch einklagen. In dieser Absicht sollten sie auch eine Theologie fördern, die den gleichen Zielen verpflichtet ist, die also mit den Instrumenten wissenschaftlicher Arbeit Gesellschaftsanalyse, theologisch-ethische Urteilsbildung und Praxisbegleitung leistet. Gesellschaftliche Aufgabe der Kir-chen und der christlichen Theologie ist es schließlich, eine die Marktlogik der Ökonomie grundsätzlich übersteigende Dimen-sion von Menschsein – individuell und im gesellschaftlichen Zu-sammenhang – als fundamentale Ressource der Humanität of-fenzuhalten. Dieser gesellschaftlich-kulturellen Aufgabe werden die Kirchen nur entsprechen können, wenn es ihnen gelingt, ihren eigenen gesellschaftlichen Ort neu zu definieren – nicht

mehr nur im Gegenüber zum Staat und als mehr oder weniger
»staatstragende« oder »staatskritische« Organisationen, sondern
als zivilgesellschaftliche Akteure, die innerhalb einer Vielzahl von
weltanschaulichen Kräften ihre eigene Tonlage als eine von der
Botschaft des Evangeliums her identifizierbare Stimme finden
und vernehmbar machen.

Marianne Heimbach-Steins

Ernst-Wolfgang Böckenförde

Notwendigkeit und Grenzen staatlicher Religionspolitik

Kann es eine staatliche Religionspolitik überhaupt noch geben, kann Religionspolitik noch Thema für eine politische Partei sein? Ist nicht mit der Anerkennung der Religionsfreiheit im Grundgesetz alles Notwendige zum Verhältnis von Staat und Religion gesagt, sodass eine staatliche Religionspolitik darüber hinaus eine Einmischung des Staates in die Freiheit und Unabhängigkeit der Religionsgemeinschaften bedeutet, womöglich sogar eine Verletzung der Trennung von Staat und Kirche?

So einfach liegen die Dinge nicht. Ob und wieweit staatliche Religionspolitik zulässig, möglich oder vielleicht geboten ist und damit auch ein Thema für eine politische Partei darstellt, lässt sich erst beurteilen, wenn man sieht, welche grundsätzliche Stellung und Bedeutung der Religion im freiheitlichen säkularen Staat zukommt. Dazu wollen die folgenden Ausführungen einen Beitrag leisten.

I

Entscheidend für Stellung und Bedeutung der Religion in Staat und Gesellschaft ist zunächst das in der Verfassung verbürgte Grundrecht der Religionsfreiheit (Art. 4 Abs. 1 und 2 GG). Es beinhaltet das Recht, einen religiösen Glauben zu haben oder nicht zu haben (Glaubensfreiheit), diesen Glauben zu bekennen oder nicht zu bekennen (Bekenntnisfreiheit), die Religion öffentlich auszuüben oder nicht (Kultusfreiheit) und sich zu Religionsgemeinschaften zusammenzuschließen (religiöse Vereinigungsfreiheit).[1] Dieses Recht kommt dem Einzelnen zu, als Mensch und

Bürger, aber auch den Religionsgemeinschaften selbst. Es ist ein individuelles und ein korporatives Freiheitsrecht. Religion wird dabei als säkularer Begriff verstanden, nicht eingegrenzt auf die christliche Religion und ihre Bekenntnisse. Auch der Islam fällt – zweifellos – darunter.

Die Religionsfreiheit ist ein volles Freiheitsrecht, nicht nur eine Freiheit zur Religion. Sie umfasst einerseits die Freiheit zum Glauben, zum Bekenntnis dieses Glaubens und zur öffentlichen Ausübung der Religion, andererseits aber ebenso die Freiheit, einen Glauben nicht zu haben oder sich von einem gehabten Glauben abzuwenden, das heißt ohne Glauben, Bekenntnis, öffentliche Religionsausübung zu leben. Sie ist mithin nicht eine Garantie der Religion, ihres Bestandes oder Fortbestandes, sondern nur die Garantie der *Möglichkeit*, dass Religion bestehen und fortbestehen kann. Religion und Bekenntnis können in Freiheit ergriffen und fortgetragen werden; sie bestehen solange – aber auch nur solange – als dies geschieht.

Religionsfreiheit als Grundrecht gehört der staatlichen Rechtsordnung an. Sie ist ein äußeres Recht, richtet sich gegen Übergriffe anderer Menschen und Übergriffe der staatlichen Gewalt. Sie betrifft nicht das Verhältnis der Menschen zu Gott und auch nicht die Stellung des Einzelnen innerhalb einer Religionsgemeinschaft. Eine moralische Pflicht des Menschen Gott gegenüber, die Wahrheit zu suchen und dasjenige, was er im Glauben als Wahrheit erkennt, zu ergreifen und danach zu handeln, lässt sie unberührt. Sie verhindert aber, dass andere Menschen oder die staatliche Gewalt dies – nach ihrem Urteil über die Wahrheit – zu erzwingen suchen.[2] Sie wird also so nicht gegen den Anspruch einer religiösen Wahrheit, sondern um der Wahrheit willen, damit sie in Freiheit gesucht und ergriffen werden kann, verbürgt. In dieser Form ist sie heute auch von den großen Religionsgemeinschaften in der Bundesrepublik Deutschland, insbesondere den beiden christlichen Kirchen, nach eigener Überzeugung und Lehre anerkannt.

Ernst-Wolfgang Böckenförde

II

Welche Folgerungen ergeben sich aus der Anerkennung der Religionsfreiheit als Verfassungsprinzip für die Stellung der Religion in Staat und Gesellschaft?

1. Eine politische Ordnung, die Religionsfreiheit als eigenes Verfassungsprinzip anerkennt, verhält sich zur Religion nicht mehr als zu ihrem notwendigen Fundament und sucht die eigene Legitimation nicht mehr in der Religion. Religion hat in dieser Ordnung die Möglichkeit der Entfaltung, in und aus der Überzeugung ihrer Anhänger, entbehrt aber, von der politischen Ordnung her gesehen, der institutionellen Notwendigkeit. Sie ist nicht mehr der Boden, auf dem Staat und Kirchen *gemeinsam* unbezweifelt stehen und auf den sie sich beziehen, wenn sie zusammenwirken oder Konflikte austragen. Dies war in der Geschichte lange Zeit der Fall. Die weltliche, säkular gewordene politische Ordnung löst sich davon ab. Sie tut dies nicht in der Weise, dass neben dem eigenen religiösen Bekenntnis, auf das der Staat sich weiterhin bezieht, andere Bekenntnisse und Religionen zugelassen sind – sozusagen Staatsreligion verbunden mit religiöser Toleranz –, sondern weitergehend in der Weise, dass sie sich gegenüber Religion und Weltanschauungen grundsätzlich für *neutral* erklärt. Der Staat wird religiös-weltanschaulich neutraler Staat.

Die darin liegende Freigabe der Religion aus dem Bereich staatlicher Zuständigkeit und aktiven staatlichen Handelns hat allerdings einen doppelten Charakter. Sie bedeutet zunächst das Ende der institutionell-sachlichen Verbindung von Staat und Religion. Der Staat als solcher »hat« und »vertritt« eben keine Religion mehr. Die Religion ist nicht mehr der Geist des Staates, sie ist zum Geist in der bürgerlichen Gesellschaft geworden, um an eine berühmte Formulierung von Karl Marx anzuknüpfen.[3] Das ist die eine Seite. Diese Freigabe bedeutet aber auch, dass die Religion zur Betätigung und Wirksamkeit im Bereich individueller und gesellschaftlicher Freiheit positiv freigegeben wird. Vom Ausgangspunkt der lebendigen betätigten Überzeugung der Bürger (als Glieder ihrer Religionsgemeinschaft) vermag sie durchaus gesellschaftliche und auch politische Bedeutung zu erlangen. Sie entbehrt daher auch nicht des potentiell öffentlichen Charakters. Aber auch, wenn sie solche Bedeutsamkeit erlangt, gehört sie gleichwohl nicht zu dem, was das sachlich und institutionell Notwendige und in Rechtsgeboten Verbürgte der politischen Ordnung ausmacht. Dieses bestimmt sich nicht mehr von der Religion oder einer bestimmten Religion her, sondern von den weltlichen Zwecken des säkularen politischen Gemeinwesens.

2. Gilt Religionsfreiheit als Verfassungsprinzip, beschränkt sich der Staat auf *weltliche* Angelegenheiten und Zwecke. Geistliche, religiöse Zwecke liegen außerhalb seines Befugniskreises.[4] Was bedeutet das? Wird damit nicht die umfassende, potentiell allzuständige Regelungs- und Entscheidungsgewalt des Staates für bestimmte Bereiche aufgegeben?

Sie besteht, ungeachtet der Begrenzung auf weltliche Zwecke, im Wesentlichen fort. Aus dem Bereich staatlicher Zuständigkeit wird nämlich keineswegs alles, was mit der Religion im Zusammenhang steht oder worauf sich Lebensführungs- und Handlungspflichten erstrecken, die in der Religion begründet sind, ausgegliedert. Nur für das sozusagen rein Religiöse, die spezifisch »geistlichen« Angelegenheiten, wie etwa Riten, Liturgie, Gottesdienst, Vergabe kirchlicher Ämter, Lehrverkündung, trifft dies zu. Was ist der Grund dafür? Der Grund ist, dass die Unterscheidung von »geistlich« und »weltlich«, von »religiös« und »politisch« eine solche ist, die sich primär nicht nach Sachgegenständen, sondern von der Ziel- und Zweckausrichtung her bestimmt.[5] Geistlich bzw. religiös ist alles, was auf das von der Religion her bestimmte »Heil«, das Lebensziel der Menschen bezogen ist, weltlich oder politisch alles, was das äußere Zusammenleben und Wohlergehen der Menschen betrifft. Das bedeutet, dass bestimmte Sachgegenstände sowohl von der geistlich-religiösen wie der weltlich-politischen Ziel- und Zweckausrichtung erfasst werden können. Es gibt daher einen weiten Bereich der sog. res mixtae, die einen religiös-geistlichen und weltlich-politischen Aspekt zugleich haben. Denken wir etwa an Eherecht, Sonntags- und Feiertagsruhe, Leistung/Verweigerung des Kriegsdienstes, Fasten- und Kleidergebote. Die politische Ord-

Ernst-Wolfgang Böckenförde

nung beansprucht hier die Regelungskompetenz, weil und so weit diese Angelegenheiten das äußere Zusammenleben betreffen, auch dann, wenn sie zugleich eine geistlich-religiöse Bedeutung und Dimension haben. Und sie beansprucht, um des öffentlichen Friedens und seiner Sicherung willen, die Befugnis zur verbindlichen Letztentscheidung über dasjenige, was rechtlich geboten oder verboten wird.

Daran zeigt sich, dass auch bei Anerkennung der Religionsfreiheit das Problem des Ausgleichs oder Zusammenführens weltlich-politischer und geistlich-religiöser Angelegenheiten und Gesichtspunkte grundsätzlich fortbesteht und staatliche Regelungen und Maßnahmen in bestimmten Bereichen immer auch ein Stück Religionspolitik enthalten. Das gilt immer dann, wenn eine Religion sich nicht allein auf Gottesverehrung in Form von Liturgie und Kultus beschränkt, sondern auch Verhaltensmaximen für das Leben in der Welt, wie etwa die 10 Gebote oder zahlreiche Suren des Korans, in sich einbegreift. Insoweit bleibt die Frage aktuell, wieweit die Religion in ihren weltlichen Auswirkungen, genauer: die Lebensführungsmöglichkeit gemäß der Religion, in die staatlich festgelegte Ordnung des menschlichen Zusammenlebens hineingenommen werden kann und darf, ja ggf. auch muss. Einerseits gilt und muss gelten, dass die bürgerlichen und staatsbürgerlichen Rechte und Pflichten durch die Ausübung der Religionsfreiheit weder bedingt noch beschränkt werden und die Freiheit und Selbstbestimmung der Religionsgemeinschaften ihre Schranke an den für alle geltenden Gesetzen findet – beides hat die Weimarer Verfassung formuliert und das Grundgesetz übernommen;[6] andererseits müssen diese für alle geltenden Gesetze und die allgemeine Rechtsordnung insgesamt das Prinzip der Religionsfreiheit in sich einbegreifen, religiöser Betätigung auch in weltlichen Angelegenheiten hinreichend Raum geben. Daraus kann ein Kooperationsfeld, aber gegebenenfalls auch ein Konfliktfeld zwischen Staat und Religion entstehen.

III

Gehen wir noch einen Schritt weiter. Wie sieht auf dieser Grundlage die konkrete Zuordnung der Religionsgemeinschaften zu den Bereichen von Staat und Gesellschaft aus?

1. Als erstes Merkmal dieser Zuordnung sind die *Selbständigkeit und freie Wirksamkeit* der Religionsgemeinschaften zu nennen. Soll Religion frei sein, so gehört dazu, dass sie ohne staatliche Behinderung und Reglementierung in der Weise und in den organisatorischen Formen ausgeübt werden kann, die sich vom Inhalt der Religion her ergeben. Das begründet die Selbständigkeit der Religionsgemeinschaften. Sie bezieht sich auf alles, was zum eigenen Bereich gehört: Die Ausbildung einer Organisation, die Einrichtung und Vergabe von Ämtern, die Heranbildung ihrer geistlichen Amtsträger, die Festlegung des Kultus und anderer religiöser Lebensformen, die Darstellung und Interpretation der eigenen Lehre (Art. 140 GG/Art. 137 Abs. 3 WRV).[7] Die Religionsgemeinschaften unterstehen insoweit auch keiner Aufsicht. Die Selbständigkeit wird ergänzt – im Sinne eines notwendigen Korrelats – durch die freie Wirksamkeit. Der Umfang dieser freien Wirksamkeit bestimmt sich zunächst nach den klassischen Bereichen der Religionsausübung, wie Verkündigung, Gottesdienst, religiöse Unterweisung, Dienst am Nächsten (Krankenpflege, Armensorge). Was darüber hinausgeht, die weiten Bereiche religiös motivierter Tätigkeit, die in der Sache auch oder überwiegend weltlichen Charakter und weltliche Wirkungen hat – es geht hier um die Verwirklichung religiöser Lebensführung, die Umsetzung religiöser Gebote und Impulse in die Welt hinein –, ist eingebunden in die von der staatlichen Rechtsordnung geregelten Möglichkeiten und Bedingungen weltlich-sozialen, kulturellen usf. Handelns. In dem dadurch gegebenen Rahmen sind sie für die Verwirklichung religiöser Haltungen und Ziele offen. Allerdings sollte und muss umgekehrt bei der Festlegung dieses Rahmens auf solche Haltungen und Ziele Rücksicht genommen, der Raum ihrer Wirksamkeit offengehalten werden. Das hat wiederum mit Religionspolitik zu tun.

Die hier skizzierte Selbständigkeit und freie Wirksamkeit der

Ernst-Wolfgang Böckenförde

Religionsgemeinschaften im politischen Gemeinwesen bedeutet nicht, dass die staatliche Rechtsordnung und die Lebensordnung der Gesellschaft inhaltlich von der Religion oder einer bestimmten Religion geprägt sein *müssen.* Inwieweit sie davon geprägt sind und geprägt sein können, hängt zum einen vom ordre public und der Eigenart des politischen Gemeinwesens ab, zum andern davon, in welcher Weise und welchem Ausmaß die Rechts- und Lebensordnung dieses Gemeinwesens durch die gesellschaftlichen und politischen Kräfte geformt wird. Selbständigkeit und freie Wirksamkeit für die Religionsgemeinschaften eröffnen nur die *Möglichkeit,* darauf Einfluss zu nehmen und prägend zu wirken. Wieweit sich das verwirklicht, hängt vom Engagement der Religionsgemeinschaften und ihrer Gläubigen, aber auch von den Bedingungen des politischen Prozesses ab.

2. Ein zweites Merkmal der konkreten Zuordnung liegt in der *balancierten Trennung* von Staat und Religionsgemeinschaften. Dieser Gedanke der Trennung ist zwar historisch in einer polemischen Frontstellung gegen die mit dem Staat verbundenen, oftmals verschwisterten Kirchen entstanden. In der Sache dient er jedoch der Unabhängigkeit und Eigenständigkeit nicht allein des Staates sondern von Staat *und* Religionsgemeinschaften.

Die Trennung, um die es dabei geht, ist keine einseitige, die die Religion in Abhängigkeit vom Staat bringt, sondern eine zweiseitige. Sie verhilft Staat und Religionsgemeinschaften durch ihre organisatorisch-institutionelle Entflechtung zur Selbständigkeit und Unabhängigkeit im Verhältnis zueinander. Indem sie getrennte Organisationen sind, ihre Einrichtungen nicht miteinander verflochten oder verkettet sind, vermögen sie ihr Handeln unabhängig voneinander, dem eigenen Auftrag gemäß, zu gestalten. Diese Trennung ist bis auf einige Restbestände, für die es keineswegs zwingende, wohl aber vertretbare Gründe gibt, in der Bundesrepublik Deutschland verwirklicht.[8] Sie ist – auf der Grundlage der Religionsfreiheit – ferner keine radikale, sondern eine balancierte Trennung. Diese Balancierung besteht im Hinblick auf die Religionsgemeinschaften darin, dass diesen, wie dargelegt, einerseits jede institutionelle Teilhabe und Verfügungsmacht im staatlichen Bereich fehlt, ihnen aber andererseits eine freie, auf Überzeugung abzielende Wirksamkeit im Blick auf weltliche, auf die politische und gesellschaftliche Ordnung bezogenen Angelegenheiten keineswegs untersagt ist. Auch darf die Religion und die religiöse Betätigung der Gläubigen wegen der gewährleisteten Religionsfreiheit nicht zu Rechtsnachteilen für diese führen.[9] Für den Staat ergibt sich die Balancierung aus der Unterworfenheit der Religionsgemeinschaften unter die staatlichen Gesetze (wobei ihr Freiheitsstatus allerdings selbst zu diesen Gesetzen gehört), der Unabhängigkeit der rechtlichen Pflichten der Bürger von der Religionszugehörigkeit und schließlich dadurch, dass der Staat den Religionsgemeinschaften seinen »weltlichen Arm« verweigert, wenn es um die Durchsetzung von inneren, glaubensbezogenen Ansprüchen gegenüber ihren eigenen Mitgliedern geht.

IV

Bislang war von der Stellung der Religion nach der Verfassungsordnung der Bundesrepublik die Rede und den Problemen, die sich daraus für die staatliche Religionspolitik ergeben. Nunmehr soll die Frage gestellt werden, welche Bedeutung und Funktion der Religion von sich aus *für* ein säkulares politisches Gemeinwesen zukommt, wie es die Bundesrepublik darstellt. Ist es völlig einerlei, ob eine oder mehrere Religionen in einem politischen Gemeinwesen als Wirkkräfte vorhanden sind oder ist ein freiheitliches Gemeinwesen für seinen Bestand womöglich auf die Religion oder eine bestimmte Religion angewiesen, ohne doch deren Bestand garantieren zu können? Auch die Antwort auf diese Frage ist nicht ohne Folgen im Blick auf staatliche Religionspolitik.

1. Diese Frage hat ihren Grund in der weiteren Frage: Worin findet der Staat, das politische Gemeinwesen, seine eigene geistige Grundlage und die erforderliche relative Gemeinsamkeit, wenn dafür im Zeichen der Religionsfreiheit die Religion oder eine bestimmte Religion mangels einer ihr zukommenden allgemeinen Verbindlichkeit nicht mehr in Betracht kommt? Wächst dem

Ernst-Wolfgang Böckenförde

Staat diese Gemeinsamkeit unproblematisch auf andere Weise zu, etwa durch das politisch-kulturelle Erbe, durch rationale Einsicht oder aktuellen Konsens? Oder steht er dann, wie etwa Hegel meinte, »in der Luft«, sodass er schließlich einer sog. Zivilreligion bedarf, die aus Setzungen lebt, aber gleichwohl den Anspruch auf Gültigkeit erhebt und erheben muss?

In früheren Zeiten war die Religion eine der stärksten Bindungskräfte der politischen Ordnung. Dem Staat flossen die inneren Regulierungskräfte der Freiheit, deren er gerade als freiheitlicher Staat bedarf, wesentlich aus der Religion zu. Auch die großen politischen Denker von Machiavelli über Thomas Hobbes bis hin zu Hegel und Alexis de Tocqueville haben an der Bedeutung der Religion als einheitsverbürgende Grundlage der politischen Ordnung festgehalten, wenngleich dies zum Teil in einer machiavellistischen, den Eigenstand der Religion verkürzenden Absicht geschah. Das 19. Jahrhundert meinte dann im Zuge der säkularen Umbildung des politischen Gemeinwesen im Begriff der Nation und der durch sie vermittelten politisch-kulturellen Identität ein neues geistiges Band und eine einheitsbildende Kraft zu finden. Die Nation galt weithin als etwas säkularisiert »Heiliges«, für deren Bestand, Ehre und Größe auch der Einsatz des Lebens lohnend und geboten erschien.[10] Der Nationalismus wurde und wird nicht selten zu einer – dann schlimmen – Ersatzreligion. Nationalbewusstsein ist indes ein politisches Phänomen. Es bezieht sich auf ein kollektives Bewusstsein und Empfinden im Blick auf Zusammengehörigkeit in einer *politischen* Ordnung, auf gemeinsame politische Verantwortung und Abgrenzung gegenüber anderen.[11] Der Gedanke der Nation trägt und formt indes keine Leitidee für menschliche Grundeinstellungen, ethisch-sittliche Verantwortung und ein Ethos des zwischenmenschlichen Verhaltens. Auch im 19. Jahrhundert erstreckte sich die Formkraft der Nationalidee primär auf den politischen Bereich, prägte das Bewusstsein politischer Zusammengehörigkeit. Im Übrigen enthält er gegenüber dem Individualismus und Pluralismus, wie er durch die Gewährleistung der individuellen Menschenrechte freigesetzt wird, keine neue fundierende Substanz.

2. Vor diesem Hintergrund wird das Streben verständlich, der Religion bestimmte Funktionen im Interesse der Erhaltung und inneren Fundierung des politischen Gemeinwesens zuzuweisen. Dieses Streben geht von Interessen des Staates aus, der sich damit auf das Feld von Religionspolitik begibt. Die Religion soll sozusagen als Funktionsträger für Staat und Gesellschaft wirksam werden, als Statthalter oder Übermittler des Wertkonsenses, den der Staat selbst nicht mehr stiften kann. Und sie soll dies tun, ohne dass der Staat den Inhalt des von der Religion Übermittelten als für seine Ordnung verbindlich anzuerkennen braucht. Der Erfolg, den man sich davon verspricht, besteht darin, auf säkularisierter Ebene und unter Beibehaltung des Pluralismus gleichwohl eine Selbstergänzung von Staat und Gesellschaft zu einem sich selbst genügenden Gemeinwesen zu erreichen.[12]

Nicht selten wird insoweit von einer integrierend-legitimierenden Funktion gesprochen, die der Religion im Hinblick auf das politische Gemeinwesen zukomme.[13] Sie wird auf die Vermittlung und das Weitertragen des sog. Wertkonsenses in der Gesellschaft bezogen. Nun bedarf allerdings ein auf Pluralität und Offenheit angelegtes Gemeinwesen, um als solches lebensfähig zu sein, eines integrierenden Grundkonsenses, der den zentrifugalen Interessen gegenübertritt, die aus dem weltanschaulichen und geistig-ethischen Pluralismus zweifellos hervorgehen. Die Religion gehört dabei zu jenen Instanzen, die ethisch-sittliche Grundauffassungen und Grundhaltungen zu vermitteln und lebendig zu erhalten vermögen. In der Regel geschieht das in gemeinschaftsbildender Weise, indem bestehende soziale Bindungen und ethisch-sittliche Grundhaltungen unterfangen und lebendig erhalten werden. Das muss freilich nicht so sein, etwa wenn eine Religion die Prinzipien des freiheitlich-säkularen Staates, wie Demokratie, Religionsfreiheit und religiös-weltanschauliche Neutralität des Staates, von sich aus nicht bejaht.

3. Noch nicht beantwortet ist damit die Frage, wieweit sich die Religion und Religionsgemeinschaften darauf einlassen können, in der dargelegten Form als Funktionsträger für das politische Gemeinwesen in Anspruch genommen zu werden. Entspricht es ihrem Auftrag und ihrer Sendung, sich in dieser Weise affirmativ

zu Staat und Gesellschaft zu verhalten und so einen Dienst für die Menschen und ihre weltlich-politische Ordnung zu leisten? Oder müssen sie sich solcher Indienstnahme um ihrer eigenen Identität, der Wahrung ihres Propriums und ihrer Sendung willen entziehen? Diese Frage muss jede Religion und Religionsgemeinschaft von sich aus beantworten, nach dem Inhalt ihres Glaubens und ihrer Botschaft. Sie darf sich die Antwort nicht vom Staat oder der Gesellschaft aufdrängen lassen. Andernfalls verliert sie ihre inkommensurable Position und wird auf einen Integrationsfaktor der staatlichen Ordnung reduziert. Dies zu respektieren, gehört auch zu staatlicher Religionspolitik. Der Staat darf sich die Religionsgemeinschaften nicht politisch dienstbar machen wollen. Wohl aber kann und sollte er sie in ihrer freien Wirksamkeit schützen, dies aber um ihrer selbst willen und unabhängig davon, wieweit sie sich affirmativ zur Ordnung von Staat und Gesellschaft verhalten; auch deren partielle, von Grundsätzen der Religion her begründete Infragestellung und Kritik kann ein wichtiger Dienst für das politische Gemeinwesen sein. Erwarten und verlangen darf der Staat von den Religionsgemeinschaften allerdings deren äußere Loyalität gegenüber den Prinzipien der staatlichen Ordnung.

1 Exemplarisch und insoweit auch heute noch gültig *Gerhard Anschütz*, Religionsfreiheit, in: Anschütz/Thoma (Hg.), Handbuch des deutschen Staatsrechts, Bd. 2,1932, S. 675-89.

2 Siehe *E.-W. Böckenförde*, Religionsfreiheit zwischen Kirche und Staat, in: Gewissen und Freiheit 22 (1984), S. 13 (25), auch in: *ders.*, Schriften zu Staat – Gesellschaft – Kirche, Bd. 3: Religionsfreiheit. Die Kirche in der modernen Welt, Freiburg 1990.

3 *Karl Marx*, Zur Judenfrage I, in: *ders.*, Die Frühschriften, hg. v. Landshut, Stuttgart 1953, S. 183.

4 So schon die treffende Formulierung des altliberalen Staatsrechtslehrers *Robert v. Mohl*, Das Staatsrecht des Königreichs Württemberg, Bd. 1, Tübingen 1829, S. 9.

5 *E.-W. Böckenförde*, Staat, Gesellschaft, Kirche, 1982 = *ders.*, Religionsfreiheit. Die Kirche in der modernen Welt, Freiburg 1990, S. 143 f., 119 ff.

6 Siehe Art. 136, Abs. 1; 137 Abs. 3 WRV, in das Grundgesetz übernommen durch Art. 140 GG.

7 Zur Interpretation *Konrad Hesse*, Das Selbstbestimmungsrecht der Kirchen und Religionsgemeinschaften, in: Listl/Pirson (Hg.), Handbuch des Staatskirchenrechts, Bd. 1, 2. grundlegend neubearb. Aufl. Berlin 1995, S. 521–59; für die Weimarer Zeit siehe *Gerhard Anschütz*, Die Verfassung des Deutschen Reiches vom 11. August 1919. Ein Kommentar für Wissenschaft und Praxis, 14. Aufl. Berlin 1933. Erl. 4 und 5 zu Art. 137.

8 Solche Restbestände sind die theologischen Fakultäten an staatlichen Hochschulen (durch Art. 149 Abs. 3 WRV, der indes nicht in das Grundgesetz übernommen ist, und nachfolgende Konkordatsregelungen in gewissem Umfang abgesichert); der Religionsunterricht als ordentliches Lehrfach an staatlichen Schulen (Art. 7 Abs. 3 GG); der staatliche Schutz des Sonntags und der staatlich anerkannten (kirchlichen) Feiertage (Art. 139 WRV/Art. 140 GG); die institutionelle Gewährleistung von Militär-, Anstalts- und Krankenhausseelsorge (Art. 141 WRV/Art. 140 GG); das Steuererhebungsrecht derjenigen Religionsgemeinschaften, denen der Status einer Körperschaft des öffentlichen Rechts zuerkannt ist (Art. 137 Abs. 5 WRV/Art. 140 GG).

9 Siehe Art. 4 Abs. 1 und 2 und speziell Art. 33 Abs. 2 GG; ferner auch Art. 136 Abs. 2 WRV/Art. 140 GG.

10 *R. Brubaker*, Einwanderung und Nationalstaat in Frankreich und Deutschland: Der Staat 28 (1989), S. 1 (5).

11 *E.-W. Böckenförde*, Die Nation – Identität in Differenz: Universitas 50 (1995), S. 974 (977 ff.)

12 Insofern liegt darin ein Versuch, auf neuen Wegen den Gedanken der »societas perfecta«, als des sich selbst genügenden, weil alle Bedürfnisse menschlichen Zusammenlebens einbegreifenden Gemeinwesens zu realisieren.

13 Dazu näher *E.-W. Böckenförde* (FN 7), S. 168 ff.

Hellmut Puschmann

»Wo bleibt die Gerechtigkeit?«

In seinen »Geschichten zur Chassidim« erzählt Martin Buber von Rabbi Menachem, der vor ungefähr 200 Jahren lebte. Als Rabbi Menachem eines Tages in Jerusalem weilte, geschah es, dass ein »törichter« Mann auf den Ölberg stieg und dort das Schofarhorn (Widderhorn) blies. Dieses Blasen kündigt nach jüdischer Auffassung das Kommen des Messias und der messianischen Erlösung an. Als darum das Schofar vom Ölberg her erscholl, verbreitete sich sogleich in Jerusalem die aufgeregte Erwartung: Die Erlösung ist da! Als Rabbi Menachem aber davon hörte, öffnete er sein Fenster, sah prüfend in die Luft der Welt hinaus, schloss es sogleich wieder und sagte: »Da ist keine Erlösung!«[1]

Eine nachdenkliche Geschichte, die uns durch den jüdischen Religionsphilosophen Martin Buber überliefert ist. Ein »törichter« Mann sei es gewesen, der auf den Ölberg stieg, um den Schofar zu blasen und damit im Grunde die Erlösung, also auch das Ende von Leid und Elend, von Ausgrenzung und Verletzungen der Menschenwürde anzukündigen. Das Kommen des Messias, das angezeigt wird, soll diese Erlösung bringen; die Vollendung und Erfüllung des Auftrags des Gottesvolkes. Aber mehr noch: das Blasen des Schofar kündigt auch das Kommen der Gerechtigkeit (Gottes) an, die die Erde fortan erfüllen soll. Erlösung, Frieden, Heil und Gerechtigkeit stehen in einem engen Zusammenhang. Und dann stellt sich alles als falsch heraus. Die Menschen, die über Generationen hinweg auf die Erlösung, auf das Kommen des Messias warteten, werden enttäuscht durch einen, der vorgibt, die Erlösung herbeiblasen zu wollen. Der Rabbi erkannte es sofort. Die Erlösung ist eben noch nicht da. Und mehr noch: das Kommen umfassender Gerechtigkeit steht noch nicht an; alles war bloß eine Täuschung. Genauso, wie sich nach dem Blasen des Schofar das Kommen der Erlösung ankündigte, wird sich nun auch die Tatsache ihres Ausbleibens schnell herumsprechen.

Was hat diese Geschichte aber nun mit dem Heute zu tun? Welche Bedeutung hat sie für die Frage nach der Gerechtigkeit und besonders für deren Ausbleiben, das wir in einigen aktuellen Lebensbezügen vermuten? Sie ist ein Symbol, eine Parabel des Alltags, keine Realitätsbeschreibung. Wenn man über Gerechtigkeit spricht und vor allem, wenn man danach fragen will, wo die Gerechtigkeit bleibt, wird man nicht umhin können, sagen zu müssen, was Gerechtigkeit im jeweiligen Kontext meint. Dann erst ist es möglich, das Fehlen von Gerechtigkeit zu bemängeln und zu sagen, woran dieses Fehlen festgemacht werden kann.

Mit Blick auf das soziale Handeln und dessen ethische Grundlegung wird klassischerweise vom »suum cuique« gesprochen, als von jener Gerechtigkeit, die jedem das Seine gewährt. Das Verständnis des »suum cuique« ist einzubetten in ein Tugendverständnis, für das Gerechtigkeit eben nur individuell sein konnte. Gerecht war, wenn die gerechten Gesetze, die in der Regel nicht hinterfragbar sein sollten, beobachtet wurden, die Menschen danach lebten und sie befolgten. Was Gesetz war, war gerecht und gerechte Menschen waren Gesetzeserfüller, so wollte es das Staats- und Gesellschaftsverständnis. Eine so verstandene allgemeine Gerechtigkeit unterteilte sich dann in die partikularen Verständnisse der Verteilungsgerechtigkeit und der ausgleichenden Gerechtigkeit. Im beginnenden Zeitalter der Moderne wandelte sich das Gerechtigkeitsverständnis dann zu einer formalen Regelung einander widerstreitender Interessen. Thomas Hobbes sprach von einer nützlichen Erfüllung des Gesellschaftsvertrages; Adam Smith sah in der Gerechtigkeit eine Art Grammatik für den nutzbringenden Wettbewerb und für Immanuel Kant war sie ein formales Prinzip der Möglichkeit des Rechtes aller Menschen. In John Rawls »Theorie der Gerechtigkeit« wird diese als objektivierte Tugend sozialer Institutionen verstanden.[2]

In der Theologie des Alten Testamentes ist die Rede von der

Gerechtigkeit zunächst ein sehr abstrakter Begriff, der sich aber in konkreten Verhaltensweisen niederschlägt. Die vorexilischen Prophetenbücher formulieren dann Gerechtigkeitsbegriffe, die solidarisches Handeln nach den Prinzipien von Gleichheit und Gegenseitigkeit ausdrücken. Im Neuen Testament sind die Verben »gerechtmachen«, »gerechtsprechen« und »rechtfertigen« von Bedeutung. Allerdings wird damit nicht primär die Tugendethik im griechischen Sinne verstanden. Es sind vielmehr Bezeichnungen und Begriffe, die das »Gerechtsein« und den »Gerechten Gottes« im Sinne der alttestamentlich-jüdischen Überlieferung darstellen. Gerechtigkeit wird danach zum unmittelbaren Heilshandeln Gottes. Im Philipper- und im 2. Korintherbrief nimmt Gerechtigkeit bereits ein Verständnis als »Wohltätigkeit« an.[3] Zusammenfassend hat sich in der klassischen Theologie Folgendes herausgebildet:

»Die ethische Maxime der Gerechtigkeit als Suum cuique ist jede Grundhaltung, die jedem Menschen das – nur das und das bedingungslos – zukommen lassen will, was jeder Mensch aufgrund des Willens Gottes über ihn beanspruchen kann. Sofern dies nicht nur in individuell-personaler Zuwendung geschieht, sondern auch überindividueller, institutioneller Lebensformen bedarf, kann Gerechtigkeit als politische Form der Nächstenliebe verstanden werden.«[4]

Ein solcher Gerechtigkeitsbegriff, der Gerechtigkeit nicht nur in den individuellen Bereich verbannt, in dem jeder nach Gutdünken schalten und walten kann, ist gut geeignet, um mit ihm nach den aktuellen gesellschaftlichen, politischen und sozialen Bedingungen zu fragen und diese von daher zu bewerten. Dabei muss deutlich werden, dass es sich bei der Forderung nach Gerechtigkeit als einer Art politischer Form der Nächstenliebe, stets auch um ein öffentliches Geschehen handelt, das nicht im Verborgenen allein wirken kann und darf. Gerechtigkeit ist dann als »soziale Gerechtigkeit« treffend beschrieben. Und mehr noch: Es mag Formen der Gerechtigkeit geben, die aufgrund ihrer Eindeutigkeit und ihrer klaren Zuordnung als objektive Gerechtigkeit gelten mögen. Das ist etwa dann der Fall, wenn die Gerechtigkeit sich durch einen logisch erkennbaren Sachverhalt ergibt, der von jedem vernünftigen Wesen als logisch-gerecht erkannt werden kann. Das ist dann die antike Gesetzesgerechtigkeit. Es gibt aber auch den subjektiven Gerechtigkeitsbegriff. Dieser gilt dann, wenn in einem Sachverhalt sowohl über die Art und Weise von Entscheidungen als auch über deren Inhalte allgemein eine unterschiedliche Auffassung gelten kann. Ein solcher Fall liegt vor, wenn rein subjektive Faktoren handlungsleitend sind. Für die philosophisch-theologische Reflexion schwierig wird es genau dann, wenn beide Formen sich vermischen oder wenn eine Problematik sich nicht direkt der einen oder anderen Ausprägung zuordnen lässt. In ihrem Wort zur wirtschaftlichen und sozialen Lage in Deutschland haben sich die katholische und die evangelische Kirche eindeutig und umfassend zur Gerechtigkeit sowie zur unmittelbar damit verbundenen Solidarität und der Option für die Armen ausgesprochen.[5] In dem gemeinsamen Wort heißt es:

»Die christliche Nächstenliebe wendet sich vorrangig den Armen, Schwachen und Benachteiligten zu. So wird die Option für die Armen zum verpflichtenden Kriterium des Handelns. Die Erfahrung der Befreiung aus der Knechtschaft, in der sich Gottes vorrangige Option für sein armes, geknechtetes Volk bezeugt, wird in der Ethik des Volkes Israel zum verbindlichen Leitmotiv und zum zentralen Argument für die Gerechtigkeitsforderung im Umgang mit den schwächsten Gliedern der Gesellschaft. (...) Dabei zielt die biblische Option für die Armen darauf, Ausgrenzungen zu überwinden und alle am gesellschaftlichen Leben zu beteiligen. (...) Sie lenkt den Blick auf die Empfindungen der Menschen, auf Kränkungen und Demütigungen von Benachteiligten (...) auf strukturelle Ungerechtigkeit.«[6]

Hier wird schon der öffentliche Charakter der Gerechtigkeit deutlich, der sich offensichtlich anhand von Mängeln im Gemeinwesen (strukturelle Ungerechtigkeit) festmachen lässt. Die Antwort der Kirche und insbesondere der sozialen Arbeit der Kirche muss sein, dagegen anzugehen und mit dem klaren Auftrag der Option für die Armen Ungerechtigkeiten zu bekämpfen. Ungerechtigkeit entspricht nicht dem, was Gott von den Menschen will. Sie steht dem Schöpfungsauftrag diametral entgegen. Weiter unten wird die Gerechtigkeit dann auf dem Hintergrund der klassischen Soziallehre auf ihr »Aggiornamento« hin übertragen. Im Sozialwort heißt es dazu:

Hellmut Puschmann

»Gerechtigkeit ist ein Schlüsselbegriff der biblischen Überlieferung, der alles umschließt, was eine heile Existenz des Menschen ausmacht. Er steht in der Bibel in Verbindung mit Frieden, Freiheit, Erlösung, Gnade, Heil. (...) Deshalb hat der Begriff der sozialen Gerechtigkeit als übergeordnetes Leitbild Eingang in die Sozialethik der Kirchen gefunden. Er besagt: Angesichts real unterschiedlicher Ausgangsvoraussetzungen ist es ein Gebot der Gerechtigkeit, bestehende Diskriminierungen aufgrund von Ungleichheiten abzubauen und allen Gliedern der Gesellschaft gleiche Chancen und gleichwertige Lebensbedingungen zu ermöglichen. In dem Begriff der sozialen Gerechtigkeit drückt sich aus, dass soziale Ordnungen wandelbar und in die gemeinsame moralische Verantwortung der Menschen gelegt sind. (...) Es müssen also Strukturen geschaffen werden, welche dem Einzelnen die verantwortliche Teilnahme am gesellschaftlichen und wirtschaftlichen Leben erlauben.«[7]

Damit haben die Kirchen eindeutig gesagt, wo sich Gerechtigkeit im konkreten Leben festmachen muss, will sie eine Gott und den Menschen dienende sein und keine Gerechtigkeit um ihrer selbst willen. Die eingangs geschilderte Lehre von der Gerechtigkeit wird so in ein praktisch-politisches Bewusstsein transformiert, das sich an der Lebenslage des Einzelnen ausrichtet. Nur so, bei eindeutiger Benennung von Ungleichheiten oder gar demokratischen Defiziten lässt sich ausmachen, was gerecht sein kann und sollte und was eben nicht gerecht ist. Daran gilt es zu arbeiten. Hier ist die Beteiligung aller politischen und gesellschaftlichen Kräfte in gegenseitiger Vernetzung gefragt. An einem Beispiel mag deutlich werden, wo es aktuelle Gerechtigkeitsdefizite in Deutschland gibt; Defizite, die keineswegs subjektiv sind, sondern einen echten Mangel an sozialer Gerechtigkeit darstellen. Anders formuliert: Es gibt Realitäten, die danach fragen lassen, ob sie gerecht sind oder wo die Gerechtigkeit bleibt. Die Rede soll sein von der immer größer werdenden Kluft zwischen zwischen Armut und Reichtum in Deutschland.

In zwei Untersuchungen hat die Caritas gemeinsam mit dem Diakonischen Werk festgestellt, dass es in Deutschland Armut in erheblichem Umfang gibt. Und mehr noch: Die Zahl der Menschen, die arm oder von Armut bedroht sind, steigt jährlich weiter an. Hier werden Gerechtigkeitslücken offenbar, die durchaus fragen lassen, wo die Prioritätensetzung in unserer Gesellschaft beginnt. Mit Abschluss des Jahres 1996[8] gab es in Deutschland

2,5 Millionen Menschen, die Sozialhilfe bezogen. Rechnet man die so genannten verdeckten Armen dazu, also die Menschen, die ihren Anspruch auf den Bezug von Sozialleistungen entweder nicht kennen oder nicht in Anspruch nehmen, summiert sich die Zahl der Menschen, die am Rande oder sogar unterhalb des Existenzminimums leben, auf rund 5,3 Millionen Menschen. Bei einer Gesamtbevölkerungszahl von 82 Millionen Menschen, sind knapp 6,5 % aller Deutschen arm. Es ist längst kein Geheimnis mehr, dass der Anspruch des Bundessozialhilfegesetzes nach der Gewährleistung des sozio-kulturellen Existenzminimums mit der tatsächlichen Höhe der Regelsätze von rund 540 DM pro Person und Monat nicht mehr übereinstimmt. Das will heißen, dass der Bezug von Sozialhilfeleistungen – ursprünglich gedacht als letztes Auffangnetz – nicht mehr vor dem Abgleiten in die Armut schützt. Im Gegenteil: wer die laufende Hilfe zum Lebensunterhalt beziehen muss, ist arm, denn es ist ihm eigentlich kaum möglich, seinen Lebensunterhalt dauerhaft oder auch nur vorübergehend davon zu bestreiten. Verschiedene Experimente und Selbstversuche – zuletzt in der Diözese Speyer – haben gezeigt, dass Menschen, die ausschließlich vom Sozialhilfesatz leben müssen, auf Dauer nichts mehr haben und in die existentielle Bedrohung abrutschen. Während die Löhne und Gehälter jedes Jahr immerhin noch nennenswerte Zuwachsraten verzeichnen, erfährt die Sozialhilfe immer wieder lange Phasen der Deckelung. Steigerungen von 1 Mark bis 1,50 Mark monatlich sind eher die Regel als die Ausnahme. Dazu noch ein paar Zahlen zu den Einkommensverhältnissen. In Westdeutschland verzeichnen wir ein Gesamtvermögen (Geld und Immobilien) von 7,2 Billionen Mark. Die Berechnungen zeigen, dass die unteren 50 Prozent aller Haushalte davon rund 5,6 Prozent besitzen; die unteren 30 Prozent verfügen zusammen nicht einmal über ein Prozent dieses Vermögens. Hingegen besitzen die oberen 20 Prozent der Haushalte 61 Prozent des Gesamtvermögens; die oberen 10 Prozent der Haushalte können fast 41 Prozent von 7,2 Billionen Mark ihr eigen nennen. Die weitere Rechnung ist leicht. Mit 5 bis 7 Prozent Verzinsung angelegt, wirft das Vermögen, das das oberste Bevölkerungszehntel besitzt, mehr an Zinsen ab, als die unteren 40 Prozent an Vermögen auf sich vereinen.[9]

Hellmut Puschmann

Das Gerechtigkeitsempfinden stößt sich massiv daran, dass diese Einkommensspreizung nicht mehr aus einer realen Arbeitsleistung resultiert, sondern dass sich Vermögen ab einem gewissen Zeitpunkt nahezu von selbst vermehrt. Selbst diejenigen, die sich anstrengen, können es aus eigener Kraft zunehmend weniger schaffen, am wirtschaftlichen Reichtum zu partizipieren.

Die Debatte um den Missbrauch von Sozialleistungen schließt sich hier an und macht ebenfalls deutlich, dass es strukturelle Ungerechtigkeit gibt, die dringend bearbeitet werden muss. Während dem Staat jährlich rund 160 Milliarden Mark durch Steuervermeidung und Steuerflucht verloren gehen, beläuft sich die Summe zu Unrecht in Anspruch genommener Sozialleistungen auf rund 283 Millionen Mark. Wer die Berichterstattung über Steuervermeidung und Sozialhilfemissbrauch beobachtet, könnte leicht der Versuchung unterliegen, zu glauben, in Deutschland wimmele es von so genannten Sozialschmarotzern, die nur darauf aus seien, den Staat zu betrügen.

Die Gerechtigkeitslücken werden anhand dieser kleinen Beispiele leicht offenbar. Zahlreiche andere Beispiele ließen sich noch finden. Eins muss noch klargestellt werden. Wir reden in Deutschland nicht von der so genannten absoluten Armut, die es eigentlich nur in Ländern außerhalb Europas gibt. Wir müssen aber von einer »relativen Armut« sprechen, deren Begleiterscheinungen in einer Gesellschaft wie der unseren nicht minder bedrohlich ist. Es geht, neben den finanziellen Nöten, insbesondere um soziale und kulturelle Ausgrenzung, Bildungs- und Lebensungleichheiten mit Blick auf die allgemeinen Chancen von Kindern und Jugendlichen sowie auf Lebensbedingungen, die vielen Menschen nichts mehr von ihrer Würde lassen, sondern sie zu einem um die allgemeine Individualität bettelnden Wesen verkommen lassen.

Die Lehre Jesu von der Gleichheit aller Menschen vor Gott, mit der bezüglich des Zusammenlebens der Menschen die Pflicht begründet ist, allen Menschen gleiche Lebenschancen zu geben, findet hier ihren Sitz im Leben. Das Doppelgebot von der Gottes- und Nächstenliebe verpflichtet nicht nur die Christen, sondern alle Menschen guten Willens darauf, für Gerechtigkeit einzustehen und um die Würde der Menschen zu kämpfen, wenn diese verloren zu gehen droht. Dieser Forderung Jesu aus den Evangelien können und dürfen wir uns nicht entziehen. Die Caritas als »Lebensvollzug der Kirche und als verbandliches Engagement in Kirche und Gesellschaft«[10] hat hier ihren speziellen Ort und ihre ureigenste Aufgabe. Im jüngsten Papier der Kommission für caritative Fragen der Deutschen Bischofskonferenz schreiben die Bischöfe: »Zur Kultur des Helfens in unserem Land gehört aber auch der prophetische Ein- und Widerspruch der Kirche gegen jene Tendenzen, die eine wachsende Rücksichts- und Verantwortungslosigkeit gegenüber den Mitmenschen erkennen lassen.«[11] Und weiter unten: »Als eine vermittelnde Institution zwischen staatlichen und privaten Kräften der Wohlfahrtspflege einerseits und der persönlichen Hilfe von Mensch zu Mensch andererseits kommt der verbandlichen Caritas in den Anstrengungen unserer Gesellschaft zur Wahrung von Humanität und Gerechtigkeit eine eher wachsende Bedeutung zu.«[12]

Die Gerechtigkeit ist nicht (ganz) verloren. Die Aufgabe der Christen ist es aber, in der Gesellschaft wie in der Gemeinde vor Ort, in der Nachbarschaft, in der Beziehung zum Mitmenschen, dafür zu sorgen, dass Gerechtigkeit herrschen kann und dass sie nicht verloren geht. Mit jedem Stück Gerechtigkeit, das abhanden kommt, geht auch ein Stück Menschenwürde und Gottesliebe verloren. Dem gilt es entgegenzuwirken. Ansonsten könnte es leicht passieren, dass sich »die falschen Propheten« zur Rettung der Welt aufmachen und es uns geht, wie Rabbi Menachem, der feststellen musste, dass da (noch) keine Erlösung war.

1 Vgl. dazu: *Gisbert Greshake,* Erlöst in einer unerlösten Welt?, Mainz 1990, Grünewald Verlag.

2 S. Art. »Gerechtigkeit«, in: Lexikon für Theologie und Kirche, Freiburg/Basel/Wien 1995, Herder-Verlag, Bd. 4, S. 498–504.

3 Vgl. ebd. sowie die Ausführungen des Art. »Gerechtigkeit«, in: Theologische Realenzyklopädie, Berlin/New York 1993, Walter de Gruyter, Bd. 12, S. 404–448, bes. S. 404–420.

4 Art. »Gerechtigkeit«, LThK, a.a.O., S. 503.

5 Kirchenamt der Evangelischen Kirche/Sekretariat der Deutschen Bischofskonferenz (Hg.), Für ein Zukunft in Solidarität und Gerechtigkeit, Hannover/Bonn 1997, S. 44ff.

6 Ebd., S. 44f. (bes. Abschn. 105 und 107).

7 Ebd. S. 45f. (bes. Abschn. 108, 111 und 113).

8 Alle genannten Zahlen beziehen sich auf die Datenlagen der Statistischen Ämter sowie auf die Untersuchungen des Deutschen Caritasverbandes und des Diakonischen Werkes. Vgl. dazu bspw. *Richard Hauser/Werner Hübinger,* Arme unter uns, Freiburg 1993, Lambertus-Verlag und *Werner Hübinger/Udo Neumann,* Menschen im Schatten, Freiburg 1998, Lambertus-Verlag.

9 Vgl. dazu u. a.: *Thomas Broch,* Art. »…und die Armen?«, in: Deutscher Caritasverband (Hg.), Jahrbuch des Deutschen Caritasverbandes 2000, Freiburg 1999, S. 11 ff.

10 S. das gleichnamige Papier der Kommission für caritative Fragen der Deutschen Bischofskonferenz vom 23. September 1999.

11 Ebd., S. 5.

12 Ebd., S. 29.

Josef Sayer

Wonach internationale Solidarität verlangt

Den formalen Schritt ins dritte Jahrtausend haben wir getan. Ein neues Zeitalter, das wir mit der Chiffre »global« belegen, zeichnet sich jedoch bereits seit längerem ab. Die Welt scheint kleiner geworden zu sein. Grenzüberschreitende Interaktionen insbesondere in den Bereichen Ökonomie, Kommunikation, Politik und Kultur haben eine neue Dimension und Dichte erreicht. Mehr und mehr bildet der Topos vom »globalen Dorf«, zu dem die Welt geworden zu sein scheint, auch Wirklichkeit ab.

Doch zugleich stellen wir mit wachsender Besorgnis fest, wie viele Brüche und Verwerfungen dieses globale Dorf aufweist. Zwar bringen viele Erscheinungsformen der Globalisierung die Menschen einander näher und lassen sie an den Segnungen von Fortschritt und Wohlstand teilhaben. Gleichzeitig hält aber die Spaltung in Arm und Reich an, ja sie verschärft sich beständig. Die Zahl der Menschen, die mit weniger als einem Dollar pro Tag auskommen muss, ist gemäß dem letzten UN-Entwicklungsbericht gewachsen. Sie wird heute auf 1,5 Mrd. geschätzt. Inzwischen besitzt das reichste Fünftel der Weltbevölkerung, gemessen am Bruttoinlandsprodukt, 86-mal mehr als das ärmste Fünftel der Weltbevölkerung. Die Vermögenswerte der drei reichsten Menschen der Erde sind höher als das BIP der 48 ärmsten Entwicklungsländer mit rund 600 Millionen Einwohnern. Von der Armut sind Frauen, Kinder und alte Menschen vor allem betroffen. Das sind Fakten, die sperrig zu den ethischen Standards einer »humanen Weltordnung« stehen und insbesondere politisches Verhalten und Handeln hinterfragen lassen.

Lange Zeit verlief der Graben zwischen Reich und Arm vor

allem zwischen Nord und Süd. Heute verläuft er auch zwischen Ost und West. Aber auch innerhalb der Länder nimmt die soziale Ungleichheit zu. In vielen Entwicklungsländern und Transformationsländern in Mittel- und Osteuropa ist die Zahl vermögender Menschen sowie deren Reichtum angestiegen. Umgekehrt haben auch die reichen Länder verstärkt mit Armutsproblemen zu tun. Vielerorts geraten Mittelschichten plötzlich wieder in den Sog des sozialen Abstiegs. In unserem eigenen Land gelten etwa 13 % der (westdeutschen) Bevölkerung als arm. Oft sehen sich diese Menschen zunehmender Ausgrenzung ausgesetzt (wie dies die Armen im Süden bereits seit längerem erleben). Dank der sozialstaatlichen Tradition wird ihre Lage in Deutschland durch staatliche Unterstützungs- und Sicherungssysteme abgemildert. Noch trägt dieses Prinzip der Solidargemeinschaft auf nationaler Ebene, auch wenn unübersehbar ist, dass unter dem massiv verstärkten Wettbewerbsdruck im Zeitalter der Globalisierung der gesellschaftliche Konsens darüber zu bröckeln beginnt.

Die Herausforderung heute besteht nicht nur darin, den Gedanken der Solidarität – verstanden als Hilfe auf Gegenseitigkeit – in der eigenen Gesellschaft lebendig zu halten. Es gilt vielmehr, ihn auch auf internationaler Ebene mit dem Ziel fruchtbar zu machen, Armut als Massenphänomen zu überwinden – und dies gerade im Hinblick auf die künftigen Generationen, also auch jener der heute noch reichen Länder.

Dafür sprechen aus meiner Sicht nicht nur Gründe der politischen Vernunft, sondern auch meiner persönlichen Glaubensüberzeugung:

● Eine Welt, die immer enger zusammenwächst, wird extreme Ungleichheit und soziale Spaltung auf Dauer nicht verkraften. Diese stellen ernste Gefährdungspotentiale für Frieden und menschliche Sicherheit dar.

● Alle Länder und Nationen sind heute – wenn auch in unterschiedlichen Graden der Intensität – viel zu sehr miteinander verwoben, als dass es vorstellbar wäre, die Nöte gerade der fernen Nachbarn ignorieren zu können. Deren Probleme werden notgedrungen auch zu unseren Problemen. Diese haben zunehmend – nehmen wir nur das Beispiel Klimawandel – Dimensionen erreicht, die eine enge Zusammenarbeit zwingend erfordern. Diese wird jedoch nur auf der Basis eines fairen Interessenausgleichs erreichbar sein.

• Die Vorstellung, Inseln des Wohlstandes, des Glücks und der Sicherheit schaffen und weiterhin behaupten zu können, erscheint angesichts globaler Bedrohungen immer realitätsferner. So wenig es der weißen Minderheit in Südafrika gelang, das System einer Ausbeutung und Ausgrenzung der schwarzen Mehrheit aufrechtzuerhalten, so wenig wird es gelingen, das System einer »globalen Apartheid« zu perpetuieren. Es ist absehbar, dass die sozialen, politischen und wirtschaftlichen Kosten der Systemerhaltung die Vorteile und Gewinne, die die Nutznießer des Systems daraus zu ziehen vermögen, übersteigen werden. Es setzt sich daher mehr und mehr die Einsicht durch, dass die Solidarität mit den Armen in den Ländern des Südens auch in unserem ureigensten Interesse liegt.

• Der Mensch ist Gottes Ebenbild. Darin liegt seine tiefste und unveräußerliche Würde begründet. Deshalb lassen sich Christen von niemandem darin übertreffen, groß vom Menschen zu denken. Und deshalb kann Johannes Paul II. in seiner Enzyklika »Redemptor hominis« den Menschen auch als den Weg der Kirche bezeichnen; daraus erwächst zugleich das Engagement der Kirche für die Erhaltung einer menschenwürdigen Lebenswelt für alle.

• Durch Jesus Christus wissen wir, dass wir Gott unseren Vater nennen dürfen. Mit dem biblischen Ausdruck »Kinder Gottes« ist insbesondere die *Freiheit* mitgesetzt, im Unterschied zum Sklavendasein. Heute verbinden wir damit ein Nein zur Ausgrenzung der Armen und der gesellschaftlich Insignifikanten. Als Söhne und Töchter des Einen Vaters sind wir untereinander Schwestern und Brüder. Das Wissen darüber begründet unser Denken und Handeln in *weltweiter* Solidarität.

• Jesus Christus hat niemanden von seiner Liebe ausgeschlossen. Aber die Armen und Notleidenden standen ihm besonders nahe. Die vorrangige Option der Kirche für die Armen fand und findet in der Lehre und Lebenspraxis Jesu ihre Begründung und ihr Vorbild. In seiner Gerichtsrede (Mt 25,31 ff.) macht Jesus Christus den Zugang zum Reich Gottes geradezu davon abhängig, dass wir in den Armen, den Geringsten und gesellschaftlich

Insignifikanten, das Leidensantlitz Jesu Christi erkennen: »Was ihr einem der Geringsten getan habt, habt ihr mir getan.« Die gesamtlateinamerikanischen Bischofskonferenzen von Puebla (1979) und Santo Domingo (1992) erschließen aus dieser Perspektive solidarische Gesinnung, ein solidarisches Verhalten und Handeln für die Gegenwart wie auch für die Zukunft. Die Opfer der jeweiligen geschichtlichen Prozesse werden ins Blickfeld gerückt. Der »gesellschaftliche Rand« erscheint so plötzlich als Zentrum. Menschliches Sein und Handeln orientiert sich an dem Wohlergehen aller, und – so dürfen wir hinzufügen – damit an der Bewahrung der Schöpfung im Interesse der künftigen Generationen.

Wonach also verlangt Solidarität, internationale Solidarität? Ich möchte drei Bereiche nennen, die inhaltlich miteinander in Beziehung stehen:

1. Solidarität als direkte Hilfe für Bedürftige

Kirchliche Entwicklungszusammenarbeit – wie sie Misereor umsetzt – verstand sich von Anfang an als Beistand für Benachteiligte, für Hilfsbedürftige, für unterdrückte Menschen. Sie bedeutete zunächst nicht viel mehr als die Ausdehnung von Barmherzigkeit und Diensten für die Armen und Kranken als traditionellen Bestandteilen der kirchlichen Pastoral auf das internationale Feld. Den Armen sollten die Mittel gegeben werden, um zu überleben, die unmittelbaren Lebenserfordernisse sichern und Grundbedürfnisse befriedigen zu können. Die deutschen Katholiken werden seit 1958, seit der Gründung Misereors, jährlich in der Fastenaktion aufgerufen, einen Beitrag zu leisten, damit Hunger und Krankheit als die auffälligsten Formen von Armut und Not in der Welt zurückgedrängt werden.

Die Spenden flossen in Afrika, Asien, Ozeanien und Lateinamerika in Schulen und Krankenhäuser; außerschulische Ausbildung half dabei, Fähigkeiten für ein Überleben in den verschiedenen Sektoren zu entwickeln, sei es im landwirtschaftlichen, im technisch-gewerblichen Bereich oder auch beispielsweise im Gesundheitsbereich. Basisgesundheitsdienste, die vor allem auf Vorbeugung zielten und die Verantwortung der Bevölkerung für die eigene Gesundheit ansprachen, erwiesen sich als wichtige Strategien, die auch zur Steigerung der Lebenserwartung beitrugen. Sauberes Wasser verbesserte die Gesundheitssituation. Landwirtschaftliche Förderung und Beratung führte z. B. zu Ertragssteigerungen, zu Bodenverbesserungen oder Qualitätssteigerungen im standortgerechten Landbau. Wiederaufforstung fand statt, wo sich die Wüste weiter auszubreiten drohte.

Schon sehr bald hatte sich bei all diesen solidarischen Maßnahmen das Prinzip der »Hilfe zur Selbsthilfe« durchgesetzt. Es war deutlich geworden, dass Hilfe von außen nur dann dauerhaft Wirkung entfalten könnte, wenn sie vor allem darauf abzielte, den Selbsthilfewillen und die eigene Kraft der Armen zu stärken. Darin wurde der entscheidende Hebel dafür gesehen, die Objektsituation, in der sich die Armen befanden, in eine solche zu verkehren, wo sie zu Subjekten ihrer eigenen Geschichte und Entwicklung werden konnten.

Dazu bedurfte es weiterführender Projektansätze, die vor allem auf die Selbstorganisation der Benachteiligten abzielten. Durch Rechtshilfeprogramme z. B. für rechtlose Landarbeiter und Kleinbauern, Hilfen für Opfer von Menschenrechtsverletzungen, partizipative und demokratiestärkende Gemeinwesenarbeit, Einübung verantwortlicher Tätigkeiten in Genossenschaften und Selbsthilfegruppen, den Ausbau von Netzwerken, die Verfügbarmachung von Informationen und Kommunikationstechniken sowie durch Prozesse der politischen und ökonomischen Alphabetisierung sollten die politisch Machtlosen und sozial Ausgegrenzten so stark werden, dass sie ihre Interessen selbst vertreten konnten und in Politik, Wirtschaft und Gesellschaft Beachtung fanden. Viele Beispiele belegen, dass es gelungen ist, solche Einzelinitiativen in Prozesse zivilgesellschaftlicher Bewusstwerdung und Organisation zu überführen, in denen sich die Armen durch die Bildung von Gegenmacht aus ihrer Situation der Armut, Rechtlosigkeit und politischen Unmündigkeit haben befreien können.

Diesen Weg gilt es weiterzuverfolgen, auch wenn er mit vielen Hindernissen versehen ist und häufig genug Konfliktbereitschaft und -fähigkeit verlangt.

So verstandene Entwicklungszusammenarbeit setzt auch eine

stärkere Fokussierung der staatlichen Hilfe auf Armutsbekämpfung voraus. Obwohl die Armutsbekämpfung seit dem Bundestagsbeschluss von 1990 als Schwerpunkt der deutschen Entwicklungspolitik gilt, klaffen Anspruch und Wirklichkeit auseinander. Besonders hart betroffen sind der Bereich der *selbsthilfeorientierten* Armutsbekämpfung und die sozialen Grunddienste. Ihr Anteil an der bilateralen Hilfe fällt weiter zurück. Deutschland hatte maßgeblich zur Verankerung der 20/20-Initiative im Aktionsprogramm des Weltsozialgipfels 1995 beigetragen. Mit der Umsetzung jedoch hapert es.

2. Solidarität als globale Strukturpolitik

Auch wenn immer wieder einmal Zweifel an der Wirksamkeit der Projekt- und Programmhilfe geäußert werden und manche für deren Beendigung eintreten, gibt es dazu keine Alternative, solange sie den Interessen der Armen nützen, nachhaltige Entwicklungsprozesse anschieben und mit der notwendigen Sensibilität für die jeweiligen kulturellen Kontexte durchgeführt werden. Richtig ist, dass der Projektansatz der Entwicklungsarbeit eine eher begrenzte Reichweite aufweist. Beträchtliche Mittel werden aufgewendet, viele Menschen engagieren sich, und doch bleiben die Anstrengungen weit hinter den hochgesteckten Zielen und Erfordernissen zurück. Auch die Hilfe der Kirchen konnte, aufs Ganze gesehen, bisher bestenfalls die Not der Armen in den Ländern des Südens lindern helfen, was für die vielen einzelnen Menschen, die sich solidarisch im Sinne einer gerechteren Welt im Norden wie im Süden engagierten, gleichwohl subjektiv entscheidende Bedeutung gewann.

Forschungen und Erfahrungen zeigen aber auch, dass ohne die Schaffung entwicklungsfreundlicher Rahmenbedingungen und Strukturen viele Entwicklungsanstrengungen nicht die gewünschte Nachhaltigkeit erreichen und die Selbsthilfekraft der Armen im strukturellen Bereich zu wenig Auswirkungen erzielt. Deshalb hat Misereor seit mindestens fünfzehn Jahren damit begonnen, in Ergänzung der Projektarbeit durch die gezielte Ansprache von und die Einwirkung auf Entscheidungsträger in Politik und Wirtschaft auf die Gestaltung der Rahmenbedingungen

Einfluss zu nehmen, die für die Entfaltung der Projektwirkung und ihre Dauerhaftigkeit von ausschlaggebender Bedeutung sind. Obwohl sich Misereor dabei weder von parteipolitischen Interessen noch von den Interessen einzelner Wirtschaftsträger leiten lässt, sondern sich nur dem verpflichtet fühlt, was den Armen nützt, ist diese Dimension der Arbeit manchen Spendern sowie Vertretern aus der Parteipolitik und gewisser Wirtschaftskreise nicht immer leicht zu vermitteln. Diese geben oft großzügig im Sinn benevolenter Hilfe für die Armen, lehnen jedoch die Auseinandersetzungen mit den Strukturen und Bedingungen von Armut und Ungleichheit als Einmischung in die Politik oder Wirtschaft ab, insbesondere dann, wenn solche Auseinandersetzungen in den Bereich der politischen Kontroverse führen.

Hier bleibt noch viel Überzeugungsarbeit zu leisten. Dabei versteht es sich von selbst, dass Kirchen und Nichtregierungsorganisationen weder die Kompetenz, die Legitimation, noch die Möglichkeit haben, die notwendigen politischen und wirtschaftlichen Rahmenbedingungen von sich aus zu setzen oder über sie autoritativ zu entscheiden. Mehr und mehr setzen sie sich jedoch – nicht zuletzt dank ihrer internationalen Vernetzung – mit Problemen der Globalisierung, dem Fehlverhalten von Regierungen, inkohärenten Politiken oder der Korruption auseinander und entwickeln alternative Denk- und Handlungsstrategien. Dieses zu tun, gehört heute zum Selbstverständnis von Misereor und vieler anderer privater Entwicklungsorganisationen und wird sowohl von Partnern im Süden wie der internationalen Politik immer stärker eingefordert.

Auch im Selbstverständnis der staatlichen Entwicklungspolitik findet ein entsprechender Wandel statt. Verstärkt wird sie heute als *Strukturpolitik* definiert, die über die traditionelle bilaterale Entwicklungszusammenarbeit mit den Partnerländern hinausführt und auf zwei Ebenen ansetzt:

Auf der *Ebene der Entwicklungsländer* geht es um Demokratisierungsprozesse, Rechtssicherheit, Menschenrechte, wirtschaftliche Dynamik, soziale Sicherungssysteme, Chancen- und Verteilungsgerechtigkeit.

Auf der *internationalen globalen Ebene* geht es darum, den globalen ordnungspolitischen Rahmen so zu gestalten, dass eine nachhaltige Entwicklung im Sinn der Überwindung von Armut und des Schutzes der natürlichen Lebensgrundlagen möglich wird. Im Vordergrund steht vor allem die Gestaltung weltwirtschaftlicher Beziehungen, die auf einen fairen Interessenausgleich zielen und sich nicht einseitig zum Nachteil der schwächeren Marktteilnehmer auswirken bzw. ganze gesellschaftliche Sektoren jeweils zu »Ausgeschlossenen« degadiert, übergeht und unberücksichtigt lässt. Dazu zählen wir beispielsweise ein internationales Wettbewerbsrecht, das die Konzentration wirtschaftlicher Macht durch klare Regeln im Sinne eines weltweiten Gemeinwohls kanalisiert und hierfür zuverlässige Kontrollen und effektive Sanktionen reklamiert. Auch sind Sozial- und Umweltstandards zu entwickeln und durchzusetzen, die auf der einen Seite Würde und Rechte von Arbeitnehmern und -nehmerinnen überall auf der Erde und die ökologische Nachhaltigkeit sichern, die andererseits nicht zum Vorwand für neue protektionistische Handelsbarrieren genommen werden dürfen. Wie die Forderung nach einer Liberalisierung der Märkte des Südens, so darf auch umgekehrt die Forderung nach einer weiteren Öffnung der Märkte der Industrieländer für Güter aus den Entwicklungsländern nicht länger nur Bestandteil der politischen Rhetorik bleiben. Es bedarf außerdem der »Domestizierung« der internationalen Finanzmärkte, wie die Ereignisse in Asien, Russland und Lateinamerika gezeigt haben.

Internationale Solidarität verlangt weiterhin mit besonderer Dringlichkeit nach einem großzügigen Nachlass der gewaltigen Auslandsverschuldung vor allem für die ärmsten Länder. Die Beschlüsse des G7-Gipfels von Köln im Juni 1999 sowie der Jahrestagung von IWF und Weltbank in Washington im Herbst 1999 weisen in die richtige Richtung. Von besonderem Gewicht dabei ist, dass Entschuldung mit Strategien der Armutsbekämpfung unter Beteiligung der jeweiligen Zivilgesellschaften verbunden wird. In gleicher Weise sind Reformen der Strukturanpassungsprogramme von IWF und Weltbank auszurichten sowie die Debatte um ein internationales Insolvenzrecht voranzubringen, weil gerade dadurch die Armen aus ihrer Objektrolle herausgelangen können. Solche Forderungen, die mit der Erlassjahrkampagne in Nord und Süd von kirchlichen Vertretern und Vertretern von Nichtregierungsorganisationen vorgebracht wurden, zielen auf ein globales solidarisches Verhalten ab, das gerechtere strukturelle Rahmenbedingungen und ein internationales Schuldenmanagement bewirken soll, damit das Schuldenelend *nachhaltig* bekämpft wird. Die Verwirklichung dieser Beschlüsse würde eine erhebliche Verbesserung der strukturellen Rahmenbedingungen der von der Verschuldung besonders hart betroffenen Länder bedeuten. Ob es dazu kommt, wird erst die Zukunft erweisen.

3. Solidarität als struktureller Wandel im Norden

Entwicklungspolitik als globale Strukturpolitik will nicht nur den ordnungspolitischen Rahmen in Entwicklungsländern und zwischen Entwicklungs- und Industrieländern verbessern. Strukturelle Veränderungen sind auch in den Industrieländern notwendig. Besonderer Handlungsbedarf besteht hinsichtlich der mangelnden Kohärenz zwischen den verschiedenen Politikfeldern. Was können afrikanische Kleinbauern gegen die massive Konkurrenz subventionierter Agrarexporte aus den USA und Europa ausrichten? Es ist grotesk, wenn Milchpulver aus dem Norden z. B. nach Jamaika exportiert wird und die dort mühsam aufgebaute heimische Milchwirtschaft untergräbt. Oder ein anderes Beispiel: Die friedensfördernden Effekte entwicklungspolitischer Maßnahmen durch die Minderung von Konfliktpotentialen, Mediation, den Einsatz von Friedenshelfern usw. wird leicht zunichte gemacht durch die Lieferung von Kriegswaffen auch aus deutscher Produktion, die zumeist mit dem Argument des Erhalts von Arbeitsplätzen verteidigt wird. Solidarität kann sich nicht zufrieden geben mit einem solchen Argument, das Arbeitsplätze in einem relativ kleinen Sektor auf Kosten des Lebens Ungezählter im Süden verrechnen will. Mit nicht zu viel Phantasie und Kreativität ließe sich hier Abhilfe schaffen, und zwar mit relativ bescheidenen Mitteln im Vergleich zu den Folgekosten für Menschenleben, den Frieden zwischen Völkern und Stämmen sowie die Zerstörung von Infrastrukturen, die häufig genug auf der anderen Seite durch Entwicklungszusammenarbeit aufgebaut wurden. Kohärenz und Konsistenz von Politik und Wirtschaft sind gefragt, und zwar auf der Basis von internationaler Solidarität. Wo Mittel der deutschen Entwicklungshilfe gewissermaßen als Verbandskasten für Wunden und Zerstörung herhalten müssen, die geschlagen bzw. bewirkt wurden mit – zum Teil von der Politik gebilligten – Waffenlieferungen, gerät abendländische Vernunft an ihre Grenze und wird rationales Handeln ad absurdum geführt.

Außerdem verträgt es sich nicht, einerseits weit greifende programmatische Ansprüche zu formulieren und andererseits den Entwicklungshaushalt drastisch zu kürzen. Es trifft zu, dass die Gestaltung entwicklungsfreundlicher Rahmenbedinungen oft mehr mit der Realisierung eines klaren politischen Willens als mit dem Einsatz großer Geldmittel zu tun hat. Es wäre jedoch wenig hilfreich, die Qualität von Maßnahmen gegen die Quantität der Hilfe auszuspielen. Es erscheint unbestritten, dass auch bei weit gehenden strukturellen Reformen der Bedarf an Maßnahmen der unmittelbaren Armutsbekämpfung noch lange Zeit bestehen bleiben wird. Dieser Herausforderung darf sich ein so reiches Land wie Deutschland nicht verweigern. Der wachsende weltweite Einfluss aufgrund der deutschen Wirtschaftsleistungen bzw. der Außenpolitik muss m. E. gerade unter Einbezug der jüngeren deutschen Geschichte auch mit steigenden Entwicklungshaushalten korrespondieren.

Besonders nachdrücklich lenkt die ökologische Frage den Blick auf die Veränderungsnotwendigkeiten im Norden. Noch lebt die Mehrheit der Verursacher der globalen Umweltprobleme in den Industrieländern. Etwa drei Viertel der klimarelevanten Emissionen stammen von dort. Hinsichtlich des Verbrauchs von Rohstoffen und Energie wie auch hinsichtlich der Umweltbelastungen bestehen krasse Asymmetrien zwischen Nord und Süd. Die industrialisierten Länder, in denen rund ein Fünftel der Weltbevölkerung lebt, verbrauchen etwa 75 % der Weltressourcen für sich alleine. Durch Übernutzung und Überlastung der Ökosysteme gefährden sie die globalen Umweltgüter wie Klima, Ozonschicht und Ozeane und beeinträchtigen damit die Entwicklungschancen von Menschen und Ländern der Südhemisphäre.

Zudem haben die Produktions- und Konsummuster im Norden globale Konsequenzen, von denen die Menschen in den Ländern des Südens zudem heftiger betroffen sein werden und gegen die sie sich – wie die jüngsten Sturm- und Überschwemmungskatastrophen in Mittelamerika, Indien oder Venezuela zeigen – schlecht schützen und die sie ohne äußere Hilfe nicht bewältigen können.

Die reichen Länder und die Reichen in den Entwicklungsländern haben sich sowohl bei den Armen dieser Erde und bei den *künftigen Generationen* ökologisch bereits hoch verschuldet.

Welcher Spielraum für Entwicklung bleibt den am wenigsten entwickelten Ländern angesichts der gewaltigen Asymmetrie im Ressourcen- und Energieverbrauch zwischen Nord und Süd? Weil bereits heute in vielen Bereichen die Belastungsgrenzen für die Ökosysteme erreicht bzw. überschritten sind, steht mit hinreichender Klarheit fest, dass eine unbegrenzte Proliferation der Lebensstile der fortgeschrittenen Industrieländer nicht möglich ist. Sowohl unter politischen Gesichtspunkten wie unter Gerechtigkeitsaspekten ist nur folgende Schlussfolgerung denkbar: Wenn wir den Menschen in den armen Ländern und der künftigen Generationen die prinzipiell gleichen Entwicklungschancen zubilligen, die wir für uns in Anspruch nehmen, zugleich aber feststeht, dass die Produktionsmuster und Konsumniveaus der Industrieländer nur zum Preis des ökologischen Kollapses verallgemeinerbar sind, dann ist es insbesondere die Verantwortung der Industrieländer, ihre ressourcenintensive und umweltbelastende Lebens- und Wirtschaftsweise zu verändern. Diese sind so zu gestalten, dass sie den wachsenden Rohstoff- und Ressourcenbedarf der Entwicklungsländer und der künftigen Generationen berücksichtigen und die Natur schonen. Das heißt, der Umbau der Industriegesellschaften nach Gesichtspunkten der nachhaltigen Entwicklung stellt *aus Solidaritätsgründen* eine notwendige Bedingung der Armutsbekämpfung dar. Solche Veränderungen werden nicht erreichbar sein, ohne dass der Verbrauch an Natur und Ressourcen deutlich abgesenkt sowie Material und Energie effizienter genutzt werden. Erforderlich sind aber auch veränderte Lebensstile, in denen sich eine Ethik der Genügsamkeit, ein mehr Sein als Haben, ausdrückt.

Ludger Honnefelder

Grenzziehung durch Ethik
Ethik und Religion
angesichts der Herausforderung durch
Wissenschaft und Technik

»Ethik nur als Grenzziehung?« überschrieb R. Suchsland seinen
Bericht über eine Fortsetzungsdiskussion zu den Thesen Peter
Sloterdijks in dessen Vortrag »Regeln für den Menschenpark«.
Warum – so fragte man sich als Leser – das bedauernde »nur« in
der Überschrift? Kann und darf Ethik im säkularen Staat angesichts neuer durch Wissenschaft und Technik eröffneter Handlungsmöglichkeiten mehr als Grenzen angeben? Wenn *Moral* –
als eine konkrete, den Einzelnen leitende Gesamtheit von Einstellungen und Normen verstanden – in der modernen Gesellschaft nur in einer Vielheit und Verschiedenheit von *Moralen*
begegnet und ihre Reflexion in Form von *Ethik* nur einen schma-
len partiellen Konsens gemeinsamer Prinzipien aufzudecken vermag, dann kann doch Ethik für den Umgang mit neuen Hand-
lungsfeldern kaum mehr angeben als die Grenzen, die sich aus
den gemeinsam geteilten Prinzipien ergeben.

I

Gewiss ist eine solche *Ethik* in mehrfacher Hinsicht unbefriedi-
gend. Sie benennt Schranken, meist in Form von Verboten, vermittelt aber nicht das, was der Einzelne angesichts unübersicht-
licher Handlungslagen am meisten braucht, nämlich umfassende
Orientierung und konkrete Handlungsleitung. Nur so genannte
Ethiken des guten Lebens können solche Orientierung vermitteln,
nicht *Regel- und Prinzipienethiken*. Doch Ethiken des guten Lebens setzen die Anerkennung einer konkreten *Lebensform* vo-

raus, die mit einem bestimmten *Ethos* verbunden ist, dessen Kern in einer gemeinsamen Vision gelungenen menschlichen Lebens besteht. Solche Ethiken vermitteln Orientierung und Handlungsleitung weniger über definierte Normen als über internalisierte Einstellungen, sprich Tugenden. Was die moderne Gesellschaft definiert, ist aber gerade nicht die Einheit einer bestimmten Lebens- und Ethosform oder gar einer gemeinsamen Vorstellung von Glück, sondern deren Vielheit und Verschiedenheit. Ethiken des guten Lebens begegnen daher in der modernen Gesellschaft in Form von *Binnenmoralen*, die von bestimmten sozialen Formationen getragen sind, denen eine Gemeinsamkeit der Lebensform und der damit verbundenen Grundüberzeugungen eigen ist, wie besonders den Kirchen und Religionsgemeinschaften. Da der neutrale Staat sich nicht auf die Gemeinsamkeit einer konkreten Lebens- und Ethosform stützen kann und dies um der Freiheit für die Verschiedenheit und Vielheit solcher Lebens- und Ethosformen willen auch nicht darf, ist die Differenz zwischen Moral und Ethik, Staat und Religion für die jeweilige Moral und Religion ebenso wie für die Koexistenz und Kooperation der Moralen und Religionen im Staat unaufgebbar.

Warum also das bedauernde »nur« in der erwähnten Überschrift? Sicher kann es als Hinweis darauf verstanden werden, dass Ethik im beschriebenen Sinn einer Reflexion auf die den Moralen gemeinsamen Prinzipien nicht ausreicht, wenn es um *umfassende* Handlungsorientierung geht. Doch kann dies umgekehrt nur heißen, dass zu solcher *Ethik* konkrete *Moralen* in Form gelebter Entwürfe gelingenden Lebens hinzukommen müssen, nicht aber dass Ethik zugunsten *einer* oder *der* dominierenden Moral aufzugeben ist, soll der säkulare Staat nicht seine Grenzen überschreiten.

Offensichtlich kommt aber noch eine zweite Sorge hinzu, nämlich die, dass Ethik der genannten Art nicht nur die gesuchte umfassende Handlungsorientierung schuldig bleibt, sondern dass sie auch die Verbindlichkeit nicht zu gewinnen vermag, die gelebten Moralen als »vollständigen Theorien des Guten« (J. Rawls) eigen ist. Was die Menschen angesichts der neuen Handlungsmöglichkeiten besorgt macht, ist ja offensichtlich nicht nur deren hohe Ambivalenz, sondern auch die Möglichkeit, dass wir

Ludger Honnefelder

den damit verbundenen ethischen Herausforderungen nicht gewachsen sein könnten. Und dies bezieht sich nicht nur darauf, dass wir die richtigen Grenzen nicht herausfinden könnten, sondern dass die gefundenen Grenzen die nötige Verbindlichkeit nicht zu gewinnen vermögen oder sich diese Verbindlichkeit angesichts der weltweiten Pluralität und Verschiedenheit der Moralen nicht durchsetzen lässt.

II

Nicht selten lautet das Urteil daher, dass moralische Verbindlichkeit letztlich nur durch Rekurs auf eine transzendente Autorität begründet werden kann und deshalb mehr oder weniger der Auflösung anheimfällt, wo sich der Glaube an einen unsere Erfahrungswelt übersteigenden Sinn in Form der Religion aufzulösen beginnt. »Wenn man im Menschen den Glauben an die Unsterblichkeit vernichtete«, so Iwan Karamasoffs These in Dostojewskijs *Die Brüder Karamasoff*, »gäbe es nichts Unsittliches mehr; alles wäre erlaubt.« »Ohne den Glauben an eine letzte Autorität«, heißt es beim späten M. Horkheimer, »werden alle moralischen Vorstellungen zu bloßen persönlichen Neigungen... Falls wir die Existenz eines Absoluten nicht voraussetzen dürfen, hat die Moral keine logische Basis« (Notizen, Frankfurt 1974, 34).

Doch kann ein einfacher Rekurs auf eine transzendente Autorität nicht die Lösung des modernen Dilemmas der Ethik sein. Eine ausschließlich religiöse Begründung der Moral und ihrer Verbindlichkeit verbietet sich sowohl durch den Anspruch der Religion wie durch den der Moral. So kann der christliche Glaube die Universalität Gottes nur wahren, wenn er daran festhält, dass *jeder* Mensch die Chance sittlicher Existenz hat, auch der Nichtglaubende. Denn es ist das jedermann eigene Vermögen des Gewissens, das den Menschen zwischen gut und böse unterscheiden lässt und ihm das jeweils erkannte Gute als verpflichtend auferlegt. Religiöser Glaube schafft dieses Vermögen nicht, sondern setzt es voraus, soll er ein »vernünftiger Gehorsam«, d.h. ein vom Menschen frei gewollter und verantworteter Akt sein. Auch von Seiten der Moral und Ethik muss an einer aus sich selbst heraus bestehenden Verpflichtungskraft des erkannten Guten festgehalten werden, sofern sittliches Handeln nicht als blinder Gehorsam, sondern als Resultat einer Bindung aus Einsicht zu verstehen ist.

Freilich treten die sittliche Einsicht und die ihr eigene Verpflichtungskraft in einen umfassenderen Zusammenhang, wenn das in ihnen erkannte sittliche Gute im Horizont des Glaubens als Wille Gottes erscheint. Glaube schafft nicht erst Moral, aber er lässt die tradierte Moral in einen neuen, zugleich kritischen wie produktiven Kontext treten. Er gibt dem Verpflichtungsanspruch ein eigenes, religiöses Gewicht und zielt auf eine Moral ab, die – als Antwort auf die Zusage Gottes – ein Ethos der »größeren Gerechtigkeit« sein will. Nicht zuletzt zeigt sich die Bedeutung der Religion für die Moral an den Grenzen, auf die Moral angesichts der Erfahrung von Schuld und Versagen stößt. Nicht umsonst verbindet Kant deshalb die Moral- mit der Religionsphilosophie. Es ist die Einfügung in ein »Epos der Hoffnung« (P. Ricœur), wie es im Glauben begegnet, die am Projekt der Ethik auch angesichts seines Scheiterns festhalten lässt.

Die moralischen Überzeugungen, die in der Reflexion der Ethik als das Gemeinsame der verschiedenen Moralen erscheinen und in Rechtsnormen wie Menschen- und Grundrechten ihren Niederschlag finden, mögen sich inhaltlich der Herkunft aus griechischer Philosophie, jüdischem und christlichem Glauben verdanken, ihre Überzeugungs- und Verpflichtungskraft hat ihren eigenen Ursprung. Es ist der Lernprozess von Neuzeit und Moderne, durch die sie ihr Gewicht diesseits der jeweiligen historischen Kontexte und der verschiedenen Religionen und Kulturen gewonnen haben, und dieser Prozess hat – wie an Menschenrechts- und Verfassungsgeschichte ablesbar – als seinen konstitutiven Kern religions- und kulturinvariante Leid- und Unrechtserfahrungen.

III

Hält man sich diesen Zusammenhang vor Augen, werden sowohl die spezifischen Aufgaben als auch die Notwendigkeit der Kooperation sichtbar, die sich für den modernen Staat und die Religionsgemeinschaften aus der moralischen Herausforderung durch die moderne Wissenschaft und deren technische Umsetzung ergeben. Wenn der säkulare Staat sich als Rechtsstaat begreift, muss er im Umgang mit den neuen Handlungsmöglichkeiten den partiellen ethischen Konsens zur Geltung bringen, der sich in Form des Grundrechtsteils der Verfassung auch in Rechtsnormen niederschlägt und durch den das sittliche Fundament des Staates gewahrt wird. Dazu reichen Auslegung und Anwendung der formulierten Grundnormen nicht aus. Gerade die durch Wissenschaft eröffneten Handlungsmöglichkeiten wie die der Biotechnologie und Medizin machen konkrete Normen notwendig, die sich nicht durch einfache Subsumtion unter allgemeinere Normen oder deren Applikation gewinnen lassen, sondern nur durch einen Norm*entwurf*, in dem die Humanität, die den Grundnormen zugrunde liegt, einen neuen Ausdruck findet.

Für eine solche Fortschreibung ist aber die Mitwirkung der gesellschaftlichen Gruppen erforderlich, die sich gehaltvollen Ethosformen verpflichtet wissen und zu denen in erster Linie die Religionsgemeinschaften gehören. Die »vollständigen Theorien des Guten« (J. Rawls) sind aber nicht nur zur Bewahrung der gemeinsamen, ethisch fundierten Rechtsnormen erforderlich. Ohne die aus ihnen erwachsenden Vorschläge zur Bestimmung des zu findenden Guten fehlt dem gesellschaftlichen Streit um die Fortschreibung des gemeinsam festzuhaltenden Guten die produktive Heuristik.

Religion ist im Streit um das erfolgreiche Bestehen der beschriebenen Herausforderung also alles andere als eine Privatsache, die für die dem säkularen Staat eigene ethische Verantwortung ohne Bedeutung wäre. Umgekehrt muss der Religion an der Wahrung dessen gelegen sein, was im säkularen Staat allgemeine Anerkennung findet, und zwar auch dann, wenn dieses Gemeinsame hinter der im Horizont des Glaubens als verpflichtend erfahrenen Gestalt des Guten zurückbleibt. Denn wenn die oben beschriebene Selbstdeutung des christlichen Glaubens für den Zusammenhang von Religion und Ethik charakteristisch ist, gäbe Religion, die sich in ihrer Verantwortung auf die eigene, dem Glauben entsprechende, gelebte Moral beschränkt und die Sorge um die sittliche Grundlage der Rechtsnormen, die dem säkularen Staat zugrunde liegen, allein den Institutionen des Staates überlässt, den ihr eigenen universalen Anspruch auf.

IV

Ohne Zweifel gehört zu den Differenzierungen, die im Vollzug von Neuzeit und Aufklärung die moderne Gesellschaft konstituieren, die Unterscheidung von Staat und Religion, von Recht und Moral. Freilich machen gerade die Folgen des für das Projekt der Moderne charakteristischen Differenzierungsprozesses deutlich, dass die genannte Unterscheidung nicht als beziehungslose Trennung verstanden werden darf. Denn wenn die moderne Gesellschaft ihre Effizienz der Tatsache verdankt, dass sie sich in Subsysteme wie Wissenschaft, Wirtschaft, Recht, Religion, Kunst usw. differenziert, die teilautonom nur ihrem eigenen Code, d. h. ihrer eigenen Regelstruktur, folgen, dann droht Moral als eine allgemein geteilte und anerkannte Regelstruktur – wie das »verlorene Paradies« (paradise lost) der Religion – zu einem, wie N. Luhmann im Anschluss an J. Milton meint, »verlorenen Paradigma« (paradigm lost) zu werden. Ist aber Moral der Code, über den eine Gesellschaft kooperiert und ihre Einheit herstellt, dann scheint der modernen Gesellschaft mit der Moral gerade das Instrument verloren zu gehen, über das sie die teilautonomen Funktionssysteme so reintegriert, dass fatale Folgen vermieden werden.

Versteht man unter *Moral* das jeweils gelebte Gesamtmuster von moralischen Normen und Einstellungen, das sich in der modernen Gesellschaft nach Gruppen differenziert und eher – ihrer Tendenz nach – abgrenzt als integriert, dann wäre der Versuch der Integration der Subsysteme über die Wiederbelebung einer bestimmten Moral, wie Luhmann zu Recht anmerkt, ein untauglicher, weil hinter die Moderne zurückgehender Versuch. Nichts

Ludger Honnefelder

aber macht die Notwendigkeit der Rückvernetzung der Funktionskreise so deutlich wie die Folgen der technischen Anwendung der modernen Wissenschaft. Der Ausweg kann angesichts dieser Lage nur darin bestehen, sich auf die differenten Moralen in Form von *Ethik* zu beziehen. Unter Ethik ist dabei der Versuch zu verstehen, an jenem reflexiven Moment anzuknüpfen, das den Moralen entwickelter Gesellschaften eigen ist und das es erlaubt, zwischen den moralischen Prinzipien und Grundüberzeugungen, die der Moral zugrunde liegen und die sie mit anderen Moralen teilt, und deren konkreter Ausgestaltung in der jeweiligen Moral zu unterscheiden und die aktuelle Normsituation im Licht dieser Prinzipien zu prüfen.

Dies macht erforderlich, dass die zur Integration der differenzierten Funktionskreise notwendige Ethik sich auf die im Modus der Vielheit und Verschiedenheit auftretende Moral bezieht und umgekehrt die Moral sich der Reflexion im Modus der Ethik öffnet. Da Religion maßgeblicher Träger von Moral ist, liefe die These von der Religion als Privatsache auf ein kommunikationsloses bzw. auf Abgrenzung abzielendes Nebeneinander der Moralen hinaus, in der die entscheidende moralische Herausforderung der Moderne verfehlt würde. Es ist die Moderne selbst, die in Gestalt der Ethik eine neue Bezugnahme des säkularen Staates auf Religion und Moral ebenso wie eine Bezugnahme der verschiedenen Religionen und Moralen auf die ihnen und dem säkularen Staat gemeinsame Aufgabe notwendig macht.

Nichts macht diese Notwendigkeit so deutlich wie das durch die moderne Wissenschaft eröffnete neue Spektrum der Erkenntnis- und Handlungsmöglichkeiten. Man denke nur an die durch Reproduktions- und Intensivmedizin aufgeworfenen Fragen, wann das Leben beginnt oder wann es endet, welche Bedeutung wir sexueller Zeugung und Elternschaft zumessen und wie wir die Generationenfolge einschätzen. Zu nennen wären aber auch die durch die Genetik und Gentechnologie eröffneten Handlungsfelder in Form der Gendiagnostik und der Gentherapie am Menschen und der gentechnischen Eingriffe im Bereich von Pflanzen- und Tierzüchtung und die damit verbundenen Fragen, wie die nach der Bedeutung genetisch bedingter Krankheit und Behinderung und nach den Grenzen des Eingriffs in die uns umgebende Natur. Nicht zuletzt ist auf die ethischen Probleme zu verweisen, die mit der Verteilung im Gesundheitswesen angesichts steigender Ressourcenknappheit verbunden sind und in denen beispielsweise das gerechte Maß gesundheitlicher Versorgung bestimmt werden muss. Stets geht es in der Auseinandersetzung mit diesen und ähnlichen Problemen über die konkrete Regelungsnotwendigkeit hinaus um die die Frage, in welcher Weise wir dem Anspruch der Humanität gerecht werden wollen, auf die sich der Staat und alle Gruppen des Gemeinwesens beziehen.

Ludger Honnefelder

Daniel Deckers

Freiheit der Kirche
Vom Verschwinden einer Kulturmacht

Nicht einmal fünf Wochen waren vergangen, seitdem der Deutsche Bundestag im August 1995 nach jahrelangen Auseinandersetzungen über das Warum und Wie der strafrechtlichen Sanktionierung des Schwangerschaftsabbruchs endgültig entschieden hatte: – Während der ersten zwölf Wochen rechtswidrig, aber straffrei nach einer auf den Schutz des ungeborenen Lebens ausgerichteten, ergebnisoffenen Beratung, so lautete der Kompromiss, der im Parlament eine fraktionsübergreifende Mehrheit gefunden hatte. Eine erste gesetzliche Neuregelung, die im Zuge der Vereinheitlichung des Rechtes der alten Bundesrepublik (weitgefasste Indikationenregelung) und der ehemaligen DDR (reine Fristenregelung) notwendig geworden war, hatte das Bundesverfassungsgericht 1993 verworfen. Nun konnten sich die Befürworter des Gesetzes zugute halten, ein Abtreibungsrecht beschlossen zu haben, das im Grundsatz in der Welt seinesgleichen suchte: so paradox die Botschaft, so verheißungsvoll das Ansinnen, das ungeborene Leben nicht gegen, sondern mit der Mutter zu schützen. –

Da traf ein Brief ein: »Die kirchliche Beratung muss auf jeden Fall so erfolgen, dass die Kirche nicht mitschuldig wird an der Tötung unschuldiger Kinder. In vielen Bereichen ist die Zusammenarbeit mit dem Staat von großem Belang; die Freiheit der Kirche darf aber dabei nicht beeinträchtigt werden«, schrieb Papst Johannes Paul II. im September. Der Anfang vom Ende der Beteiligung der katholischen Kirche an der Schwangerenkonfliktberatung in Verantwortung der deutschen Bischöfe war gemacht – wenn es auch noch mehr als vier quälend lange Jahre

213

dauern sollte, bis die Bischöfe sich im November 1999 dem Willen des Papstes beugten und die Ausstellung von Beratungsbescheinigungen bis zum Ende des Jahres 2000 befristeten. Vier Jahre, in denen das gleichfalls in der Welt einmalige partnerschaftliche Verhältnis von Staat und Kirche in Deutschland weiteren Belastungen ausgesetzt wurde. Auch davon handelt die folgende Skizze, in der der Konflikt über die Beteiligung der katholischen Kirche an der gesetzlichen Schwangerenkonfliktberatung aus der Perspektive des Vatikans, der Deutschen Bischofskonferenz und von Politik und Gesellschaft nachgezeichnet wird. Ob über das Ende der Schwangerenkonfliktberatung in Verantwortung der Bischöfe auch der Anfang vom Ende der Kooperation von Staat und Kirche gekommen ist?

I. Papst und Kurie

Die Haltung des Vatikans gegenüber den modernen – demokratischen wie totalitären – Staaten lässt sich mit einer einfachen Formel beschreiben: Die Leitung der Weltkirche ist immer und überall bestrebt, bestmögliche Lebens- und Entfaltungsbedingungen der Gläubigen und der sie umfassenden Institutionen herzustellen. In der Regel findet dieses Interesse seinen Ausdruck in Konkordaten und Staatsverträgen, in freiheitlichen Staaten wie Deutschland auch in freiwilliger, nicht durch Vertrag oder Gesetz geregelter Kooperation zwischen Staat und Kirche. Was aber hat es mit der päpstlichen Einschätzung auf sich, die deutsche Kirche lasse sich ohne Not auf ein Gesetz ein, das der Botschaft und der Freiheit der Kirche abträglich sei?

Die Energie, mit der vor allem der Präfekt der vatikanischen Kongregation für die Glaubenslehre, der deutsche Kurienkardinal Ratzinger, gegen die Fortführung der gesetzlichen Schwangerenkonfliktberatung opponiert hat, liefert nicht nur aus der Analyse eines Gesetzes, das auch im Urteil der Deutschen Bischofskonferenz eine »völlig unbefriedigende Rechtslage« darstellt (Hirtenwort »Menschenwürde und Menschenrechte von Anfang an. Zur ethischen Beurteilung der Abtreibung« 26. September 1996). Im Unterschied zu Kardinalstaatssekretär Sodano, der lange Zeit aus kirchenpolitischen Motiven versucht hat, den Konflikt zwischen der großen Mehrheit der Deutschen Bischofskonferenz und Ratzinger nicht zum Äußersten kommen zu lassen, agierte der deutsche Kardinal in dem Bewusstsein, authentischer Interpret des Willens des Papstes zu sein. Das Verhältnis von Johannes Paul II. zu Deutschland ist jedoch höchst ambivalent. Einerseits stützt sich das Kirchenoberhaupt in Gestalt von Kurienkardinal Ratzinger und inzwischen auch des deutschen Bischofs Walter Kasper als Sekretär des Päpstlichen Rates für die Einheit der Christen auf namhafte Theologen deutscher Herkunft, andererseits ist dem polnischen Papst, der aus einem Volk mit Langzeitgedächtnis stammt und nahe Auschwitz aufgewachsen ist, neben Russland kein Staatswesen so suspekt wie das deutsche.

Erschwerend kommt hinzu, dass dieser Staat Beziehungen mit der katholischen Kirche nach einem Muster unterhält, das sich aus der preußisch-protestantischen Tradition der staatlichen Kirchenhoheit und dem evangelischen Landeskirchentum entwickelt hat. Mag der Staat – so die deutsche Sicht – die Kirche in weiser Selbstbeschränkung in den Dienst an der Gesellschaft nehmen, so lebt in dem jahrhundertelangen Gedächtnis der päpstlichen Diplomatie eine andere Vorstellung fort: Die überragende Bedeutung der Kirche für die freie Wohlfahrtspflege, das Besteuerungsrecht, die Dienstherrenfähigkeit und theologische Fakultäten an staatlichen Hochschulen lassen die Kirche womöglich als Veranstaltung eher zum Heil des Staates und weniger zur Ehre Gottes erscheinen. Was also – wiederum aus deutscher Sicht – als weltweit einmaliger Glücksfall einer freiheitlichen Kooperation von Staat und Kirche erscheint, erscheint aus römischer Perspektive eher als Sonderfall, in dem typisch deutsche »gravamina« mit Resten eines Eigenkirchenwesens oder gar erneuerten Bestrebungen hin zu einer stärker national denn universal geprägten Kirche eine unheilvolle Melange eingehen.

Diese Kirche also gilt es in die Schranken zu weisen. Denn nicht noch einmal soll sich der Episkopat unterstehen, einem Papst auf Dauer die Stirn zu bieten: Die »Königsteiner Erklärung« aus dem Jahr 1968, in dem die deutschen Bischöfe die Eheleute in Fragen der Empfängnisverhütung in aller Vorsicht auf ihr Gewissen verwiesen und damit zentrale Aussagen der Enzyklika »Humanae Vitae« relativierten, ist auch nach mehr als dreißig Jahren ein Stachel im Fleisch des Vatikan. Und warum sollte Rom die Chance nicht nutzen, die sich aus der neuen Unübersichtlichkeit in Deutschland nach der Wiedervereinigung ergab? Hatten sich Papst Paul VI. und sein späterer Kardinalstaatssekretär Casaroli nicht schon in den siebziger und achtziger Jahren souverän über das Ansinnen der westdeutschen Bischöfe hinweggesetzt und die deutsche Teilung durch die Errichtung von Diözesen und die Entsendung eines Nuntius nach Ost-Berlin besiegeln wollen? Wie man heute weiß, hat nur der Tod Pauls VI. im August 1978 verhindert, dass es zum Äußersten kam. Die kirchlichen Dokumente lagen unterschriftsreif in der Schublade. Und hatte Johannes Paul II. nicht 1988 am Rand der Verletzung des Konkordats agiert, als er den Berliner Kardinal Meisner gegen den hinhaltenden Widerstand der Kölner Kirche als Nachfolger von Kardinal Höffner installierte? Warum also in der Frage der Schwangerenkonfliktberatung nachgeben, wenn der Kern der rechtlichen Beziehungen zwischen Staat und Kirche nicht berührt wird?

Wo der Wille entscheidend war, spielten Argumente für den Verbleib der deutschen Kirche im gesetzlichen Beratungssystem keine Rolle mehr. Die deutschen Bischöfe konnten zwar erreichen, dass der Status der in Rede stehenden Frage so weit geklärt wurde, dass Papst Johannes Paul in seinem Brief von Januar 1998 nur von einer »pastorale(n) Frage mit offenkundigen lehrmäßigen Implikationen« sprach. Doch die Glaubenskongregation erfand die theologisch-ethische Argumentationsfigur der »institutionellen Mitwirkung am Bösen«, um das Handeln der deutschen Kirche zu inkriminieren. Und die vermeintliche Herabstufung des Konflikts auf die Ebene der »seelsorglichen Frage« erwies sich am Ende als Danaergeschenk. Seine entscheidende Weisung an die deutschen Bischöfe, keine Bescheinigungen mehr auszustellen, rechtfertigte der Papst nicht mit seinem Primat als oberster Lehrer, sondern mit seiner Vollmacht als oberster Hirte der Kirche. Dieser Jurisdiktionsprimat ist an nichts gebunden: weder an die Glaubensüberzeugung des Volkes Gottes (das Kirchenrecht kennt den Begriff sensus fidelium nicht), noch an

Daniel Deckers

einen Konsens in der Leitung der Kirche. Der Papst kann, es ist so einfach, wie es klingt, befehlen, was er will.

Als im Frühjahr 1999 Kardinalstaatssekretär Sodano nicht mehr länger bereit war, Kardinal Ratzinger aus kirchenpolitischen Erwägungen in Schach zu halten, war für den Präfekten der Glaubenskongregation der Weg frei. »Eindringliche Bitte« hin, »Schein anderer Art« her: »... eine so verdienstvolle Tätigkeit zugunsten des Lebens fortführen und verstärken, ohne jedoch die Bestätigung auszustellen, die die katholischen Beratungsstellen in eine System mithineinzieht, welches die Abtreibung zulässt«, lautete die Weisung aus Rom. Causa finita, 20. November 1999.

II. Die deutschen Bischöfe

Es gibt wohl kein Thema, mit dem sich die Deutsche Bischofskonferenz in den vergangenen drei Jahrzehnten häufiger und ausführlicher beschäftigt hat als mit dem Schutz des ungeborenen Lebens. Indes hat die Kirche zu der politischen und gesellschaftlichen Debatte mehr beigetragen als wohlfeile Moral: In den siebziger Jahren ging der Kampf gegen die Fristenregelung einher mit einem erheblichen finanziellen Engagement für den Aufbau von Beratungsstellen für schwangere Frauen und weiterführende Hilfen, die Wiedervereinigung machte nicht nur eine Vereinheitlichung der Rechtslage erforderlich, sondern führte auch zur Einrichtung von Beratungsstellen in den neuen Ländern.

Die endgültige Neuregelung des Abtreibungsrechts indes verfestigte die Zweifel der Bischöfe an der Aufrichtigkeit des staatlichen Bemühens zum Schutz des ungeborenen Lebens und führte doch dazu, dass die Kirche sich nicht aus der gesetzlichen Beratung zurückzog. Die Folge: Zwar kam in den vergangenen Jahren auf vier Frauen, die sich in katholischen Schwangerenberatungsstellen einfanden, nur eine, die eine Konfliktberatung wünschte – wer nur auf den »Schein« aus war und ist, wendet sich aus Gründen der Zeitersparnis direkt an andere Einrichtungen, denen das »ergebnisoffen« wichtiger ist als die »Zielgerichtetheit«

der Beratung. Aber von den annähernd 20.000 Frauen, die im Jahr 1997 eine der 270 katholischen Beratungseinrichtungen zu einer Konfliktberatung aufsuchten, entschieden sich nachweislich annähernd 5000 für das Kind. Bei nur acht Prozent der Frauen stand fest, dass sie sich nach der Beratung für eine Abtreibung entscheiden, in der Mehrzahl der Fälle blieb der Beratungseinrichtung der Ausgang der Schwangerschaft unbekannt.

Erkenntnisse wie diese über die »Wirksamkeit« der katholischen Beratung standen im Mittelpunkt der Beratungen der Deutschen Bischofskonferenz im Herbst 1995, als man sich entschied, nicht den Weg von Erzbischof Dyba zu gehen, der schon 1993 für das Bistum Fulda die Ausstellung von Beratungsbescheinigungen untersagt hatte. Die Bischöfe bewahrten ihre Einheit und wollten »retten, was zu retten ist«. Die Gefahr, dass der Verbleib der Kirche in der gesetzlichen Beratung dazu dienen könne, das unzureichende Engagement des Staates zu kaschieren oder gar die Klarheit des Zeugnisses der Kirche für den unbedingten Schutz des ungeborenen Lebens zu beeinträchtigen, hielten sie für gering. Für geringer jedenfalls als die Gefahr, durch unterlassene Hilfeleistung mitschuldig zu werden am Tod unschuldiger Kinder.

Doch seit Herbst 1995 drangen die Bischöfe nicht mehr allein auf eine Korrektur der neuen Gesetzeslage, die eine »Verschlechterung des Lebensschutzes« mit sich gebracht hatte, und riefen die vom Bundesverfassungsgericht festgestellte Beobachtungs- und Nachbesserungspflicht zu Hilfe. Nun mussten sie sich auch der Entschlossenheit der Glaubenskongregation unter Kardinal Ratzinger erwehren, der als Interpret des Willens des Papstes die deutsche Kirche auf den Pfad der Tugend zurückführen wollte. Eine Kommission der Bischofskonferenz verhandelte mehrfach in Rom, dann, im Frühjahr 1997, trugen alle Diözesanbischöfe dem Papst persönlich und »fast einmütig« ihre Beweggründe zugunsten eines Verbleibs in der Konfliktberatung vor. 1998, nach dem zweiten Papstbrief, suchte eine Arbeitsgruppe ein Jahr lang nach einem Schein »anderer Art«. 1999 verwarf der Papst endgültig jede Art der Scheinausstellung. Die Bischöfe beugten sich seinem Willen, die Mehrzahl von ihnen gegen ihre Überzeugung. Dabei hatte der Bischof von Münster, Reinhold Lettmann, dem

Papst im Oktober, wenige Wochen vor dem letzten entscheidenden Besuch der Diözesanbischöfe, persönlich geschrieben, man könne bei »gleicher Gewissenhaftigkeit, Gläubigkeit und Kirchlichkeit« unterschiedliche Wege in der Schwangerenberatung gehen. Gleichen Sinnes war ein Brief formuliert, den zwölf Bischöfe gemeinsam an den Papst schickten, um ihn davon zu überzeugen, dass in ihren Diözesen Schaden drohe, falls sie sich seiner Entscheidung beugen müssten.

Viel Lärm um nichts? Am Ende waren es nur noch der Limburger Bischof Franz Kamphaus, der Trierer Bischof Hermann-Josef Spital und der Bischof von Magdeburg, Leo Nowak, die unter Berufung auf ihre Gewissensentscheidung dem Papst widerstanden. Sollte sich im Laufe des Jahres 2000 keine »glaubwürdige Alternative« zu der Ausstellung von Beratungsbescheinigungen ergeben, hielten sie an der bisherigen Praxis fest, heißt es im Protokoll der Sitzung der 27 Diözesanbischöfe von Ende November 1999. Nowak revidierte schon wenige Tage später seine Entscheidung und reihte sich in die Linie derer ein, die der päpstlichen Weisung Folge leisten wollten. Bischof Spital wiederum vollendet am 31. Dezember 2000 sein 75. Lebensjahr und muss dem Papst zu diesem Termin seinen Rücktritt anbieten. So hat einzig Bischof Kamphaus noch die Wahl zwischen Rücktritt und einem offenen Konflikt mit dem Papst.

Der Vorsitzende der Deutschen Bischofskonferenz, der Mainzer Bischof Lehmann, zählte nicht zu dem Kreis der Zwölf, die ihre Position nicht kampflos preisgeben wollten. Er hatte seinen Kampf, den er mit dem Mut der Verzweifelung geführt hatte, schon vorher verloren und wollte als Vorsitzender nicht einer bestimmten Gruppe innerhalb der Konferenz zugerechnet werden. Lehmanns Schriftwechsel mit dem Vatikan füllt inzwischen Ordner auf einer Länge von mehreren Regalmetern. Umso verbitterter wurde er zusammen mit der Mehrheit der deutschen Bischöfe, dass sich in den Gesprächen und Briefwechseln immer deutlicher herausstellte, dass der Glaubenskongregation nicht daran gelegen war, in eine sachliche Auseinandersetzung über Sinn und Zweck des »Paradigmenwechsels« von der reinen Strafbewehrung der Abtreibung hin zu einem inhaltlich gefüllten Beratungskonzept einzutreten. Gegen die römische Konstruktion

»katholische Beratung – katholischer Schein – katholische Abtreibung« war mit Ja-Aber und Statistiken des Deutschen Caritasverbandes nicht anzukommen. Die Schein-Debatte zwischen den deutschen Bischöfen und Rom wurde je länger desto mehr zu einer Scheindebatte.

Indes hatten die deutschen Bischöfe daraus nicht rechtzeitig die einzig erfolgversprechende Konsequenz gezogen: Intern versicherten sie sich ihrer Auffassung, die Glaubenskongregation sei nicht befugt, diesen Standpunkt auch offiziell einzunehmen und ihn mit theologischen und kirchenrechtlichen Argumenten zu begründen. Als man sich im Frühjahr 1997 ob der Aussichtslosigkeit der Gespräche mit der Glaubenskongregation an den Papst wandte, war dieser Ausweg für alle Zukunft verschlossen. Den Papst zu Hilfe zu rufen und ihm im gleichen Atemzug zu verstehen zu geben, er oder sein engster Berater in Fragen des Glaubens und der Sitte seien nicht zuständig? Das ist selbst in der an Paradoxa nicht armen katholischen Kirche ausgeschlossen.

So wahrten die deutschen Bischöfe mit Ausnahme von Kamphaus und Spital ihre vielbeschworene Einheit – wenn auch nur in zwei von drei Dimensionen: Sie stellten die Einheit mit dem Papst wieder her, indem die Mehrzahl ihre wohlbegründete Überzeugung von der objektiven Falschheit der päpstlichen Entscheidung der Gehorsamspflicht unterordnete, und sie wahrten die Einheit der Bischofskonferenz, indem sie ankündigten, es Erzbischof Dyba nachzutun und spätestens vom Ende des Jahres 2000 an keine Beratungsbescheinigungen mehr auszustellen. Die dritte Dimension der Einheit indes, die mit den Gläubigen, war verspielt – bis dahin, dass in einzelnen Diözesen gegenüber Laien, die für die Konfliktberatung eintraten, mit der gleichen Konsequenz vorgegangen wurde, wie sie die Bischöfe in Rom erfahren hatten. Als der Sozialdienst katholischer Frauen (SkF) sich im Erzbistum Paderborn anschickte, trotz des Verbots von Erzbischof Degenhardt die Beratung über den 31. Dezember 1999 hinaus fortzusetzen, standen Drohungen im Raum, die von finanziellen Sanktionen bis hin zum Verlust des Arbeitsplatzes für Beraterinnen reichten, die die neuen bischöflichen Richtlinien nicht persönlich unterschrieben.

III. Politik und Gesellschaft

Politiker und mit ihnen ein großer Teil der Öffentlichkeit in Deutschland verfolgten den Konflikt innerhalb der Kirche über die Beteiligung an der gesetzlichen Konfliktberatung über Jahre hinweg mit einer Anteilnahme, die ebenso wie die Auseinandersetzung zwischen dem deutschen Episkopat und dem Vatikan selbst ihresgleichen sucht. Doch wäre der Anteil der drei staatlichen Gewalten Exekutive, Legislative und Judikative nur unzureichend beschrieben, sähe man sie nur in der Rolle des unbeteiligten Zuschauers.

Zwar können nur Mutmaßungen darüber angestellt werden, ob die Bereitschaft der Kirche, sich in der gesetzlichen Beratung zu engagieren, die Bedingung für die Mehrzahl der Unionsabgeordneten war, im August 1995 dem Schwangeren- und Familienhilfe-Änderungsgesetz überhaupt zuzustimmen. Sicher ist indes, dass der neuerliche Kompromiss das Maximum an strafrechtlichem Lebensschutz zum Ausdruck brachte, zu dem die Mehrheit des Deutschen Bundestages im Jahr 1995 bereit war. Ein »Mehr« – wie immer es sich darstellen sollte – ist spätestens seit dem Regierungswechsel im Herbst 1998 in das Reich politischer Wunschträume entrückt: Die Bundesregierung, allen voran Bundesjustizministerin Däubler-Gmelin, und die sie tragenden Fraktionen finden sich nicht einmal bereit, das Abtreibungsrecht in dem Punkt zu ändern, der über die Grenzen Deutschlands hinaus einen Skandal darstellt: In wohl keinem Land der Europäischen Union ist es nämlich erlaubt, Föten wegen einer mutmaßlichen »Unzumutbarkeit« einer Behinderung für die Mutter bis kurz vor dem Geburtstermin zu ermorden. Um Einzelfälle handelt es sich dabei nicht. Der Vorsitzende des Marburger Bundes, Montgomery, schätzt die Zahl der »Spätabtreibungen« nach der 22. Schwangerschaftswoche auf etwa 800 im Jahr.

Wenn aber nicht einmal die Abtreibungen, bei denen Kinder in vielen Fällen lebend zur Welt kommen, den Gesetzgeber zum Handeln veranlassen, um wie viel weniger konnte die katholische Kirche sich nach 1995 Hoffnung machen, der Deutsche Bundestag werde das Gesetz so ändern, dass der Vatikan einer weiteren Beteiligung an der gesetzlichen Konfliktberatung nicht mehr im Wege stünde, weil keine »katholischen Scheine« mehr ausgestellt werden müssten? Vielmehr gilt: Die Grünen waren und sind für eine ersatzlose Streichung des Paragraphen 218 StGB, ein nicht geringer Teil der SPD ebenso, während auf der anderen Seite des Parlaments eine erhebliche Zahl von Abgeordneten der Union nach wie vor die Beratungsregelung als kaschierte Fristenregelung ansieht. Der Deutsche Bundestag dürfte sich daher für weitere Jahre für untätig erklären.

Als unwahrscheinlich muss auch gelten, dass sich das Bundesverfassungsgericht abermals dezidiert im Sinn der Kirche äußern würde, sollte es sich überhaupt noch einmal mit dem Thema Abtreibungsrecht befassen. Der Beschluss des Ersten Senats aus dem Jahr 1997 über ein ungewolltes Kind als »Schadensquelle« lässt einen Einstellungswechsel innerhalb des obersten deutschen Verfassungsgerichts erahnen, der sich mit dem Begriff »wertneutrale« Auslegung der Verfassung umschreiben lässt. Dieser Prozess wird sich vermutlich beschleunigen, weil immer größere Teile der Richterschaft – wie andere Berufsgruppen auch – konfessionell nicht mehr gebunden sind. Die Kirchen müssen daher eine Rechtsprechung gewärtigen, bei der die Kirchenartikel der Verfassung als Restbestände einer vergangenen und nicht mehr reproduzierbaren Epoche gelten. Der Vorschlag Wolfgang Ullmanns in der Verfassungskommission, infolge der Wiedervereinigung auf den »Präambelgott« zu verzichten, ist zwar in der Verfassungskommission gescheitert – getreu der Maxime Niklas Luhmanns, wonach »Institutionalisierung« dem Zweck dient, den Konsens erfolgreich zu überschätzen. Über die Richterschaft – allen voran die Arbeitsgerichtsbarkeit – ist die Tendenz, die Kirche auf ihre Funktion als eine »gesellschaftlich relevante Gruppe« neben anderen zu reduzieren, auf dem besten Weg durch die Institutionen.

So dürfte es niemand den katholischen Bischöfen verdenken, dass sie seit 1995 immer wieder auf die Defizite des Gesetzes hingewiesen haben: Wenn sogar im wiedervereinigten Deutschland die Erwartungen an den »Kultur- und Sozialauftrag« der Kirchen weiter gestiegen sind, so hat die Kirche nach ihrem Selbstverständnis nicht nur die Pflicht, sich zu ethischen Fragen zu äußern. Sie hat zugleich auch das Recht, Stellung zu nehmen,

Daniel Deckers

komme ihre Intervention gelegen oder ungelegen: Konflikte zwischen Bundesregierung und beiden Kirchen entzündeten sich zu Zeiten von Bundeskanzler Kohl an dem Gemeinsamen Wort zur wirtschaftlichen und sozialen Lage und dem ebenso bemerkenswerten Gemeinsamen Wort über Flucht und Migration (Juni 1997).

Für das Verhältnis von katholischer Kirche und rot-grüner Bundesregierung kennzeichnend ist ein anderer Vorgang: Als kurz nach dem Regierungswechsel Repräsentanten der neu gewählten Bundesregierung, darunter der Bundeskanzler selbst, der Abtreibungspille Mifegyne in Deutschland den Weg ebneten, fühlten sich die Bischöfe in ihrer Ansicht bestärkt, dass es dem Kabinett Schröder/Fischer mit dem Willen, das ungeborene Leben wirksam zu schützen, nicht allzu ernst sein könne. Wer nämlich einer Abtreibungsmethode das Wort redet, die das Beratungskonzept aufgrund der zeitlichen Befristung des Einsatzes des Präparats auf die ersten sieben Schwangerschaftswochen aushöhlt, dem darf man allen Bekundungen zum Trotz unterstellen, dass ihm die Beteiligung der katholischen Kirche an der gesetzlichen Beratung nicht viel mehr bedeutet als gesetzlich normierte »Leistungserbringung«. Dieselbe Vermutung nährt die Regierungserklärung Schröders vom 10. November 1998, die mit den Worten auf die Kirchen und Religionsgemeinschaften eingeht, sie seien »wichtige Kräfte des kulturellen, politischen und sozialen Lebens«, mit denen der Dialog fortgesetzt werden solle. Damit wird die Rolle der Kirchen auf die eines Subsystems der Gesellschaft reduziert, von denen es viele gleichwertige gibt. Dass die Kirchen gegenüber anderen »Gruppen« als Körperschaften des öffentlichen Rechts zahlreiche Privilegien innehaben (Besteuerungsrecht, Arbeitsrecht u.v.m.), dass das Verhältnis zum Staat in seinem Kernbestand weitgehend vertraglich geregelt ist und dass hinter vielen Lebensäußerungen der Kirche ein ethisch-normativer Kern zu vermuten ist, wird bei einer solchen Sicht außer Betracht gelassen.

Reduziert sich aber das Interesse an der Kirche auf ihre Funktion als Anbieter einer Leistung, die der Staat »weltanschaulich plural« bereitzustellen hat, dann muss es der Kirche grundsätzlich freistehen, sich für oder auch gegen die Erbringung der Leistung »gesetzliche Beratung« zu entscheiden. So sehr Kirche eine Institution im demokratischen Staat ist, so wenig kann sie sich in ihren Lebensäußerungen durch den demokratischen Staat normieren lassen. Dies gilt im Fall der Schwangerenkonfliktberatung umso mehr, als es sich um eine Form der Kooperation zwischen Staat und Kirche handelt, die vollkommen freiwillig ist und nicht durch Gesetze, Staatsverträge oder Konkordate geregelt ist. So betrachtet, tangiert der fortwährende Streit in der evangelischen Kirche über die Einführung der Militärseelsorge in den ostdeutschen Bundesländern den Kern des Verhältnisses von Staat und Kirche stärker als der Streit in der katholischen Kirche über das Für und Wider der katholischen Schwangerenkonfliktberatung.

IV. Ausblick

Eine Krise des Verhältnisses von Staat und Kirche, gar eine prinzipielle Infragestellung des Kooperationsmodells ist der Streit in der katholischen Kirche über die Schwangerenkonfliktberatung für sich genommen nicht: Er betrifft nur eine freiwillige Form der Zusammenarbeit zwischen Staat und Kirche, nicht den Kern der durch die Verfassung und internationale Verträge geregelten Zusammenarbeit zwischen Staat und Kirche. Das partnerschaftliche Verhältnis beider ist eher durch Entwicklungen in der Gesellschaft und der Politik bedroht: Wenn unter den Verfassungen der ostdeutschen Bundesländer nur noch die von Sachsen-Anhalt und Thüringen einen Gottesbezug kennen, wenn die CDU weder in Brandenburg noch in Berlin die SPD im Jahr 1999 dazu veranlassen kann, den Religionsunterricht als Wahlpflichtfach einzuführen, sagt dies mehr über die Aushöhlung des Konsenses über die Verwiesenheit des Staates auf den Kulturauftrag der Kirche und des Kulturauftrags der Kirche auf den Staat aus als jeder Streit über die Konfliktberatung. In dieselbe Richtung weisen die zum Teil drastischen Kürzungen der öffentlichen Mittel für Schulen in freier Trägerschaft in Ländern wie Sachsen-Anhalt und Mecklenburg-Vorpommern, ganz zu schweigen die Gesetzgebung der rot-grünen Bundesregierung zur Gleichstellung nicht-ehelicher Lebensgemeinschaften. Auch wenn diese Vorgänge den Sachverhalten selbst nach nichts miteinander zu tun haben, so spielen sie sich alle im Spannungsfeld von Staat, Gesellschaft und einer Kirche ab, deren Bedeutung als »Kulturmacht« aufgrund der inneren personellen und intellektuellen Auszehrung im Schwinden begriffen ist.

Erst auf dieser Ebene kommt der unfreiwilligen Weigerung der deutschen Bischöfe, in der gesetzlichen Schwangerenkonfliktberatung zu verbleiben, eine über die Sache hinausgehende Bedeutung zu: Sie symbolisiert die zunehmende Schwierigkeit der Kirche, nach außen wie nach innen die Balance zu halten zwischen dem Zeugnis für den Glauben (martyria), dem Dienst am anderen (diakonia) und der Gemeinschaft untereinander (koinonia). Von dieser Entwicklung, für die meist der »Moderne« die Schuld gegeben wird, bleibt die Präsenz der Kirche in Gesellschaft und Staat nicht unberührt. Eine Kirche, die von ihrer inneren Verfasstheit her nicht mehr willens oder in der Lage ist, auch inmitten tief greifender Veränderungen Gesellschaft und Staat ein verlässlicher Partner zu sein, verwirkt über kurz oder lang den Anspruch auf eine herausgehobene Stellung. Auch das gehört zur Freiheit der Kirche, sich als Kulturmacht selbst zu eliminieren. Das mag den einen in der Politik wie in der Kirche Recht sein, anderen nicht.

Perspektiven

Kurt Beck

Kirchensteuer und mehr
Was dem Staat die Kirchen bedeuten

1997 feierte das Land Rheinland-Pfalz sein 50-jähriges Bestehen.
Die Feierlichkeiten zu diesem Jubiläum wurden eingeleitet durch
einen ökumenischen Gottesdienst im Hohen Dom zu Mainz.
Was könnte deutlicher die guten Beziehungen zwischen Staat
und Kirche zum Ausdruck bringen, als dass wir unser Jubiläum
so begonnen haben.

In der Verfassung des Landes wurde den Kirchen und Religionsgemeinschaften eine bedeutsame Stellung innerhalb von
Staat und Gesellschaft eingeräumt. Die Kirchen sind, so heißt es
dort, anerkannte Einrichtungen für die Wahrung und Festigung
der religiösen und sittlichen Grundlagen des menschlichen Lebens und sie haben das Recht, sich ungehindert zu entfalten. Auf
dieser Grundlage konnte ein partnerschaftliches Verhältnis zwischen Staat und Kirchen entstehen.

Diese partnerschaftliche Zusammenarbeit beruht auch darauf, dass der Staat seinen Bürgerinnen und Bürgern Glaubens-
und Gewissensfreiheit sowie den Kirchen Autonomie zugesteht.
Andererseits anerkennen die Kirchen und ihre Gläubigen die
Autorität des Staates in seinen Angelegenheiten. Was heute
selbstverständlich erscheint, war nicht immer so. Der Katholikentag 1998 in Mainz hat uns daran erinnert. In vielfältiger
Weise wurde dabei des ersten Katholikentages in Mainz vor 150
Jahren gedacht: 1848 war das Ziel vieler katholischer Aktivisten
eine »freie Kirche in einem freien Staat«. Die Katholiken begannen,
sich an der politischen Diskussion zu beteiligen; der westfälische Priester Emmanuel von Ketteler war einer der Abgeordneten in der Frankfurter Nationalversammlung. Später, als

»Sozialbischof« von Mainz, forderte er das gesellschaftliche Engagement der Kirche ein. Mit den »Pius-Vereinen« begann damals die Organisation der katholischen Laienbewegung in Deutschland. Wer hätte damals gedacht, dass 150 Jahre später beim Jubiläumskatholikentag in Mainz Regierungsmitglieder aktiv bei verschiedenen Veranstaltungen mitwirkten und das Land die Veranstaltung finanziell unterstützte.

Religionsfreiheit bei uns schließt ein, dass sie für alle religiös-weltanschaulichen Überzeugungen gleichermaßen gilt, alle Religionsgemeinschaften grundsätzlich rechtlich gleichgestellt sind und dass der Staat religiös-weltanschaulich neutral ist. Unser Staat ist zwar säkular, aber nicht wertneutral. Durch seine Bindung an die Menschenrechte, an die Grundrechte und bürgerlichen Freiheiten bewirkt er eine staatliche Gemeinschaft mit übereinstimmenden Grundüberzeugungen, in die auch viele Werte des Christentums eingegangen sind. Zu seiner ethischen Fundierung ist er aber auf Kirchen und Religionsgemeinschaften angewiesen, da er selbst für diese Werte in der Gesellschaft nicht sorgen kann. Sowohl in unserer Landesverfassung als auch im Grundgesetz sind eindeutige Wertsetzungen gegeben – darunter nicht wenige, die mit Aussagen der Kirchen inhaltsgleich sind. Ich denke dabei z.B. an die Aussagen zu Wert und Würde des menschlichen Lebens.

Trotz der prinzipiellen Trennung von Kirche und Staat gibt es Überschneidungen im Wirken. Dies ist nicht erstaunlich, denn Kirche und Staat stehen im Dienst am gleichen Menschen, allerdings mit unterschiedlichem Auftrag und unterschiedlichen Mitteln. In »Gaudium et spes« – der pastoralen Konstitution über die Kirche in der Welt von heute –, diesem wichtigen Dokument des II. Vatikanischen Konzils, wird dies wie folgt ausgedrückt: »Beide (Kirche und Staat) aber dienen, wenn auch in verschiedener Begründung, der persönlichen und gesellschaftlichen Berufung des gleichen Menschen. Diesen Dienst können beide zum Wohl aller umso wirksamer leisten, je mehr und besser sie rechtes Zusammenwirken miteinander pflegen.«

Von daher gehört es zum Auftrag der Kirchen, sich in gesellschaftliche Debatten »einzumischen«. Ihr gemeinsames Wort »Für eine Zukunft in Solidarität und Gerechtigkeit« war eine wichtige Anfrage an die Politik. In ihm wurden aber auch die ethischen, kulturellen und geistigen Werte im Verständnis christlichen Glaubens und christlicher Nächstenliebe deutlich. In dieser Vermittlung der Sinngebung des Lebens und Handelns sehe ich eine der originären Aufgaben der Kirchen – sie ist in einer immer pluralistischer und individualistischer werdenden Gesellschaft zugegebenermaßen schwierig. Doch gerade diese Aufgabe kann und will der Staat den Kirchen nicht abnehmen.

Staat und Kirche haben je eigene Aufgaben. Sie eigenständig und verantwortungsbewusst wahrzunehmen, ist ebenso wichtig wie die partnerschaftliche Zusammenarbeit in den Bereichen, wo dies zum Wohle der Bürgerinnen und Bürger möglich, förderlich oder unabdingbar ist.

Ein wichtiges Feld der Kooperation und Staat von Kirchen ist der Erziehungs- und Bildungsbereich. Hier sind die Kirchen schon seit vielen Jahrzehnten in vielfältiger Weise tätig. So unterhält allein die katholische Kirche in Deutschland bundesweit über 9.300 Kindergärten und mehr als 1.100 Schulen mit über 300.000 Schülerinnen und Schülern.

Ein immer wieder diskutiertes Thema ist dabei auch der schulische Religionsunterricht. Er hat in Deutschland gegenüber anderen Staaten eine rechtlich einzigartige Stellung, ist er doch als einziges Unterrichtsfach im Grundgesetz verankert.

In Art. 7 Abs. 3 GG wird dazu festgelegt: »Der Religionsunterricht ist in den öffentlichen Schulen mit Ausnahme der bekenntnisfreien Schulen ordentliches Lehrfach. Unbeschadet der staatlichen Aufsicht wird der Religionsunterricht in Übereinstimmung mit den Grundsätzen der Religionsgemeinschaften erteilt. Kein Lehrer darf gegen seinen Willen verpflichtet werden, Religionsunterricht zu erteilen.«

Damit wurden Regelungen des Konkordates zwischen dem Heiligen Stuhl und dem Deutschen Reich vom 20. Juli 1933 in die Verfassung des demokratischen Deutschlands übernommen. In Bremen und Berlin gilt die sog. Bremer Klausel (Art. 141 GG), wonach in denjenigen Ländern, in denen am 1. Januar 1949 eine andere landesrechtliche Genehmigung bestand, Art. 7 Abs. 3 Satz 1 keine Anwendung findet, der Religionsunterricht in öffentlichen Schulen also kein ordentliches Lehrfach ist. Branden-

burg hat mit der Einführung eines Fachs »Lebensgestaltung –
Ethik – Religionskunde« (LER) eine Regelung getroffen, die zwischen den Kirchen und der Landesregierung umstritten ist.

Wegen der Kulturhoheit der Länder enthalten viele Landesverfassungen zum Religionsunterricht ergänzende Bestimmungen. So heißt es in der Verfassung des Landes Rheinland-Pfalz:

Art. 34: »Der Religionsunterricht ist an allen Schulen mit Ausnahme der
bekenntnisfreien Privatschulen ordentliches Lehrfach. Er wird erteilt im
Auftrag und in Übereinstimmung mit den Lehren und Satzungen der betreffenden Kirche oder Religionsgemeinschaft. Lehrplan und Lehrbücher
für den Religionsunterricht sind im Einvernehmen mit der betreffenden
Kirche oder Religionsgemeinschaft zu bestimmen. Kein Lehrer kann gezwungen oder daran gehindert werden, Religionsunterricht zu erteilen.
Zur Erteilung des Religionsunterrichtes bedürfen die Lehrer der Bevollmächtigung durch die Kirchen oder Religionsgemeinschaften. Die
Kirchen oder Religionsgemeinschaften haben das Recht, im Benehmen
mit der staatlichen Aufsichtsbehörde den Religionsunterricht zu beaufsichtigen und Einsicht in seine Erteilung zu nehmen.«
Art. 35: »(1) Die Teilnahme am Religionsunterricht kann durch die
Willenserklärung der Eltern oder der Jugendlichen nach Maßgabe des
Gesetzes abgelehnt werden.
(2) Für Jugendliche, die nicht am Religionsunterricht teilnehmen, ist
ein Unterricht über die allgemein anerkannten Grundsätze des natürlichen Sittengesetzes zu erteilen.«

Diese Bestimmungen markieren die freie Kooperation von Kirchen und Staat in dem sensiblen Bereich der Werterziehung und der religiösen Bildung in der Schule. Unzweifelhaft gehört dieses zum Bildungsauftrag der öffentlichen Schule. Der Religionsunterricht ist nicht »Kirche in der Schule«, sondern Aufgabe des Staates. Der Staat darf dabei keine letzte Orientierung vorgeben, sondern ist dazu verpflichtet, den Wertüberzeugungen, die in der Gesellschaft lebendig sind, nach Maßgabe der Verfassung in den Schulen freie Entfaltungsmöglichkeiten zu eröffnen. Die Eltern haben vielmehr ein Recht darauf, ihre Kinder in der eigenen religiösen Konfession oder Weltanschauung bilden zu lassen. Mit der Gewährung der Möglichkeit zur inhaltlichen Gestaltung des Religionsunterrichts für die Kirchen und Religionsgemeinschaften nimmt sich der demokratische Staat in einem wohlverstandenen Sinne selbst zurück.

Auf der Grundlage der Bestimmungen aus Grundgesetz und Landesverfassung wird in den meisten Ländern weitgehend problemlos Religionsunterricht erteilt; nicht nur der beiden großen Kirchen, sondern z. B. in Rheinland-Pfalz auch für folgende Religionsgemeinschaften:

- Jüdische Gemeinden
- Mennonitische Brüdergemeinden
- Alt-Katholiken
- Freireligiöse Landesgemeinde der Pfalz
- Freie Protestanten / Unitarier (jetzt Freie Religionsgemeinschaft Alzey)
- Syrisch-orthodoxe Kirche
- Selbständige Evangelisch-Lutherische Kirche Hannover

Schon die Vielzahl dieser Kirchen und Religionsgemeinschaften zeigt die praktischen Schwierigkeiten mit der Umsetzung der oft erhobenen Forderung nach einem überkonfessionellen, ökumenischen Religionsunterricht. Er ist aus meiner Sicht als Regelfall erst nach weiteren Fortschritten beim Zusammenwachsen der Kirchen denkbar. Aber der konfessionelle Unterricht ist für mich heute ohne ökumenische Offenheit überhaupt nicht vorstellbar.

Religionsunterricht muss auch mehr sein als abstrakte Religionskunde; für die Vermittlung von Werten und Orientierungen ist er auf ein bestimmtes Identitäts- und Identifikationsangebot einer konkreten Glaubensgemeinschaft angewiesen.

Das Grundgesetz und ggf. die Landesverfassungen benennen die Voraussetzungen, unter denen der Staat einen Religionsunterricht für eine Glaubensgemeinschaft an den Schulen einrichten muss. Diese gelten selbstverständlich auch für islamischen Religionsunterricht. Im Schuljahr 1997/98 waren an den Schulen in Rheinland-Pfalz 291.213 Schülerinnen und Schüler römisch-katholisch, 208.233 evangelisch und 27.522 islamisch. Zentrale Frage in der zurzeit bundesweit geführten Diskussion über den islamischen Religionsunterricht ist die nach dem verlässlichen, von den Gläubigen legitimierten Ansprechpartner für den Staat – die Religionsgemeinschaft im Sinne von Art. 7 Abs. 3 GG –, mit dem er die Grundsätze eines Religionsunterrichts vereinbaren und Einzelheiten wie die Inhalte des Unterrichts und der Lehrbücher, aber auch der Ausbildung der Lehrerinnen und Lehrer festlegen kann.

Der in Deutschland organisierte Islam kennt eine Vielzahl von Dachverbänden, Organisationen, Gremien und Einrichtungen, die oft neben politischen, kulturellen, wirtschaftlichen und sozialen Zielen und Zwecken auch religiöse verfolgen. Oft sind sie zudem mit Strukturen und Problemen in den unterschiedlichen Heimatländern verflochten.

Diese Vielfalt des islamischen Lebens in Deutschland machte es bislang noch nicht möglich, auch für Kinder und Jugendliche islamischen Glaubens einen Religionsunterricht in staatlichen Schulen anzubieten, der den Voraussetzungen des Grundgesetzes entspricht. Da diesen jungen Menschen aber das Recht auf Religionsunterricht zusteht und es auch im Interesse des Staates ist, den Unterricht nicht irgendwelchen Gruppierungen zu überlassen, sollten die Gespräche zwischen den Kultusverwaltungen und am Religionsunterricht interessierten islamischen Organisationen gezielt fortgesetzt werden.

Wenn man über das Verhältnis Staat–Kirche spricht, dann kann man die Finanzen nicht ganz außer Acht lassen. Es ist nicht überall bekannt, dass die sogenannten Staatsleistungen keine Subventionen an die Kirchen sind. Die Gewährung dieser Geld- und Sachleistungen von Seiten des Staates an die Kirchen geht auf die Säkularisation des Jahres 1803 zurück, als alle Güter der Bistümer, Stifte, Abteien und Klöster der »freien und vollen Disposition der Landesherren sowohl zum Behuf des Aufwandes für Gottesdienst, Unterrichts- und andere gemeinnützige Anstalten, als auch zur Erleichterung ihrer Finanzen« überlassen wurden. Dies geschah unter dem Vorbehalt der festen und bleibenden Ausstattung der Domkirchen und der Pensionen für die in den Ruhestand getretenen Geistlichen. Der Ausgleich zwischen Staat und Kirche wurde später durch Konkordate und Staatskirchenverträge präzisiert. Rheinland-Pfalz hat in Art. 45 der Landesverfassung die auf Gesetz, Vertrag oder besonderen Rechtstiteln beruhenden bisherigen Leistungen des Staates an die Kirchen ausdrücklich aufrechterhalten. Im Zuge der Gleichbehandlung der katholischen mit den evangelischen Kirchen erhalten die katholischen (Erz-)Diözesen Staatsleistungen in vergleichbarem

Umfang, wie sie mit den Evangelischen Landeskirchen im Vertrag von 1962 festgelegt wurden. In diesen Staatsleistungen sind Zahlungen für kirchliche Zwecke sowie Besoldungs- und Versorgungsleistungen für Geistliche enthalten. Dieser Vertrag läuft unbefristet, ist grundsätzlich nicht kündbar und nur im Einvernehmen zu ändern.

Glaubt man den Demoskopen, so ist es allerdings um die Zukunft der Kirchen in Deutschland eher schlecht bestellt. Eine Jugendumfrage des Instituts für Demoskopie in Allensbach vom Sommer 1999 für die WIRTSCHAFTSWOCHE unter 1.000 Jugendlichen zwischen 18 und 24 Jahren ergab, dass 77 % der befragten Jugendlichen die Kirchen für unmodern und daher für »out« halten, während für lediglich 10 % die christlichen Kirchen heute noch »in« sind. In einer Befragung des Emnid-Instituts unter 14- bis 25-Jährigen Anfang Dezember 1999 für den SPIEGEL erklärten 5 % der männlichen und 8 % der weiblichen Befragten, dass sie die Institution der Kirchen als Vorbild ansehen (für Greenpeace lauten die Vergleichswerte 26 % bzw. 44 %, die Parteien schneiden mit jeweils 2 % noch schlechter ab). In einer bereits vor wenigen Monaten veröffentlichten Umfrage des Emnid-Instituts ebenfalls für den SPIEGEL weist auf einer Sympathieskala von + 5 bis − 5 die evangelische Kirche einen Wert von + 0,4 und die katholische Kirche einen Wert von − 0,4 auf. Demgegenüber kommt beispielsweise Jesus auf einen Sympathiewert von + 1,9 und Maria, seine Mutter, auf einen Wert von + 1,1!

Vor diesem Hintergrund ist es nicht erstaunlich, dass die Zahl der Kirchenmitglieder stetig zurückgeht. Zwar haben die Austritte aus der evangelischen und der katholischen Kirche in den letzten Jahren wieder abgenommen, sie liegen aber immer noch deutlich über den Zahlen aus den 80er Jahren. Da ebenfalls in vielen Gemeinden mehr Sterbefälle als Taufen zu verzeichnen sind, nimmt die Gesamtzahl der Kirchenmitglieder in Deutschland seit Jahren kontinuierlich ab, von fast 58 Mio. Anfang der 90er Jahre auf derzeit knapp 55 Mio.

Dieser Rückgang der aktiven Mitglieder ist einer der Gründe für die sinkenden Kirchensteuereinnahmen, die sich in den letzten Jahren von rd. 17 Mrd. DM auf ca. 16 Mrd. DM pro Jahr reduzierten.

Ein weiterer Grund liegt in den Steuerentlastungsgesetzen der letzten Jahre. Die aktuell beschlossenen bzw. diskutierten Steueränderungen, wie z. B. die geänderte Besteuerung der 630-Mark-Jobs, die Umsetzung des Karlsruher Familienurteils, die Pläne zur Neugestaltung der Unternehmenssteuer und zur Einführung einer Zinsabgeltungssteuer können für die Kirchen weitere finanzielle Einbußen bedeuten.

Da die Kirchen in erheblichem Umfang Leistungen auch über ihre Mitglieder hinaus für die Allgemeinheit erbringen, ist das Problem der Sicherung der kirchlichen Finanzen auch von allgemeinem Interesse. Die Kirchen haben nicht nur ein verfassungsrechtlich verbrieftes Recht auf die Erhebung eigener Steuern, sondern es liegt auch im wohlverstandenen Interesse des Staates und seiner Bürgerinnen und Bürger, dass die Kirchen auch zukünftig in vielfältigen Bereichen unserer Gesellschaft engagiert sind.

So stehen von den über 2.000 Kindertagesstätten in Rheinland-Pfalz ein Drittel in katholischer, ein knappes Viertel in evangelischer Trägerschaft. In diesen Fällen werden die Sachaufwendungen ganz und die Personalaufwendungen in der Regel in Höhe von 15 % durch die Kirchen getragen.

57 von 104 Plankrankenhäusern in Rheinland-Pfalz befinden sich in kirchlicher Trägerschaft. Zwar werden Plankrankenhäuser nach dem Krankenhausfinanzierungsgesetz des Bundes und dem Landeskrankenhausgesetz öffentlich gefördert, gleichwohl werden – in Einzelfällen – aber auch Eigenmittel der kirchlichen Krankenhausträger eingesetzt.

73 % der 130 Sozialstationen im Land und 41 % der 350 Heime der Altenhilfe sind in kirchlicher oder kirchlich orientierter Trägerschaft. Fast 40 % der Plätze in Heimen der Jugendhilfe in Rheinland-Pfalz werden von der Caritas getragen.

Im Zusammenhang mit dem Schutz des werdenden Lebens und einer verantwortungsvollen Beratung von Frauen und Männern vor einem möglichen Schwangerschaftsabbruch ist ein dichtes Netz von Beratungsstellen gerade auch in kirchlicher oder doch kirchlich orientierter Trägerschaft für die Sicherstellung eines pluralen Beratungsangebotes für mich von großer Bedeutung. So stehen zurzeit in Rheinland-Pfalz 31 Beratungsstellen in katholischer und 29 in evangelischer Trägerschaft, PRO FAMILIA unterhält 7 Beratungsstellen. Ein Rückzug der Kirchen aus grundsätzlichen Bedenken – wie innerhalb der katholischen Kirche diskutiert und nach dem Votum aus Rom wohl unvermeidlich – oder aber aus finanziellen Erwägungen würde dem gemeinsamen Anliegen des Schutzes des werdenden Lebens großen Schaden zufügen. Ich hoffe daher, dass es in den einzelnen Diözesen doch noch gelingt, die Fortführung von Beratungsstellen in kirchlich orientierter Trägerschaft zu gewährleisten. Es wäre aus meiner Sicht ein fatales Zeichen, wenn das katholische Engagement in Deutschland im Zusammenhang mit der Schwangerenberatung endgültig beendet würde; man überließe viele Frauen in Konfliktsituationen sich selbst und würde sich zudem gegenüber dem Staat in einer wichtigen sozialen Frage verweigern.

Eine Sicherung der finanziellen Basis der Kirchen ist auch zur Fortführung ihres vielfältigen Engagements im Bildungs-, Sozial- und kulturellen Bereich, im Hinblick auf ihr Engagement für die Menschen in den Entwicklungsländern und wegen ihres unverzichtbaren Beitrages für die Erziehung und Bildung von Werten in unserer Gesellschaft notwendig. Der soziale Wandel, die gesellschaftliche Komplexität und die zunehmende Pluralität von Sinndeutungsangeboten verlangen aus meiner Sicht einen ständig fortschreitenden Beitrag der christlichen Kirchen zur Bildung und Entwicklung von Werthaltungen.

So setze ich mich gemeinsam mit den Kirchen für einen Schutz des Sonntags vor einer immer weitergehenden Kommerzialisierung ein. Am Sonntag als gesellschaftlichem Ruhetag muss nach meiner Ansicht auf jeden Fall festgehalten werden, er ist ein Anker des Zusammenlebens, ohne den viele gesellschaftliche Werte ins Rutschen gerieten. Familien können kaum noch Zeit miteinander verbringen und auch das Ehrenamt gerät in Gefahr, wenn der Sonntag Schritt für Schritt zu einem Werk-und Einkaufstag wird.

Viele aktuelle gesellschaftliche Fragen wie Solidarität und Gerechtigkeit in unserer Gesellschaft und – im Zeitalter der Globalisierung weltweit – Fragen der Bioethik oder der Organtransplantation erfordern für die Gesellschaft, aber auch für die ver-

Kurt Beck

antwortlichen Politikerinnen und Politiker eine ethische Fundierung ihrer Entscheidungen, wozu die christlichen Kirchen wichtige Anstöße liefern.

Vor diesem Hintergrund habe ich Ende 1998 in einem öffentlichen Beitrag die Frage einer dauerhaften Sicherung der finanziellen Basis der Kirchen aufgeworfen. Auf meine Initiative hin hat sich die Konferenz der Ministerpräsidenten der Länder damit befasst, und ich habe festgestellt, dass dieses Problem auch von anderen Regierungschefs gesehen wird.

Die Finanzministerkonferenz hat im Frühsommer 1999 eine gemeinsame Arbeitsgruppe mit den Kirchen zu diesen Fragen gebildet, die sich bisher zweimal zu Beratungen getroffen hat.

Mir ist dabei bewusst, dass die Frage der Kirchenfinanzen zunächst in den Verantwortungsbereich der Kirchen fällt. Unser Grundgesetz hat die entsprechenden Bestimmungen zum Staat-Kirchen-Verhältnis der Weimarer Reichsverfassung übernommen. Danach sind die Religionsgesellschaften berechtigt, nach Maßgabe landesrechtlicher Bestimmungen Steuern von ihren Mitgliedern zu erheben. Die staatlichen Finanzbehörden erheben diese im kirchlichen Auftrag und erhalten dafür eine finanzielle Entschädigung.

Die Gesetzgebungskompetenz bei der Kirchensteuer steht den Ländern zu. Diese haben in den Grundzügen übereinstimmende Kirchensteuergesetze erlassen, die für die evangelischen Landeskirchen, die römisch-katholischen Diözesen sowie andere Religionsgemeinschaften gelten, soweit diese im betreffenden Land gelegen sind. Das rheinland-pfälzische Kirchensteuergesetz stellt den Religionsgemeinschaften fünf Kirchensteuerarten zur Wahl (Kirchensteuer vom Einkommen, vom Vermögen und vom Grundbesitz, sowie Kirchgeld und das besondere Kirchgeld bei glaubensverschiedenen Ehen).

Es liegt an den Kirchen, diese Besteuerungsmöglichkeiten auszuschöpfen. So haben in den letzten Monaten einige evangelische Landeskirchen beschlossen, das »Kirchgeld bei glaubensverschiedenen Ehen« einzuführen. Damit werden Personen, die selbst wegen fehlenden Einkommens nicht kirchensteuerpflichtig sind und deren verdienender Ehepartner keiner Kirche angehört, zu einer finanziellen Abgabe herangezogen.

Am bedeutendsten für die Einnahmesituation der Kirchen ist aber die Kirchensteuer vom Einkommen. Da diese als Zuschlagssteuer zur Lohn- bzw. Einkommensteuer geregelt ist, hängt ihr Aufkommen direkt von diesen Steuerarten ab. Deshalb mindert sich die Kirchensteuer vom Einkommen, wenn entweder durch Senkung des Einkommensteuertarifs oder durch eine Reduzierung der einkommensteuerlichen Bemessungsgrundlagen das Aufkommen dieser Steuer abnimmt.

Ich habe daher einen Vorschlag aufgegriffen, den die meisten Kirchensteuergesetze bereits zulassen, nämlich anstelle der Einkommensteuerschuld unmittelbar das in einer Kirchensteuerordnung zu bestimmende Einkommen als Bemessungsgrundlage heranzuziehen. Dies ermöglicht – und erfordert – einen kircheneigenen Steuertarif. Dieser Wechsel in der Bemessungsgrundlage von der Jahreseinkommensteuer hin zum Einkommen hätte mehrere Vorteile für die Kirchen.

So könnte der Kirchensteuersatz (zurzeit 8 % bis 9 % der Einkommensteuerschuld), um das gleiche Aufkommen wie heute zu erzielen, um mehr als die Hälfte sinken. Senkungen des Einkommensteuertarifs und weitere Änderungen des staatlichen Einkommensteuerrechts blieben zukünftig ohne Auswirkungen auf das Kirchensteueraufkommen, und die Kirchen könnten selbst entscheiden, welche Tatbestände (beispielsweise Anzahl der Kinder, besondere Härten) sich ggf. mindernd auf die Kirchensteuer auswirken sollen.

Eine solche Änderung weist allerdings auch eine Reihe von Nachteilen auf.

So wären die Kirchen gefordert, einen eigenen Steuertarif zu entwickeln, der beispielsweise den Familienstand, die Kinderzahl und die finanzielle Leistungsfähigkeit unabhängig von staatlichen Festsetzungen berücksichtigen müsste. Damit ergäben sich auch große Probleme in Bezug auf die jetzige Erhebung durch die staatliche Finanzverwaltung. Ein kircheneigener Tarif würde auch den jetzt praktizierten Lohnsteuerabzug beim Arbeitgeber wesentlich erschweren.

Die Beratungen der Vertreter der Finanzministerien und der Kirchen haben inzwischen gezeigt, dass der zu Beginn des Jahres 1999 befürchtete dramatische Rückgang der Kirchensteuerein-

nahmen ab 2002 um 25 % bis 30 % so nicht mehr zu erwarten ist.
Aufgrund der mittlerweile beschlossenen Entlastungsgesetze im
steuerlichen Bereich und zugunsten der Familien prognostizie-
ren die Kirchen jetzt Mindereinnahmen von ca. 10 %. Vor allem
aufgrund der Änderungen im Steuerrecht, die zum Jahresanfang
1999 in Kraft traten und z. B. einige Abschreibungsmöglichkeiten
abschafften, sind die Kirchensteuereinnahmen im ersten Halb-
jahr 1999 sogar angestiegen (lt. Zeitungsberichten im Bereich der
EKD um 6 % gegenüber dem Vorjahr).

Wichtig ist mir vor allem, dass die auch von mir angestoßene
Debatte dafür gesorgt hat, dass diese Probleme rechtzeitig in die
aktuelle Steuerreformdiskussion auf Bundesebene eingebracht
worden und die Kirchen in den Prozess der Weiterentwicklung
des Steuerrechts eingebunden sind, sodass sie ihre Vorstellungen
geltend machen und sich auf Änderungen frühzeitig einstellen
können.

Die zurzeit auf verschiedenen Ebenen laufenden Gespräche
zwischen Vertretern der Kirchen und Politikern auf Bundes- und
Landesebene werden – so bin ich zuversichtlich – Möglichkeiten
eines gemeinsamen Weges aufzeigen, wie auch in Zukunft unabhängig von der Weiterentwicklung der staatlichen Steuerpolitik
die finanzielle Basis der Kirchen zum Wohle des Menschen gesichert werden kann. Ich denke, dass damit auch der partnerschaftliche Umgang von Staat und Kirchen in Deutschland eine
weitere Bewährungsprobe bestehen wird.

Franz Müntefering

Offenheit bewahren
Die SPD als Volkspartei und Programmpartei

Die SPD ist eine Volkspartei. Ihre Mitglieder kommen aus sehr unterschiedlichen gesellschaftlichen Bereichen; sie finden aus unterschiedlichen Motivationen zusammen zu einem gemeinsamen politischen Ziel, das an den Grundwerten der Sozialdemokratie orientiert ist. Die SPD will Politik für die ganze Bundesrepublik Deutschland gestalten. Ihr politisches Konzept gilt allen Menschen in Deutschland!

Die Volkspartei SPD ist sich aber gleichwohl ihrer Geschichte bewusst. Sie kennt ihre Wurzeln in der Arbeiterbewegung. Sie weiß, dass sie als Arbeiterpartei begonnen hat, Antworten auf die schreienden sozialen Fragen der frühen Industrialisierung zu suchen. Die soziale Frage des 19. Jahrhunderts war bestimmt durch das Elend der Arbeiterschaft und derer, deren Arbeitskraft nicht gebraucht wurde, vor allem durch die Rechtlosigkeit dieser Menschen und durch die Empfindungslosigkeit, mit der der größere Teil der damaligen Gesellschaft dieser Not gegenüberstand. Diese Situation hat viele Menschen in unterschiedlichen gesellschaftlichen Bereichen bewegt. Aus vielerlei Impulsen erwuchs die Arbeiterbewegung. Die sozialdemokratische Tradition ist gewiss eine der wichtigsten und stärksten geworden.

Sozialdemokraten haben die soziale Frage von Anfang an nicht als bloß soziales Problem behandelt, sondern immer schon als die grundlegende Frage nach der Würde des Menschen aufgefasst. Deshalb haben sie die soziale Frage vor allem als *politische Frage* gestellt. Eine Antwort war der Kampf für gleiche politische Mitwirkungsrechte, für das gleiche freie und allgemeine Wahlrecht – übrigens für Männer wie für Frauen. Wer Rechte hat, kann für seine Anliegen und Interessen kämpfen. Die Sozialdemokratie wurde die Stimme derer, die als Einzelne untergegangen wären.

Die soziale Frage war für Sozialdemokraten eine *Machtfrage,* eine Frage von Kraft und Gegenkraft. Die Erfahrung, dass viele Schwache durch solidarische Gemeinsamkeit Gewicht bilden, Rechte erringen, Ziele erreichen können, hat die Arbeiterbewegung zu einem Gestaltungsfaktor geformt – im politischen Geschehen so gut wie in der Auseinandersetzung zwischen Kapital und Arbeit.

Die soziale Frage war eine *Frage nach der Bestimmung der Aufgaben des Staates.* Unter dem Begriff der »Staatsintervention« bildete sich ein Bewusstsein von der Verantwortung des Staats dafür, dem Wirtschaftsgeschehen Rahmenbedingungen zu setzen und Ziele vorzugeben: soziale Ziele ebenso wie Ziele, die die Lebensmöglichkeiten der Menschen bestimmen, wir würden heute ökologische Ziele gleichberechtigt nennen. Diese Ideen sind unter dem Begriff der Sozialstaatlichkeit zu einem der Staatsziele des Grundgesetzes geworden. Sozialstaatlichkeit darf jedoch nicht verkürzt werden auf die wohlfahrtsstaatliche Rolle des Staates. Es ist eine alte Weisheit: Der Markt allein ist nicht sozial. Er muss von der Politik soziale Komponenten eingezogen bekommen.

Die soziale Frage war für Sozialdemokraten stets auch eine *Bildungsfrage:* Wir wussten genau, wie sehr der Zugang zur Bildung über Lebenschancen entscheidet und wie sehr verweigerte Bildung dazu angetan ist, Klassengegensätze zu verfestigen. Dabei ging es nicht nur um die Ausweitung von Kompetenz und Kenntnissen, was alles schon wichtig genug war, sondern auch um die Teilhabe am Reichtum von Kunst und Kultur. Alle Vorrechte beim Zugang zu Bildungseinrichtungen zu beseitigen, war deshalb eine der ersten Forderungen sozialdemokratischer Programme. Und die Sozialdemokratie wurde selbst zu einer Bildungsbewegung mit Angeboten zur Ausbildung, Weiterbildung, zu zweiten Bildungswegen, mit Büchereien, theoretischer und praktischer politischer Schulung.

Von den Anfängen an fanden sich in der Sozialdemokratie Menschen sehr unterschiedlicher Herkunft und Motivation zusammen. Es waren Betroffene, Arbeiter, Arbeiterfrauen, Arbeitslose, die sich zur Selbsthilfe aufrafften; es waren auch wache Christen, die in ihren Kirchen damals wenig Resonanz für ihr Engagement fanden; es waren Intellektuelle, die über die Privilegien ihres Standes hinaus Verantwortung für die Ungerechtigkeit und Herzlosigkeit ihrer Epoche empfanden.

Die festgefügten Interessen der Reichen und Mächtigen machten das Engagement für die Schwachen zum Kampf, drängten die Engagierten in eine Außenseiterrolle. Die Sozialdemokraten wurden zu Staatsfeinden erklärt. Die theoretischen Konzepte für eine gerechtere Gesellschaft – zunächst sorgsame und präzise Analyse der bestehenden Wirtschafts- und Gesellschaftsordnung – gerieten darüber hinaus zu Ideologien der Welterklärung und wurden für viele zur quasi religiösen Zukunftsvision, gestützt auf einen materialistischen Fortschrittsglauben. Nahezu alle staatlichen und gesellschaftlichen Institutionen, auch Religion und Kirchen, erschienen als Verbündete der herrschenden Kräfte. Es gab wenig Anlass, dort Verständnis für soziale und politische Reformen zu finden. Die Folge war eine tief verwurzelte Distanz der fortschrittlichen Kräfte und der Sozialdemokratie zur Gesellschaft, auch zu Religion und Glauben. Die Sozialdemokratie erlebte sich als verschworene Gemeinschaft, abgegrenzt von den bürgerlichen Bereichen. Im Gegensatz dazu bildete sich eine fast alle Lebensbereiche erfassende sozialdemokratische Eigenkultur.

Es war die große Leistung des Godesberger Grundsatzprogramms von 1959, dass es diese abgegrenzte Sonderstellung der Sozialdemokratie aufbrach. Es gelang, die reiche Tradition der sozialdemokratischen Geschichte und vor allem die Grundzüge der Wertorientierung, auf die Sozialdemokraten stets hingearbeitet hatten, festzuhalten und die Partei dennoch in die moderne Gesellschaft hinein zu öffnen. Seither fühlt sich die SPD als Volkspartei und wird auch in der Gesellschaft so empfunden. Dieses Programm hat vieles als Ballast abgestreift, was abschirmend und trennend wirkte, und die SPD wurde zu einer Plattform, auf der Platz für Menschen unterschiedlicher Herkunft und unterschiedlicher weltanschaulicher Orientierung war. Wer auf die sozialdemokratischen Grundwerte hin mitarbeiten will, findet seither einen Platz in der SPD.

Franz Müntefering

Vieles von dieser neuen Offenheit hatte sich schon in den Jahren des politischen Neubeginns nach 1945 angedeutet und in Ansätzen entwickelt. Jetzt war es verbindliche Programmposition und eröffnete insbesondere kirchlich Gebundenen den Weg in die SPD. Schon 1945 hatte Kurt Schumacher für die neue SPD gefordert: »Die Achtung vor der Persönlichkeit und vor den Motiven ihrer politischen Entscheidung lässt jeden in der Sozialdemokratie das gleiche Recht und die gleiche Bewertung finden. Es ist gleichgültig, ob jemand durch die Methoden marxistischer Wirtschaftsanalyse, ob er aus philosophischen oder ethischen Gründen oder ob aus dem Geist der Bergpredigt Sozialdemokrat geworden ist.« Leider blieb dies in der ersten Nachkriegszeit vielerorts Wunschdenken.

Was damals aus der Erfahrung gemeinsamer Verfolgung durch die Nazis postuliert worden war, hat der Diskussionsprozess für das Godesberger Programm auf feste theoretische Füße gestellt. Es begründete die Übereinstimmung von Menschen aus unterschiedlichen Glaubens- und Denkrichtungen in »gemeinsamen sittlichen Grundwerten und gleichen politischen Zielen«. Hatte Schumacher 1945 von der Gleichgültigkeit unterschiedlicher Motivationszugänge gesprochen, so spricht Godesberg davon, dass der demokratische Sozialismus »in christlicher Ethik, im Humanismus und in der klassischen Philosophie verwurzelt ist«. Letzte Wahrheiten sind kein Thema der Partei, »nicht aus Verständnislosigkeit und nicht aus Gleichgültigkeit gegenüber den Weltanschauungen oder religiösen Wahrheiten, sondern aus der Achtung vor den Glaubensentscheidungen des Menschen, über deren Inhalt weder eine politische Partei noch der Staat zu bestimmen haben«.

Diese Entscheidung, das soll heute niemand vergessen, hat in großem Umfang die Offenheit der SPD für neue Mitglieder aus bis dahin für die SPD schwer zugänglichen Gesellschaftsbereichen begründet. Viele Katholiken und Protestanten haben seither ihren Platz in der SPD gefunden und unterstützen unsere politische Arbeit. Die SPD verdankt dieser Offenheit eine rasche Veränderung in ihrer Struktur als Mitgliederpartei.

Die SPD bietet seither Platz für Christen als Mitglieder, hat aber auch die Möglichkeit zu einem intensiven Dialog mit den

Kirchen gefunden. Dabei geht es um offenen Meinungsaustausch, um sachbezogene Auseinandersetzung, aber auch um Zusammenarbeit da, wo beide Seiten gemeinsame Aufgaben sehen, wie dies das Berliner Programm von 1989 ausgedrückt hat.

Die Werte, denen sich die Sozialdemokratie seit 136 Jahren verpflichtet fühlt, haben im Godesberger Programm eine entscheidende Funktion als Grundlage gewonnen für die »Gemeinschaft von Menschen, die aus verschiedenen Glaubens- und Denkrichtungen kommen«. Freiheit, Gerechtigkeit und Solidarität werden knapp als Ausdruck der Würde des Menschen und des Anspruchs auf Selbstverantwortung bezeichnet.

Das Berliner Programm 1989 konkretisiert etwas ausführlicher die Grundwerteaussagen zu einem sozialdemokratischen Menschenbild:

– Freiheit nicht nur für die Reichen und Besitzenden, sondern als Chance zur Verwirklichung der Selbstbestimmung für alle Menschen, einerseits eine Leistung der Gesellschaft, andererseits immer auch die Freiheit der anderen.

– Gerechtigkeit, die in der gleichen Würde aller Menschen mündet und gleiche Freiheit, Gleichheit vor dem Gesetz, gleiche Chancen der politischen und sozialen Teilhabe und der sozialen Sicherung verlangt.

– Solidarität, die zugleich Waffe der Schwachen im Kampf um ihr Recht, aber auch Konsequenz aus der Einsicht ist, dass der Mensch der Mitmenschen bedarf und sich auf Gegenseitigkeit einlassen muss.

Offenheit fällt einer Menschengemeinschaft mit langer, geprägter Tradition nicht jederzeit leicht. Es gibt Fremdheitsempfindungen und Abgrenzungsbedürfnisse, die lange nachwirken. Sie sind nicht durch Programmbeschlüsse auf einmal und ein für alle Mal zu überwinden. Theoretische Gegensätze bauen sich nur langsam ab. Erst recht, wenn sie mit ideologischem Überbau gefestigt und durch Freund-Feind-Denken wehrhaft gemacht wurden.

Die Offenheit der Volkspartei muss sich im ständigen Dialog, im verbindenden Kontakt, in regelmäßig gepflegten Zugangsmöglichkeiten von außen und im Respekt vor Grundentscheidungen religiöser Überzeugung und beruflicher Erfahrung be-

Franz Müntefering

weisen. Der Respekt vor religiösen und weltanschaulichen Grundhaltungen muss ständig geübt werden. Dies gilt auch für politische Entscheidungen, die letzte Fragen berühren würden.

Ich habe vor vier Jahren zusammen mit dem Ziel einer Ver-
jüngung in der Führung der SPD und bei den Mandaten deutlich
gemacht, dass unter den jungen Abgeordneten neben »Falken«
und »jungen Sozialisten« auch »Messdiener« sein sollen, als Sozialdemokraten aus unterschiedlichen Zugangsmotiven. Beides
ist gelungen. Der Impuls aus der Parteiführung ist von den Glie-
derungen in hohem Maße aufgenommen worden und dem 1998
gewählten Bundestag gehören zahlreiche junge neue Abgeordnete an. Darunter auch eine junge Frau, die vor kurzem noch die
Vorsitzende des BDKJ war.

Und auch bei dem jetzt notwendigen Erneuerungsprozess hat
meine Formel viel Beachtung gefunden: Es müsse in der Volkspartei SPD Platz sein für die mit der »Bibel« oder dem »Kapital«,
dem von Marx, unter dem Arm. Wen das Zweite stört, dem sage
ich, dass wir die Empörung über menschenfeindliche Strukturen
des Kapitalismus nicht dem Papst allein überlassen dürfen, der
schon 1993, wenige Jahre nach dem Ende der kommunistischen
Diktaturen, nach den »Samenkörnern des Sozialismus« gefragt
hatte. Genauso wie der Papst davor warnt, die berechtigten und
hochherzigen Ansätze und die Gemeinwohlbezogenheit kom-
munistischer Ansätze auszugrenzen (»Die Woche«, 4.11.93), genauso wenig wollen auch wir auf die Menschen verzichten, denen die Marxsche Gesellschafts- und Wirtschaftsanalyse den
Weg zum sozialdemokratischen Engagement zeigt.

Der Unterschied zwischen der Bibel und den Marxschen
Schriften ist mir als gelerntem Katholiken durchaus klar. Wir
müssen aber dafür sorgen, dass die Türen offen sind für junge
Menschen, die unsere Arbeit unterstützen, bereichern und zu
neuen gesellschaftlichen Bereichen hin verdeutlichen können.
Mir ist klar, wie viel an Impuls und programmatischer Bereiche-
rung die SPD seit Godesberg aus christlicher Motivation erfahren hat. Ich brauche nur an die Spuren zu erinnern, die beken-
nende Christen in der SPD hinterlassen haben. Ich denke z. B. an
Gustav Heinemann, Adolf Arndt, Erhard Eppler, Georg Leber,
Heinz Rapp, Jürgen Schmude und Johannes Rau.

Wir brauchen evangelische und katholische Christen, die Konsequenzen ihres Glaubens im Zusammenleben und auch in der politischen Gestaltung verwirklichen wollen. Die Offenheit dafür ist nicht ein für alle Mal geschaffen. Es bedarf immer wieder der Anregung und der Hinweise: Die Partei muss lernen, ernsthaft auf Kraft- und Bündnisquellen in der Gesellschaft für gemeinwohlorientiertes Handeln zu achten, Zugänge zu fördern, Dialoge zu eröffnen und Vertrauen zu gewinnen.

Was ich hier über die Offenheit gegenüber Menschen mit religiöser Motivation gesagt habe, gilt genauso auch für viele andere gesellschaftliche und berufliche Erfahrungen, die nicht ohne weiteres im Innenleben des Parteibetriebs vertreten sind, die wir ansprechen und einbeziehen müssen, wenn wir die gesellschaftliche Wirklichkeit erkennen und zielbewusst gestalten wollen.

Ich habe von der Erfolgsgeschichte der sozialdemokratischen Arbeiterbewegung gesprochen. Diese Erfahrungen müssen sich heute unter gewandelten Bedingungen bewähren. Wir stehen vor der Aufgabe einer tief greifenden Modernisierung ökonomischer, technischer und sozialer Strukturen. Dabei geht es darum, die Chancen zu ergreifen, die die gewandelte Situation für die Verwirklichung der Grundwerte bietet.

Der Wandel ist keine Erfindung der Politik. Schon gar nicht ist es eine Frage, ob wir ihn annehmen wollen. Es geht nur darum, ob wir ihn gestalten oder ob wir ihn über uns kommen lassen wollen. Er ergibt sich aus neuen Möglichkeiten der Technik, die Raum und Zeit überbrücken und Grenzen aufheben können.

Die Globalisierung hat die Welt klein gemacht. Menschen, Güter, Informationen und Geld sind mobil geworden. Wir stehen in Konkurrenz weltweit. Die europäische Einigung bietet eine erste große Chance, diesen Prozess nicht zu erleiden, sondern aktiv zu gestalten in einer global relevanten Region. Europa und der europäische Zusammenschluss, das ist einmal die Chance für Frieden auf unserem Kontinent nach Jahrhunderten von Nachbarschaftskriegen. Es ist aber auch die Chance, gemeinsam ökonomische und soziale Vorgänge nach unseren Wertvorstellungen zu gestalten.

Wir müssen lernen, mit dem breiteren und schnelleren Informationsaustausch umzugehen und die Bedingungen unserer

Informationsgesellschaft zu begreifen und zu ergreifen. Das hat auch für die Arbeit in unserer Partei Konsequenzen, auch für die Prozesse demokratischer Politik. Alte Zusammenhänge lösen sich auf, neue Vernetzungen werden virulent.

Das hat auch für die Sozialdemokratie als Bildungsbewegung Konsequenzen. Nichts hat diese Partei so entscheidend geprägt wir die Sorge dafür, dass Kinder auch aus weniger begünstigten Familien eine Chance bekommen. Eine Chance, nicht nur zu lernen, was gebraucht wird, sondern auch einen Überblick zu gewinnen, orientiert urteilen zu können, Zusammenhänge zu verstehen und vollwertige und eigenständige Entscheidungen treffen zu können. Die Möglichkeit, Bescheid zu wissen, steht auch unter der Frage von Würde und Eigenverantwortung des Einzelnen. Das müssen wir erhalten. Wir müssen aber auch dafür sorgen, dass die faszinierenden Techniken der modernen Kommunikation den Überblick, die Orientierung, das Bescheidwissen in Zusammenhängen nicht verstellen.

Ein weiteres Element tief greifenden Wandels sind die Veränderungen in der demographischen Entwicklung. Die Alten sind gesund und munter und werden immer älter. Die Jungen werden nicht jünger, sondern weniger. Mit den Lasten und Leistungen sozialer Sicherheit muss daher anders umgegangen werden, als wir dies gewohnt waren.

Unsere Antwort auf diesen Wandel haben wir im Wahlkampf 1998 unter der Formulierung »Innovation und soziale Gerechtigkeit« gegeben. Nicht als unterschiedliche Ansätze, nicht als Gegensätze. Erst in der Verbindung von beiden gibt es gute Politik. Innovation, Modernisierung des Landes, das kann nur dann von den Menschen akzeptiert werden, wenn wir dafür sorgen, dass soziale Gerechtigkeit nicht untergepflügt wird. Nur wenn soziale Gerechtigkeit auch erkennbar realisiert wird, wird Modernisierung angenommen. Soziale Gerechtigkeit auf hohem Niveau können wir aber nur erhalten, wenn wir ein Land im Wohlstand bleiben. An dieser Stelle müssen wir ehrlich bleiben. Wenn man Gerechtigkeit auf hohem Niveau erhalten will, muss man dafür sorgen, dass der Wohlstand in diesem Land gesichert bleibt, muss man dafür sorgen, dass wir nicht alles das, was wir heute erarbeiten, gleich verbrauchen, sondern es in die Zukunft investieren, in Qualifizierung von Menschen, in Forschung und Technologie, in die Entwicklung des Landes, damit auch die Generationen nach uns in Wohlstand und in sozialer Gerechtigkeit leben können. Dazu muss die Sozialdemokratie neue Wege suchen und neue Instrumente; neue Werte braucht man dazu aber nicht. Wir Sozialdemokraten sprechen nicht alle Tage über die großen Werte, an denen wir orientiert sind. Sie gelten seit 136 Jahren und taugen auch für die Zukunft.

Der 27. September 1998 brachte einen großen Wahlsieg für die SPD. Wir haben das Vertrauen von Menschen mit sehr unterschiedlichen Erwartungen gewonnen. Die einen suchten eine soziale Politik, andere eine klare gewerkschaftliche Politik, andere eine konsequent ökologische, einige wollten eine moderne Unternehmenspolitik, wieder andere hatten urbane liberale Ziele im Auge. Dieses Spektrum zeigt das Problem moderner Volksparteien. Den unterschiedlichen Erwartungen kann nicht schnell und umfassend entsprochen werden. Eine Volkspartei wirbt um Vertrauen in allen gesellschaftlichen Bereichen. Sie ist darauf angewiesen und muss ihm entsprechen. Darüber darf der Grundzug eines politischen Konzeptes jedoch nicht verloren gehen. Politik muss sich in Zusammenhängen erklären und um Verständnis und Unterstützung werben: Politik entsteht aus Dialog.

Die größte Schwierigkeit für die Volkspartei SPD ergäbe sich dann, wenn es ihr nicht gelänge, die vielen unterschiedlichen Erwartungen, die Menschen aus ihren eigenen Interessen und Vorstellungen an sozialdemokratische Politik richten, einzubinden in das Vertrauen zu einem Gesamtkonzept für die Zukunftsgestaltung entsprechend den Grundwerten. Hier ist auch das Verhältnis zwischen Programmatik als Motivations- und Kraftquelle einerseits und dem konkreten Gestaltungsprozess in der politischen Verantwortung neu zu bestimmen. Nach langen Jahren in der Opposition ist dies ein Lernprozess, der nicht nur theoretisch angedacht, sondern von der Menschengemeinschaft der Sozialdemokratie mitvollzogen werden muss.

Unsere Grundwerte haben ein einziges letztes Kriterium, dem die politische Arbeit insgesamt dient: die Würde des Menschen zu schützen, zu bewahren und menschenwürdiges Leben zu ermöglichen.

　　　　　　　　　　　　　　Franz Müntefering

Ute Vogt

Freiräume schaffen zur Mitwirkung in der Gesellschaft

»Verantwortungsgefühl« ist eine der drei Qualitäten, die Max Weber bereits 1919 in seinem Vortrag »Politik als Beruf«, als entscheidend für Politiker beschreibt. Eine große Zahl derer, die politisch aktiv sind oder werden, ist auch heute von Verantwortungsgefühl geleitet. Trotzdem ist von dieser Eigenschaft kaum noch die Rede, wenn Politikerinnen und Politiker beschrieben werden. Macht und Einfluss sind die Begriffe, die stattdessen Verwendung finden.

Diese Entwicklung haben Politiker selbst mit verursacht: »Wählt uns und alles wird gut.« Unter diesem Leitspruch wurde Bürgern und Bürgerinnen mehr und mehr suggeriert, Politik könne alle Probleme lösen. Verantwortung in nahezu allen gesellschaftlichen Bereichen wurde von Berufspolitikern übernommen. Während gesetzliche Regelungen tief ins Detail gehen, werden Probleme selten als solche thematisiert.

Die Mitwirkung von Bürgerinnen und Bürgern wurde in diesem Prozess immer weniger gefordert. Eine Art Zuschauerdemokratie hat sich entwickelt. Politik hat sich immer mehr auf Parteien und Parlament reduziert. Auch ehemals politisch engagierte Menschen entfalten politische Aktivitäten häufig nur noch, wenn sie direkt betroffen sind. Sicher, der Straßenverkehr vor der Haustür, die Müllverbrennungsanlage in der Nähe des Wohngebiets kann noch Aktivitäten hervorrufen. Wird die Müllverbrennung aber 15 km weiter lokalisiert, erlahmt das Interesse. Wie gering dann erst Anliegen anderer Bevölkerungsgruppen oder gar von Menschen in anderen Ländern wahrgenommen werden, liegt auf der Hand.

Wir beobachten eine Entwicklung, die nicht nur auf Einzelpersonen zutrifft. Auch gesellschaftliche Gruppen, Verbände und Interessensvertretungen kümmern sich vorrangig nur noch um ihre eigenen Anliegen. Auch wenn dies ihren Aufgaben entspricht, darf der Blick auf das Wohl der Allgemeinheit nicht unterbleiben. Das Gemeinwohl mag vielen als ziemlich altmodischer Begriff erscheinen, die gemeinte Sache ist es nicht.

Das Verantwortungsgefühl reduziert sich vielfach auf die Verantwortung für die Durchsetzung der eigenen Interessen. Ein Lamento über diese Entwicklung verspricht wenig Abhilfe. Auch wenn das Verhalten der politisch Verantwortlichen nicht allein ursächlich ist, so sind sie doch besonders gefordert, ihren Beitrag zur Verbesserung der politischen Kultur zu leisten. Die Demokratie lebt von der Beteiligung vieler. Die lebendige Diskussion und die Auseinandersetzung in unserer Gesellschaft sind unverzichtbar. Der politische Streit zwischen den Parteien ist weithin zum Ritual geworden. Wirkliche Veränderungen, die unsere Gesellschaft weiterentwickeln, entstehen dabei kaum noch und des wenig ertragreichen Parteienstreits droht ein zunehmend gelangweiltes Publikum überdrüssig zu werden.

Etwas fruchtbarer sind noch die Diskussionen innerhalb einer Partei, die Veränderungen oder neue Ansätze befördern. Allerdings steht hier jede Diskussion um eine neue Position in der Gefahr, dass sie den Stempel »Streit«, »Uneinigkeit« oder gar »Spaltung« erhält, so lange die Diskussion läuft und die Entscheidung auf sich warten lässt. Das führt dazu, dass häufig eine neue Idee kaum die Chance erhält, sorgfältig bedacht und erörtert zu werden. Wer Veränderungen vorschlägt, kann sich darauf verlassen, dass umgehend zahlreiche Stimmen veröffentlicht werden, die erklären, warum gerade dieser Vorschlag unpraktikabel, ungerecht, unfinanzierbar oder eben sonst irgendwie unmöglich ist. Und damit nicht das Missverständnis entsteht, dass allein der Vorschlag eines Einzelnen oder einer kleinen Gruppe gar schon Parteiprogramm sei, wird gleich klargestellt, dass das Vorgetragene nicht der offiziellen Beschlusslage entspricht. Und schon ist vom Tisch, was zunächst nur eine Idee war, aber sich vielleicht zu einer Reform hätte entwickeln können.

Solche Lähmungen unserer Diskussionskultur und damit der

Ute Vogt

politischen Kultur überhaupt werden wir nur mit breiten Diskussionen heilen können. Nur wenn ein größerer Teil der Bevölkerung wieder Verständnis dafür zeigt, dass einer Problemlösung auch die Diskussion vorangehen muss, kann der »Vom-Tisch-Effekt« verschwinden. Nicht nur in Parteien und politischen Organisationen müssen entsprechende Freiräume geschaffen werden.

Wie wir in Zukunft miteinander leben wollen, ist eine Frage, die alle angeht. Die Kirche ist als eine große gesellschaftliche Größe dabei gefordert. Aber nicht nur als eine Größe neben anderen. Die Kirche hat eine besondere Verantwortung. Denn im Gegensatz zu vielen Verbänden oder Vereinigungen ist die Kirche gerade nicht Interessensvertreterin einer bestimmten Gruppierung. Unter dem Dach der Kirche können sich alle einfinden. Herkunft, Berufsgruppe, Nationalität oder finanzieller Hintergrund bilden hier nicht die Grundlage für die Interessengemeinschaft. Das verbindende Interesse ist vielmehr der christliche Glaube.

Daraus erwächst nicht in erster Linie eine Verpflichtung gegenüber der Kirche und ihren Einrichtungen. Vielmehr verpflichtet christliche Lebensweise in Bezug auf das eigene Verhalten. Gelebter christlicher Glaube wirkt sich zudem im Engagement in und für die Gesellschaft aus. Dabei geht es nicht nur um soziales Engagement im engeren Sinne. Es geht darum, Verantwortung für andere und die Umwelt zu übernehmen. Dies geschieht zum einen natürlich konkret in vielen kirchlichen Einrichtungen, etwa Kindergärten, Pflegeheimen, Betreuungseinrichtungen oder Beratungsstellen.

Verantwortliches Handeln setzt voraus, dass man sich nicht nur um das Jetzt und Hier vor Ort kümmert, sondern teilnimmt an der Gestaltung des Morgen. Ob bei Bischofskonferenzen oder zum Beispiel im Zentralkomitee der Deutschen Katholiken und seinen Arbeitskreisen oder auch in unzähligen Kirchengemeinden: Hier wird über den Tag hinaus gedacht, werden engagierte Diskussionen geführt, alternative Lösungen entwickelt. Für viele stellen die Kirchen und ihre zahlreichen Einrichtungen auch Treffpunkte dar, gemeinsam unsere Gegenwart und ihre Defizite zu analysieren und daraus Schlüsse für die Zukunft zu ziehen: Schlussfolgerungen, die unsere Gesellschaft bereichern können.

Dazu müssen sie die Gesellschaft auch in geeigneten Schritten erreichen. Die Kirchen haben die Möglichkeit, solche Prozesse attraktiver zu machen und zielgerichtet zu gestalten. Sie müssen sich dafür aber mehr Öffentlichkeit zutrauen. Es geht nicht alleine darum, Ergebnisse zu publizieren und Ratschläge auszugeben. Mindestens genauso wichtig wie eine Position, die als Ergebnis vorliegt und vermittelt wird, ist die Art und Weise, also der Prozess, wie eine Position entsteht.

Das gemeinsame Wort der Kirchen zur sozialen Lage in Deutschland hat nicht in erster Linie durch die Veröffentlichung der Broschüre seine große Aufmerksamkeit erhalten. Es war die große Zahl der Veranstaltungen vor Ort, der Begegnungen nicht nur mit Kirchenleuten, sondern mit vielen Aktiven aus Politik und anderen gesellschaftlichen Bereichen, die bewirkt haben, dass nicht nur der Text zur Kenntnis genommen wurde, sondern dass daran gearbeitet und darauf reagiert worden ist. So werden Ideen lebendig und finden Eingang in die Gesellschaft. Ein Dialog kann entstehen, kritische Fragen können erörtert werden, Unklares kann man verdeutlichen und nicht zuletzt können alle dazulernen.

Für die Kirchen selbst bieten offene Diskussionen, die die Lebenswirklichkeit der Menschen betreffen, eine Chance selbst wieder anziehender zu werden. Einzelne, die nicht nur ihre Mitarbeit, sondern auch ihre Meinung einbringen können, gewinnen dadurch Anreize, sich längerfristig zu beteiligen. Wer etwas bewegen möchte, kann dies nicht allein bewerkstelligen. Die Kirchen als große, einflussreiche Organisationen können Einzelnen die Plattform bieten, Ideen zu bündeln und gemeinsam zu vertreten.

Gleichzeitig kann Kirche einen Beitrag dazu leisten, die Demokratie zu beleben und damit zu stabilisieren. Jeder, der sich in Diskussionen einmischt, bringt damit seine Sicht der Dinge ein, kann Zustimmung gewinnen und die Gesellschaft prägen. Es muss ein zentrales Anliegen der Kirchen sein, diese Prägung zu verstärken. Im Blick auf die Zukunft wird es besonders darauf ankommen, dass wir uns in Bezug auf die Bedeutung von Werten neu verständigen. Die Absage an Konfliktlösungen durch Gewalt gehört dabei ebenso dazu wie die Aufwertung solidarischen Verhaltens und der Toleranz. Auch die Definition dessen, was Gemeinwohl heute bedeutet, erscheint unerlässlich.

Anders als politische Parteien sind die Kirchen freier in der Entwicklung ihrer Vorschläge. Sie können für Vorstellungen werben, ohne täglich nachweisen zu müssen, wie diese rechtlich wasserdicht und solide finanziert umgesetzt werden können. Politische Parteien wiederum brauchen die Kirchen als Diskussionspartner und Gegenüber. Die große Gemeinsamkeit besteht – bei allen Rechtschaffenen – im Bewusstsein der gemeinsamen Verantwortung für das Ganze: für Mensch und Umwelt, für das eigene Land, aber auch für die Menschen außerhalb unserer Landesgrenzen.

In vielen Bereichen wird derzeit versucht, Politik im Konsens zu entwickeln. Das Bündnis für Arbeit oder der Ausstieg aus der Atomenergie bilden zwei Beispiele dafür, dass Einigung Vorrang vor gesetzlichem Zwang haben soll. Solche Prozesse bieten allen gesellschaftlichen Gruppen die Chance, sich einzumischen und Position zu beziehen, Gutes zu verstärken und Schlechtes zu kritisieren, für eigene Wertvorstellungen zu werben und damit Einstellungen zu verändern, die Gesellschaft zu bewegen und zu bewussterem Leben beizutragen.

Kirchen müssen sich einmischen: im Interesse der Allgemeinheit, im Auftrag ihrer Vorstellungen zur Gestaltung des Zusammenlebens auf unserer Welt und vor allem um Menschen zu erreichen.

Kirchen sollen und können keine politischen Parteien werden. Aber sie sollen parteilich für christliche Werte und deren politische Umsetzung eintreten – offen und öffentlich.

Das Verantwortungsgefühl, das Max Weber von Politikern zu Recht erwartet hat, ist ein zentraler gemeinsamer Nenner zwischen politisch Aktiven und tätigen Christen. Es kommt nicht von ungefähr, dass sehr viele Politikerinnen und Politiker, häufig vor allem als Jugendliche, in kirchlichen Gruppen engagiert waren und dieses Engagement in politische Aktivität einmündete. Manche sind den Kirchen auf diesem Weg irgendwie verloren gegangen. Die Präferenz »Partei« hat nicht nur mit zeitlicher Beanspruchung zu tun. Häufig ist schlicht die Tatsache bestimmend, dass die Berührungspunkte selten geworden sind. Des ungeachtet ist das Verantwortungsgefühl das gleiche geblieben und in den meisten Fällen haben sich auch die Werteinstellungen nicht grundlegend verändert.

An den Themen der Zeit und den Anforderungen der Zukunft gemeinsam auf unterschiedlichen Wegen zu arbeiten und dabei verschiedene Sichtweisen zuzulassen – darin liegt für Kirche und Politik eine Chance, sich häufiger zu treffen. Gemeinsame Überzeugungen könnten mit gemeinsamer Kraft ihre Wirkung entfalten. Unterschiedliche Menschen könnten für das Anliegen der Gemeinschaft begeistert werden. Politik und Kirche könnten darin Vorbild sein. Ich finde, es würde sich lohnen, die schläfrige Demokratie durch lebendige und faire Auseinandersetzung zu wecken. Und mir scheint, es ist an der Zeit!

Daniel Bogner

Religion und Politik – Vier Thesen für einen modernen Etatismus

1. Es gibt heute einen antistaatlichen Affekt. Zum guten Ton gehört es, scheinbar ausufernde staatliche Ansprüche zu verurteilen und sich für eine Verschlankung des Staatsapparates einzusetzen. »Etatisten« – das sind Leute von gestern, Dinosaurier, die auf der Bühne der globalen Moderne herumtrampeln und sich schwer tun, den Seitenausgang zu finden. Gegenüber solchem Mainstream steht hier die These: Wir haben nicht zu viel, sondern *zu wenig* Staat – nicht nur auf europäischer, sondern insbesondere auf deutscher Ebene.

Es gilt zu sehen, dass der Staat in seiner westlich-modernen Form ein emanzipatorisches *Freiheitsprojekt* ist. Man hat ihn erfunden, um andere zu beschränken – und zwar die so genannten »intermediären Gewalten« wie etwa Adel oder Klerus.[1] Diese Zwischenmächte haben sich bis in die Zeit der absolutistisch-autoritären Monarchien vor den Einzelnen gestellt, zentrale Entscheidungen (Religionsausübung, Wahlrecht, Meinungsäußerung) vorgeprägt und ihm den Freiheitsraum individueller Entfaltung beschnitten. Die Idee des freien »Bürgers« (citoyen), der selbst entscheiden, wählen, gestalten und damit auch verantworten kann und muss, ist dagegen an die Idee des Staates geknüpft: Als die Institution, die *über* allen Zwischengewalten steht und zu der jeder Bürger in ein unmittelbares und gleiches Verhältnis gesetzt ist, garantiert der Staat die Freiheit des Einzelnen. Er ist die Institution, die aus unklaren, ungleichen und ungerechten Abhängigkeiten von fremden Mächten befreit, weil er alle Bürger von sich »distanziert«: Der Staat kann von niemandem besessen werden, er hält alle Bürger gleich weit von sich fern und eröffnet, ja erlaubt damit erst einen individuellen Freiheitsraum. Gegenüber den intermediären Mächten ist er souverän.

Viele sagen nun: Dieses moderne Befreiungsprojekt ist längst abgeschlossen, heute müssen vielmehr die Bürger vor dem Staat geschützt werden. Wer so argumentiert, produziert einen politischen Kurzschluss: Abbau von Schikanen, Vereinfachung, Beschleunigung von Verwaltungsvorgängen – geschenkt! Aber *weniger Staat?* Eine Illusion zu glauben, die Freiheit sei nicht mehr bedroht, weil Adel und Klerus entthront worden sind. »Intermediäre Gewalten« erheben sich immer wieder und dumm wäre es, sich an einer ihrer historischen Figuren festzuhalten.

2. Heute sind es besonders drei Felder, die freiheitsbeschränkende Macht ausüben und die dies auf ungleiche und intransparente Weise tun – die Marktlogik, die Gewaltlogik und die Konsumlogik. Wo »die Wirtschaft« ihre Rolle als Instrument im Dienste anderer Ziele aufgibt, wird der Markt zu einer selbstgesetzlichen Dynamik: Der Mensch ist nicht mehr als Bürger, d. h. als Gleicher unter Gleichen, Gesetzgeber und Norm wirtschaftlichen Handelns, sondern er wird reduziert auf den gewinnorientierten Wettbewerber mit dem Ziel, den anderen gegenüber *ungleich* zu werden. Erstes Gebot der »Markt«-Macht ist ein Tausch-Apriori: Gut ist, was sich handeln lässt! Der Primat der Politik und seiner zentralen Institution, des Staates, bewahrt dagegen einen freiheitsschützenden Impuls: Gut ist, was dem Menschen nützt – und das hat eben oft geringen »Tauschwert«. Aus keinem anderen Grund kommt dem Staat in der Frage nach dem arbeitsfreien Sonntag oder der Familienförderung die ausschlaggebende Rolle zu.

Ebenso nimmt die *Gewalt im öffentlichen Raum* freiheitsbeschränkenden Charakter an: Der Staat ist Freiheitsanwalt für den Einzelnen und dessen Recht auf körperliche Unversehrtheit und muss deshalb sein Gewaltmonopol bewahren.

Auf ganz anderer Ebene zählen auch die Zwänge der modernen Konsumgesellschaft zu den neuen »intermediären Gewalten«: Jede gewöhnliche Schulklasse z. B. mit ihren von einer Minderheit aufgestellten Bekleidungscodes und Markenhierarchien ist einer »ständischen« Gesellschaft der Vormoderne vergleichbar. Es gibt die, die vermögend sind, und die, die es nicht sind.

Daniel Bogner

Letzteren wird über ein undurchsichtiges und ungleiches Verhandlungsspiel ein von ihnen selbst nicht frei gewählter Platz in der sozialen Hierarchie zugewiesen. Effektive Freiheitsbeschneidung durch Ansehensverlust: Wer sorgt hier für Freiheit und Gleichheit?

3. Ist vom Staat die Rede, schellen in Deutschland neben den handelsliberalen auch die historischen Alarmglocken: Bloß nicht noch einmal eine zu starke Über-Institution, damit haben wir – gerade in diesem Jahrhundert – ausreichend schlechte Erfahrungen gemacht, meint man. Ein grobes und gefährliches Missverständnis: Das Problem im Blick auf das so genannte »Dritte Reich« war nicht, dass hier der Staat zu perfekt funktioniert hat, sondern im Gegenteil – der Staat der Weimarer Republik war zu *schwach*, sodass er von einer »Bewegung« wie dem Nationalsozialismus vereinnahmt und korrumpiert werden konnte. Und was das preußische Modell verdächtig machen musste, war der Militarismus, nicht aber die funktionierende Staatsidee. Fürchten sollte man nicht die Institution Staat, die in der westlichen Tradition der Durchsetzung des Allgemeininteresses verpflichtet ist, sondern die unkontrollierbaren und intransparenten *Bewegungen*, die sich an des Staates Stelle setzen und diesen instrumentalisieren. Ein starker, wehrhafter Staat auf der Grundlage einer funktionierenden republikanischen Leitideologie kann verhindern, dass das Gemeinwesen zur »Beute« der Bewegungen wird. Heute haben wir in Deutschland zwar ausreichend Bewusstsein für einen Föderalismus, in dem gegenseitige Korrektur und kulturelle Vielfalt gut aufgehoben sind. Aber es ist zu fragen, ob es gleichermaßen Bewusstsein für einen Republikanismus, d. h. für gelebte Staatsbürgerschaft gibt, was freilich nicht mit Nationalismus verwechselt werden darf. Übrigens kann auch ein überbetonter »Regionalismus« auf Dauer zu einer gefährlichen Bewegung werden, die den Staat als übergreifendes Ganzes opfert. Stattdessen gäbe es dann regionale »Familien« – Bayern, Sachsen und Saarländer, denen die Dynamik ihres kulturell homogenen »Clans« wichtiger ist als ein Raum für Freiheit und Gleichheit aller.

Erste These also: Am Prinzip »Staat« ist als Garant individueller Bürgerfreiheit mehr denn je festzuhalten.

4. Betrachtet man den modernen, westlich-europäischen Begriff von »Politik«, so stellt man fest: Der Begriff des Politischen hat ein religiöses Erbe. Man kann sagen: Zwischen Religion und Politik hat im Prozess der Moderne ein Rollenwechsel stattgefunden. Dieser Rollenwechsel betrifft den Ort, von dem aus gesteuert werden kann, was in der Welt als »sinnvoll« zu bezeichnen ist. Früher war es die Religion, die den letztgültigen Sinn vorgegeben hat, nach dem sich Individualverhalten und gesellschaftliches Leben strukturierten. Religion – das war keine private Option des Einzelnen, sondern das öffentliche Leitparadigma, das alle weltliche Aktion in eine Sinnperspektive stellte, sie »befehligte«. Durch eine Entwicklung, die mit der Epoche von den Kirchenspaltungen bis zur Aufklärung begann, hat die Religion diesen Platz als letztinstanzlicher »Programmator« des weltlichen Geschehens zunehmend eingebüßt.[2] Mit anderen Worten: Ihre Rolle ist an einen anderen, neuen Akteur »vererbt« worden, und das ist der modern-neuzeitliche Begriff von »Politik«. Es ist die Geburt eines neuen »Global Player«, der den von der Religion verwaisten Platz einnimmt, den diese aufgrund ihrer internen Spaltungen nicht mehr versehen kann: Politik wird das alternative, alle weltanschaulichen und konfessionellen Differenzen überwölbende Integrationsmuster mit dem Leitbild »soziale Nützlichkeit«. Sinnvoll ist, was der Gesellschaft nützt. Es hat ein fundamentaler Programmationswechsel stattgefunden, der der Religion einen völlig neuen Platz zuweist, mit dem sie bis heute zu kämpfen hat: Sie ist nicht mehr Hauptredner, wenn es um die öffentliche Sinnansage geht! War *sie* es einst, die dem weltlichen Geschehen Sinn gab und es erklärte, wird sie nun selber »erklärt« – als psychologische Funktion, soziales Ventil oder ideologische Verblendung. Natürlich gibt es weiter Religiosität, aber unter ganz anderen Vorzeichen: Religion wird zur individuellen, intimen Einzeloption, mit der man allenfalls seine persönliche Motivation für dieses oder jenes Handeln begründen kann, die im öffentlichen Raum aber keine eigene Plausibilität mehr besitzt. Sie ist zu einem wählbaren Produkt geworden, das bestimmte (Rollen-)Identitätsbedürfnisse bedient. Ihren einstmaligen Status als Institution für globale Sinnansage hat sie an die Politik abgegeben, welche fortan die Vorgaben macht: Bar einer letzten, allgemein

verbindlichen Metaphysik muss sie zwangsläufig auf viel kleinerer Flamme kochen: So ist es unter modernen Bedingungen eben schon viel, wenn es eine Ebene gibt, auf der Freiheit, Gleichheit und Brüderlichkeit bzw. – bescheidener – die Abwesenheit von Gewalt als Rahmen für gedeihlichen wirtschaftlichen Handel des Sinnes tiefster Grund sind. Wie die Religion von der Politik abgelöst wird, ersetzt der Staat die Kirche – als vollmächtig handelnder Hauptakteur, der für Überlieferung, Erhalt und Fortführung eines Sinnprogrammes garantiert.

5. Wenn sich die Politik nun als direkte Erbin der Religion bezeichnen lässt, dann spiegelt sich dies nicht zuletzt in einer religiös-politischen Formenlehre wider: Wer könnte nicht in der Verfassung (bzw. dem Grundgesetz) des modernen Staates ein gebrochenes Echo auf das Credo der Religion erkennen – beide Male die zentralen Bekenntnistexte, die einer »bekennenden« Gemeinschaft bedürfen und Zugehörigkeit bestimmen. Das BGB hätte dann den Katechismus abgelöst, das Instrument der Steuer entspräche dem Gnadenschatz, den die Kirche treuhänderisch und vollmächtig verwaltet – mit allen Möglichkeiten positiver und negativer »Besteuerung«! Der Parteitag, eher noch: der Staatsakt mit seiner Hoheitssymbolik wäre die Liturgie der Politik, und dass die Weihnachtsansprache des Bundespräsidenten mittlerweile nicht nur formal als »Predigt« für eine säkularisierte Moderne gelten kann, ist zumindest diskutabel. Die Dinge sind seltsam vermischt: Als Religion hat die Religion ausgedient, als Formgeberin der Politik offenbart sie aber, in welchem Erbe diese steht. Die Rochade zwischen Religion und Politik führt in das Paradox, dass der Staat heute »religiös« behandelt wird und die Religion »staatlich« – als Körperschaft des öffentlichen Rechts.

Zweite These: Zwischen Religion und Politik hat eine Verschiebung stattgefunden, moderne Politik steht zur Religion in einem unmittelbaren Erbenverhältnis.

6. Wenn nun aktuell der Staat mehr und mehr an Boden verliert, dann kann man das als eine »zweite Verschiebung« bezeichnen: Nachdem die Religion ihre einstige Funktion an die Politik und den Staat als deren Akteur abgegeben hat, droht nun auch dieser

seine Rolle zu verlieren, und zwar an die neuen »Zwischen-mächte«, wie etwa Markt, Gewalt, Konsumideal. Eine solche wei-tere Rollenverschiebung ist aber gefährlich: Sie bricht mit der strukturellen Ähnlichkeit, die zwischen Religion und Politik qua »Vererbung« immer noch bestand.

Das Grundprinzip der Politik in ihrer westlich-abendländi-schen Form, die im Modell der rheinisch-sozialen Marktwirt-schaft eine besonders zugespitzte Ausprägung gefunden hatte, heißt *Einschluss*: Ob es um die Auswahl der Herrschaftselite oder die Bestimmung inhaltlicher Zielgüter geht – stets tendiert unser Modell von Politik dazu, *alle* zu befragen, und, wenn irgend möglich, *allen* den Zugang zu den Schaltstellen der Entscheidung zu eröffnen. Der grundlegendste Gerechtigkeits- und Gleich-heitsgrundsatz westlich-demokratischer Politik lautet: Es betrifft alle, also müssen alle so nah wie möglich dabei sein, mitreden, mitverantworten. Und darin zeigt sich vielleicht am deutlichsten die Verwandtschaft zwischen Religion und Politik: Das Wort der christlichen Offenbarung richtet sich prinzipiell an alle Welt, es bleibt nicht einer wie immer begrenzten elitären Minderheit vorbehalten.[3] »Mission«, missverstandene und oft geschmähte Vokabel – das ist die Urform einer Gleichheitsidee: Alle sind »be-troffen«, also gibt es die Verpflichtung, *allen* Mitteilung zu ma-chen, niemanden ungerechtfertigterweise außen vor zu lassen. Das christliche Wissen, so kann man sagen, ist nie Herrschafts-wissen. War das »rettende Wort« einst religiös, findet sich davon im Modell neuzeitlicher Politik freilich nichts mehr. Dennoch bewahrt die demokratische Politik im Prinzip einer systema-tischen Inklusion aller ein Erbe des christlichen Offenbarungsge-schehens.

Aus diesem Grund sind sich Politik und Religion so nahe, und in dieser Nähe findet sich auch das Argument, das gegen jede weitere Schwächung der Politik spricht und das vor der Verschie-bung zu neuen Akteuren warnt: Die »intermediären Gewalten« nämlich kennen kein Prinzip des »Es betrifft alle«. Sie legen un-genierterweise Auswahlkriterien an, die oft ungleich, ungerecht und undurchsichtig sind. In den jeweils geschlossenen Systemen des Marktes, der Gewalt oder des Konsums wird nicht jeder be-stehen. Hier genügt es nicht einfach, »Bürger« zu sein und damit

Daniel Bogner

eine Stimme zu haben. Diese Stimme knüpft sich vielmehr an Kriterien wie Vermögen, Zeitressourcen, Beziehungen oder Ansehen. Kriterien, die nicht auf alle prinzipiell zutreffen können und zu deren ausgleichender Verteilung es keine übergeordnete Motivation mehr gibt, wie staatliche Politik sie beansprucht.

Die Hoheitssymbolik des Staates drückt in diesem Sinne vor allem eines aus – dass es »etwas zu sagen gibt«. Helmut Schmidt personifiziert dies, als er 1982 in seiner letzten Parlamentsrede als Bundeskanzler zur zerbrochenen Koalition spricht und in einem Anflug aus Wut und letztem Gestaltungswillen den Zwischenrufern entgegenhält: Meine Herren, noch habe ich hier das Wort! *Noch das Wort haben*, das zeichnet eine »Politik des starken Staates« aus: Hier wird der Anspruch aufrechterhalten, *dass* es überhaupt eine allgemeine, das Ganze betreffende Stimme gibt! Demokratische Politik ist der Wettbewerb um dieses »Wort«, das man inhaltlich bestreiten kann, zu dem man Alternativen vorzulegen hat. Der Politikverlust im Rahmen des gegenwärtigen Staatspessimismus führt aber zum Schwinden des »Wortes«. Die neuen intermediären Gewalten stellen selber keine Rede dar, die das »Allgemeine« betrifft. Sie entmachten die Politik und führen deren Hoheit des Wortes in die Zerstreuung (Diaspora). Dies kann unterschiedliche Gestalten annehmen: Entweder verliert es sich ins *Geschrei* der Anarchie – etwa dort, wo der Staat sein Gewaltmonopol verliert–, oder in die *Berieselung* der sukzessiven Ökonomisierung aller Lebensbereiche. Angesichts der Perspektiven, die eine solche »zweite Verschiebung« von der Hoheit der Politik in die Oligarchie der Milieus, Trends und Bewegungen bietet, kann man vom religiösen Blickwinkel aus mit der »ersten« durchaus zufrieden sein.

7. Von hier aus erschließt sich der Stellenwert, der dem Prinzip »Institution« beizumessen ist: Dem Siegeszug der neuen intermediären Gewalten Einhalt gebieten und die Freiheit sichern kann nur ein quasi-transzendentaler Mega-Akteur, der über den Einzelnen und den Gruppen steht und in dessen Agentschaft die Moderation des Allgemeinwohls liegt. Hier kann es im Zeitalter der Trennung von Politik und Religion nun zu einer »Arbeitsteilung« von Staat und Kirche kommen: Wo der Staat die mit Sicherheit angemessenere Institution ist, wenn es um die Aus-

übung der Gewalthoheit und der wirtschaftlichen Steuerungs- bzw. Impulsfunktion geht, kann die Kirche ihr spezifisches Profil anderswo deutlich machen – indem sie der Gesellschaft zeigt, dass die Logik des Konsums, der Leistung und des gegenseitigen Vergleichens nicht alles ist. Wo sie als Institution dafür steht, in- mitten der sich verrechnenden und auskalkulierten Zweckratio- nalitäten eine Leerstelle namens »Gott« zu behaupten, widersetzt sie sich der geistigen und sozialen Uniformität und schafft gegen die Massenzwänge neuen Freiheitsraum, in dem man wieder atmen kann. Alles nur Kompensation? Das wäre klein gedacht, denn jeder Schritt solcher Widerständigkeit ändert das System als Ganzes – vielleicht zunächst wenig sichtbar, aber subversiv und beständig.

Dritte These: Nimmt die Politik sich in ihrem Anspruch ernst, darf sie es nicht zu einer »zweiten Verschiebung« kommen lassen. Religion und Politik stehen dann trotz aller formalen Trennung auf derselben Seite.

8. Die Sozialdemokratie ist die politische Kraft mit der höchsten Affinität zum Staat. Dies erklärt sich geschichtlich: Gerade weil die Arbeiterbewegung in den festgefügten Ordnungen des ausge- henden 19. Jahrhunderts keine eigene Stimme hatte, die im Kon- zert der Interessen wirkungsvoll gewesen wäre, war man ge- zwungen, sich an eine bestimmte Idee des Staates zu halten – der Staat als die einzige Instanz mit der spezifischen Aufgabe, zwi- schen den widerstreitenden Interessen zu vermitteln und ein »Allgemeines« herauszufiltern, das letztlich dem Wohl aller dient. Dieses historische Erbe hat der SPD stets in Erinnerung gerufen, dass überhaupt eine solche Vermittlungs-, Modera- tions- und zuweilen Verteilungsaufgabe *existiert* und jeweils neu wahrgenommen werden muss. Damit entsteht ein Politikbegriff, der allen spieltheoretischen Varianten kritisch gegenübersteht, insofern diese den Verdacht aufwerfen, die staatliche Pflicht zur »Vermittlung« unterzubewerten. Wer sich heute politisch enga- giert, gründet »Netzwerke« und »Initiativgruppen«. Gut und wichtig. Aber Regel und Ausnahme werden leicht verwechselt. Es muss immer noch eine Ebene geben, auf der die Mühe unter- nommen wird, aus den kreativen Ideenpools und gesellschaftli-

Daniel Bogner

chen Bastelstuben ein »Allgemeines« herauszufiltern. Der Staat ist der Raum dafür und die SPD die Partei, die eine besondere Sensibilität für dieses Adressverhältnis hat. Das sozialdemokratische Megathema »Gerechtigkeit« kann man dann als eine Freiheitskategorie lesen: Erst wo die Institution (Staat) mit der Suche nach Ausgleich zwischen den Mitgliedern der politischen Gemeinschaft betraut ist, öffnet sich ein Freiheitsraum, weil jedes Einzelinteresse in einen übergeordneten und damit befriedenden Rahmen eingereiht ist.

9. Das prägt die Arbeitsformen. Die SPD gilt als »Gremienpartei«. Natürlich, denn darin drückt sich das Wissen aus: Es gibt etwas zu verhandeln; um das Wohl aller muss gestritten werden, es ist zu suchen. Die Gremienstruktur ist resistent gegen handstreichartige Instantüberzeugungen, die von mehr oder weniger charismatischen Führungsgestalten lanciert werden. Sozialdemokratie setzt ein realistisches Misstrauen in das vermeintliche Alleskönnen Einzelner und vertraut mehr dem gemeinsam erarbeiteten Konsens. Der Partei»apparat« ist das zurechtstutzende Korrektiv gegenüber dem individualistischen Narziss. Freilich braucht es starke Persönlichkeiten. Aber entscheidend ist es, die Balance zwischen Einzelnem und Programm zu finden. Damit liegt die SPD zwischen dem grünen Modell (»die Person zählt nichts«) und dem unionsdemokratischen (»die Person zählt alles«). Die Neigung der Sozialdemokratie zum Staat und ihr »institutioneller« Charakter prägen zudem etwas, das man »politische Gestik« nennen könnte und das sie von einer Kleinpartei wie den Grünen abhebt: Deren ganze Legitimation hängt an der möglichst hochprozentigen Umsetzung ihres politischen Gründungsmythos. Daraus wird schnell ein Credo mit Erlösungsanspruch, und im Gegenzug eine höllische Existenzangst, wenn diese ganz bestimmten, eng umrissenen Inhalte nicht realisiert werden. Spielraum für Ausgleich ist da wenig und das verleiht solchen Parteien einen unflexiblen, rechthaberischen Charakter. Die »Geste« einer Volkspartei ist da weiter: Man muss das große Ganze sehen; das macht gelassener, kompromissbedacht. Ein gutes Klima für den, der die richtige Antwort nicht immer schon weiß, sondern sie mit anderen suchen will.

Vierte These: Wenn es um den »Staat« als politischen Akteur geht, ist die Sozialdemokratie immer noch die beste Adresse.

10. Obgleich es also ein direktes genealogisches Band zwischen Religion und Politik, Staat und Kirche gibt, so haben sich die Wege heute dennoch getrennt und das hat Folgen. Zunächst für den Christen, der einen Spagat zu meistern hat: Auf der einen Seite unterliegt er der Versuchung, der säkularen Gesellschaft seine hilfreichen und in vielen Feldern bereits unersetzlichen sozialen und kulturellen Dienste mit dem Hintergedanken anzubieten: »Seht her, wofür wir gut sind; es lohnt sich, uns zu fördern!« Aber Ursache und Wirkung dürfen nie verwechselt werden: Wer als Christ daran zu glauben beginnt, dass es einen gibt, weil man ja irgendwie gut für die Gesellschaft ist, steht im Abseits. Nein: Wir glauben an Gott, weil es Gott ist, weil der, den er ruft, an ihn glauben muss. Das ist die »erste Agenda«, deren innere Logik eben zwangsläufig zu gesellschaftlichem Engagement führt. Aber der Christ darf nie vergessen, dass es ihn nicht deshalb gibt, weil sich mit seinem Programm ganz gut »Staat machen« lässt. Ansonsten gerät man schnell in eine zynische Sackgasse, denn im öffentlichen Raum ist das Christentum ja unter dem Titel »soziale Nützlichkeit« gefragt. Als »religiöser« Mensch im eigentlichen Sinne hat er dort keinen wirklichen Ort mehr. Wo der Christ sich als Christ verstehen will, wird er von außen nur mehr als »Erweckter« bzw. *Folklorist* wahrgenommen. Das tonangebende Sinnschema ist ein anderes: In Politik und Staat kommt – gut hegelianisch – die Freiheit zu sich; was könnte im politisch-aufklärerischen Republikanismus die Religion anderes sein als eine Privatangelegenheit? Freilich liegt darin dann auch die Chance: Für den Christen ist Religion *nie* Privatsache. Seine Arbeit aber geschieht in der Fremde; er hat keinen »eigenen« Boden mehr. Ein Dilemma, das sich unter modernen Bedingungen prinzipiell nicht auflösen lässt.

11. Und was soll die SPD mit den Hinweisen auf die Verschränkung zwischen Religion und Politik anfangen? Sie treffen die Programmdiskussion der Partei und können dort die Frage aufwerfen, in welchen längerfristigen Linien sich sozialdemokratische Politik begreift. Interessieren könnte zum einen, dass sich

Sozialdemokratie und Kirche mit ihrem Begriff von »Institution« besonders nahe stehen. Zum anderen kann es eine moderne »etatistische« Partei nicht unberührt lassen, Weggenossen im Kampf gegen die neuen intermediären Gewalten zu erkennen. Insofern lässt sich ein geschärftes Sensorium für die »Fronten« entwickeln, an denen die Frage nach Freiheit und Gerechtigkeit ausgetragen wird: Die Kirche steht dabei längst mit den Kräften auf einer Seite, denen am wirkungsvollen Schutz sowie an gleichen Entwicklungschancen aller Individuen eines Sozialraumes (Staat) gelegen ist. Im Rahmen einer zunehmenden Vertiefung der Europäischen Union wird gerade im Gespräch mit Frankreich sicherlich auch die Frage nach einer Neubestimmung des Staat-Kirche-Verhältnisses zwischen negativer und positiver Religionsfreiheit aufkommen. Die SPD wird dabei die Kraft der Kirche zu schätzen wissen.

1 Hierzu vgl. *Sibylle Tönnies*, Der Staat: Tag- oder Nachtseite der Moderne?, in: Merkur 53 (2/1999), 95-107.

2 Diese These findet sich ausführlich entfaltet bei *Michel de Certeau*, L'Ecriture de l'histoire, Paris 1975, darin Kapitel IV: La formalité des pratiques. Du système religieux à l'éthique des lumières (XVIIe–XVIIIe siècle), 153–212.

3 »Denn so hat uns der Herr aufgetragen: Ich habe dich zum Licht für die Völker gemacht, bis an das Ende der Erde sollst du das Heil sein.« (Apostelgeschichte 13,47)

Wolfgang Tiefensee

Jetzt schon das Land leben, auf das wir hoffen!

Ich möchte mit einer kleinen Erzählung aus Martin Bubers »Die Erzählungen des Chassidim« beginnen:

»In Ropschitz, Rabbi Naftalis Stadt, pflegten die Reichen, deren Häuser einsam oder am Ende des Dorfes lagen, Leute zu dingen, die nachts über ihren Besitz wachen sollten. Als Rabbi Naftali sich eines Abends spät am Rande des Waldes erging, der die Stadt säumte, begegnete er solch einem auf und nieder wandelnden Wächter. ›Für wen gehst du?‹, fragte er ihn. Der gab Bescheid, fügte aber die Gegenfrage daran: ›Und für wen geht ihr, Rabbi?‹ Das Wort traf den Zaddik wie ein Pfeil. ›Noch gehe ich für niemanden‹, brachte er mühsam hervor, dann schritt er lange schweigend neben dem Mann auf und nieder. ›Willst du mein Diener werden?‹, fragte er endlich. ›Das will ich gern‹, antwortete jener, ›aber was habe ich zu tun?‹ ›Mich zu erinnern‹, sagte Rabbi Naftali.«

Um zu wissen, warum man geht, muss man wissen, für wen dies geschieht. Und um zu wissen, wohin man will, muss man erkennen, woher man kommt.

Bei Jeremia, in seinem »Brief an die Weggeführten in Babel«, finde ich die Aussage: »Suchet der Stadt Bestes (…) und betet für sie zum Herrn; denn wenn's ihr wohl geht, so geht's auch euch wohl« (Jeremia 29,7). Ich habe oft an diese Ermahnung der Gemeinde denken müssen, wenn ich mir die Situation der katholischen Kirche in der DDR und die unserer Gemeinde in Leipzig in Erinnerung rufe. Jeremia spricht einen verloren scheinenden Kreis aus Zwangsemigrierten, eine religiöse Minderheit in Babylon an. Auch wir waren eine kleine Minderheit, als Phantasten verschrien, mehr geduldet als akzeptiert.

Die Situation der Kirche in der DDR – insbesondere der römisch-katholischen – ist oftmals im Bild der Diaspora gefasst worden. Die wörtliche Bedeutung von Diaspora heißt »Zerstreuung«. Tatsächlich – und möglicherweise ist dies eine zentrale Erfahrung von Christen in der DDR – rückt man in der Diaspora zusammen. Das Anliegen, zu dem man sich bekennt, wird mit großem Ernst betrieben, gewinnt einen enormen Wert für die eigene Lebensführung. Zu glauben wird eine sehr praktische Frage, der Glaube zu einem Fundament des Handelns.

Ja, wir waren das Salz der Erde, auch wenn wir selber oft an unseren Möglichkeiten zweifelten. Wir haben 1989 und in den Jahren zuvor diese Kraft des Unmöglichen gespürt. Und wir haben im Epochenjahr 1989 von ihr gezehrt, um unserer Stadt unser Bestes zu geben, um sie aus der Herrschaft der Lüge zu befreien. Ich denke oft: Wie zaghaft, wie spät, wie gering war unser Einsatz – das Ergebnis bleibt ein Wunder.

Gestern

Im Sommer jenes Jahres wurde ein Film mit dem Titel »Ist Leipzig noch zu retten?« gedreht. Die Kamera fing desolate Gebäude, zerstörte Straßen, verschmutzte Luft, verdrecktes Wasser ein. Das eigentlich Bedeutende entging ihr. Es war augenscheinlich nicht zu fassen: das Fehlen demokratischer Grundrechte, die heuchlerische Indoktrination, das ideologische Strammstehen, das In-den-Rahmen-gepresst-Werden, mit einem Wort: das Leben in einem Käfig, selbst wenn er sozial ausgepolstert war.

Es hat in Leipzig und in der gesamten DDR einen Willen gegeben, dies zu verändern, einen Impuls zum aufrechten Gang, der in starkem Maße von urchristlichen Idealen geprägt war. Zu nennen sind neben den unzähligen Aufrechten ohne kirchliche Bindung etwa die »Aktion Sühnezeichen«, die die Brücke zu unseren Nachbarn geschlagen hat, die Friedensgebete seit Beginn der 80er Jahre, die Arbeitsgruppen innerhalb der »Ökumenischen Versammlung für Gerechtigkeit, Frieden und Bewahrung der Schöpfung«, und nicht zuletzt das persönliche Engagement vieler Christen, die mit der Kraft ihrer Gemeinden unspektakulär, aber kontinuierlich den Stein gehöhlt haben.

Im Herbst 1989 konnten wir alle, nicht wenig verwundert und erstaunt ob unserer Kraft, das Resultat dieser untergründigen Arbeit sehen. Nach biblischen 40 Jahren zog man siebenmal um den Leipziger Ring und die Mauern stürzten ein. Die Stasi wusste, was sie sagte: »Mit allem haben wir gerechnet, nur nicht mit Gebeten und Kerzen.« Unsere Kraft kam aus einer grundlegenden christlichen Überzeugung: *Jetzt schon das Land zu leben, auf das wir hoffen!*

Heute

Leipzig hat nach 1989 einen atemberaubenden Wandel erfahren. Der Neuanfang unserer Stadt verdankt sich der Hilfe von außen und den kleinen und großen Anstrengungen ihrer Bürgerinnen und Bürger, quer durch alle sozialen Gruppen, Männer und Frauen, Jung und Alt: der Arbeiter und der Unternehmer, der Angestellten und der Mittelständler, der Künstler und der Wissenschaftler. Ihre gemeinsame Arbeit hat Leipzig zu dem gemacht, was es heute ist. Leipzig zählt wieder zu den ersten Adressen unter den deutschen Städten. »Leipzig kommt!« – dieser überregional bekannte Werbespruch beschreibt einen Anspruch und dauerhaften Auftrag: am Bild unserer Stadt zu arbeiten, zu ihrem Besten.

Die Veränderungen haben sich in einem rasanten Tempo vollzogen. Die Leipziger – wie die Ostdeutschen im Allgemeinen – sind in ihrer sozialen, beruflichen und politischen Existenz Belastungen ausgesetzt gewesen, die die Grenzen des Verarbeitbaren erreichten und oft überschritten. Reformwille und Mut zur Veränderung sind für uns gelebte Wirklichkeit. Wir wurden bereits dem biographischen und gesellschaftlichen Innovationstest unterzogen, mit all seinen lebensgeschichtlich oft ungemein schmerzhaften Einschnitten.

Die Stadt und ihre Menschen sind in einem wechselseitigen Prozess andere geworden. Ich will es an fünf Menschen plastisch aufzeigen.

Da ist der unternehmerisch Tätige, eine Figur, die die DDR so nicht kannte. Zwar existierten bis 1989 ca. 140.000 Privatbetriebe.

Aber diese waren in das System der staatlichen Planung eingeschlossen und vom Wettbewerb um Kundenaufträge freigestellt. Diese neuen Unternehmer sind risikobereite Menschen. Sie stehen zumeist einem kleinen Betrieb vor, mit all den Problemen der Geschäfts- und Personalführung, auch mit der gesellschaftlichen Verantwortung, die sie durch ihre neue Rolle übernehmen. Hinzu kommen die Kapitalknappheit, die mangelnde Zahlungsmoral, die Konkurrenz der Großen. Diese Unternehmer – Handwerker, Einzelhändler, Kleingewerbetreibende, Existenzgründer, Ingenieure – bilden das Fundament der ostdeutschen Wirtschaft. Ein neues Selbstvertrauen muss entstehen – wir befördern es.

Da ist auch der ehemalige Industriebeschäftigte, einer von über 100.000 in Leipzig, die ihren Arbeitsplatz verloren haben. Oft ist er gut qualifiziert und jahrzehntelang einer verantwortungsvollen Tätigkeit nachgegangen. Die Schließung seines Unternehmens, der Wandel des Arbeitsmarktes, sein Alter und seine Kenntnisse scheinen seiner Berufsbiographie ein Ende zu setzen. Wir können auf die Kompetenz und Lebenserfahrung dieser Menschen nicht verzichten. Ein Prinzip unserer Stadtpolitik: neue Wege suchen, wo die hergebrachten Instrumente ergänzt werden müssen! Die Stadt Leipzig versucht als Arbeitgeber und Akteur des zweiten Arbeitsmarktes alles, diese berufserfahrenen Menschen zu unterstützen.

Da ist die allein erziehende Mutter mit zwei Kindern: Sie hat eine Beschäftigung mit geringer Bezahlung, muss daher zusätzlich Sozialhilfe und Wohngeld beziehen. Ihre familiäre, soziale und berufliche Situation hat sie in die Nähe der Armutsgrenze geführt. Sie ist eine Verliererin der Wende. Ihre Kinder gehören zu denen, die, wie mittlerweile jedes fünfte Kind in Deutschland, ab der ersten Klasse Sozialhilfe beziehen. Ohne Wenn und Aber ist diese Unterstützung vonnöten. Aber sie muss mit Qualifikations- und Arbeitsangeboten verbunden sein, die diese Frau auch befähigen, selbst ihrer Misere Herr zu werden. Ein weiteres Prinzip: Hilfe zur Selbsthilfe!

Da ist die rüstige Rentnerin Mitte 60: Sie ist materiell eine der Gewinnerinnen der Wende. Ihr Lebensunterhalt ist gesichert, ihre Lebensperspektiven geordnet. Aber sie will mehr tun, als ihr viertes Lebensalter vor dem Fernseher zu verbringen. Sie will ihr

Wissen in eine sinnvolle Tätigkeit einbringen, mit Gleichgesinnten Gemeinsamkeit erleben, die eigene Lebensqualität verbessern. Für sie bietet sich eine ehrenamtliche Tätigkeit in einem Verein, einer sozialen Einrichtung, einer Bildungsinstitution geradezu an. Ein weiteres Prinzip unserer Stadtpolitik: Das Ehrenamt, mit welcher materiellen Honorierung auch immer, muss ein unverzichtbarer Bestandteil kommunaler Gestaltung werden. Für die Rentnerin eröffnet dies neue Erfahrungen, Begegnungen, Lebensmöglichkeiten.

Da ist der jugendliche Hauptschulabgänger: Sein Schulabschluss bereitet ihm erhebliche Schwierigkeiten bei der Suche nach einer Lehrstelle. Gleichzeitig verschärft der generationsinterne Konkurrenzkampf um die unsicherer werdenden Lebenschancen seine Situation. So drängen Jugendliche mit höheren Schulabschlüssen auf einen Lehrstellenmarkt, der vormals minderqualifizierten Jugendlichen offen stand. Unterstützungsprojekte für Jugendliche aus den Haupt- und Förderschulklassen müssen auf diese neue Situation reagieren. Die prekäre Lehrstellensituation und die hohe Abbrecherquote machen gleichzeitig Berufshilfeprojekte für arbeitslose und Sozialhilfe beziehende Jugendliche notwendig. Mit einem Wort: Wir müssen die ganze Palette der Angebote erweitern, die unserer Jugend den Einstieg in die Berufswelt ermöglichen. Denn wer keine Chance im Berufsleben erhält, für den wird rasch seine ganze Existenz zum Problem.

Damit wir uns nicht missverstehen: Es gibt auch den erfolgreichen Unternehmer, die gut situierte Familie, den Jugendlichen mit glänzenden Zukunftsaussichten. Die Lebenslage all dieser Menschen fordert uns eine Erkenntnis ab: Wir müssen unser Handeln an den sich ständig verändernden Lebensbedingungen orientieren und dies unter der klaren Zielvorgabe, das Gemeinwesen im Interesse des Gemeinwohls gegen rücksichtslose Eigeninteressen zu gestalten. Den an den Rand Gedrängten nicht aus den Augen zu verlieren, ist verantwortungsbewusste Politik.

Stadtentwicklung ist verantwortete Gesellschaftspolitik

Der Raum unserer Stadt hat sich seit 1989 grundlegend verwandelt. Nur vordergründig, obwohl so unendlich wichtig, betrifft dies die äußere Sanierung unserer Stadtlandschaft. Unsere Stadt ist heute auf dem besten Weg, eine touristische Attraktion zu werden. Aber der urbanen und der sozialen Geographie Leipzigs wurde ein neues Profil geschnitten.

Die Modernisierungen haben nicht nur Sieger produziert. Ihre negativen Konsequenzen bilden sich auch räumlich ab. In bestimmten Stadtbereichen leben überdurchschnittlich viele Menschen, die arbeitslos sind, Sozialhilfe beziehen, denen Chancen vorenthalten werden. In diesen Teufelskreis aus sozialem Abstieg, wirtschaftlicher Perspektivlosigkeit, politischem Desinteresse und moralischer Gleichgültigkeit müssen wir einbrechen: Nur mit intakten und lebendigen Stadtteilen können wir eine soziale Zersplitterung im gesellschaftlichen Leben unserer Stadt verhindern. Eine harmonische Entwicklung der Leipziger Stadtteile ist daher unser erstes Gebot.

Alle unsere Handlungen werden zudem mit der Tatsache konfrontiert, dass wir schon heute an das Morgen denken müssen. »Nachhaltigkeit« ist das Schlagwort, das diesen Sachverhalt umschreibt. Politik muss die vielfältigen Konsequenzen bedenken, die eine heutige Investition, ein Unternehmensverkauf, eine Schulschließung, eine Straßensanierung an Zukunftsoptionen erschließt.

Die Arbeit an einer Leipziger Agenda 21 ist ein Erfahrungsfeld für diese zukünftige Form der Politik. Hier treffen sich das Wissen der Experten und die Klugheit der Leute. Hier soll gegenwärtiges Produzieren, Verhalten, Denken auf die Waagschale der Zukunft gelegt werden. Dieser Prozess besitzt in Leipzig großes Gewicht. Er ist ein Labor zukünftiger Handlungsmöglichkeiten.

Eine Stadt für alle Bürger

Die Verwandlung Leipzigs in eine weltoffene und moderne Stadt verdankt sich einer zielgerichteten Politik. Der gemeinsame Anspruch klingt einfach: »Leipzig muss eine lebenswerte Stadt für alle Bürgerinnen und Bürger bleiben«, und enthält dennoch politischen Zündstoff. Denn dieses Moment der sozialen Solidarität steht im bewussten Kontrast zu bestimmten Zeitströmungen, die Ausgrenzungen bewusst einkalkulieren oder zumindest billigend in Kauf nehmen.

Politik braucht Visionen, Vorstellungen, die über den Tellerrand des Hier und Jetzt hinausreichen. Nur wenn sich bei uns jeder in seinen Begabungen frei entfalten kann, wenn sich bei uns jeder frei und sicher äußern und bewegen kann, wenn bei uns niemand Not leiden muss und jeder ein Dach über dem Kopf hat, und wenn bei uns der Mensch geachtet bleibt und in Würde leben kann, auch dann, wenn er seinen Arbeitsplatz verloren hat, krank ist oder aus einem fremden Land zu uns kommt, nur dann können wir sagen, dass wir unseren selbstgesetzten sozialen und demokratischen Ansprüchen gerecht geworden sind.

Diese Vorstellungen sind nie gänzlich zu verwirklichen. Menschliche Kräfte und das Paradies auf Erden passen nicht zusammen. Aber wir müssen Anfänge setzen und die vielen kleinen Schritte tun, diesen hohen Ansprüchen, auch an uns selbst, gerecht zu werden. Aus der Geschichte der DDR haben wir gelernt, dass nicht die fertige Utopie unser Wegbegleiter sein darf, nicht der abgeschlossene Gesellschaftsentwurf, der Ideologien und Totalitarismen produziert. Es ist die alltägliche und so mühsame Arbeit am Wirklichwerden unserer Wünsche, die uns leitet: *Jetzt schon das Land leben, auf das wir hoffen!*

Politik heißt ermutigen und die Menschen einbeziehen

Politik darf aber nicht als Allheilmittel verstanden werden. Wir kommen aus einem vormundschaftlichen, alles beherrschenden Staat und kennen diese Gefahr zu gut. Politik muss sich offen und ehrlich zu ihren Grenzen bekennen. Politiker sind Katalysatoren und Unterstützer von Initiativen, die unsere Gemeinwesen voranbringen. Aber über diese Aufgabe des Geburtshelfers und solidarischen Begleiters hinaus kann Politik die Arbeit der Gesellschaft nicht ersetzen.

Wolfgang Tiefensee

Politik muss da eingreifen, wo der Einzelne unverschuldet die Möglichkeit verliert, seine Lebensführung selbständig zu gestalten. Politik hat Sorge zu tragen, Wohnraum für Menschen mit geringem Einkommen bereitzustellen, finanzielle Unterstützung für sozial Benachteiligte zu gewährleisten, den Schutz des Schwachen zu garantieren. Aber sie darf nicht zur Alimentenverwaltung verkommen. Die tatsächlich Bedürftigen müssen wir ebenso unterstützen, wie die Eigeninitiative aller fördern. In dieser Hilfe, die eine Wiederbefähigung zur Selbstverantwortung bedeutet und nicht auf eine Kultur der Abhängigkeit vom Staat hinausläuft, liegt der zeitgemäße Kern des Gedankens der sozialen Gerechtigkeit.

Aber auch dies gilt: Wer nur auf der Klaviatur des vorgeblich Unvermeidbaren spielt, verstimmt die Zuhörer. Wer nicht vom Weg abkommt, bleibt auf der Strecke. Die Ideologie der Sachzwänge verkennt die Vielfalt und die Widersprüchlichkeit unserer Welt. In jeder Lage existieren verschiedene Optionen und Handlungsvarianten. Vielleicht sollte man es zur Pflicht machen, jedes Problem aus unterschiedlichen Perspektiven aufzubereiten, auf jeden eindeutigen Vorschlag zu verzichten, um die Fülle des Möglichen zu erfinden. Dies ist kaum möglich. Dennoch müssen wir beides schärfen: den Wirklichkeits- und den Möglichkeitssinn.

Politik ist das Werk konkreter Menschen mit ihrem besonderen Wissen, ihren besonderen Erfahrungen, ihren besonderen Einstellungen. Wie wir im Alltagsgeschäft miteinander umgehen, ist für das Gelingen unserer Anstrengungen oftmals von gleichem Gewicht wie die Instrumente und die Ziele unserer Bemühungen. Neudeutsch nennt man dies »Politikstil«.

Der wichtigste Aktivposten unserer Stadt sind ihre Bürger. Leipzig ist eine erfahrungshungrige Stadt. Die Leipzigerinnen und Leipziger sind engagierte Menschen mit Einfallsreichtum und Durchhaltevermögen. Die unblutige Revolution von 1989 hat bewiesen, dass sich unsere Bürger für ihr Gemeinwesen einsetzen und wollen, dass es mit unserer Stadt weiter vorangeht. Demokratie ist ein Prozess, kein fertiger Zustand. Sie muss veränderungsfähig bleiben. Die Anteilnahme des Bürgers an der Entwicklung seiner Stadt muss gestärkt werden, ohne die Entscheidungskompetenzen und die Verantwortlichkeiten zu verwischen. Ohne den verantwortungsbewussten Bürger verliert jedes politische Gemeinwesen sein soziales Fundament.

Mit den Instrumenten der »Stadtbezirks-« und »Ortschaftsbeiräte« besitzen wir gute Ansätze einer Erweiterung kommunaler Partizipation. Im Zentrum unserer Innenstadt befindet sich das »Stadtbüro« des Oberbürgermeisters. Hier können die Bürger mit ihren Fragen, Anliegen und Vorstellungen auf dem schnellsten Weg in die Verwaltung hineinwirken. Das Stadtbüro besitzt ein offenes Ohr für alle Probleme der Bürger und gibt gleichzeitig Auskunft über die jeweils aktuellen Projekte der Stadtverwaltung. Zudem stellt sich hier der Oberbürgermeister persönlich im Abstand von zwei Wochen den Anfragen der Bürger. Das Stadtbüro, das den Dialog zwischen der Verwaltung und der Bürgerschaft vereinfachen soll, bildet eine kleine, aber feine Werkstatt auf dem Weg zu einer demokratischen Stadtgesellschaft.

Die ganz praktische Dimension des Glaubens

Das Interesse der Gemeinschaft zu betonen, Demokratie als einen immer un-fertigen Prozess zu begreifen, die Menschen in ihrer individuellen Würde zu respektieren, sich selbst kritisch befragen zu lassen: All diese Imperative wurzeln in einem religiösen Verständnis der Welt.

Der »Glauben« hat es schwer in einer vernunftfixierten Welt. Er scheint altmodisch, anachronistisch, nicht »up to date« zu sein. Aber gleichzeitig existiert da der merkwürdige Umstand, dass im Prozess der Rationalisierung – also: des »Vernünftig-Werdens« unserer Welt – menschliches Unwohlsein, Unglück nicht schwindet. Je rationaler, effizienter, marktförmiger die Verwaltung der Dinge und Menschen geschieht, umso mehr verliert sich humane Substanz, umso mehr wird der Einzelne zum Ding. Die Selbstentmündigungen und freiwilligen Unterwerfungen von Menschen in einem Jahrhundert, das sich so viel auf seine Wissenschaft und Rationalität zugute hält, illustrieren diese Tatsache. Dieser Gedanke läuft auf eine einfache Erkenntnis hinaus: Der Mensch lebt nicht vom Brot allein.

Wolfgang Tiefensee

Diese Grundwahrheit steht am Anfang der geistigen Praxis, die man »Glauben« nennt. Es existiert keine besondere Gebrauchsanweisung und keine Lizenz zum Politik-Machen für Christen. Was aber besteht, lässt man den Glauben in die politische Reflexion einfließen, ist ein Wissen um einen Reichtum der Welt, der nicht materiell ist. Der Glaube weiß um die humanen Bedürfnisse, Hoffnungen, Sehnsüchte und Träume. Er weiß, dass die Welt der menschlichen Wünsche um so viel reicher ist, als dass sie jemals konsumistisch gesättigt werden könnte. Das religiöse Denken besitzt hier einen Riesenvorsprung. Es weiß um diese Grundbedürftigkeit, die nur durch den Menschen zu stillen ist. Sie bildet das Fundament einer Politik der Seele, die den Menschen nicht nach Stand, Geschlecht oder Reichtum bemisst, sondern nach dem humanen Maß. Der Wert jedes Menschen ruht in ihm selbst. Er ist von Gott bei seinem Namen gerufen. Der Glaube darf sich dieses Wissen nicht austreiben lassen. Er ist geradezu verpflichtet, Stachel im Fleisch jeder »Realpolitik« zu sein. Doch: Wie leicht ist dies geschrieben, wie ungleich schwerer umgesetzt!

Dieses religiöse Wissen ist aktueller denn je. Die hoch entwickelten Industriegesellschaften sind seit Beginn der 80er Jahre in einem grundlegenden Wandlungsprozess begriffen. Der Gewinn an technischer Perfektion und Warenfülle hat paradoxerweise kein Mehr an sozialer Sicherheit und Muße gezeitigt.

Die Chancen für persönliches Glück und ein gelungenes Leben werden zunehmend zerbrechlicher, das Risiko zu scheitern zur Alltagsbedrohung. Diesen Umbruch begleitet ebenso untergründig wie vollmundig eine Mentalität der Sieger, deren unerbittliche Parole die »Konkurrenz« ist. Ein rechenhaftes Denken feiert Auferstehung, das gerade uns ehemaligen DDR-Bürgern längst untergegangen schien. Jeder scheint nur so viel wert zu sein, wie er verdient, und jeder verdient nur so viel, wie er wert ist. Die Bestimmung des Menschen und sein wirtschaftliches Schicksal drohen auf fatale Weise zusammenzufallen.

Eine Figur fehlt in dieser Dramaturgie: die des Geschlagenen, Beladenen, Beleidigten. Das Erscheinen des Verlierers auf dieser Bühne wirkt unpassend. Es illustriert die unangenehme Tatsache, dass zunehmend mehr Menschen »draußen« bleiben, sich von den Entwicklungen überfahren, zu Objekten degradiert fühlen. Die gemeinsame Erklärung der beiden Kirchen zur sozialen Situation in Deutschland vom Februar 1997 hat auf diese Tendenzen unüberhörbar aufmerksam gemacht. Sie ist ein Beispiel für die politische Verantwortung, die aus dem Glauben erwächst. Indem sie Entwicklungen des Arbeitsmarktes, der Verteilung des gesellschaftlichen Reichtums, die Entstehung neuer sozialer Gegensätze, das Tragen menschlicher Würde und den Umgang mit der Schöpfung aus christlicher Sicht zum Thema macht, fordert sie die Politik zu Antworten heraus, die über den Tag hinausweisen. Und sie belegt zugleich, dass Religiosität und Realitätstüchtigkeit sich nicht ausschließen, sondern im Gebot der Gerechtigkeit zueinander finden.

Morgen

Sicher, dem religiösen Gedanken geht es um Werte. Aber von gleichem Gewicht sind soziale und politische Strukturen, die diesen Werten die Luft zum Atmen geben. Werte werden zum Schein, stehen sie im Widerspruch zu den Bedingungen, die unser Leben bestimmen. In dieser Hinsicht besitzen wir Ostdeutsche ein feines Sensorium.

»Quo vadis Kirche?« Oder anders gesagt: »Für wen geht ihr, Rabbi?« Befinden sich Christen in einer Welt, die ersichtlich von den Imperativen des Geldes und der Macht regiert wird, nicht immer in der Minderheit? Ist die Minderheit nicht die Chance, unbequeme Wahrheiten zu sagen – und, wenn sie ausgesprochen sind, zu ihnen zu stehen? Aus den Erfahrungen eines Christen in der DDR und mit beiden Beinen in der gegenwärtigen Politik stehend meine ich »Ja«. Man kann zu der Wahrheit seines Glaubens stehen, ohne Phantast zu sein. Ja in bestimmten historischen Situationen muss man gar Phantast werden, um handlungsfähig zu bleiben.

Es ist immer an der Zeit, das zu tun, was für die Zukunft nötig ist, und *jetzt schon das Land zu leben, auf das wir hoffen*. Wir müssen uns nur trauen.

Wolfgang Tiefensee

Resi Jaeger

Von der Nächstenliebe zum Humankapital

Religion ist eine gestaltende Kraft in der Gesellschaft, auch wenn dies von modernistischen Ansätzen verdrängt, verleugnet, diskriminiert wird. Nach meiner Beobachtung sind immer weniger Christen, auch praktizierende Katholiken, bereit, öffentlich zu werden. Es gilt als altmodisch und wenig opportun, Denken und Handeln mit dem eigenen Glauben in Verbindung zu bringen. Gerechtigkeit, soziale Verantwortung und Menschenwürde sind gültige Werte und wurden durchaus von modernen, neuen Gesellschaftsformen und Verbänden adaptiert, jedoch werden sie allgemein ethisch begründet und bedürfen nicht mehr einer religiösen Grundhaltung.

Ich bezweifle die Nachhaltigkeit solcher Gesellschaftsströmungen ohne den Hintergrund einer werteorientierten Erziehung. Nach meinen Erfahrungen sind die Menschen, die wir heute in Verbänden und sozialen Organisationen antreffen, in der Regel »christlich sozialisiert«. Sie haben in ihrer eigenen Entwicklungsphase die Chance gehabt, Glauben und Gemeinschaft zu erleben. Auch wenn viele sich später von der Kirche abwandten, ganz bewusst oder aus Desinteresse: die Erfahrung bleibt.

15 Jahre katholische Jugendverbandsarbeit auf allen Ebenen haben mich gelehrt, dass ein Großteil der Jugendlichen und jungen Erwachsenen keinesfalls in den Verband kam, weil er katholisch war, sondern obwohl er katholisch war. Das katholische Image war kein gutes Label, es wurde in Kauf genommen, weil der Verband als solcher mit seiner Pädagogik und seinen Angeboten Kindern und Eltern gleichermaßen zusagte. Das »Katholische« war dann eher Ausdruck für Zuverlässigkeit und Verant-

wortung im Umgang mit Kindern und Jugendlichen. Es gab und gibt viel Diskussion in Jugendverbänden darüber, wie katholisch ein Verband sein muss, sein darf, um einerseits mit den Ortspfarrern und Bischöfen eine gute Basis zu finden, aber andererseits auch offen zu sein für Kinder und Jugendliche, die nicht mehr in einer Gemeinde fest verwurzelt sind. Es kann nicht darum gehen, dass die Kirche der Zukunft eine Zufluchtsstätte wird für die »Auserwählten«, elitär wird für die, die »richtig« glauben. Wenn die Kirche diese Entwicklung zulässt, wird sie künftig keine gesellschaftliche Relevanz mehr haben, sie wird dann zu einer mehr oder wenig beachteten Randgruppe.

Kirche muss offen und lebendig sein. Sie muss Spannungen aushalten und gesellschaftliche Strömungen mitbegleiten, ohne dabei Grundwerte zu verlassen. Dabei denke ich nicht nur an die institutionelle verfasste Kirche, sondern ich begreife Kirche, umfassend. Deshalb bin ich mir so sicher, dass Religion die Gesellschaft prägt. Es geschieht durch die Menschen, die aufgrund einer Wertehaltung in Staat und Gesellschaft agieren und Grundwerte installieren und darüber wachen.

Leider stelle ich immer weniger fest, dass Menschen des öffentlichen Lebens sich für Werte einsetzen. Es sind Schlagworte geworden. Einst mit viel Sinnhaftigkeit formuliert und ehrlich vertreten wie: Freiheit, soziale Gerechtigkeit, Solidarität und Verantwortung, werden sie heute nicht mehr mit genügend Vehemenz vertreten und umgesetzt, weder von der Kirche noch von den politischen Parteien.

In der Jugendarbeit habe ich gelernt, dass es nicht nur darauf ankommt, was gesagt wird, sondern ob hinter einer Aussage ein glaubhafter Mensch steht oder entsprechendes Handeln. Dies ist sicherlich allgemein übertragbar. Ist doch festzustellen, dass durch immer weniger überzeugende »öffentliche Personen« das Interesse an der Politik und dem eigenen Mitwirken in der Gesellschaft spürbar abnimmt. Diese Tendenz ist eine Gefährdung unserer Demokratie. Die Kirchen wie die Parteien bekommen dies bei den Mitgliederzahlen und den tatsächlich Aktiven schon lange zu spüren. Nur so richtig zu beunruhigen, scheint es niemanden.

Ich selbst bin seit meinem 18. Lebensjahr bis heute immer in gesellschaftlichen Gruppen aktiv gewesen. Dabei spielte es keine Rolle, ob es politische Gruppierungen oder kirchliche Organisationen waren. Ganz selbstverständlich bin ich davon ausgegangen und durch Erfahrungen darin bestätigt worden, dass beide Gruppen gesellschaftsprägende und -verändernde Wirkungen haben. Dieses Selbstverständnis, »sich für andere einzusetzen«, führe ich bei mir auf die prägende religiöse Erziehung im Elternhaus zurück. Im Gegensatz zu vielen meiner AltersgenossInnen habe ich eine positive Erinnerung an ein katholisches Elternhaus. Ich habe keine Einengung erfahren, sondern empfinde in der Erinnerung ein Gefühl von Stärke und Halt, Gemeinschaft und Geborgenheit. Ich hatte allerdings auch die Chance, mich gegen Regeln aufzulehnen, Gesetze der Kirche zu hinterfragen und mir einen eigenen Zugang zum Glauben zu schaffen.

Heute wünsche ich diese Erfahrung vielen jungen Menschen, frage mich aber gleichzeitig, ob es mir in meiner eigenen Familie mit meiner eigenen Tochter gelungen ist. Die moderne Zeit hat vieles an Zeichen und Ritualen verschwinden lassen, zurückgedrängt. So hat schon meine Tochter vieles im Alltag nicht mehr mitbekommen. Ich habe sie nicht mehr gesegnet, bevor sie aus dem Haus ging, es war ein stummes »Behüte dich Gott«. Die Tischgebete wurden mit zunehmendem Alter der Tochter vernachlässigt. Es wurde mehr und mehr peinlich, außerhalb von Gottesdiensten in der Kirche oder an Feiertagen zu Hause »religiös« zu sein, miteinander zu beten.

Wird hier Religion zur Privatsache? Nein, das sicher nicht. Es gab und gibt gemeinschaftliche Formen, in denen Religiosität und Glauben sich ausdrücken. Es scheint aber leichter zu fallen, über Solidarität anstatt Nächstenliebe zu reden. Wer will schon altmodisch sein, den Zug der Zeit nicht verstehen?

Modernisierung

Unter diesem »Modernisierungsdruck« standen und stehen auch Jugendverbände. Hier werden Leitungskräfte oft daran gemessen, wie stark sie bereit sind, sich von der Kirche und ihren Vertretern zu distanzieren. Daran hat sicherlich auch die Kirche ihren Anteil. (Darüber möchte ich jetzt nicht referieren.) Aber was kommt nach der Distanzierung? Was sind die Leitmotive – Werte, nach denen ein Verband, der sich Erziehungsverband nennt, handelt? Erstaunlicherweise bleiben es die christlichen Werte, die satzungsmäßig verfasst, gelebt werden. Was entfällt, ist die Rückbindung an die christliche Soziallehre – obwohl dies ganz einfach möglich wäre, da sich vieles gleicht. Der starke Druck der öffentlichen Meinung scheint hier zu wirken.

Was dann tatsächlich in den einzelnen Gruppen passiert, ist das, was man von einer christlichen Gruppe erwartet: ein Menschenbild, das sich daran orientiert, dass jede und jeder ein Geschöpf Gottes ist; ein solidarisches Handeln füreinander; der gemeinsame Einsatz für Schwächere; Unrecht erkennen und etwas dagegen tun. Die heutigen christlichen Jugendverbände haben hochpolitische Themen. Sie haben aktiv mitgearbeitet bei den gesellschaftlichen Umbrüchen der 70er Jahre. In dieser Zeit haben auch katholische Jugendverbände sich stark verändert. Neue pädagogische Ansätze, eine stärkere Gewichtung politischer Themen sowie die Koedukationsdebatte haben sie attraktiv gehalten. Besonders die Friedensdebatte und die Entwicklungspolitische Arbeit haben einen hohen Stellenwert und bei der Deutschen Pfadfinderschaft Sankt Georg (DPSG) auch praktische Folgen. Nur ein Beispiel: Als die Unruhen in Ruanda begannen, die zu einem schrecklichen Völkermord führten, hat die DPSG sich entschlossen, 25 Menschen aus Ruanda aufzunehmen, die dort wegen ihres Engagements als Pfadfinder gefährdet waren. Die damalige Bundesregierung hat der Einreise nur zugestimmt, weil der Verband die Presse mobilisiert hatte. Die Verantwortlichen im Innenministerium wollten die Einreise verweigern, obwohl der Verband eine Verpflichtungserklärung zur gesamten Kostenübernahme angeboten hatte. Durch den öffentlichen Druck ist es gelungen, diese Menschen nach Deutschland zu holen. Es waren Männer, Frauen und Kinder. Neben der Tatsache, diesen Menschen eine Zukunft geboten zu haben, konnte der Verband und damit die Kinder und Jugendlichen die Erfahrung machen, dass es einem Verband möglich ist, gegen die Politik etwas durchzusetzen. Das Innenministerium begründete seinerzeit die Ablehnung damit, dass nach einer gewissen Zeit die Bundesrepublik

Resi Jaeger

Deutschland für die Kosten eintreten müsse – erfahrungsgemäß. Tatsächlich hat der Verband bis heute die gesamten Kosten getragen. Die ganze Aktion war aufwändig, ist bis heute mit viel Einsatz verbunden und bedurfte des Mutes und der Solidarität vieler. Es war und ist aber eine wichtige praktische Erfahrung im Blick auf die Möglichkeiten des Einzelnen in der Demokratie.

Ich meine nicht, dass unsere Gesellschaft auf diese Erfahrungen verzichten kann. Erstaunlicherweise finden sich auch heute immer noch viele Menschen in christlichen Organisationen zusammen. Vielleicht liegt es daran, dass es (noch) keine vergleichbaren Alternativen gibt, zumindest nicht so flächendeckend, wie man Kirchengemeinden vorfindet.

Außer Sportverbänden gibt es für Jugendliche kaum Alternativen, die Jugendorganisationen von Parteien oder Öko-Verbänden usw. haben es noch nicht geschafft, Jugendliche auf breiter Basis für ein soziales Engagement zu gewinnen. Im Gegenteil, die Angebote für »EinzelkämpferInnen« nehmen zu. Anstatt Gruppenmitglied – bezahlte TrainerInnenstunden. Anstatt Peergroups – surfen durchs Internet. Anstatt soziale Verantwortung – soziale Vereinsamung. Ohne Kontakte – keine Konflikte. Die Verantwortung für diese Entwicklung tragen wir, die Erwachsenen.

Wir haben eine Medien- und Informationswelt geschaffen ohne jede Navigationsanleitung, ganz zu schweigen von einer Zielangabe. So ist scheinbar alles möglich, eine Vielfalt ohne Ende. Sich festzulegen bedeutet evtl. eine Chance auszulassen. Schon lange wird nicht mehr danach gefragt, ob wir immer mehr Technik brauchen, sondern handlungsleitend ist, was möglich ist. Es gibt keine Tabus – wer sollte sie auch setzen. Moralinstanzen wie die Kirchen haben ausgedient und Politiker und ihre Gremien müssen beim sonntäglichen Umfrageergebnis punkten.

Wir müssen uns vereinbaren

Wir brauchen eine neue gesamtgesellschaftliche Vereinbarung, wie unser Gemeinwesen zukunftsfähig und lebenswert bleibt. Dazu bedarf es der Gradlinigkeit und Eindeutigkeit von Verantwortlichen in allen gesellschaftlichen Schichten und der Bereitschaft der Mehrheit unserer Gesellschaft zur Mitgestaltung. Ich halte dies für möglich, wenn nur genügend den Mut dazu haben. Eine Chance zu einer solchen Vereinbarung wurde m. E. vertan bei der Wiedervereinigung der beiden deutschen Staaten. Zurzeit der Wende war es für mich selbstverständlich, dass es zu verhandeln gilt, wie ein gemeinsamer deutscher Staat gestaltet werden soll. Die Erfahrungen aus beiden Staaten erschienen mir gleich wichtig. Es hätte nicht nur um eine Staatsform gehen sollen, sondern um die Erfahrungen von Menschen, die über 40 Jahre lang unterschiedliche Leben gelebt hatten. Diese historische Chance haben wir vertan; wir hätten über gesellschaftsrelevante Rahmenbedingungen reden können, auch über den Stellenwert von Religion und Kirche. Ich hätte gerne darüber diskutiert, ob die starke Verknüpfung zwischen Staat und Kirche der Kirche nutzt oder ob sie nicht größeren Einfluss auf gesellschaftliches Leben hätte, wenn sie ganz autonom wäre. Sicherlich würde damit auch einhergehen, dass die Kirche auf wirtschaftliche Macht verzichten müsste, durch Einbußen bei der Kirchensteuer, wenn diese nicht mehr seitens des Staates eingezogen würde. Aber ich behaupte, sie hätte einen höheren moralischen Einfluss, wenn sie sich in dieser Gesellschaft als eigenständige Größe behaupten müsste.

Auf jeden Einzelnen kommt es an

Die Kirche steckt meines Erachtens in einem Dilemma. Einerseits diskutieren die Menschen mehr über die Struktur der Kirche und die von Menschenhand geschaffenen Kirchengesetze als über die Lehre Jesu Christi. Andererseits findet man immer weniger Menschen, die daran interessiert sind, über die Bibel und die Konsequenzen daraus zu reden, oder überhaupt Kenntnisse besitzen, die eine Auseinandersetzung ermöglichen. Wer jemals Kommunionunterrricht oder Firmunterricht anleitete, weiß, wie wenig Basiswissen bei den Kindern vorhanden ist.

Kann der Ethikunterricht, der besonders in den neuen Bundesländern angeboten wird, eine Alternative zum herkömmlichen Religionsunterricht sein? Besser als gar kein wertbezogener

Unterricht möchte man meinen, aber wann und wo werden allgemein gültige und anerkannte ethische Grundsätze verhandelt? Wer bestimmt sie? Müssen nicht Kritiker eines kirchlichen Einflusses auf die Erziehung genauso kritisch einer staatlich geprägten Ethik gegenüberstehen?

Ich bezweifle generell, ob man Glauben und Ethik an Schulen vermitteln kann. Schulen als Lerninstitute können lediglich Wissen vermitteln über Religionen wie auch über philosophische Strömungen und Formen des Zusammenlebens hinterfragen.

Prägend werden jedoch immer die direkten Erfahrungen mit den Menschen sein, die ein Zusammenleben und -lernen organisieren. Wenn an einer Schule ein hohes Gewaltpotential vorhanden ist, wird weder Religions- noch Ethikunterricht Grundlegendes ausrichten können. Hier ist es erforderlich, dass pädagogische Fähigkeiten und die Kenntnis von gruppendynamischen Prozessen in der Klasse Defizite aufdecken und Konfliktlösungen anstreben. Wie dies geschieht, unter welcher Prämisse Konflikte gelöst werden, kann mehr als jeder Unterricht bewirken. Grundvoraussetzung für eine gute Lösung ist auch hier das Engagement des Einzelnen, in diesem Fall der/des LehrerIn. Fairerweise muss man hier sagen, dass viele LehrerInnen sich allein gelassen fühlen vom Elternhaus. Es gibt nicht genügend Interesse an gemeinsamem Handeln. Vielfach macht sich Ratlosigkeit breit, statt dass Konsequenzen gezogen würden.

Die neue Form sozialen Handelns

In meinem jetzigen Arbeitsgebiet als Geschäftsführerin der Berliner Aids-Hilfe e.V. sehe ich mich mit neuen Lebenswirklichkeiten konfrontiert. Vordergründig spielt hier Religion überhaupt keine Rolle, dabei trifft eher das Gegenteil zu. Viele Männer fühlen sich aufgrund der Äußerungen der katholischen Kirche zur Homosexualität ausgegrenzt und verletzt. Sie haben sich bewusst als »nicht erwünscht« abgewandt.

Eine Aids-Hilfe ist eine vergleichbar junge Organisation im Spektrum deutscher Verbände und Vereine. Sie hatte daher alle Chancen, sich in der Gegenwart zu organisieren und eine moderne Form des sozialen Engagements auszuprägen. Zunächst kam die Solidarität hauptsächlich aus der »schwulen Community«, da Aids in seinen Anfängen als eine Krankheit der Homosexuellen galt. Heute nach 15 Jahren ist die Berliner Aids-Hilfe eine Organisation, die aus allen Bevölkerungsschichten Unterstützung erfährt.

Am auffälligsten erscheint mir der Unterschied im Engagement zu anderen Organisationen der zu sein, dass die Einsicht in die Notwendigkeit – *hier werde ich gebraucht* – handlungsleitend ist. Es steht also nicht die Identifikation mit der Organisation generell im Vordergrund, sondern die direkte Hilfe für Menschen in einer besonderen Notlage. Es gelingt der Berliner Aids-Hilfe immer wieder, Menschen zu finden für die sicherlich nicht leichte Aufgabe, Menschen mit HIV und Aids zu begleiten, in ihrem Alltag, im Krankenhaus und nicht zuletzt Sterbebegleitung zu leisten. Es scheint dem Trend zu entsprechen, sich weniger politisch als praktisch im Sozialwesen zu engagieren. Für die politische Vertretungsarbeit, die konzeptionelle Weiterentwicklung der Arbeit oder für Lobbyarbeit gegen Diskriminierung finden sich viel schwieriger InteressentInnen. Dies jetzt moralisch zu bewerten bzw. abzuwerten wäre sicherlich ganz falsch. Aber an diesem Beispiel wird deutlich, dass die Menschen genauso hilfsbereit sind wie eh und je – nur finden sie den Weg zum sozialen Engagement schwerer, weil aufgrund der sich auflösenden Milieus der Rahmen entfällt, in dem man sich orientieren und engagieren kann.

Folgerung für die Kirchen

Die Institution Kirche kann nicht weiterhin darauf hoffen, dass ihr guter Name Garant für die Zukunft ist. Wenn sich Kirche nicht isolieren oder auf eine kleine, aber feine Gemeinde von Gläubigen zurückziehen möchte, muss sie ihre Daseinsberechtigung unter Beweis stellen. Dies muss im Alltag der Menschen geschehen. Sie muss als lebenszugewandt und froh erlebt werden, ohne gleich Hedonismus zu unterstützen. Parteilich und sozial engagiert muss sie sich auf die Seite derer stellen, die benachteiligt sind oder vergessen werden. Für die Kirche darf es keine Randgruppen geben. Auf die Herausforderungen unserer Zeit muss sie nicht immer Antworten wissen, aber die richtigen Fragen stellen. Das eigene Erscheinungsbild und der Umgang mit Macht und eigenem Reichtum müssen in Einklang stehen (gebracht werden) mit den Vorgaben der Bibel und der Lehre Jesu Christi. Nur dann werden wir auch in Zukunft lebendige Gemeinden erleben, Männer und Frauen, die in der Kirche Dienst tun wollen, christliche Grundprägungen erleben, die einen Stellenwert in der Gesellschaft finden.

Die Veränderung von Kirche und Gesellschaft – das Ehrenamt

Natürlich ist jede und jeder an seinem Platz an der gesellschaftlichen Gestaltung beteiligt. Wir müssen uns dessen wohl wieder etwas mehr bewusst werden. Die Medien, für die nichts mehr tabu ist, nehmen die Aufgabe der Meinungsmache mehr und mehr in die Hand. Wir müssen zur Kenntnis nehmen, dass in unserer Informationsgesellschaft der Einzelne immer weniger tatsächlich informiert ist. Oberflächlichkeiten und Äußerlichkeiten verdrängen wichtige Themen. Nur noch Spektakuläres wird von den Medien aufgegriffen. So verzerrt sich das Bild von Wirklichkeit. Über die alltägliche und gute Arbeit von Politikern wird selten berichtet, vielmehr füllen Skandale die Berichterstattung. Verbrechen werden ausgebreitet, ehrenamtliches Engagement findet keine Resonanz. So macht sich nicht selten Fatalismus breit, der jedes Agieren verhindert.

In Zeiten knapper Kassen erinnern sich die Öffentlichkeit und die Politik mehr und mehr der kostenlosen ehrenamtlichen Arbeit, des »Dienstes an der Gesellschaft«. Mit Erschrecken lese ich in diesem Zusammenhang den Begriff »Humankapital« als nicht genutzte Ressource. Ich stimme der These zu, dass es gelingen kann, mehr Menschen zu bewegen, eine sinnvolle Aufgabe im Ehrenamt zu übernehmen. Seit mehr als 10 Jahren fordern die Verbände die Politik auf, das Ehrenamt aufzuwerten. Ehrenamtlich Tätige erwarten mit Recht eine Gratifikation – kein Geld.

Formen der Anerkennung könnten gefunden werden, wenn eine Wertschätzung tatsächlich gegeben ist. Was in der Vergangenheit, ausgehend von Gemeinden und Verbänden, selbstverständlicher Dienst am Nächsten war, muss heute neu organisiert werden. Wenn nicht Nächstenliebe, möchte ich es solidarisches Handeln nennen. Menschen, die sich in und für die Gesellschaft einsetzen, als Humankapital zu betrachten, bleibt mir jedoch fremd und bestätigt mir die zunehmende Kälte in unserem Zusammenleben.

Michael Kröselberg

Verbandsarbeit im Wandel

Der Sozialstaat in Deutschland steht durch den europäischen Einigungsprozess vor schwerwiegenden Veränderungen. Die katholischen Sozialverbände[1] gehen schwierigen Zeiten entgegen, die sie entweder in eine neue, politisch aufgewertete Position versetzen oder zu einer abnehmenden Akzeptanz und Bedeutung ihrer Position beitragen werden.

Die Veränderungen im Sozialstaat betreffen die Verbände in mehrfacher Hinsicht.[2] Erstens wurde die Vorrangigkeit der freien Wohlfahrtspflege gegenüber privatwirtschaftlichen Angeboten und Dienstleitungen durch gesetzliche Regelungen der alten christlich-liberalen Bundesregierung abgebaut, z. B. durch Veränderungen im Bundessozialhilfegesetz, Altenhilfe, etc.

Zweitens ist die organisierte Interessenvertretung durch den Vorwurf, sie würde lediglich partikulare Interessen verfolgen und sich nicht mehr ausreichend am Gemeinwohl orientieren, auch im kirchlich-sozialen Bereich mit der Tatsache konfrontiert, dass Selbsthilfe-Initiativen ohne politischen Vertretungsanspruch heute als Gesprächspartner der Politik bevorzugt werden.

Zu nennen ist aber auch, dass Vieles im vereinigten Europa auf eine flächendeckende Deregulierung hindeutet. Die staatlichen Organe werden, und das wird insbesondere in Deutschland durch das hohe Maß an sozialrechtlichen Standards zu spüren sein, die Rolle der Verbände und deren Position als Sozialpartner erheblich verändern.

Es bedarf keiner großen prognostischen Anstrengungen, um zu erkennen, dass im Zuge des europäischen Einigungsprozesses viele Europäer und in Europa lebende Menschen von einer Teilhabe am Sozialstaat ausgeschlossen sind, weil ihnen die entsprechenden Mittel hierzu fehlen. Deshalb ist die Vorstellung eines freien Marktes, in dem Wohlfahrtsverbände miteinander konkurrieren, auch nicht zukunftsfähig. Im Gegenteil: Einen Wettbewerb, so wie wir ihn von seinen signifikanten Kriterien her in wirtschaftlicher Hinsicht definieren, kann es und wird es in Europa so im wohlfahrtsstaatlichen und im wohlfahrtsverbandlichen Bereich nicht geben. Der Wettbewerb bleibt weiter beschränkt durch die Festlegung sozialer Prioritäten, durch den Einsatz der dafür erforderlichen Mittel und dessen angemessene Verteilung.

Das tief in der katholischen Soziallehre verankerte Prinzip der Subsidiarität verdient im Wandel der Verbandsarbeit und im Kontext der gesellschaftlichen und sozialpolitischen Entwicklungen eine besondere Beachtung. Gerade auf europäischer Ebene wird das Prinzip der Subsidiarität immer dann dem Grunde nach verfälscht, wenn damit angesichts knapper Kassen Prozesse der Entsolidarisierung und Entpersonalisierung einhergehen. Hilfe zur Selbsthilfe ist kein reines Instrument der Haushaltskonsolidierung.

Die Ausgangslage der kirchlichen Sozialverbände ist auf europäischer Ebene diesbezüglich gar nicht schlecht. Gerade durch ihre Rolle als anerkannter Partner der Politik, ihrem vergleichsweise hohen Mitgliederbestand und Organisationsgrad genießen sie als Dialogpartner auf europäischer Ebene durchaus Aufmerksamkeit. Insofern besteht für sie zumindest potenziell die Möglichkeit, als soziales Gewissen zwischen Staat und Markt in Europa Akzente zu setzen und an einer europäischen Innen-, Gesellschafts- und Sozialpolitik mitzuwirken.

In diesem Zusammenhang ist die Erwartungshaltung der Politik an die Sozialverbände der Kirche widerstreitend. Einerseits werden Wünsche dahingehend formuliert, die Verbände sollten sich zu leistungsfähigen Sozialkonzernen entwickeln, welche sich auf dem ökonomisierten sozialen Markt der Zukunft als innovative Dienstleister profilieren. Innovativ ist in diesem Zusammenhang aus Sicht der Politik alles, was den Staat weniger oder kein Geld mehr kostet.

Andererseits wird die Erwartung an die Sozialverbände formuliert, sich angesichts des Abbaus staatlicher Pflichtleistungen und eines Anwachsens struktureller Erwerbslosigkeit sowie damit einhergehender sozialer und materieller Armut in die Rolle des Trägers gesellschaftlicher Solidarität zu begeben, um den vom Verlust der Solidarität und der Personalität betroffenen Gruppen und Personen beizustehen.

Man könnte diese widerstreitenden Interessen und Erwartungen der Politik an die Sozialverbände vielleicht auf den kurzen Nenner bringen: Der moderne katholische Sozialverband verkauft seine soziale Arbeit vor Ort möglichst preiswert und damit wettbewerbsfähig, während den übergeordneten Einheiten die Aufgabe zufällt, die Funktion des sozialen Gewissens zu übernehmen. Dieses neue neokorporatistische Modell des Verhältnisses zwischen Staat, Sozialleistungsträgern und Verbänden führt zwangsläufig dazu, dass sich die Verbände, aufgrund des damit verbundenen Erwartungsdrucks von außen, Gedanken über den Wandel ihres eigenen Selbstverständnisses machen müssen. Der Grad der Abhängigkeit der Verbände, zum Beispiel aufgrund staatlicher Zuschüsse und institutioneller Finanzierungszuweisungen, erhöht zwangsläufig den Druck, sich der Frage nach der eigenen »corporate identity« zu stellen.

Ein Blick in die deutsche Sozialgeschichte vergegenwärtigt, dass die katholischen Sozialverbände vor allem als Reaktion auf soziale Missstände und aus dem Bemühen der Selbstorganisation katholischer Bürgerinnen und Bürger entstanden sind. Religion nicht zur Privatsache werden zu lassen, hat ihr Handeln bestimmt und das hat sich bis heute nicht grundlegend geändert.

Aus der allenthalben geführten gesellschaftspolitischen Diskussion ergibt sich daraus, dass ein bestimmtes Muster des Umgangs mit sozialen Problemen allerdings in einer globalisierten und modernisierten Gesellschaft zum Auslaufmodell wird. Ging man bisher davon aus, dass soziale Probleme gelöst werden, indem man sie genau definiert, einer bestimmt sozialen Institution zuweist, um sie dann institutionell und strukturell – oft mit großem Erfolg – zu bearbeiten, so erweist sich dieses schubladenhafte Lösungsdenken, das darin bestand, dass zum Beispiel katholische Jugendverbände für »Jugendprobleme« und deren Beseitigung mit Erfolg zuständig waren, heute als nicht mehr zukunftsträchtig. Je differenzierter unsere Gesellschaft wird und je globaler und vernetzter Probleme verursacht und ihre Lösungen zu finden sind, desto stärker treten selbstorganisierte Formen der Problemlösung in den Vordergrund und rücken organisierte und institutionalisierte Lösungen in den Hintergrund.

Die veränderten gesellschaftlichen Ausgangsbedingungen und die gewandelten und widerstreitenden Erwartungen seitens der Politik stellen eine enorme Anfrage an die Zukunft katholischer Sozialverbände dar.

Die Sozialverbände der Kirche sind mit ihrem gesellschaftlichen Engagement und ihren politischen Impulsen und Kampagnen für den Staat und die Politik ein wichtiger Partner geworden, und gleichzeitig sind sie heute als Träger und Erfüllungsgehilfe in der Daseinsfürsorge für die Bürger und Menschen unentbehrlich.

Ihre Wirksamkeit war über viele Jahre so stark und präsent, dass es vielen, auch in der Politik, kaum mehr bewusst ist, dass die Verbände nicht verlängerter Arm des Staates sind, und sie für ihre Erhaltung und Akzeptanz einer entsprechenden Förderung und Wahrnehmung benötigen, die offensichtlich bei einem Teil der jüngeren Politikergeneration nicht in dem Maße vorhanden ist, wie dies in vorhergehenden Generationen selbstverständlich war.

Wie nun reagieren Verbände auf die veränderte Ausgangslage? Uneinheitlich, das auf jeden Fall. Aber es lassen sich Strömungen und Position herausarbeiten.

Ein Teil der Verbände reagiert mit einem Wandel im Selbstverständnis hin zu einer stärkeren Dienstleistungsorganisation. Die Bedeutung und Akzeptanz ihrer Rolle soll die Politik an der Effektivität und Effizienz der erbrachten Dienstleistungen für Mitglieder und Nicht-Mitglieder messen.

Ein zweiter Teil orientiert sich stärker am Modell einer Organisation freiwilligen Bürgerengagements, welches sich durch Betroffenenorientierung und Hilfe zur Selbsthilfe auszeichnet.

Ein dritter Sektor der Verbände versteht sich weiterhin primär als Verband zur Vertretung politischer Interessen von katholischen Bürgerinnen und Bürgern.

Unabhängig von unterschiedlichen Standpunkten und den

Michael Kröselberg

aufgezeigten Entwicklungen wird für die Akzeptanz katholischer Verbände auch und gerade in der Politik die Stimmigkeit ihrer corporate identity entscheidend sein.

– Verbände müssen für die Politik nicht als anonyme Dinosaurier, sondern als lebensnaher unmittelbarer Partner erfahrbar sein.

– Die Arbeit mit freiwilligen und ehrenamtlichen Mitgliedern bedarf einer noch größeren Aufmerksamkeit und Pflege.

– Die Selbstorganisation von katholischen Bürgern als Ausdruck der Verpflichtung des Christen zur Mitgestaltung der Gesellschaft muss als tragendes Prinzip wieder stärker in den Vordergrund gerückt und als nicht mehr selbstverständliche Voraussetzung wahrgenommen werden.

– Katholische Verbände dürfen ihre Eigenständigkeit und ihre besondere Rolle in der kirchlichen Realität nicht aus den Augen verlieren, sie müssen sie vielmehr nach innen und außen herausarbeiten.

Entsprechend dem Wandel im Selbstverständnis führt dies zu einer unterschiedlichen innerkirchlichen Positionierung und zu einer stärkeren Nähe oder Distanz zu amtlichen Strukturen innerhalb der Kirche. Es ist angesichts dieser Situation nicht verwunderlich, dass vereinzelt in der Kirche die Frage aufgeworfen wird, ob die katholischen Sozialverbände sich nicht zu sehr im Schlepptau der sozialen Verpflichtung des Staates befänden und in der Gefahr stünden, ihre Freiheiten und ihr Wesen einzubüßen.

Diese Diskussion wird erfreulicherweise sehr sorgfältig geführt, denn es ist den Verbänden ja nicht einfach erlaubt, sich aus der Mitwirkung aus dem öffentlichen System und der Wahrnehmung gesellschaftlicher und sozialer Verantwortung zurückzuziehen und sich in frei gewählten und ausgesuchten Nischen einzurichten. Es geht aber auch um die Wahrung eines Abstandsgebotes zur staatlichen Sozialpflicht, um die eigene Kritikfähigkeit zu erhalten und sich zum Anwalt von Interessen zu machen, die in der Politik nicht genügend oder keine Beachtung finden.

Es ist nicht zu übersehen, dass die Verbände sich mit der Bewältigung des Umstandes schwer tun, dass Hilfe und Interessenvertretung heute selbstverständlich als bezahlte erwerbbare Leistung angesehen wird, auf die man Anspruch hat, und weniger als Ergebnis eigenen Engagements oder Dienst am Nächsten und Akt der Solidarität.

Umso bedeutender ist es für die Politik wahrzunehmen, mit welchem Nachdruck in den Verbänden Anstrengungen unternommen werden, die der Erhaltung und der Weiterentwicklung des ehrenamtlichen und freiwilligen Engagements dienen. Zahlreiche neue Wege und Modelle des freiwilligen Engagements und des Mitgliederbegriffs sind in dieser Hinsicht in den zurückliegenden Jahren entwickelt worden, ohne dass sie immer und ausreichend die Aufmerksamkeit der Politik gefunden haben.

Viele Verbände und ihre Zusammenschlüsse stammen gedanklich und konzeptionell aus dem Ende des 19. Jahrhunderts und dem Beginn des 20. Jahrhunderts. Wir stehen aber am Beginn des 21. Jahrhunderts vor völlig geänderten gesellschaftlichen Bedingungen.

Das Leitbild der Subsidarität als Voraussetzung dafür, dass Menschen zur Lösung ihrer Probleme bzw. der Bewältigung und Befriedigung ihrer Interessen oder Bedürfnisse außerhalb staatlicher Mittel und Angebote befähigt sind, wird weiterentwickelt im Blick auf den modernen, aufgeklärten Bürger, der die individuelle Wahlfreiheit zwischen selbstorganisierten, staatlichen und privatwirtschaftlichen Angeboten und Leistungen hat und befähigt ist, mit dem daraus resultierenden Wettbewerb zum eigenen Wohle und Nutzen umzugehen.

Dieses Leitbild prägt heute vielfach das Selbstverständnis auch in katholischen Sozialverbänden. Es erneuert sicherlich die Grundforderung, dass Politik nicht alles bestimmen kann und darf und politische Institutionen nicht total über den Menschen und die Gestaltung der Gesellschaft verfügen, wenn Menschen sich für Menschenwürde und den Sinn und Wert des eigenen Lebens engagieren.

1 Katholische Sozialverbände sind hier verstanden als Verbände, die nicht berufsbezogene Zusammenschlüsse sind, und deren primäre Ziele in der Bildung ihrer Mitglieder, der politischen Interessensvertretung und der Hilfe für sozial Benachteiligte definiert sind.

2 Aus Gründen der Gesamtlänge des Artikels verzichte ich darauf, die mit dem Wandel der Rolle der katholischen Sozialverbände verbundenen internen Prozesse zu beschreiben und zu analysieren.

Michael Kröselberg

Christian Bernzen

Familie ist Luxus

> Er gehörte nirgendwo dazu und das
> gefiel ihm ausgezeichnet. Er war allein.
> Er wusste nicht, was das war: Familie.
>
> *Cees Nooteboom, Rituale*

In der öffentlichen Debatte ist Familienpolitik kein besonders spannendes Thema: Ein relativ kleiner Kreis Interessierter verhandelt über Details, viele andere sprechen eher gelegentlich und meist in allgemeinen Worten von der Politik für Familien. Teil dieser gesellschaftlichen Debatte sind auch die SPD und die katholische Kirche. Was jedoch sind die Gesprächsangebote der SPD in dem Gespräch über Familienpolitik, was will die katholische Kirche beitragen? Was sind je eigene, was grundsätzlich gemeinsame Perspektiven?

Das Gesprächsangebot der SPD

In dem Leitantrag des SPD-Bundesvorstandes für den Bundesparteitag 1999 werden »die Familien« als das soziale Kapital unserer Gesellschaft vorgestellt. Sie seien der Ort, an dem Kinder und Jugendliche Solidarität, Fürsorge und persönliche Zuwendung erfahren. In verschiedenen Familienformen würden Kindern und Jugendlichen Werte des menschlichen Zusammenlebens vermittelt, die für die Zukunft der Gesellschaft entscheidend seien. Die Partei erklärt ihre Absicht, die Eigenkompetenz und die Selbsthilfemöglichkeiten der Familien zu aktivieren. Gute Familienpolitik schütze die Familie nicht nur als Gruppe, sondern orientiere sich auch an den individuellen Bedürfnissen der Familienmitglieder. Die Partei erklärt, ihre Gesellschaftspolitik sei offen für eine plurale Gesellschaft mit sich wandelnden Familienformen und Lebensstilen. Sie strebe eine Gesellschaft an, die Frauen und Männern mehr Optionen in ihrer Lebensgestaltung eröffnet, mehr Wahlmöglichkeiten und Partizipationschancen biete, um Familienleben, Arbeitswelt und individuelle Präferenzen in der Lebensgestaltung zu vereinbaren. Es sei die Aufgabe einer zukunftsorientierten Politik, dem sozialen Wandel in den Familien gerecht zu werden, dazu sei finanzielle und soziale Unterstützung erforderlich. Als verbessertes Angebot an Familien habe der Ausbau von ganztägigen Kinderbetreuungsmöglichkeiten hohe Priorität. Die Partei verweist auf die Maßnahmen der Bundesregierung zugunsten von Familien im Bereich der Einkommensteuer und des »Familienleistungsausgleiches« sowie des Erziehungsgeldes, sie betont aber auch die Verantwortung der Tarifparteien, eine familiengerechte Arbeitswelt zu gestalten. Konkret wird die Flexibilisierung des Erziehungsurlaubes in Aussicht gestellt.

Beiträge der katholischen Kirche

Die Pastoralkonstitution Gaudium et spes des II. Vatikanums stellt die Familie als eine nach göttlicher Ordnung feste Institution vor. Der traditionelle Diskussionsbeitrag der katholischen Sozialverkündigung betont die Eigenständigkeit und Staatsunabhängigkeit der Familie. So heißt es bereits in dem päpstlichen Lehrschreiben Rerum novarum aus dem Jahr 1891: »Wachset und mehret euch. Mit diesen Worten war die Familie gegründet…, sie ist älter als jegliches andere Gemeinwesen und deshalb besitzt sie unabhängig vom Staat ihre innewohnenden Rechte und Pflichten« (Nr. 9), und weiter: »Ein großer und gefährlicher Irrtum liegt also in dem Ansinnen an den Staat, als müsse er nach seinem Gutdünken in das Innere der Familie, des Hauses eindringen« (Nr. 11). In einem späteren Text werden die Grenzen dieses Freiheitsrechts beschrieben: »Der Initiative des einzelnen Staatsbürgers und der Familie sei gewiss der gebührende Spielraum zu lassen, dieser finde aber seine Grenze am Gemeinwohl und Rechte anderer« (Quadragesimo anno, Nr. 25).

In der konkreten politischen Gestaltung hat sich die katholische Kirche und haben sich kirchliche Gruppen immer wieder

Christian Bernzen

bemüht, die grundsätzlichen Positionen der Kirche in das Gespräch zu bringen und konkrete Forderungen an staatliche Familienpolitik zu stellen. So hat beispielsweise das Zentralkomitee der deutschen Katholiken (ZdK) in seinen Familienpolitischen Positionen vom Herbst 1998 die grundsätzliche kirchliche Position von der Autonomie der Familie gegenüber dem Staat wiederholt und sodann festgestellt, dass durch mangelnde gesellschaftliche Anerkennung der Familie andere Lebensgestaltung als die des Lebens in Familie attraktiver erscheinen. Die angemessene staatliche Förderung der Familien wird als Ausdruck von Zukunftsfähigkeit, Gerechtigkeit und finanzpolitischer Vernunft dargestellt; in dem Schutz der Familie sieht das ZdK die beste Voraussetzung für Elternverantwortung. Konkret wird die Verankerung von Familienpolitik als Querschnittsaufgabe, die Herstellung steuerlicher Gerechtigkeit, die erweiterte Anerkennung der Erziehungsleistung in der Altersvorsorge und die Förderung der Vereinbarkeit von Familien- und Erwerbsarbeit durch lebensphasenorientierte Personalpolitik gefordert.

Die kleine Familie

Zentral für eine Auseinandersetzung mit den Leitvorstellungen der sozialdemokratischen Partei und der katholischen Kirche ist die Frage, welches Familienbild zugrunde liegt. Die Position der katholischen Kirche ist im Grundsatz klar, die Begriffe (sakramentale) Ehe und Familie sind fest miteinander verbunden. Der Reiz der grundsätzlicheren kirchlichen Position liegt darin, dass sie Familie als etwas in sich Stabiles vorstellt. Gerade deshalb jedoch wird kirchlichen Reden von Familie vorgehalten, es spreche nicht vom wirklichen Leben. In den konkreteren Ausführungen aus dem Bereich der katholischen Kirche ergeben sich hier aber bereits Modifikationen. Das ZdK hat den Abschnitt zur Familienpolitik in seinem Wahlaufruf bewusst mit der Überschrift: »Die Zukunft unseres Staates sind gut ausgebildete und zu Eigenverantwortung und Gemeinsinn erzogene Kinder« versehen. Der Text selbst beginnt mit dem Satz: »Jedes Kind bedarf der familiären Geborgenheit.« Hier wird der erste und in der praktischen Politik wichtigste Orientierungspunkt für staatliche Unterstützung von Familien genannt: die Kinder. Dieser Gedanke findet sich bei der SPD noch ausgeprägter wieder: Qualifizierte Erziehung von Kindern und Jugendlichen wird als eigentlicher Zweck von Familie bezeichnet. Die Bundesregierung formuliert in ihrem Jahresbericht 1999 zum Stand der Deutschen Einheit deutlich: »Wo Kinder sind, ist Familie.« Dieser Zugang zu Familienpolitik geht davon aus, dass die Erwachsenen sich im Regelfall selbst helfen können, Kinder und junge Menschen aber nicht. Wenn öffentliche Unterstützung für Familien mittelbare Hilfe für Kinder und alle jungen Menschen ist, dann gibt es keinen Grund, von der Familie als etwas Amorphem, mit Sicherheit Interessenhomogenem zu sprechen. Kinder und Eltern wollen nicht selten Unterschiedliches. Die Orientierung aller Familienpolitik in erster Linie an den eigenen Bedürfnissen der Kinder würde erheblichen Handlungsbedarf auslösen. Die Orientierung der Organisation von Arbeitsleben und Straßenverkehr, um nur zwei Beispiele zu nennen, müsste sich grundlegend verändern. Auch würde sich der Bedarf an außerfamiliärer Betreuung von Kindern wohl erheblich anders darstellen. Eventuell würde es bereits helfen, Kindergärten und Kinderhorte nicht als Kindertagesbetreuung, sondern als Orte der Erziehung und Förderung von Kindern zu bezeichnen. Kinder wünschen sich diese auch, vor allem wünschen sie sich Flexibilität: An manchen Tagen wollen sie ganz lange mit Gleichaltrigen zusammen sein, an anderen Tagen gar nicht, planbar ist unter tatsächlicher Orientierung an diesen Wünschen kaum etwas, ganz sicher keine regelmäßige Erwerbstätigkeit der dazugehörigen Erwachsenen.

Die starke Orientierung des Familienbegriffes auf die Kindererziehung, die in letzter Zeit auch in anderen politischen Parteien weitgehend zustimmend diskutiert wurde, gibt dem Wort Familie einen eigentlich veränderten Sinn: Familie reduziert sich auf die Kleinfamilie und wird funktionslos, wenn die Kindererziehung im Wesentlichen abgeschlossen ist oder gar nicht stattfindet. Damit passt die Familie in ihrer reduzierten Gestalt in den Lauf der Zeit. Niemand muss sich mehr sorgen, dass er nicht frei wählbaren Verpflichtungen ausgesetzt ist. Die Verbundenheit über Generationen hinweg und zwischen Geschwistern ver-

Christian Bernzen

schwindet im Nebel neuer Sprache und so genannter postmoderner Begrifflichkeiten.

Normalität der Familie

Ist im Bereich der Politik von Familie die Rede, entsteht derzeit vor allem das Gefühl, Familie sei etwas auch Mögliches, aber im Grund Anachronistisches. Als gesellschaftliches Leitbild, als Normalität, geschweige denn Norm, wird Familie in einem umfassenderen Sinn kaum in den Blick genommen. Susanne Gaschke kritisiert dies im Vorwärts:

»Freiheit findet sich manchmal an unerwarteten Orten. Lange Zeit galt die bürgerliche Kleinfamilie der Linken, auch der SPD, als Hort der Unterdrückung. Jede familienpolitische Veranstaltung begann mit einer rituellen Verbeugung vor dem Pluralismus der Lebensformen im Zeitalter der Individualisierung, vor der Patchwork-Familie und der Lesben-Ehe. Was genau diese Lebensformen für die Zukunft unserer Gesellschaft leisten, muss noch ermittelt werden. Aber vielleicht ist es nicht völlig abwegig, in der steigenden Zahl von Alleinerziehenden eher ein Problem als einen Gewinn zu sehen. Vor allem aber: Wie müssen sich diejenigen fühlen, die doch zur ureigenen SPD-Klientel gehören – die finanziell benachteiligten, von Berufs- und Familienarbeit gestressten, trotzdem liebevoll erziehenden Eltern kleiner Kinder? Als Idioten? Als Spießer, die eine reaktionäre Lebensweise gewählt haben?

In einem neuen Programm muss die SPD die Normalität umarmen und diese Leute in die Mitte nehmen. Familien sind das Gegenbild zu unserer durch und durch ökonomisierten Wirklichkeit: Mit ihren Zwängen, mit ihrer unmittelbaren Verantwortlichkeit für den Nächsten werden sie zu einem neuen Freiraum, weil sie nicht jedem äußeren Flexibilitätsanspruch unterworfen werden können. Die SPD sollte diesen Freiraum feiern und fördern.«

Familie als Freiraum zu verteidigen, entspricht kirchlicher Tradition, dies ohne Pathos zu tun, würde die Glaubwürdigkeit der Debatte erhöhen und für das Gespräch zwischen Kirchen und SPD einen wichtigen Gestaltungsraum öffnen. Dabei wird auch eine kirchliche Position davon ausgehen, dass es eine Reihe von frei gewählten oder den Umständen geschuldeten Lebensformen gibt, die jenseits dessen liegen, was heute unter Familie zu verstehen ist, wie es beispielsweise in der Orientierungshilfe der EKD »Mit Spannungen leben« von 1996 geschieht.

Struktur von Verbundenheiten

Aus einer kirchlichen Perspektive kann es keinen Zweifel daran geben, dass Ehe und Familie zusammengehören und damit Familie einen Zweck jenseits der Kindererziehung hat. Dieser Zweck ist einer pluralen Gesellschaft nur in engen Grenzen staatlich bestimmbar – anders als in der alten DDR, wo es hieß: »Hauptaufgabe der Familie ist die zunehmende Mitwirkung am Prozess der Entfaltung der sozialistischen Persönlichkeiten der Ehegatten ...« (G. Schütz u. a. [Hg.], Kleines politisches Wörterbuch, Berlin 1978). Die kirchliche Position wird deshalb sicher grundsätzlich Schwierigkeiten mit einem gleichwertigen Bezug auf vielfältige Familienformen mit oder ohne Ehe als Grundlage haben. Sie wird sich aber wohl kaum dauerhaft der Frage entziehen können, was die (Bismarcksche) Zivilehe in ihrer heutigen Form eigentlich mit der christlichen Ehe gemein hat. Glaubwürdig wird eine kirchliche Position nur sein, wenn sie ihr eigenes Eheverständnis profiliert, statt sich zur Verteidigerin eines Projektes zu machen, das sie einst heftig bekämpft hat.

Für die sozialdemokratische Position könnte sich eine weiterreichende Perspektive aus dem Gedanken ergeben, dass in einer Welt ohne Grenzen Menschen einen festen Haltepunkt brauchen (Renate Schmidt). Dieser Haltepunkt kann ein fester eben nur sein, wenn er prinzipiell nicht frei aufgebbar ist. Er bedarf keiner Kinder und auch nicht notwendig einer ehelichen Beziehung. Er kann und wird vielfach gerade jenseits einer kleinen Familie liegen. Vieles dafür zu tun, dass dieser Haltepunkt in der größeren Familie liegen kann, hat den Reiz, diesen Punkt aus dem Bereich der Willkürlichkeit zu rücken. Staatliches Handeln kann dieses nur in Randbereichen z. B. durch erbschaftssteuerliche und stiftungsrechtliche Regelungen fördern, den staatlich eingeräumten Handlungsspielraum nutzen müssen freilich die Menschen selbst, in dem sie ihr eigenes Leben mit festen Haltepunkten und in dem Luxus sicherer Solidaritäten einrichten.

Barbara Hendricks

Steuergerechtigkeit für Familien

Gerechtigkeit ist ein Grundbegriff des christlichen Glaubens. Er misst sich an der Gerechtigkeit Gottes und fordert die Menschen auf zu einem gerechten Leben und zu Strukturen der Gerechtigkeit im Zusammenleben der Menschen und menschlichen Gemeinschaften. Gerechtigkeit ist neben Freiheit und Solidarität einer der Grundwerte sozialdemokratischer Programmatik, die sittliche Maßstäbe für die Gestaltung des politischen Lebens sind. Verwirklichung von Gerechtigkeit ist stets ein Prozess der Abwägung verschiedener, oft sich widersprechender Interessen. Dieser Prozess muss den politischen Gegebenheiten und Vorgaben Rechnung tragen. Gerechtigkeit für Familien, für die Lebenssituationen, in denen Verantwortung für die kommenden Generationen getragen wird, das ist eine vordringliche Aufgabe, zu der die Politik durch das Grundgesetz verpflichtet ist. Auch die christliche Sozialethik misst der Verwirklichung von gerechten Strukturen für die familiären Lebenssituationen hohe Bedeutung bei. In der sozialdemokratischen Programmatik steht die Sorge für benachteiligte Familiensituationen besonders im Vordergrund.

Im Folgenden soll am Beispiel der jüngsten familienpolitischen Entscheidungen sichtbar gemacht werden, wie auf Grundlage entscheidender Prinzipien unter Berücksichtigung der rechtlichen Vorgaben und faktischen finanz- und sozialpolitischen Gegebenheiten der Versuch, die steuerliche Situation für die Familien gerechter zu gestalten, zuwege gebracht worden ist.

I. Familie in der Gesellschaft

Die demographische Entwicklung stellt die Gesellschaft in Deutschland vor große Herausforderungen, die sich nicht allein auf den Umbau des Rentensystems beschränken. Die heutigen Jungen und Alten müssen gemeinsam die politischen Weichen für die Zukunft stellen.

Angesichts des demographischen und sozialen Wandels ist die Sicherung der ökonomischen Basis von Familien eine zentrale Aufgabe. Die Leistungen der Familien müssen deshalb stärker ins öffentliche Bewusstsein rücken und eine realistische Würdigung durch Staat, Wirtschaft und Gesellschaft erfahren.

Erste Trends scheinen sich bereits abzuzeichnen: Nach Ansicht von Freizeitforschern gehen die Deutschen mit einem Werte-Mix aus Kult, Konsum und Kirche ins neue Jahrhundert. Spaß- und Sinnfaktoren seien für Menschen heute gleich wichtig. Interessant ist, dass die Bundesbürger dabei nach Erkenntnissen der Forscher die Familie wieder stärker in den Mittelpunkt ihres Lebens stellen.

Die Finanz- und Steuerpolitik kann zwar nicht allein die Bewältigung der Folgen des demographischen Wandels leisten, sie kann aber einen wichtigen Beitrag hierzu erbringen. Eine Reihe weiterer ökonomischer und kultureller Faktoren, die für die Familien große Bedeutung haben, müssen dabei mit einbezogen werden. Dazu gehören zweifellos die bedrückend hohe Arbeitslosigkeit, aber auch die zunehmende Beteiligung von Frauen am Erwerbsleben und allgemein ein gewandeltes Verständnis von Funktions- und Rollenverteilung in Ehe und Familie.

II. Das Kind im Einkommensteuerrecht

»Ob der einzelne für seine Lage zu viele Kinder, d. h. zu früh geheiratet hat, daran ist der einzelne schuld. Solche Dinge bei der Steuerumlegung berücksichtigen zu wollen, wäre nicht mehr Gerechtigkeit, sondern communistische Gleichmacherei« (Gustav Schmoller in der Zeitschrift für die gesamte Staatswissenschaft 1863, Seite 56).

»Die Leistungsfähigkeit von Eltern wird, über den existentiellen Sachbedarf und den erwerbsbedingten Betreuungsbedarf des Kindes hinaus, generell durch den Betreuungsbedarf gemindert. Der Betreuungsbedarf muss als notwendiger Bestandteil des familiären Existenzminimums einkommensteuerlich unbelastet bleiben, ohne dass danach unterschieden werden dürfte, in welcher Weise dieser Bedarf gedeckt wird« (Entscheidung des Bundesverfassungsgerichts vom 10. November 1998, zweiter Leitsatz).

Zwischen diesen beiden Aussagen liegen 135 Jahre und eine ganze Welt. Krasser können sich zwei Thesen nicht gegenüberstehen und der Meinungskampf ist keineswegs beendet. Im Gegenteil: Es sind weitere Facetten hinzugekommen. Wer glaubt, die These von Gustav Schmoller stehe im Antiquariat des 19. Jahrhunderts, unterliegt einem Irrtum – sie ist nach wie vor fester Bestandteil der betrieblichen Steuerlehre.

Den Steuergesetzgeber hat sie unter der Herrschaft des Grundgesetzes nicht mehr beeindrucken können. Seit Jahrzehnten unbestritten werden Kinder im Steuer- und Transferrecht berücksichtigt, sei es durch Kinderfreibeträge, sei es durch Kindergeld, sei es durch eine Kombination von beidem. Die steuerpolitische Fragestellung lautet:

Wie sind Kinder zu berücksichtigen? Mit Progressionswirkung? Nur im Steuerrecht? Oder haben auch Eltern, die keine Steuern zahlen, einen Anspruch auf Entlastung gegenüber der Gemeinschaft?

Mit dem Jahressteuergesetz 1996 wurde eine Lösung eingeführt, die einen zukunftsweisenden Kompromiss zwischen den streitigen Standpunkten darstellte. Kindergeld und Kinderfreibetrag wurden miteinander verzahnt. Für alle Eltern wird seither zunächst Monat für Monat das Kindergeld gewährt. Die Finanzämter führen dann im Rahmen der Veranlagung zur Einkommensteuer eine programmgesteuerte »Günstigerprüfung« durch, bei der die Entlastungswirkungen des bereits ausgezahlten Kindergelds und eines Kinderfreibetrags verglichen werden. Bei rund 95 Prozent der Steuerpflichtigen ist das Kindergeld günstiger. Nur bei einer kleinen Minderheit mit sehr hohen Einkommen muss zur verfassungskonformen Sicherung des Existenzminimums von Amts wegen ein Kinderfreibetrag berücksichtigt und das Kindergeld darauf angerechnet werden. Diese Lösung war ein großer Schritt in Richtung auf das von SPD und Grünen seit langem geforderte einheitliche und deutlich erhöhte Kindergeld.

Nach der gewonnenen Bundestagswahl 1998 hat die neue Regierungskoalition auf diesem Konzept aufgebaut und es entsprechend weiterentwickelt.

Die vor der Bundestagswahl angekündigte Anhebung des Kindergeldes wurde sofort in die Wege geleitet. Das Kindergeld wurde mit Wirkung vom 1. Januar 1999 für erste und zweite Kinder um jeweils 30 DM monatlich von 220 DM auf 250 DM angehoben. Besonders die Familien profitieren darüber hinaus von der Anhebung des Grundfreibetrags auf rund 13.000 DM in 1999, über rund 13.500 DM in 2000, auf rund 14.000 DM in 2001 und von der innerhalb mehrerer Stufen bis 2001 verwirklichten Senkung des Eingangsteuersatzes von 25,9 % auf 19,9 %. Diese Maßnahmen bringen für eine Familie mit zwei Kindern und einem durchschnittlichen Verdienst bereits 1999 eine spürbare Entlastung um 1.200 DM. Im Jahr 2000 wird diese Familie dadurch rund 2.200 DM und ab dem Jahr 2001 sogar jährlich rund 3.000 DM weniger Steuern zahlen.

III. Die Rechtsprechung des Bundesverfassungsgerichts

Mit den Entscheidungen des Bundesverfassungsgerichts vom 10. November 1998 wurde der weitgehend beigelegte Streit über Kindergeld oder Kinderfreibetrag neu entfacht. Vieles hat an den Beschlüssen des Bundesverfassungsgerichts überrascht: der Zeitpunkt, die Art der Veröffentlichung, der Umfang der freizustellenden Aufwendungen, die präzise Festlegung der Beträge, die Fristen. Vor allem aber hat überrascht, dass das Gericht von seiner Entscheidung vom 3. November 1982 (BVerfGE 61, 313) kommentarlos Abstand genommen hat. Diese Entscheidung hatte zur Einführung des Kinderbetreuungskostenabzuges für erwerbstätige Alleinstehende mit Wirkung ab 1985 geführt. In seiner Entscheidung aus dem Jahr 1982 forderte das Gericht: Mit

Barbara Hendricks

Blick auf das Splittingverfahren für verheiratete Eltern dürfe nicht außer Acht gelassen werden, dass die wirtschaftliche Leistungsfähigkeit berufstätiger Alleinstehender mit Kindern durch zusätzlichen zwangsläufigen Betreuungsaufwand gemindert sein könne, der bei Ehegatten typischerweise nicht entstehe oder – bei Berufstätigkeit beider Ehepartner – leichter getragen werden könne.

Nunmehr kritisiert das Gericht in seinen Beschlüssen vom 10. November 1998 die infolge seiner früheren Rechtsprechung dem Gesetzgeber geradezu aufgezwungene »Bevorzugung« Alleinerziehender als einen Verstoß gegen Artikel 6 des Grundgesetzes (Schutz von Ehe und Familie), weil in ehelicher Gemeinschaft lebende Eltern vom Abzug eines verfassungsrechtlich steuerfrei zu stellenden Betrages ausgeschlossen werden und damit ihre fehlende Leistungsfähigkeit insoweit steuerlich unberücksichtigt bleibt.

Das Gericht hat den Gesetzgeber darüber hinaus verpflichtet, nicht nur den Aufwand für Nahrung, Kleidung und Unterkunft steuerlich abzugsfähig zu machen, sondern ebenso die Kosten für die Betreuung und Erziehung der Kinder. Der Höhe nach könne sich der Betreuungs- und Erziehungsaufwand an den noch geltenden Regeln für alleinstehende Elternteile orientieren. Das zu versteuernde Einkommen würde danach gemindert durch einen Haushaltsfreibetrag von 5.616 DM und den Abzug von Kinderbetreuungskosten bis 4.000 DM für das erste und zusätzlich 2.000 DM für jedes weitere Kind. »Intakte« Familien dürften jedenfalls nicht schlechter gestellt werden. Bleibe der Gesetzgeber untätig, seien vom 1. Januar 2000 kraft Verfassungsrechts für alle Familien 4.000 DM für das erste Kind und 2.000 DM für weitere Kinder als Erhöhung des Kinderfreibetrages zu berücksichtigen.

Der Gesetzgeber muss ferner bis spätestens 1. Januar 2002 den Abzug des Haushaltsfreibetrags neu regeln, um auch den Erziehungsbedarf im Steuerrecht verfassungskonform zu berücksichtigen. Geschieht dies nicht, fehlt nach Auffassung des Bundesverfassungsgerichts der Besteuerung der Eltern in Höhe des Haushaltsfreibetrags ab diesem Zeitpunkt die gesetzliche Grundlage.

IV. Die Förderung der Familie – steuerpolitische Lösungsansätze

Aus der Entscheidung des Bundesverfassungsgerichts wurde durch Kommentatoren schnell herausgelesen, dass eine seit den frühen 70er Jahren von der SPD geforderte »egalitäre Ausrichtung« der Familiensteuerpolitik damit beendet sei. Professor Homburg brachte es im Handelsblatt vom 1. Februar 1999 auf die Formel: »Nimmt man den vom Gericht geforderten neuen Kinderfreibetrag mit 13.000 DM an, dann muss ein Bürger mit 63.000 DM Einkommen und einem Kind so besteuert werden wie ein Bürger mit 50.000 DM ohne Kind. Dasselbe gilt für Bürger mit 213.000 DM bzw. 200.000 DM Einkommen.«

Ähnlich wie dieser zielten die meisten Kommentare darauf ab, dass die Auflagen der neuen Entscheidung des Bundesverfassungsgerichts letztlich nur durch Abzug eines höheren Kinderfreibetrages *von der Bemessungsgrundlage* zu erfüllen seien. Der stellvertretende Vorsitzende der CDU/CSU-Fraktion im Deutschen Bundestag, Friedrich Merz, frohlockte im Handelsblatt vom 10. Februar 1999: »Mit der Gleichmacherei ist es jetzt endlich vorbei.«

Der alte Streit vom Beginn der 70er Jahre scheint wieder aufgerissen. Die Frage ist erneut gestellt: Was bedeutet das Postulat der Gerechtigkeit im Familienlastenausgleich oder Familienleistungsausgleich? *Horizontale* Gleichheit (nur) für die steuerbelasteten *Besserverdiener* oder *gleiche* Chancen für *alle* Kinder?

Das Bundesverfassungsgericht hatte in seiner Entscheidung vom 10. November 1998 über eine Reihe konkreter Fälle und im Kern über die Frage zu entscheiden: Wie weit reicht das Recht des Fiskus, das Einkommen von Eltern mit zu erziehenden und zu betreuenden Kindern zu besteuern? Das Bundesverfassungsgericht hat eine Antwort formuliert, die auf der These einer horizontalen Gleichbehandlung von Eltern mit und ohne Kindern basiert und den steuerfrei zu stellenden Bedarf beschreibt:

»Bei der Quantifizierung dieses Bedarfs sind jedoch die allgemeinen Kosten noch nicht hinreichend berücksichtigt, die Eltern aufzubringen haben, um dem Kind eine Entwicklung zu ermöglichen, die es zu einem verantwortlichen Leben in der Gesellschaft befähigt. Hierzu gehört gegenwärtig z.B. die Mitgliedschaft in Vereinen sowie sonstige Formen der Begegnung mit anderen Kindern oder Jugendlichen außerhalb des häuslichen Bereiches, das Erlernen und Erproben moderner Kommunikationstechniken, der Zugang zur Kultur- und Sprachfertigkeit, die verantwortliche Nutzung der Freizeit und der Gestaltung der Ferien.«

Das Bundesverfassungsgericht hat den Blick auf die steuerliche Leistungsfähigkeit der Eltern gerichtet. Es hatte nicht darüber zu befinden, ob Kinder einkommensschwacher Eltern einen vergleichbaren Anspruch auf Betreuung, Erziehung und Entwicklung an die Gemeinschaft haben, wie jene, deren Eltern Einkommensteuer zahlen.

Zu den nicht von der Einkommensteuer erfassten Eltern zählen die Empfänger von Sozialhilfe und Arbeitslosenhilfe, von Arbeitslosengeld und Erwerbsunfähigkeitsrenten. Aber auch viele Eltern mit niedrigem Erwerbseinkommen und Alleinerziehende mit Unterhaltsanspruch und Bagatelljobs oder Teilzeitbeschäftigte zahlen keine Einkommensteuer. Im Jahre 2000 setzt die steuerliche Erklärungspflicht für Ehepaare bei 27.215 DM ein, bezogen auf den Gesamtbetrag der Einkünfte. Das sind auch viele junge Familien mit Kindern und nur einem Einkommen. Insgesamt wären nach heutigem Rechtsstand fast 5 Mio. Kinder betroffen.

Das Bundesverfassungsgericht konstatiert eine verminderte Leistungsfähigkeit der Eltern mit Kindern. Was aber ist mit den Kindern, die – ungeachtet der Belastungsgrenzen des Einkommensteuerrechts – ebenfalls zu einem verantwortlichen Leben in der Gesellschaft befähigt sein müssen und deren Eltern mit ihrem Einkommen nicht in der Lage sind, ihren Kindern eine angemessene Teilhabe am sozialen, sportlichen und kulturellen Leben zu finanzieren? Was ist mit jenem Kind, dessen Teilnahme am Schulausflug in Frage steht, weil die Mutter des Kindes das geforderte Taschengeld in Höhe von 20 DM nicht aufbringen kann? Was ist mit dem Kind, dessen allein erziehende Mutter den Computerkurs oder den Tanzkurs ihres Kindes nicht bezahlen kann? Gelten diese Anforderungen nur für Kinder steuerbelasteter Eltern?

Das Postulat der horizontalen Gleichbehandlung im Steuerrecht steht in der Gefahr, den Handlungsspielraum des Gesetzgebers so einzuengen, dass es mit allgemeinen Gerechtigkeitsvorstellungen in einen Konflikt gerät, und damit nicht mehr akzeptabel ist. Ein Steuergesetzgeber, der sich einzig dem Postulat der horizontalen Gleichheit zuwendet, handelt mit so verengtem Blickfeld, dass er den gesamtgesellschaftlich geforderten Kurs der Gerechtigkeit für *alle* Kinder nicht mehr halten kann.

Wenn das Bundesverfassungsgericht das Umfeld eines Kindes für ein verantwortliches Leben in dieser Gesellschaft definiert, dann darf dies nicht nur für die Kinder von Steuerpflichtigen gelten. Chancengleichheit unserer Kinder im sozialen Rechtsstaat, den unser Grundgesetz verlangt, darf nicht verdrängt werden von einem im begrenzten Feld des hoheitlichen Steuerzugriffs gefundenen horizontalen Vergleich.

Vor diesem Hintergrund sind verschiedene Modelle zur gesetzgeberischen Umsetzung der Entscheidung des Bundesverfassungerichts geprüft worden:

- die reine Kinderfreibetragslösung ohne Kindergeld,
- die reine Kindergeldlösung,
- ein Kindergrundfreibetragsmodell mit ergänzendem Kindergeld,
- das Kombinationsmodell aus Kindergeld und Kinderfreibetrag in Anlehnung an das bestehende System.

Bei einer *reinen Kinderfreibetragslösung* hätte es künftig nur noch – erhöhte – Kinderfreibeträge gegeben. Das Kindergeld wäre abgeschafft worden. Damit hätte man zwar der Forderung des Bundesverfassungsgerichts genügt, den kindbedingten Bedarf einkommensteuerlich zu verschonen. Gleichzeitig hätte man jedoch Familien mit geringem oder gar keinem Einkommen jegliche Förderung verwehrt und gerade sie im Vergleich zum geltenden Recht auch noch erheblich schlechter gestellt. Dies wäre zweifellos ein arger Verstoß gegen das Postulat der sozialen Gerechtigkeit gewesen. Das Bundesverfassungsgericht selbst hat in seiner Entscheidung vom 10. November 1998 auf seine einschlägige Rechtsprechung hingewiesen, wonach die Familienförderung durch den Staat jedenfalls nicht offensichtlich unangemessen sein darf.

Bei einer *reinen Kindergeldlösung* wäre das Kindergeld so zu erhöhen, dass es in seiner Entlastungswirkung auch beim Spitzensteuersatz der Eltern das Existenzminimum des Kindes in der neuen Definition des Bundesverfassungsgerichts abdeckt. Auch diese Lösung würde das Bild der horizontalen Gleichheit im Rahmen der Steuerbelastung erfüllen, aber auch allen Kindern nicht steuerbelasteter Eltern dieselben Lebens- und Entwicklungschancen eröffnen. Diese Lösung wäre allerdings nur zu finanzieren, wenn alle staatlichen Mittel unter Verzicht auf nahezu alle konkurrierenden Ziele wie Ausbildungsförderung, Wohngeld, soziale Sicherung, Forschungsförderung u. ä. auf dieses eine Ziel konzentriert würden.

Die Lösung des Problems musste also zwischen dem reinen Kinderfreibetragsmodell und dem reinen Kindergeldmodell gefunden werden. Eine Möglichkeit schien dabei in dem Modell eines Kinder*grund*freibetrags zu liegen.

Der Kinder*grund*freibetrag ist im Gegensatz zum Kindergeld beim Tarif angesiedelt. Nach der Berücksichtigung des Grundfreibetrags für Erwachsene beginnt nach geltendem Recht die Besteuerung mit dem Eingangssteuersatz. Der Grundfreibetrag der Eltern würde nun um den Kindergrundfreibetrag ergänzt. Der Einstieg in den Tarif erfolgt also erst nach Berücksichtigung des Kindergrundfreibetrags mit dem nach der Grund- oder Splittingtabelle dann erreichten individuellen Steuersatz. Für Kinder nicht steuerbelasteter Eltern würde ein Kindergeld hinzugefügt. Diese Lösung böte den Kindern aller Eltern die gleichen Lebens- und Entwicklungschancen unabhängig vom Einkommen der Eltern und deren Steuerbelastung. Allerdings erfüllt diese Lösung das Bild von der horizontalen Gerechtigkeit nur unvollkommen. Entscheidend ist aber aus verfassungsrechtlicher Sicht, dass der Steuerpflichtige im Ergebnis so gestellt wird, wie es bei einer Minderung der Leistungsfähigkeit allein durch einen steuerlichen Freibetrag der Fall wäre. Dieses Ergebnis wäre aber erst erzielt, wenn der Kinder*grund*freibetrag eine steuerliche Wirkung erreicht, die den Entlastungswirkungen der fiskalisch nicht vertretbaren Kindergeldbeträge im vorherigen Modell entsprochen hätte.

Im Ergebnis konnte deshalb die eigentlich wünschenswerte

Einführung eines Kindergrundfreibetrages, die sozialpolitischen Gesichtspunkten Rechnung tragen würde, dem Parlament wegen der damit verbundenen erheblichen verfassungsrechtlichen Risiken nicht vorgeschlagen werden.

V. Reformprojekte

Vor diesem Hintergrund hat die Regierungskoalition einen Entwurf eines Familienförderungsgesetzes auf den parlamentarischen Weg gebracht, der zwar weiter auf dem bisherigen System aufbaut, aber gleichwohl vor allem wegen seiner erheblichen Entlastungswirkungen eine echte Trendwende einleitet.

Das inzwischen gültige Gesetz sieht eine *Erhöhung des Kinderfreibetrages in Kombination mit einer weiteren Anhebung des Kindergeldes* vor. In der ersten Stufe ab dem Jahr 2000 wurde zusätzlich zum derzeitigen Kinderfreibetrag in Höhe von 6.912 DM ein Freibetrag für Kinderbetreuung in Höhe von 3.024 DM für alle Kinder bis 16 Jahre eingeführt. Diesen – typisierenden – Betreuungsfreibetrag können Elternpaare unabhängig von tatsächlich entstandenen Aufwendungen geltend machen.

Gleichzeitig wurde das Kindergeld für erste und zweite Kinder ebenfalls zum 1. Januar 2000 um jeweils weitere 20 DM auf dann 270 DM im Monat erhöht.

Kindergeld und Betreuungsfreibetrag werden – wie bisher beim Kinderfreibetrag – aufeinander angerechnet.

Die Freibeträge für Kinder werden insgesamt bei der Steuerveranlagung mit dem ausgezahlten Kindergeld verrechnet. Der weitaus größte Teil der Familien wird demnach weiterhin durch das Kindergeld entlastet, weil die Wirkung der Freibeträge für sie geringer ist als das erhöhte Kindergeld.

Bereits mit dem Steuerentlastungsgesetz 1999/2000/2002 hat die Bundesregierung deutlich gemacht, dass sie in der Entlastung von Familien – insbesondere mit geringem oder mittlerem Einkommen – einen wichtigen steuerpolitischen Schwerpunkt sieht. Diese Politik wird nun konsequent fortgeführt: Für eine durchschnittlich verdienende Familie mit zwei Kindern ergeben sich hieraus ab dem Jahr 2000 zusätzliche Entlastungen von weiteren

480 DM pro Jahr. Zusammen mit den Maßnahmen des Steuerentlastungsgesetzes summieren sich die Entlastungen ab dem
Jahr 2001 damit auf fast 3.000 DM – Jahr für Jahr.

Darüber hinaus werden wesentliche Beiträge zur Steuerver-
einfachung geleistet, weil bisher gesonderte steuerliche Regelungen zur Berücksichtigung kindbedingter Aufwendungen (z. B.
Kinderbetreuungskosten) in den neuen Tatbeständen aufgehen
und damit entbehrlich werden.

Per saldo führt die erste Stufe der Neuregelung einschließlich
der Erhöhung des Kindergeldes für erste und zweite Kinder von
monatlich 250 DM auf 270 DM im Entstehungsjahr zu Mindereinnahmen von rd. 5,5 Mrd. DM.

VI. Ausblick

Die Berücksichtigung des Erziehungsbedarfs eines Kindes soll in
einem gesonderten Gesetzgebungsverfahren mit Wirkung ab
2002 beschlossen werden. Dann wird sich wieder die Frage nach
der Ausgestaltung eines sozial gerechten und gleichzeitig »verfas-
sungsfesten« und finanziell verkraftbaren Entlastungsmodells
stellen. Alle in der ersten Stufe diskutierten Lösungsmöglichkei-
ten gehören dann wieder auf den Prüfstand. Der Gesetzgeber
wird seine durch das Bundesverfassungsgericht gezogenen Grenzen auszuloten haben. Die Präsidentin des Bundesverfassungsgerichts, Prof. Dr. Jutta Limbach, hat in einem Zeitungsinterview
mit der Stuttgarter Zeitung vom 15. Dezember 1999 auf die Frage
»Was geschieht denn eigentlich, wenn das Gericht den Eindruck
gewonnen hat, es habe sich geirrt?« unter anderem geantwortet:
»Das Bundesverfassungsgericht ist in einer solchen Situation auf
den Widerspruchsgeist und die Lernfähigkeit des Gesetzgebers
angewiesen. Dieser muss dann, das ist seine politische Aufgabe,
den Regelungskonflikt erneut in Angriff nehmen. Das kann dazu
führen, dass die Frage wieder dem Verfassungsgericht vorgelegt
wird.«

Nicht nur als Beitrag zur Finanzierung wird in diesem Kontext auch über die Zukunft des Ehegattensplittings und ggf. über
Alternativen zu entscheiden sein. Denn wir müssen den bereits

erwähnten Funktionswandel von Ehe und Familie in unserer Gesellschaft zur Kenntnis nehmen. Die Familienbesteuerung kann sich deshalb – zumindest nicht mehr vorrangig – an dem Leitbild der »Hausfrauenehe« orientieren. Andererseits darf ein Systemwechsel nicht dazu führen, dass viele Familien mit geringem oder mittlerem Einkommen finanziell schlechter gestellt und zudem erhebliche verfassungsrechtliche Risiken in Kauf genommen werden.

Das zweistufig angelegte Paket zur Familienförderung wird die jahrzehntelange verfassungswidrige Benachteiligung von Familien mit Kindern im Steuerrecht beenden. Eine sozialdemokratisch geführte Bundesregierung wird aber darüber hinaus immer ein besonderes Augenmerk auf die soziale Situation der Familien richten und entsprechende Schwerpunkte setzen.

Wer nicht will, dass Kinder und Jugendliche aus der Werteordnung einer zivilen demokratischen Gesellschaft aussteigen, muss ihnen deutlich zeigen, dass die Gesellschaft sie braucht und ihnen alle Entwicklungschancen bietet, damit sie die Herausforderungen der Zukunft bewältigen können.

»Gerechtigkeit erhöht ein Volk«, sagt uns das Alte Testament, und Gerechtigkeit oder jedenfalls die Vorstellung von Gerechtigkeit ist eine der sinnstiftenden Grundlagen, die unser Volk zusammenhält. Solchen sinnstiftenden Zusammenhängen kommt in Umbruchzeiten – und wer wollte bestreiten, dass wir angesichts der Globalisierung und der sich heranbildenden Informationsgesellschaft in Umbruchzeiten leben – eine immer größere Bedeutung zu. Wenn angesichts der Verteilungskonflikte und des um sich greifenden Individualismus die zentrifugalen Kräfte an Dynamik gewinnen, kommt es darauf an, die Bindungen zu festigen, die in der Lage sind, das Ganze zusammenzuhalten.

Barbara Hendricks

Gottfried Huba

Zukunft der Arbeit

Der letzte Jahreswechsel war vielfach Anlass, sich rückblickend
mit der historischen Entwicklung unserer heutigen Wirtschafts-
und Gesellschaftsordnung, mit der aktuellen Situation und mit
Ausblicken in die Zukunft zu befassen, dabei spielte auch die Arbeit eine wichtige Rolle.

Seit Anfang der 90er Jahre liegt die amtlich registrierte Arbeitslosigkeit im vereinten Deutschland zwischen 3 und fast 5
Millionen. Nach Angaben der Bundesanstalt für Arbeit hat sich
die Lage auf dem Arbeitsmarkt in den letzten Monaten zwar
günstig entwickelt. Aber immer noch waren 1999 im Durch-
schnitt 4.099.200 Menschen ohne Arbeit, 180.100 weniger als
1998; die Arbeitslosenquote belief sich im Mittel auf 10,5 % (gegenüber noch 11,1 % 1998). Dabei waren die Quoten in den
neuen Ländern nach wie vor doppelt so hoch wie im Westen, waren Frauen häufiger arbeitslos als Männer! Nach Schätzungen
des Statistischen Bundesamtes waren 1999 durchschnittlich 36,11
Millionen Menschen erwerbstätig, 110.000 mehr als im Vorjahr.
Hinter diesen nüchternen Zahlen verbergen sich aber große Bewegungen. So meldeten sich im Laufe des vergangenen Jahres
insgesamt 7.217.800 Menschen arbeitslos: 7.367.800 beendeten
ihre Arbeitslosigkeit, d. h. fast 20 % der Erwerbsbevölkerung
waren im vergangenen Jahr zumindest kurzfristig arbeitslos ge-
meldet! Diese Zahlen berücksichtigen noch nicht diejenigen,
die aus den verschiedensten Gründen ihre Arbeitslosigkeit nicht
registrieren lassen; für 1998 schätzte man, dass dies auf weitere
2,6 Mio. Menschen hierzulande zutrifft!

Die Situation auf dem Ausbildungsmarkt hat sich im Berufsberatungsjahr 1998/1999, das am 30. September zu Ende ging, nur aufgrund des Sofortprogramms der Bundesregierung zum Abbau der Jugendarbeitslosigkeit verbessert. So hat sich die Zahl der Ausbildungsplätze insgesamt zwar um 25.000 auf 629.300 erhöht, 27.800 Plätze wurden aber allein durch das Sofortprogramm in außerbetrieblichen Einrichtungen neu geschaffen.

Neben der verbesserten wirtschaftlichen Lage führt die Arbeitsverwaltung die günstige Entwicklung, die sich auch im Jahr 2000 fortsetzen soll, auf die demographische Entwicklung zurück: Es scheiden mehr ältere Menschen aus dem Arbeitsleben aus, als junge eintreten. Die Verbesserung auf dem Arbeitsmarkt ist aber auch auf die Fortführung arbeitsmarktpolitischer Maßnahmen, vor allem zur Qualifizierung, zur Arbeitsbeschaffung und zur Strukturanpassung zurückzuführen.

Auch innerhalb der Europäischen Währungsunion ist die Arbeitslosigkeit seit Anfang der 90er Jahre angewachsen auf gegenwärtig ca. 13 Mio. Menschen, rund 10 % der Erwerbspersonen. Aufgrund unterschiedlicher gesellschaftlicher, rechtlicher und wirtschaftlicher Bedingungen, die eine einfache Übertragung erschweren, hat sich der Arbeitsmarkt in den einzelnen Ländern aber sehr spezifisch entwickelt. So ist die Arbeitslosigkeit in Luxemburg, Österreich und Portugal 1999 genauso unterdurchschnittlich wie Anfang der 90er Jahre. In den Niederlanden und in Irland hat sie sich in diesem Jahrzehnt durch ganz unterschiedliche Arbeitsmarktpolitiken jeweils halbiert, in Italien, Frankreich, Finnland, Deutschland und Belgien ist sie im selben Zeitraum zum Teil dramatisch angestiegen.

Für die Zukunft unserer Gesellschaft spielt die Arbeit, ihre Organisation und Verteilung, nach wie vor eine zentrale Rolle.

»Durch Arbeit muss sich der Mensch sein tägliches Brot besorgen, und nur so kann er beständig zum Fortschritt von Wissenschaft und Technik sowie zur kulturellen und moralischen Hebung der Gesellschaft beitragen, in Lebensgemeinschaft mit seinen Brüdern und Schwestern. Hier geht es um jede Arbeit, die der Mensch verrichtet, unabhängig von ihrer Art und den Umständen; gemeint ist jedes menschliche Tun, das man unter der reichen Vielfalt der Tätigkeiten, deren der Mensch fähig ist und zu denen ihn seine Natur, sein Menschsein, disponiert, als Arbeit anerkennen kann und muss. Nach Gottes Bild und Gleichnis inmitten des sichtbaren Universums geschaffen und dorthingestellt, damit er die Erde sich untertan mache, ist der Mensch daher seit seinem Anfang zur Arbeit berufen. Die Arbeit ist eines der Kennzeichen, die den Menschen von den anderen Geschöpfen unterscheiden, deren mit der Erhaltung des Lebens verbundene Tätigkeit man nicht als Arbeit bezeichnen kann; nur der Mensch ist zur Arbeit befähigt, nur er verrichtet sie, wobei er gleichzeitig seine irdische Existenz mit ihr ausfüllt. Die Arbeit trägt somit ein besonderes Merkmal des Menschen und der Menschheit, das Merkmal der Person, die in einer Gemeinschaft von Personen wirkt; dieses Merkmal bestimmt ihre innere Qualität und macht in gewisser Weise ihr Wesen aus.«

Mit diesen programmatischen Aussagen zur menschlichen Arbeit beginnt Papst Johannes Paul II. seine Enzyklika »Laborem exercens« – über den Wert der Arbeit und den Weg zur Gerechtigkeit – vom 14. September 1981. Entgegen heute populären Betrachtungsweisen, die vor allem die Kapitalseite der Wirtschaft oder das shareholder value zum Maßstab wählen, stellt der Papst bereits in dieser Definition und dann in seiner gesamten Enzyklika den einzelnen Menschen mit seinen existentiellen Bedürfnissen, seinen Fähigkeiten und Fertigkeiten, aber auch mit seiner Verantwortung für andere und die Umwelt in den Mittelpunkt seiner Überlegungen.

In diesem heute nach wie vor aktuellen Text entwickelt der Papst vor dem Hintergrund der neunzigjährigen Debatte in der katholischen Soziallehre seit der Enzyklika »Rerum novarum« von Papst Leo XIII. vom 15. 5. 1891 seine Sicht vom Wesen, den gegenwärtigen Problemen und der Zukunft der menschlichen Arbeit. So setzt er sich, ausgehend von der einzigartigen Würde des Menschen als Geschöpf und Ebenbild Gottes, für den Vorrang der Arbeit gegenüber dem Kapital ein:

»Diese Wahrheit, die zum festen Bestand der kirchlichen Lehre gehört, muss im Zusammenhang mit der Frage der Arbeitsordnung und auch des gesamten sozio-ökonomischen Systems immer wieder betont werden. Man muss den Primat des Menschen im Produktionsprozess, den Primat des Menschen gegenüber den Dingen unterstreichen und herausstellen. Alles, was der Begriff ›Kapital‹ – im engeren Sinn – umfasst, ist nur eine Summe von Dingen. Der Mensch als Subjekt der Arbeit und unabhängig von der Arbeit, die er verrichtet, der Mensch und er allein ist Person. Diese Wahrheit enthält wichtige und entscheidende Folgerungen.«

In der Tat! Zwar hat sich auch schon die Gemeinsame Synode der Bistümer in der Bundesrepublik Deutschland in ihrem Beschluss zum Thema »Kirche und Arbeiterschaft« vom 21. November 1975 mit diesen Fragen vor dem Hintergrund der bundesrepublikanischen Situation auseinander gesetzt und den fortwirkenden Skandal des entfremdeten Verhältnisses von Kirche und Arbeitnehmerschaft beklagt. Aber diese Stellungnahme hat – wie viele andere zu diesem Thema – über den Kreis der engagierten Mitglieder der katholischen Sozialverbände hinaus, weder im kirchlichen noch im gesellschaftlichen Leben in Deutschland größere Auswirkungen gehabt.

Die kirchliche Einsicht vom Primat des Menschen in der Wirtschaft trifft sich mit alten Einsichten und Forderungen der Sozialdemokratie und der Gewerkschaften. Zumindest was die SPD betrifft, sind aber die entsprechenden Aussagen zum Beispiel im Godesberger Programm vom November 1959 oder im aktuellen Berliner Programm vom 20.12.1989 in der Partei und erst recht in der Öffentlichkeit ebenfalls wenig bekannt. Dies ist ein deutliches Indiz dafür, dass bisher die notwendige gesellschaftliche Debatte um den Stellenwert und die Zukunft der Arbeit, um die von uns gewollte und demokratisch zu gestaltende Zukunft unserer Gesellschaft noch nicht begonnen hat.

So heißt es im Berliner Programm:

»Arbeit ist nicht nur Existenzbedingung, sondern entscheidende Dimension menschlichen Daseins. Durch Arbeit produzieren Menschen nicht nur die Mittel und Dienste, die sie zum Leben brauchen, sondern bestimmen auch ihre Lebensumstände. Arbeit befriedigt menschliche Bedürfnisse und bringt neue hervor. Arbeit und Natur sind Quellen des Reichtums.

Wie viel Arbeit zu leisten ist, wie sie organisiert, gestaltet und verteilt wird, ist abhängig von der Entwicklung der Produktivkräfte, von gesellschaftlichen Machtverhältnissen und kulturellen Traditionen. Dies gilt gleichermaßen für die Erwerbsarbeit, für Familienarbeit, für Gemeinschaftsarbeit und für freie Eigenarbeit. Alle diese Arbeitsformen sind wechselseitig abhängig. Alle zusammen bestimmen unsere Lebensqualität. Arbeitsteilung und Arbeitsorganisation, Arbeitszeit und Arbeitsumfang, Arbeitsinhalte und Arbeitsformen werden von Menschen verwirklicht und sind damit politisch gestaltbar. Jede Form der Arbeit schafft Werte, kann Menschen ausfüllen und bereichern, aber auch Entfremdung bewirken und Leid zufügen. Jede Arbeitsform ist auf die andere angewiesen. Alle zusammen bestimmen unsere Lebensqualität ...

Unsere Zukunft wird maßgeblich dadurch bestimmt, wie wir arbeiten. Erwerbsarbeit und unbezahlte, aber gesellschaftlich ebenso notwendige Arbeit in Haus, Familie und Gemeinschaft werden in unserer Gesellschaft ungleich verteilt und bewertet. Dies schlägt sich in unterschiedlichen Arbeits- und Lebensbedingungen und unterschiedlichen Entfaltungsmöglichkeiten der Geschlechter nieder.

Die Erwerbsarbeit hat zentrale Bedeutung für das Bewusstsein und Selbstbewusstsein der Menschen. Sie vermittelt Selbständigkeit und soziale Anerkennung, bestimmt Lebensbedingungen und Entfaltungschancen, erleichtert gesellschaftliches und politisches Engagement, sichert materielle Unabhängigkeit.

Alle Formen gesellschaftlich notwendiger Arbeit müssen gleich bewertet und zwischen Männern und Frauen gleich verteilt werden. Wer Familien- und Gemeinschaftsarbeit leistet, darf im Erwerbsleben nicht benachteiligt werden ...«

Der Text der Papstenzyklika wie der des Berliner Programms stammen aus den 80er Jahren. Seitdem ist die Entwicklung der Arbeit in gesellschaftlicher, technologischer und organisatorischer Weise ungeheuer vorangeschritten, in den in diesen Texten herausgestellten menschlichen Dimensionen der Arbeit wurde aber kaum ein Fortschritt erzielt; die Humanisierung des Arbeitslebens bleibt weiterhin eine ständige Herausforderung!

Globalisierung, Dienstleistungsgesellschaft, Informationsgesellschaft, Auflösung des Normalarbeitsverhältnisses, neue Selbständigkeit, Telearbeit, Vernetzung sind Stichworte aus der aktuellen Debatte. Aber die Fakten von »gestern« prägen noch die gesellschaftliche Realität: Massenarbeitslosigkeit, Langzeitarbeitslosigkeit, fehlende Ausbildungsplätze, Verarmung, Reichtum, Umverteilung von unten nach oben, usw.

Der Rat der Evangelischen Kirche in Deutschland und die Deutsche Bischofskonferenz veröffentlichten nach breiter kirchlicher und gesellschaftlicher Diskussion am 22.2.1997 ihr Wort zur wirtschaftlichen und sozialen Lage in Deutschland »Für eine Zukunft in Solidarität und Gerechtigkeit«.

Die Kirchen greifen die aus der Globalisierung von Märkten und Produktionen entstehenden sozialen, ökologischen und wirtschaftlichen Herausforderungen auf und verweisen auf die dadurch begrenzten Handlungsspielräume nationalstaatlicher Arbeitsmarkt-, Wirtschafts- und Sozialpolitik. Sie betonen, dass sich Globalisierung und ihre Folgen nicht wie Naturgewalten ereignen, sondern nach politischer Gestaltung verlangen.

Sie bezeichnen die anhaltende Massenarbeitslosigkeit in Deutschland und den anderen Mitgliedsländern der EU als die drängendste politische, wirtschaftliche und soziale Herausforderung. »Die katastrophale Lage auf dem Arbeitsmarkt ist weder für die betroffenen Menschen noch für den sozialen Rechtsstaat hinnehmbar.«

Die Kirchen setzen sich ausführlich mit den verschiedenen Ursachen für diese Situation und mit den notwendigen Maßnahmen für eine Verbesserung der Arbeitsmarktsituation auseinander und mahnen mehr Solidarität und Gerechtigkeit in unserer Gesellschaft an:

»Auch in Zukunft wird die Gesellschaft dadurch geprägt sein, dass die Erwerbsarbeit für die meisten Menschen den bei weitem wichtigsten Zugang zu eigener Lebensvorsorge und zur Teilhabe am gesellschaftlichen Leben schafft. In einer solchen Gesellschaft wird der Anspruch der Menschen auf Lebens-, Entfaltungs- und Beteiligungschancen zu einem Menschenrecht auf Arbeit. Wenngleich dieses ethisch begründete Anrecht auf Erwerbsarbeit nicht zu einem individuell einklagbaren Anspruch werden kann, verpflichtet es die Träger der Wirtschafts-, Arbeitsmarkt-, Tarif- und Sozialpolitik, größtmögliche Anstrengungen zu unternehmen, um die Beteiligung an der Erwerbsarbeit zu gewährleisten. Dabei geht es um mehr als entlohnte Beschäftigung. Vielmehr muss die Entlohnung in Verbindung mit den staatlichen Steuern, Abgaben und Transfers auch ein den kulturellen Standards gemäßes Leben ermöglichen. Zudem müssen Mitbestimmungsregelungen und humane Arbeitsbedingungen den Arbeitnehmerinnen und Arbeitnehmern persönliche Entfaltungs- und Beteiligungschancen einräumen. Aus christlicher Sicht ist das Menschenrecht auf Arbeit unmittelbarer Ausdruck der Menschenwürde.«

Wie wird die weitere Zukunft der Arbeit aussehen? Einige Entwicklungstrends sind heute schon sichtbar:

Die gegenwärtige Krise auf dem Arbeitsmarkt wird als Vorbote des Endes der Arbeitsgesellschaft überhaupt interpretiert. Einige Zukunftspropheten gehen davon aus, dass das hoch produktive globalisierte kapitalistische Wirtschaftssystem in der

Gottfried Huba

Lage sei, in diesem Jahrhundert die notwendigen Produkte und Dienstleistungen so effizient herzustellen und zu vermarkten, dass nur noch 20% der Erwerbstätigen gebraucht würden, 80% der Menschen für die Wirtschaft also überflüssig werden! Statt der Zweidrittelgesellschaft aus den 90er Jahren, die damals viele Debatten als Zukunftsszenario prägte, also zukünftig die 20:80 Gesellschaft?

Die Wirtschaft, ihr verbundene Wissenschaftler und Politiker propagieren vor diesem Hintergrund den beschleunigten Wandel in der Gesellschaft, verlangen grenzenlose Mobilität und Flexibilität des Einzelnen und damit den Abbau bestehender rechtlicher, tarifvertraglicher und sozialer Sicherungssysteme, die aus ihrer Sicht den notwendigen Wandel zur globalisierten Wirtschaft hemmen. In den letzten Jahren sind sie auf diesem Weg auch in Deutschland schon ein Stück vorangekommen. Die CDU/CSU/FDP-Koalition hatte ja in den letzten Jahren einige dieser »Hemmnisse« aus dem Weg geräumt. Allerdings hat die rot-grüne Bundesregierung in den ersten Monaten ihrer Amtszeit eine Reihe dieser Schutzregelungen wieder eingeführt.

Viele Veränderungen geschehen aber im Stillen, so bei der schleichenden Änderung der Arbeitsverhältnisse. Wie der Name schon sagt, war jahrzehntelang das sog. Normalarbeitsverhältnis, zumindest für männliche Beschäftigte, der Normalfall. Das bedeutet auf Dauerhaftigkeit (oft lebenslang) angelegte Arbeitsverhältnisse, Vollzeitbeschäftigung, der Sozialversicherungspflicht unterliegendes Entgelt, damit verbunden arbeits-, tarif- und sozialrechtliche Absicherungen (wie Urlaub, Kündigungsschutz, Lohnfortzahlung im Krankheitsfall, betriebliche Altersvorsorge). Auch bei Ausfall des Erwerbseinkommens – im Alter, bei Invalidität, bei Krankheit und Arbeitslosigkeit – ist zumindest die eigene Existenz und die der Familie finanziell abgesichert. Normalarbeitsverhältnisse ermöglichen dadurch eine gewisse biografische Planungssicherheit, geben in vielen Fällen eine berufliche Identität und prägen damit auch das Leben außerhalb der Arbeit. Ausgegrenzt aus diesem gesicherten Normalarbeitsverhältnis sind viele Frauen, vor allem wenn sie ihre Erwerbstätigkeit wegen Kindern unterbrechen, gering qualifizierte und behinderte Arbeitnehmerinnen und Arbeitnehmer.

Seit Mitte der 80er Jahre ist ein deutlicher Rückgang dieser Normalarbeitsverhältnisse festzustellen. So waren 1996 nur noch 52,1 % der Erwerbstätigen in unbefristeten und sozialversicherten Vollzeitarbeitsverhältnissen tätig; bei Männern betrug der Anteil 59,8 %, bei Frauen 41,5 %.

Zugenommen hat der Anteil der zeitlich befristeten und der Teilzeitarbeitsverhältnisse, vor allem aber der geringfügigen Beschäftigungen, der sog. 630-DM-Jobs. Durch gesetzliche Änderungen ist es 1999 gelungen, den millionenfachen Missbrauch dieser Beschäftigungsmöglichkeiten zur Flucht aus der solidarischen Sozialversicherung, der vor allem in einigen Dienstleistungsbranchen festzustellen war, zu stoppen.

Zugenommen hat auch der Anteil der Selbständigen, in den letzten 20 Jahren von 11,3 % auf 13,7 %. Neben vielen Existenzgründungen sind auch manche sog. scheinselbständige Arbeitsverhältnisse dabei, z.B. als »selbständige Fahrer« im Speditions- und Logistikbereich oder aber als Franchise-Nehmer oder Free-Lancer in vielen Dienstleistungsbranchen, z.B. in der Systemgastronomie (McDonald's). Auch hier wurde von der rotgrünen Bundesregierung in den letzten Monaten missbräuchlichen Gestaltungen ein neuer gesetzlicher Riegel vorgeschoben.

Erheblich ausgeweitet wurden in den letzten Jahren auch Beschäftigungsverhältnisse in Teilzeit, bei gleichzeitigem Rückgang der Vollzeitbeschäftigung. Die Teilzeitbeschäftigung kompensierte in der Erwerbstätigenzahl zum großen Teil die Verluste bei abhängiger Vollzeitbeschäftigung. 1996 waren bereits 22,9 % der abhängig Beschäftigten in Teilzeit tätig: 40 % aller Frauen und 10,5 % aller Männer. Diese Arbeitsverhältnisse waren meist unbefristet und oberhalb der Geringfügigkeitsgrenze der Sozialversicherung. Nach Untersuchungen der Arbeitsmarktforscher blieb in den letzten Jahren der Anteil befristeter Arbeitsverhältnisse und von Leiharbeit unverändert.

Die Ursachen für die Krise der Arbeitsgesellschaft und der Form der Beschäftigungsverhältnisse, wie sie in den letzten Jahrzehnten bestanden haben, sind vielfältig. Die rasante technologische und wissenschaftliche Entwicklung (z.B. in der Informations- und Mikrosystemtechnik sowie in den Biowissenschaften) ermöglicht es, Waren und Dienstleistungen mit immer weniger menschlicher Arbeit herzustellen, zugleich macht sie für viele Tätigkeiten deutlich höhere und spezialisiertere Qualifikationen erforderlich. Sie führt zum Zwang häufiger Fort- und Weiterbildung oder sogar zu gänzlich neuer Ausbildung, da die Entwicklung rasch ganze Qualifikationen entwertet. Beispiele sind die raschen Entwicklungssprünge in der Informationstechnik, die zum Teil innerhalb von nur 6 Monaten zu neuen »Rechnergenerationen« führen. So ist zum Beispiel das Wissen und die jahrelange Erfahrung der Spezialisten für Großrechner aus den 80er Jahren heute – nur wenige Jahre später – im Zeitalter der PC-Netze, des Internets und der verschiedenen Intranet-Lösungen auf dem Arbeitsmarkt fast ohne Bedeutung. Junge Absolventen ohne Berufserfahrung, aber mit jahrelanger Erfahrung in der Nutzung von PCs sind heute schon vielfach langjährig tätigen Spezialisten in den informationstechnischen Berufen überlegen. Das heißt, Berufserfahrung, die oftmals der Grund dafür ist, dass langjährig Beschäftigte heute in Betrieben und Verwaltungen höhere und besser bezahlte Positionen innehaben, ist zukünftig bei zunehmender Komplexität des Wissens und der raschen Innovation von Produkten und Prozessen immer weniger von Wichtigkeit. Nur noch das jeweils neueste, aktuelle Wissen zählt, es bleibt immer weniger Raum für Erfahrungen, da sich das Wissen immer schneller selbst entwertet. Das erschwert auch die Schaffung von neuen Berufsbildern.

Diese veränderten Anforderungen in der Arbeitswelt haben auch Auswirkungen auf die Existenz und die Organisation von Betrieben. Trotz der zurzeit zu beobachtenden Tendenz vor allem in Großbetrieben, mit anderen Großbetrieben zu Mega-Einheiten zu fusionieren, dürften die Zukunft eher kleinen flexiblen Unternehmen, vielleicht sogar Ein-Frau- bzw. Ein-Mann-Betrieben gehören, gemäß dem Motto des Cyberkapitalismus: »Nicht die Großen fressen die Kleinen, sondern die Schnellen die Langsamen!«

Die Normalarbeitsverhältnisse wurden aber in den letzten Jahren vor allem durch unternehmerische Strategien und politische Initiativen (befristete Beschäftigung, Leiharbeit, Auslagerung und Verlagerung von Produktionsprozessen und Dienstleistungen, Outsourcing) und durch Deregulierung (Lohn, Kündigungsschutz und Arbeitszeit sollen zunehmend den »freien« Kräften des Marktes überlassen bleiben) in Frage gestellt.

Eine weitere Anfrage an das »Normalarbeitsverhältnis« kommt von der Seite der zunehmenden Individualisierung der Lebensstile (Postmaterialismus). Wenn es zutreffend ist, dass z. B. in Deutschland jährlich Erbschaften in der Größenordnung von 250 Mrd. DM an die Nachkommen weitergegeben werden, stellt sich für viele der Empfängerinnen und Empfänger die berechtigte Frage, ob sie im bisherigen Umfang und bisheriger Intensität so weiterarbeiten wollen. Auch vielfältige Interessen außerhalb der Arbeit sind für viele Menschen Anlass, ihr Arbeitsvolumen freiwillig zu reduzieren bzw. sich Tätigkeiten außerhalb der bisherigen »Normalarbeitssphäre« zu suchen und die gesicherte Perspektive bewusst aufzugeben, damit aber auch dem alltäglichen Anpassungs- und Einordnungszwang zu entgehen. Auch die demographische Entwicklung, die zunehmende Alterung der Gesellschaft und die Auswirkungen auf die sozialen Sicherungssysteme spielen eine Rolle. Warum sollen junge Leute heute noch in sozialversicherungspflichtigen Arbeitsverhältnissen arbeiten, wenn absehbar ist, dass sie damit ihre Altersvorsorge in auskömmlichem Umfang kaum werden sichern können?

Nachdem sich unsere Gesellschaft im vorletzten Jahrhundert und den ersten Jahrzehnten des 20. Jahrhunderts von der Agrar- zur Industriegesellschaft gewandelt hat, stehen wir nun mitten im nächsten Umbruch, der Entwicklung zur Dienstleistungsgesellschaft.

Die wirtschaftliche Aktivität hat sich in den letzten 30 Jahren vom produzierenden Gewerbe zum Dienstleistungssektor verlagert. Lag 1970 der Anteil des produzierenden Gewerbes an der Bruttowertschöpfung in der Bundesrepublik noch bei 50 %, so ist er Ende der 90er Jahre auf weniger als 35 % abgesunken. Gleichzeitig stieg der Anteil des Dienstleistungssektors von 50 % auf über 66 %.

Ähnlich verlief auch die Beschäftigtenentwicklung. Bis zum Jahr 2010 soll nach einer aktuellen Prognose der Anteil der Beschäftigten in der Produktion auf 24 % sinken, im Dienstleistungssektor auf 76 % steigen. Im Vergleich mit den USA entsprach die Verteilung der Erwerbstätigkeit auf die Wirtschafts-

Gottfried Huba

sektoren in Deutschland im Jahre 1996 aber ungefähr der Verteilung dort im Jahr 1968; d.h. dass Deutschland im Tertiarisierungsprozess den USA um ungefähr 30 Jahre hinterherhinkt. Rechnet man die amerikanische Wirtschaftsstruktur auf deutsche Verhältnisse um (so weit das geht), kommen Wirtschaftswissenschaftler auf einen nicht ausgeschöpften Arbeitskräftebedarf im Dienstleistungssektor hier bei uns von 4 bis 6 Mio. Menschen, unsere Arbeitsmarktprobleme wären behoben!

Allerdings reichte der Zuwachs an Arbeitsplätzen im Dienstleistungssektor bisher nicht aus, um den Abbau von Arbeitsplätzen in der Produktion sowie das Anwachsen der Erwerbsbevölkerung aufzufangen. Das hat auch mit unterschiedlichen Qualifikationsanforderungen zu tun. Fallen in der Industrie vornehmlich Arbeitsplätze mit geringen Qualifikationsanforderungen weg, so erfordern die neuen Dienstleistungen z.B. in den Gesundheits- und Pflegediensten, den Finanzdienstleistungen, der Kommunikation, der Forschung und Entwicklung, sowie dem Management, Marketing und Consulting hohe Qualifikationen.

Heute können daher schon eine Reihe von Arbeitsplätzen nicht besetzt werden. So werden z.B. im Bereich der Informationstechnologie jährlich ca. 20.000 zusätzliche Informatiker benötigt, die Hochschulen verlassen aber nur ca. 7.000 jährlich!

Wie wird die zukünftige Arbeitsgesellschaft aussehen? Diese Vision von Unternehmensseite ist heute z.T. schon Realität: Es spielt immer weniger eine Rolle, von wem, in welchem Status (angestellt oder selbständig), mit welcher Arbeitsmethode (Telearbeit oder vor Ort im Büro), wann (zu welcher Tageszeit) und wo (auf dieser Welt) die Aufgaben gelöst und geistige Arbeit verrichtet wird. Entscheidend ist, dass die erforderliche Arbeit im vorgesehenen Zeitrahmen, innerhalb des Budgets und der erwarteten Qualität durchgeführt wird.

Nach allem, was wir heute sehen, wird die Arbeitswelt in Zukunft bunter und vielfältiger werden, ein individuelles Patchwork verschiedener Tätigkeitselemente. Mit Erwerbsarbeit in einem festen Arbeitsverhältnis werden die Menschen zukünftig wahrscheinlich nur noch einen Teil ihres Einkommens erzielen, sie werden kürzer (in der Woche und im Jahr) arbeiten, aber wegen der größeren Lebenserwartung bis ins höhere Alter. Die Jahres- und Lebensarbeitszeit wird flexibler verteilt sein. Die Frauen werden gleichmäßiger an der Erwerbsarbeit beteiligt sein.

Der Trend zur Selbständigkeit, ggf. neben einem Teilzeitarbeitsverhältnis, wird sich fortsetzen, viele Menschen werden mehrere Jobs gleichzeitig haben (Multijobs). Das Wissen wird zur wichtigsten Ressource werden, wegen der steigenden und sich häufig ändernden Qualifikationsanforderungen werden sich die Berufsprofile dynamisieren, Umlernen im Beruf zum Normalfall, Lernen/Lehren und Arbeiten immer mehr integriert werden. Die zunehmende Globalisierung der Märkte und der internationalen Informations- und Kooperationsbeziehungen in der Arbeit werden vermehrte Sprach- und interkulturelle Kompetenzen der Beschäftigten erfordern. Die heute üblichen starren betrieblichen Strukturen werden von zeitlich flexiblen, vernetzten projektartigen Organisationen abgelöst werden. Zudem steigen die Flexibilitätsanforderungen hinsichtlich der räumlichen und zeitlichen Mobilität. Schöne neue Arbeitswelt!?

Diese Überlegungen bieten für die Menschen in Zukunft viele neue Chancen, enthalten aber auch vielfältige Probleme und Gefährdungen, z. B. für weniger Qualifizierte oder für unsere sozialen Sicherungssysteme. Mitbedacht werden müssen auch die Auswirkungen auf die Familien und ehrenamtliches Engagement, wenn z. B. durch flexible Arbeitszeiten Zeiten für gemeinsames Tun seltener oder mit dem Kalender organisiert werden müssen.

Höchste Zeit also, eine breite gesellschaftliche Debatte um die von uns gewollte Zukunft der Arbeit zu beginnen, die den Menschen in den Mittelpunkt stellt, und sie nicht »blinden Naturkräften« zu überlassen. Politik, Gewerkschaften und Kirchen sind dazu gleichermaßen aufgerufen. Das Bündnis für Arbeit, Ausbildung und Wettbewerbsfähigkeit sollte sich zu einem wirklichen Bündnis für die Zukunft weiterentwickeln!

Wenn uns auch in Zukunft die Arbeit nicht ausgeht, sie sich aber deutlich von der heutigen unterscheidet, wird sich auch die Freizeit ändern. Sind Arbeit und freie Zeit heute oft noch zwei deutliche unterscheidbare Zeitabschnitte im Tages-, Wochen- und Jahresverlauf, ist absehbar, dass zukünftig die Grenzen fließender werden. Telearbeit und Selbständigkeit beispielsweise

Gottfried Huba

eröffnen für den individuellen Zeitrhythmus neue Gestaltungs-
möglichkeiten.

Es stellt sich aber weitergehend – zumindest perspektivisch –
die Frage, ob unter den geschilderten Bedingungen Arbeit für die
Menschen noch die existentielle Bedeutung hat und haben kann,
die die Texte am Beginn dieses Artikels aufgrund der bisherigen
Erfahrungen voraussetzen.

Bereits 1880 hat Paul Lafargue, übrigens der Schwiegersohn
von Karl Marx, in einem Beitrag das »Recht auf Faulheit« als
Widerlegung des »Rechts auf Arbeit« und als anzustrebendes
Ziel der Arbeiterklasse gefordert:

»Christus lehrt in der Bergpredigt die Faulheit: ›Sehet die Li-
lien auf dem Felde, wie sie wachsen; sie arbeiten nicht, auch spin-
nen sie nicht, und doch sage ich euch, dass Salomo in all seiner
Pracht nicht herrlicher gekleidet war.‹ Jehovah, der bärtige und
sauertöpfische Gott, gibt seinen Verehrern das erhabenste Beispiel idealer Faulheit: Nach sechs Tagen Arbeit ruht er auf alle
Ewigkeit aus.«

War dieser Beitrag damals eher satirisch gemeint, so gewinnt
er unter den heutigen wirtschaftlichen, sozialen und technischen
Bedingungen eine neue Bedeutung: Leben wir, um zu arbeiten –
oder arbeiten wir, um zu leben?

Nach dreihundert Jahren, in denen sich die Produktivkräfte,
die Wissenschaft und der Wohlstand in diesem Teil unserer Welt
in einem vorher nie gekannten Ausmaß entwickelt haben, erweist sich die Debatte um die Zukunft der Arbeit und der freien
Zeit auch als Anfrage an unseren Lebensinhalt und Lebensstil,
individuell, aber auch als Gesellschaft. Bisher wenig berücksich-
tigte Faktoren müssen miteinbezogen werden, wie die Auswirkungen unserer Form des Arbeitens auf die Menschen in anderen Teilen unserer Erde und auf die Umwelt. Nachhaltige
Entwicklung gilt auch für die Zukunft der Arbeit!

Der Umbau der Arbeitsgesellschaft auf Zukunft hin kann daher nur gelingen, wenn er gleichzeitig beiträgt zur wirtschaftlichen und sozialen Entwicklung, zur Schonung der Umwelt und
der Ressourcen sowie zur Erfüllung der Emanzipationswünsche
der Menschen innerhalb und jenseits der ökonomischen Sphäre.

Peter Glotz

Theologie und Universität
Zur Rolle theologischer Forschung und Lehre an der Universität von heute

I

Die Frage, ob und in welchem Ausmaß die Wissenschaften die Theologie brauchen, interessiert mich insbesondere als ein Wissenschaftler und ein Wissenschaftspolitiker, der nach wie vor an der Humboldtschen Universitätsidee hängt. Das ist die Idee der »Bildung durch Wissenschaft«, die Verbindung von Forschung und Lehre, vor allem aber die Idee einer (unabschließbaren) Einheit der Wissenschaft, also das dialogische Prinzip der sich immer wieder erneuernde Streit der Fakultäten, der im deutschen Universitätswesen dieser Jahre allerdings oft genug zu erlahmen droht. In diesem Streit hat – so viel jedenfalls dürfte unbestritten sein – die Theologie eine bedeutende Rolle gespielt. Sie war, vor der Philosophie noch, eine »Geburtsstätte der Wissenschaften«, wie Helmut Schelsky das ausgedrückt hat; in ihr sind Disziplinen wie die Sprachwissenschaft herangereift, bis sie sich verselbständigten. Es ist uns allen bewusst, dass diese Funktion seit der Aufklärung nicht mehr besteht. Die Theologie lebt umgekehrt von der Aufnahme und Verarbeitung fachwissenschaftlicher Fortschritte. Gerade das allerdings zeigt, wie wichtig die Situierung des Faches in einer Universitas ist. Der eben zitierte Helmut Schelsky, ein höchst laizistischer, im Übrigen im Kern auch relativistischer, allerdings hoch professioneller Soziologe, hat diesen Aspekt des Dialogischen der Theologie besonders prononciert formuliert: »Im Sinne der fachlichen Auseinanderfaltung der modernen Wissenschaft ist die Theologie in der Ganzheit der Theologischen Fakultäten eine archaische Universitas im Kleinen geblieben, die unter vorgegebenem Aspekt des religiösen Bekenntnisses mit dem Material, den Erkenntnissen und Methoden arbeitet, die ihr die profanen Fachwissenschaften liefern. Die Geschichte der modernen theologischen Wissenschaften zeigt, wie die ihr eigentümliche theologische Fragestellung durch die Aufnahme der Ergebnisse und Probleme der autonomen Philosophie, der Geschichtswissenschaft und Philologie, der Archäologie und Kunstwissenschaft, neuerdings auch der Ethnologie, Psychologie und Soziologie jeweils aktualisiert wird; so kann man feststellen, dass die heutigen Theologischen Fakultäten die vorhandenen Wissenschaften in Bezug auf den Glauben verdoppeln.«

Das zeigt, meine ich, ein tief gehendes Interesse der Theologie an der Universität. Es müsste aber auch ein tief gehendes Interesse der Universität an der Theologie zeigen. Der Streit der Fakultäten müsste eine wichtige Stimme entbehren, wenn die Theologie nicht mehr mitspräche. Die Theologie ihrerseits könnte erstarren, aus der Zeit fallen. Als Bildungspolitiker (und gleichzeitig als Kommunikationswissenschaftler) will ich die (schwächer werdende) Lebensmacht Kirche über die Vermittlung der Theologie im Netz der universitären Öffentlichkeit halten. Der säkularisierte Staat lebt, wie E.-W. Böckenförde in einem berühmten Dictum gesagt hat, von Voraussetzungen, die er selbst nicht garantieren kann. »Das Bekenntnis des demokratischen Staates zur Pluralität ist nicht in der Lage, ein gesellschaftliches Wertbewusstsein hervorzubringen, das aber doch gleichzeitig die ethische Basis des Menschen auch als Civis bildet.« Deshalb gibt es, so behaupte ich, ein Interesse auch des säkularisierten Staates an der Wertevermittlung durch die Theologie an den Universitäten und über den Religionsunterricht an der Schule. Denn beides hängt zusammen, nicht nur weil eine der wichtigsten Aufgaben der Theologie die Ausbildung von Religionslehrern ist; damit ist der Streit um die »Staatstheologie«, den in Deutschland Bischof Dyba entfacht hat, der aber auch in Rom geführt wird, eine andere Seite der Medaille, um die es in Brandenburg geht, bei der Debatte um das obligatorische Fach: Lebenskunde/Ethik/Religion (LER). Jetzt liegen die Konflikte auf dem Tisch.

II

Wozu brauchen die Wissenschaften die Theologie? Ich antworte zuerst einmal pragmatisch von der Erfurter Universitätsidee her. Diese Universität, die ich dreieinhalb Jahre geleitet habe, ist als kulturwissenschaftliches Zentrum konzipiert. Sie soll den Begriff der Kulturwissenschaften durch eine neue Form der Transdisziplinarität erneuern. Wir wollen das in vier Fakultäten versuchen: einer Philosophischen/Kulturwissenschaftlichen, einer Sozial- und Staatswissenschaftlichen, einer Erziehungswissenschaftlichen und einer Katholisch-Theologischen. Die evangelische Theologie wird in der Philosophischen Fakultät situiert werden. Zwei weitere Professuren für Bibelwissenschaft und Religionspädagogik sollen in der Erziehungswissenschaftlichen Fakultät mitarbeiten. Wir streben an, dass diese drei evangelischen Theologen, obwohl in verschiedenen Fakultäten beheimatet, gemeinsam ein Martin-Luther-Institut begründen. Das ist eine methodische Vorsorge, um Transdisziplinarität durch Organisation zu provozieren.

Die Theologie, so meine These, ist für viele wichtige und aktuelle Fragen ein entscheidender Gesprächspartner. Ihre Forschungsdimension ist gefordert. Deswegen kann man nicht einfach die Studierenden zählen und den banalen Schluss ziehen, wenn 14 Professoren nur 150 (oder auch noch weniger) Studierende hätten, könne man sie auch nach Hause schicken. Das Philosophisch-Theologische Studium, das wir als Katholisch-Theologische Fakultät in Erfurt integrieren wollen, hat 150 Studierende. Integrieren wollen wir diese Fakultät aber nicht nur, weil sie einige junge Menschen betreut, die Priester oder Religionslehrer werden wollen. Wir sind an ihren Erfahrungen, Denkmodellen, »Approaches« interessiert, weil wir bestimmte Probleme lösen wollen. Ich sehe schon ein, dass der Staat auch Kapazitätsprobleme erörtern und Kapazitätsverordnungen exekutieren muss. Und ich verstehe auch die Not manches Juristen und manches Betriebswirts, der vom Stapel seiner Diplom- oder Magisterarbeiten fast erschlagen wird und dann darüber seufzt, dass an achtzehn Evangelisch-Theologischen und zwölf Katholisch-Theologischen Fakultäten 450 Professorinnen und Professoren lehren, die selbstverständlich sehr viel weniger Studenten haben als 450 Betriebswirte oder 450 Juristen. Ich sagte: Der Staat muss auch solche Kapazitätsprobleme zur Debatte stellen. Wenn er sie allein zur Debatte stellte, wäre er rasch kein Kulturstaat mehr.

III

Was wird die Universität in Erfurt tun? Man wird einmal über die Katholisch-Theologische Fakultät und über das Martin-Luther-Institut verfügen; zum anderen wird ein Cluster für vergleichende Religionswissenschaft aufgebaut. Wir haben Professuren für Judaistik, orthodoxes Christentum, europäischen Islam und vergleichende Religionswissenschaft berufen. Theologie und Religionswissenschaft sollen eng miteinander kooperieren, ohne dass der Unterschied zwischen diesen Disziplinen verwischt werden soll.

Denn diesen Unterschied gibt es natürlich. Theologie heißt zunächst einmal Rede von Gott. Das bedeutet: Die primäre Aufgabe der Theologie besteht darin, sich Gedanken zu machen, wie man im Kontext der Moderne von Gott reden kann. Hier ergibt sich auch zugleich der methodische Unterschied zu den Religionswissenschaften: Sind die Religionswissenschaften wissenschaftliche Deskriptionen von Religion, von religiösen Phänomenen in ihren verschiedenen Ausprägungen (Religionssoziologie, Religionsethnologie, Religionspsychologie etc.), so ist die Theologie die Suche nach einer verantwortbaren Rede von Gott im jeweiligen gesellschaftlichen Kontext.

Ich will also sagen: Die Religionswissenschaften beschreiben empirische Erscheinungsformen von Religion, theologisch formuliert: religiöse Erscheinungsformen der Immanenz, der empirisch nachprüfbaren Realität. Die Theologie dagegen sucht nach einer Rede von Gott, die Gott nicht einfach als ein »außer der Welt hockendes Wesen« (Karl Marx) projiziert und die entsprechend unbeschwert über eine erweiterte, duplizierte Immanenz bzw. eine Pseudotranszendenz räsoniert. Vielmehr sucht die Theologie nach einer Rede von Gott, die gerade die Grenzen thematisiert: Wenn die Theologie von Gott redet, dann ist sie gewissermaßen eine Anwältin der Transzendenz. Dabei sind jedoch zwei Aspekte gleichzeitig zu berücksichtigen:

– zum einen wird die Transzendenz in der Theologie nicht von vornherein methodisch ausgeblendet, wie das zweckmäßigerweise in allen anderen Wissenschaften der Fall ist,

– zum anderen weiß aber gerade die Theologie, dass sie die Transzendenz als solche nicht eigentlich versprachlichen kann, weil es sich ja gerade nicht um eine empirisch fassbare Immanenz handelt. Um es mit einem Beispiel von Karl Rahner zu sagen: Mit der Transzendenz ist es wie mit Australien, das man ja vielleicht auch noch nie gesehen hat, wo man aber im Prinzip durchaus mal nachsehen könnte, wie es dort aussieht.

Die Theologie ist also eine Grenzwissenschaft. Ihr Wert besteht in der Aufarbeitung einer kontingenzeröffnenden Heuristik. Die wissenschaftliche Brille der Theologie (Immanenz/Transzendenz) erinnert an die Grenzen des Immanenten und eröffnet so deren Kontingenz (Nichtnotwendigkeit, Fraglichkeit). Mit dieser wissenschaftlichen Brille erfüllt die Theologie eine spezifische Aufgabe, die von den anderen Wissenschaften so nicht geleistet wird. Und daher rechtfertigt sich ihr Platz im universitären Disziplin-Kanon, rechtfertigt sich Integration oder zumindest Kooperation.

Was Erfurt nun interessiert, sind Probleme der uns bedrängenden Realität. So hat z. B. die These vom Clash of Civilisations, vom Zusammenprall der Kulturen, Konjunktur. Sie fordert das monolithische Bild komplexer Religionsgemeinschaften. Zu erhellen ist, wie solche Bilder entstehen. Es ist eine gesellschaftliche Aufgabe, solche Prozesse von Selbstdefinition und Ausgrenzung aufzuweichen, und darum wiederum neue religionswissenschaftliche Perspektiven zu eröffnen, entgrenzend zu wirken. Solche Aufgaben sollen in einem produktiven Dialog zwischen Religionswissenschaft, Theologie, aber auch mit anderen Disziplinen entwickelt werden.

Eine wichtige Rolle in diesem Zusammenhang wird auch das Max-Weber-Kolleg für kultur- und sozialwissenschaftliche Studien spielen. Natürlich verfolgt es Webers Themen weiter. Das sind z. B. Religion, Wissenschaft und Recht als Deutungs- und

Steuerungsmächte, die Wechselwirkungen zwischen Kulturen, gesellschaftlichen Ordnungen und Mentalitäten bei radikalem Wandel. Es geht auch um Theorien der Kultur- und Sozialwissenschaften und ihre Beziehungen zu normativen, also insbesondere ethischen Fragen. So geraten viele hochaktuelle Probleme in den Blick. Worauf beruht die westliche Hegemonie über andere Kulturen? Wer diese Frage beantworten will, muss sich der Erforschung von Tradition, Ritual, kollektivem Gedächtnis, sozialer Praxis widmen. Er muss die Sinnentleerung, das Problematisieren von Traditionen untersuchen. Auch jenen Prozess, der von Eric Hobsbawm neuerdings »The Inventing of Traditions« genannt wird. Die Erforschung religions- und konfessionsspezifischer Deutungskulturen (und der Semantik religiöser Selbstdeutungen) wird die Ursachen interreligiöser und interkonfessioneller, aber auch (im weitesten Sinn) »politischer« Konflikte deutlicher hervortreten lassen. Wir sollten daran interessiert sein, über solche Prozesse besser Bescheid zu wissen als in der Vergangenheit. Die Erfurter Universität will dazu beitragen.

IV

Allerdings ist der Rahmen, in dem wir uns bewegen müssen, noch breiter. Ich habe bisher vom Standpunkt der Universitätsidee und aus der Praxis einer Universität gesprochen. Man muss aber auch von der geistigen Situation dieser Gesellschaft und dieses Staates sprechen. Max Scheler hat die Kirchen als eine der großen Lebensmächte bezeichnet. Selbstverständlich muss man kritisch die Frage stellen: Bleibt das so? Denn seit 1968 ist die Erosion volkskirchlicher Strukturen im Gang. Machen wir uns klar:

Die Vereinigung Deutschlands hat erstens den Teil der Bevölkerung, der nicht den beiden großen christlichen Kirchen angehört, auf 30 % hochschnellen lassen.

Zweitens macht die Einigung Europas die Singularität des in Deutschland historisch gewachsenen Verständnisses von Staat und Kirchen europaweit deutlich und wird die Sogwirkung laizistischer Modelle weiter verstärken.

Drittens treten inzwischen andere Religionsgemeinschaften mit Anspruch auf Gleichbehandlung auf. Die Zeugen Jehovas haben in einem ersten Rechtsurteil einen Anspruch hierzu erlangt. Die Debatten um Scientology sind bekannt. Islamische Gemeinschaften und andere Religionsgemeinschaften verfolgen all diese Debatten mit großer Aufmerksamkeit.

Ich will es knapp und unhöflich ausdrücken: Wenn es den Kirchen nicht gelingt, diesen Erosionsprozess zu stoppen, könnte es in absehbarer Zeit keine staatlichen Theologischen Fakultäten mehr geben, auch konfessionsgebundenen Religionsunterricht an öffentlichen Schulen würde es dann nicht mehr geben. Ein Staat, in dem die größte Kirche aus Nichtgläubigen bestünde, in dem sechs oder sieben »große Religionen« mehr oder weniger gleichberechtigt nebeneinander lebten und im Übrigen auch viele Freikirchen, Sekten und Orden existierten, wäre so prinzipiell verschieden von jenem Preußen, in dem der Nuntius Pacelli sein beispielgebendes Konkordat ausgehandelt hat, dass neue Saiten aufgezogen würden und wohl auch aufgezogen werden müssten.

Wobei man sich klarmachen sollte: Der Zweifel am bisherigen Verhältnis von Staat und Kirche kommt von zwei Seiten. Er stammt einerseits von Verfechtern einer strikten Trennung von Staat und Kirche, von Leuten also, die einen weltanschaulich neutralen Verfassungsstaat wollen und für die Religion und Philosophie »bunte Vielfalt« sind. Der Staat, so diese Position, ist bekenntnisfrei und orientiert tolerant über alles, was da kreucht und fleucht. In die gleiche Richtung wirkt eine Tendenz, die Theologische Fakultäten und Religionsunterricht wieder stärker an die Kirche anbinden will. Die heute vorfindbare Theologie sei, so muss man z. B. wichtige Tendenzen im Vatikan verstehen, zu wesentlichen Teilen modisch verseucht, durchsetzt von eitlen und »treulosen Selbstvermarktèrn« (Bischof Dyba). Zur Zukunft der Kirche formuliert dieser Bischof: »Wir tragen inzwischen die Rüstung des Goliath und sie lähmt uns zunehmend – werden wir den Stein des David wiederfinden, bevor wir in die Knie gehen?« So deutlich mag in der evangelischen Kirche nicht formuliert werden. Aber man sollte sich nicht täuschen: Überall wird debattiert, ob eine kleine, staatsfreie, radikal fromme, sozusagen partikulare Kirche nicht besser überleben könne als das Modell der Volkskirche. Es gibt inzwischen Gläubige, die sagen: Die Idee, im Medium des Staates potentiell alle Bürgerinnen und Bürger mit christlicher Wertorientierung zu durchdringen, radikaler formuliert: zu Gläubigen zu machen, ist sowieso eitel. Also sei es besser, kleine Gruppen mit der vollen Glaubenslehre zu konfrontieren, als eine ganze Gesellschaft mit verwässerter, zeitgeistunterworfener, entstellter Theologie.

Ich nehme zu dieser innerhalb der Kirchen ablaufenden Kontroverse nicht Stellung. Empirisch ist es nicht leicht zu entscheiden, was größere Überlebenschancen hat, eine vorsichtige Volkskirche oder eine kleine entschlossene Gemeinde von Menschen. Ich könnte sagen: Vom Standpunkt des vermittelnden, neutralen, an Kommunikation, sozialem Konsens und Zusammenhalt interessierten Verfassungsstaats sind zwei Volkskirchen leichter zu integrieren als sechs oder sieben militante Kampfkirchen. Das könnte die Befürworter einer »fundamentalistischen« Haltung – ich verwende das Wort mit Anführungszeichen und spitzen Fingern – aber eher bestärken. Also beschränke ich mich auf den Hinweis, dass die Extreme sich hier, wie so oft, berühren: Von entgegengesetzten Seiten wird mit unterschiedlichen Motiven das Gleiche befördert. Es ist noch offen, ob aus dieser Entwicklung ein neues Verhältnis zwischen Staat und Kirche in Deutschland folgen wird.

Ich will mit meiner grundsätzlichen Position aber nicht hinter dem Berg halten. Ich verspreche mir von einem solchen Traditionsbruch nichts Gutes. Die Idee, dass Wertevermittlung nicht mehr von Leuten mit erkennbaren Standpunkten betrieben werden könnte, sondern von »neutralen« Lehrern, die irgendwo im Niemandsland zwischen römischem Katholizismus, protestantischen Strömungen, Islam und Nietzsche herumschwimmen, halte ich für ebenso unbehaglich wie die Vorstellung, dass Studierende oder Schulkinder separiert würden, dass also der Dialog zwischen Gläubigen und Ungläubigen zerbräche. Auf lange Sicht verlangte ein solcher Denkansatz übrigens auch eine Umstellung in der Kirchensteuerfrage und damit in der Sozialpolitik. Mag sein, dass solche Veränderungen irgendwann – eben wegen der Erosion volkskirchlicher Strukturen – unausweichlich werden.

Sie zu befördern oder zu beschleunigen, liegt aber nicht in meinem Interesse.

Wenn Sie jetzt fragen, warum es nicht in meinem Interesse liegt, will ich Ihnen darauf eine offene Antwort geben. Mein Motiv folgt aus einer skeptischen Diagnose unserer Situation. Ich spreche von dem Prozess der Selbstzersetzung der wertrationalen Vernunft in den letzten 150 Jahren. Bismarck schied aus seinem Gymnasium, wie man in »Gedanken und Erinnerungen« nachlesen kann, als »landläufiger Pantheist«. An die Stelle dieses Pantheismus ist heutzutage die Auffassung getreten, dass es keine rationale Begründung letzter Werte und Normen geben könne. Die Folge ist die Ausbreitung des Relativismus, aber eben nicht in der höchst legitimen Form eines reflektierten Wertskeptizismus. Natürlich: Ohne Gorgias gäbe es keinen Platon, ohne Hume keinen Kant und deutschen Idealismus. Der Philosoph Vittorio Hösle hat also Recht, wenn er sagt: »Nur wer dem Nihilismus ins Auge gesehen hat, wird Philosophie auf einem gewissen Niveau treiben können – wobei ›ins Auge sehen‹ einen Ernst einschließt, der nicht bei jedem Salonrelativisten zu finden ist.« Genau um diesen Ernst geht es mir. Er verlangt, in der Hochschule wie in der Schule, authentische Positionen. Lehren und Lernen ist – auf allen Stufen – ein personales Geschehen. Mir ist verständlich, warum sich gläubige Christen dagegen wehren, dass ihr Glaube zu einem unverbindlichen und bequemen »Humanismus« verdünnt wird, der niemandem mehr weh tut. Mir ist genauso verständlich – umgekehrt – der Widerstand gegen Indoktrination, einsinnige Publizistik, manipulative Überredung, z.B. im Religionsunterricht. Aber ich fürchte, dass durch eine reinliche Trennung von Staat und Kirche (in der Universität wie in der Schule) diejenige Fraktion gestärkt würde, die ohnehin schon die stärkste ist, die der Salon-, der Feld-, Wald- und Wiesenrelativisten. Eine solche reinliche Scheidung würde die Kommunikation – und den Streit – authentischer Sprecher mindern. Das wäre ein Schaden für eine Gesellschaft, deren größte Gefahr die Segmentierung, das Auseinanderfallen ist.

Rudolf Scharping

Die Friedensverantwortung der Sozialdemokratie

I. Sozialdemokraten machen Friedenspolitik

»Der Frieden wird niemandem geschenkt. In der Welt, in der wir leben, reicht auch der Wille zum Frieden allein nicht aus. Nur wenn wir bereit und in der Lage sind, für seine Bewahrung einzutreten, können unsere Kinder in eine bessere Welt hineinwachsen.« Diese Worte stellte Willy Brandt dem ersten Weißbuch zur Sicherheit der Bundesrepublik Deutschland und zur Lage der Bundeswehr am 20. Mai 1970 voraus. »Dem Frieden der Welt zu dienen« hat sich das deutsche Volk im Grundgesetz zur Aufgabe gestellt und ist oberstes Ziel deutscher Außen- und Sicherheitspolitik. Denn wir wissen: Ohne Frieden ist alles nichts. Die deutsche Sozialdemokratie repräsentiert jenen Teil der deutschen Geschichte, der zu Krieg, Unfreiheit und Gewalt immer entschlossen Nein gesagt hat.

Frieden ist jedoch mehr als die Abwesenheit von Gewalt. Er ist die Anwesenheit von Versöhnung. Sozialdemokratische Friedens- und Entspannungspolitik in Europa war daher der Motor für friedliche Zusammenarbeit. Sie hat letztendlich die Bedingungen geschaffen für die Einheit Deutschlands und für die Einigung Europas.

Die Kernsubstanz sozialdemokratischer Außenpolitik wurde insbesondere unter den Bedingungen des Ost-West-Konfliktes von Willy Brandt und Helmut Schmidt formuliert und in die Realität umgesetzt. Gestützt auf eine feste Verankerung im westlichen Bündnis, hat diese Politik dazu beigetragen, dass die Konfrontation zwischen Ost und West abgebaut werden konnte.

Die im Besonderen mit dem Namen von Willy Brandt verbundene Entspannungspolitik hat aber nicht nur den Boden bereitet für das Ende des Kalten Krieges und war Voraussetzung für den Durchbruch von Demokratie und Freiheit in den ehemals kommunistischen Staaten. Sie hat darüber hinaus mit ihrer Politik der Dialogbereitschaft, der Vertrauensbildung, des Gewaltverzichts, der Kooperation und des fairen Interessenausgleichs auch ein Konzept und Instrumente geschaffen, die angesichts vielfältiger Konflikte in und um Europa auch unter den neuen Bedingungen friedenstiftende Wirkungen entfalten und unserer Außenpolitik Orientierung geben können.

Angesichts der Lage in Mittel- und Osteuropa brauchen wir weiterhin eine auf Frieden und Entwicklung ausgerichtete Politik. Dass beides zusammengehört, dass Frieden ohne Entwicklung und Entwicklung ohne Frieden nicht möglich ist, dass wir uns auf den wirtschaftlichen, sozialen, den kulturellen und den rechtlichen Rahmen und die Grundlagen dafür konzentrieren müssen, das halte ich für eine Grunderkenntnis Brandtscher Außenpolitik, die wir weiter tragen müssen.

II. Deutschland trägt eine besondere Verantwortung für den Frieden

Unser Land hatte nach dem Zweiten Weltkrieg begrenzte Verantwortung und Souveränität. Seit der deutschen Einheit liegt die Verantwortung für unsere Politik alleine in unseren Händen. Der neue Status Deutschlands und seine machtvollere Gestalt, die demokratischen und marktwirtschaftlichen Umbruchprozesse östlich von uns, die Auflösung der Sowjetunion, die damit verbundenen Herausforderungen für die Nato und die Europäische Union sind nur einige Beispiele für diesen komplexen Veränderungsprozess. Dieser Prozess zwingt Deutschland, Grundlagen und Orientierungen seiner Außenpolitik zu überprüfen und seine Interessen neu zu definieren. Interessen wahrzunehmen heißt immer, zugleich Verantwortung wahrzunehmen.

Deutschland mit dem historischen Erbe seiner Verbrechen in der Vergangenheit und seinem Gewinn an Macht und Einfluss nach der Vereinigung hat Verantwortung zum einen als handelnder Akteur, der maßgeblich auf internationale Beziehungen einwirkt und Einfluss zu nehmen hat; zum anderen als Adressat von Erwartungen zum Beispiel der europäischen Partner, der Nato, der anderen europäischen Nachbarn, der Länder des Südens, der internationalen Organisationen.

Dass die Bedeutung Deutschlands in Europa gewachsen ist, haben unsere Nachbarn schneller erkannt als wir selber:

Unserem Land wird eine Schlüsselrolle zugesprochen – ob wir das wollen oder nicht. Die wirtschaftliche Bedeutung, unser Gewicht und unsere geographische Lage gestatten – mehr noch, erfordern –, im Dienste gesamteuropäischer Stabilität politisch aktiv zu werden. Deutschland sollte seine internationale Politik selbstbewusst und zurückhaltend gestalten. Selbstbewusst durch die offene Darlegung seiner Interessen, durch die Wahrnehmung seiner internationalen Verantwortung, die durch sein gewachsenes Gewicht ganz selbstverständlich größer geworden ist. Zurückhaltend, indem wir unsere Interessen zum Gegenstand eines Ausgleiches mit anderen machen, vor allem im Rahmen der Bündnisse und der Mitgliedschaften in internationalen, in multilateralen Organisationen.

Eine so verstandene Außenpolitik entspricht der objektiven Lage Deutschlands. Wir sind mit großen internationalen Erwartungen konfrontiert, die eine konstruktive Rolle deutscher Außenpolitik in den internationalen Beziehungen fordern, und wir unterliegen zugleich Befürchtungen, insbesondere bei europäischen Partnern und Nachbarn, Deutschland könne neuerlich zu einer dominierenden, möglicherweise sogar hegemonialen Politik zurückkehren.

Unsere westliche Verankerung muss bleiben, fest und klar. Sie war und bleibt mehr als die Zugehörigkeit zu einer Sphäre gleicher wirtschaftlicher Systeme und gemeinsamer außenpolitischer Interessen. Sie war und ist die Entscheidung für eine europäisch und zivilisatorisch geprägte Vorstellung von Freiheit und Würde des Menschen und seiner sozialen und kulturellen Verantwortung. Wenn wir also darum ringen, dass Menschen aller Völker den Weg zur Humanität und Zivilisation beschreiten können, steckt dahinter auch ein moralischer Anspruch, der in unserem Wertesystem begründet liegt. Wir Europäer werden daher unserer Verantwortung nachkommen müssen – auch mit Fingerspitzengefühl und vor allem das eigene Gewicht klug in internationalen Organisationen einsetzend.

III. Frieden verlangt, sich einzumischen

Eine Fülle der aktuellen Konflikte, die innerstaatliche Konflikte sind, lassen sich mit dem alten Regelwerk nur mehr schwer lösen. Es ist angesichts der internationalen Entwicklung beispielsweise nur folgerichtig, wenn sich die Vereinten Nationen auf eine Reform der Charta einigen, die ihre Rechte erweitert, aber auch Grenzen des Handelns klar definiert, um schnelle Entscheidungen zu ermöglichen.

Die Stärkung und Reform der Vereinten Nationen sind ein Schwerpunkt sozialdemokratischer Außen- und Sicherheitspolitik. – Es ist daher auch kein Zufall, dass die »Commission on Global Governance« zur Reform internationaler Organisationen in der Tradition von Willy Brandt, Olof Palme und Gro Harlem Brundtland von Sozialdemokraten maßgeblich beeinflusst ist. – Nicht das Recht des Stärkeren darf sich durchsetzen, sondern die Stärke des Rechts. Der Schwache braucht den Schutz der Völkergemeinschaft.

Gegen die Gewalt im Inneren stellt der Rechtsstaat sein Gewaltmonopol. Was aber tun, wenn Gewalt und Mord nicht individuell verübt werden, sondern staatlich organisiert sind? Was, wenn die Souveränität des Staates zum Deckmantel schwerster Verbrechen gegen die Menschlichkeit denaturiert? Was, wenn hunderttausendfache Vertreibung die Souveränität von Nachbarstaaten missachtet? Ernste Fragen, die einer sorgfältigen, durchdachten Antwort harren. Die internationale Rechtsordnung ist noch zu schwach. Die Vereinten Nationen sollen dieses innerstaatlich vertraute Gewaltmonopol international ausüben. Freilich fehlen ihnen die Mittel zu dessen Durchsetzung.

Die politische Legitimation, »sich einzumischen«, schuf die Schlussakte von Helsinki. In ihr ist seit 1975 zu lesen, dass Menschenrechte nicht mehr allein innere Angelegenheit eines Staates sind. Die Regierungschefs der im UN-Sicherheitsrat vertretenen Nationen haben 1992 einmütig gesagt, dass zur Durchsetzung der Menschenrechte auch Einschränkungen der staatlichen Souveränität erforderlich sein können. Und schließlich hat das Europäische Parlament 1994 darauf hingewiesen, dass das Völkerrecht weiterzuentwickeln sei, um zum Schutz der Menschenrechte in extremen Notlagen auch begrenzte militärische Aktionen zuzulassen. Wenn wir unsere Werte schützen wollen, dann müssen wir auch dazu bereit sein, diese gegen Mord und Totschlag zu verteidigen.

Wer, wie beispielsweise im Kosovo geschehen, mit fanatischer Überzeugung Menschen systematisch ermordet, vertreibt, vergewaltigt und ihrer elementaren Rechte beraubt, dem muss mit aller Macht in den Arm gefallen werden. Sich der Realität dieses Völkermordes nicht zu stellen, bestätigte eines: Gleichgültigkeit ist die persönlich bequemste Form der Missachtung. Nichtwissen schafft kein ruhiges Gewissen. Ziel deutscher Politik im Kosovo ist es daher, bedrohten Menschen in einer katastrophalen Situation so gut zu helfen, wie es nur eben möglich ist.

Sozialdemokraten geben sich nicht der Illusion hin, dass die Fähigkeit und Bereitschaft zum Einsatz militärischer Mittel zur Verhinderung von Gewalt überflüssig geworden wäre. Militärische Mittel sind manchmal sogar die Voraussetzung dafür, dass zivile Entwicklungen überhaupt beginnen und fortgeführt werden können.

Es ging bei dem Nato-Einsatz im ehemaligen Jugoslawien nicht ausschließlich darum, mit einer militärischen Drohung einen Konflikt einzudämmen, sondern auch darum, mit Hilfe dieser Drohung eine für die Zukunft tragfähige Lösung dieses Konfliktes zu ermöglichen. Es ging darum, zivile, demokratische, rechtsstaatliche Entwicklungen und die sie tragenden Kräfte in der Bundesrepublik Jugoslawien zu unterstützen. Denn die militärischen Mittel gegen Massenmord und Vertreibung sind entgegen mancher Vermutungen keinesfalls die letzten der Politik. Sie stehen in einem untrennbaren Zusammenhang mit dem nachfolgendem politischen Bemühen, den Frieden zu verhandeln und auszugestalten. Im ehemaligen Jugoslawien haben wir nun die Verpflichtung zu helfen: beim wirtschaftlichen Aufbau, bei der Neuorganisation der zivilen Institutionen. Zudem haben wir den Menschen – ohne jeden Unterschied – humanitäre Hilfe zu leisten.

Da dieser Friede einer militärisch gesicherten Garantie bedarf, beteiligt sich Deutschland daran, nicht im Sinne von Kampf, aber im Wissen darum, dass es Zeiten gibt, in denen man Sicherheit auch auf diese Weise und nur auf diese Weise für Menschen schaffen kann. Nicht die Idee vom gerechten Krieg führt weiter, sondern eine andere Abwägung: Wie der Verzicht auf berechtigte Notwehr durchaus ehrenwert sein kann, so ist der Verzicht auf mögliche Nothilfe durchaus fragwürdig, ja unverantwortlich.

IV. Herausforderungen für den Frieden

Das Ende des Ost-West-Konflikts hat zwar die Furcht vor atomarer Vernichtung zurückgedrängt, aber zugleich alten und neuen Konflikten Raum gegeben: Zwischen einzelnen Staaten (Griechenland/Türkei), zwischen Volksgruppen (im ehemaligen Jugoslawien, in Rumänien, der Slowakei, aber auch im Baskenland und auf Korsika) und zwischen Religionen (im ehemaligen Jugoslawien, im Nahen und Mittleren Osten und im Kaukasus).

Die entscheidende Aufgabe, Konflikte zu entschärfen, den Ausbruch von Feindseligkeiten zu verhindern, kann daher nur von einer vorausschauenden Politik des Dialogs und des Ausgleichs geleistet werden. Eine solche Politik muss heute weit über den traditionellen Bereich des Auswärtigen und der Diplomatie hinausgreifen. Zu ihr gehören humanitäre Dienste, Wirtschafts- und Finanzhilfen, die Herstellung fairer Bedingungen für alle am Welthandel Beteiligten, die vielfältige Förderung gesellschaftlicher Stabilität.

Instabilität und gewaltsame Konflikte, wirtschaftliche Rückständigkeit und soziale Spannungen in Europa lassen niemanden unberührt. Für Deutschland gilt dies angesichts seiner geographischen Lage, Bevölkerungszahl, wirtschaftlichen Stärke und politischen Bedeutung in besonderem Maße. Ob als Zielland von Flüchtlings- und Wanderungsbewegungen, als Mitbetroffener von ökologischen Katastrophen oder als Mitwirkender bei internationalen Bemühungen zur Konfliktregelung – was in Europa passiert, holt uns unweigerlich ein.

Hinzu kommen neue globale Herausforderungen: Ein menschenwürdiges Dasein für alle schaffen, Menschen- und Minderheitenrechte schützen, eine umwelt- und ressourcenschonende Produktions- und Lebensweise entwickeln, das Bevölkerungswachstum begrenzen, Rüstungsausgaben senken und die Verbreitung von Massenvernichtungswaffen stoppen, Terrorismus und international organisierte Kriminalität bekämpfen – solche globalen Herausforderungen müssen von allen gemeinsam bewältigt werden. Umfassende Sicherheit zu schaffen liegt nicht allein in der Macht und Verantwortung von einzelnen Regierungen.

Gemeinsames Handeln erfordert Verständigung über Grenzen und kulturelle Unterschiede hinweg. So sind beispielsweise die Schwierigkeiten der Wasserversorgung im Nahen Osten so groß geworden, dass eigentlich nur noch ein friedliches Miteinander der verschiedenen Religionen und Kulturen und eine systematische Koordination die Aufgabe der Wasserbeschaffung und -verteilung lösen könnte. Wenn es Israelis und Syrern bei den Gesprächen um den Golan gelingen sollte, die Frage der Wasserverteilung zu klären, hätten sich auch die Aussichten auf einen dauerhaften und umfassenden Frieden wesentlich verbessert.

Keine der großen Weltreligionen steht der Zusammenarbeit grundsätzlich entgegen. Fundamentalistische Erwartungen gibt es überall. Sie dürfen nicht durch Feindbilder gefördert, sondern müssen durch einen offenen interkulturellen Dialog zurückgedrängt werden. Ein solcher Dialog muss mit dem Ziel geführt werden, Werte, Institutionen und Praktiken zu identifizieren, die Menschen aller Kulturen gemeinsam haben.

V. Sozialdemokraten nehmen die Friedensverantwortung ernst

Walter Benjamin, Berliner Philosoph jüdischen Glaubens, der 1940 Selbstmord auf der Flucht beging, verglich die Humanität einst mit Engeln. Hörten sie auf zu singen, verlören sie ihre Existenz. Hören wir auf, von der Humanität, der Freiheit, der Würde des Menschen zu reden und für sie einzutreten, dann werden wir sie verlieren. Herz und Verstand, Wissen und Hoffen, Denken und Handeln, Politik und Moral gehören zusammen. Wer sie trennt, sieht sich bald egoistischen Menschen, kalten Gesellschaften, nackter Technokratie gegenüber.

Gerade wenn man erkennt, dass man mit dem Anspruch universell geltender Menschenrechte, mit dem Anspruch von Humanität, mit der Förderung von Demokratie Politik gestalten will, ist man verpflichtet, die bittere Erkenntnis begrenzter Möglichkeiten zur Wahrnehmung dieser Verantwortung nicht als Entschuldigung dafür misszuverstehen, die gesamte Verantwortung zur Seite zu legen, sondern wenigstens die begrenzten Möglichkeiten zu nutzen, um der Verantwortung gerecht zu werden, die sich aus unserem Anspruch ergibt.

Die Sozialdemokratie war immer fähig, ihre Erfahrungen zu überprüfen und zu lernen – gerade, wie man Grundwerte und Überzeugungen in einer sich wandelnden Welt immer neu zur Geltung bringt. Wir wollen, dass unser Land auch in Zukunft seinen Beitrag leistet, vor allen Dingen, damit Menschenrechte geachtet, Minderheiten geschützt, Grenzen respektiert und Veränderungen nie durch Gewalt bewirkt werden. Das ist und bleibt unsere Identität.

Verzeichnis der Mitarbeiter

Kurt Beck MdL, Ministerpräsident des Landes Rheinland-Pfalz

Prof. Dr. Christian Bernzen, Rechtsanwalt und Professor an der Katholischen Fachhochschule Berlin, Vizepräsident des ZdK

Prof. Dr. Ernst-Wolfgang Böckenförde, Richter am Bundesverfassungsgericht a. D., Professor für Öffentliches Recht an der Universität Freiburg

Daniel Bogner, Doktorand der katholischen Theologie

Daniel Deckers, Redakteur bei der Frankfurter Allgemeinen Zeitung

Prof. Dr. Karl Gabriel, Professor für christliche Sozialwissenschaften an der Universität Münster, Mitglied des ZdK

Prof. Dr. Peter Glotz, Direktor am Institut für Media Communications Management der Universität St. Gallen

Benno Haunhorst, Oberstudiendirektor, Mitglied des ZdK

Prof. Dr. Marianne Heimbach-Steins, Professorin für Christliche Soziallehre an der Universität Bamberg, Mitglied des ZdK

Dr. Barbara Hendricks MdB, Parlamentarische Staatssekretärin im Bundesfinanzministerium

Prof. Dr. Ludger Honnefelder, Professor für Philosophie an der Universität Bonn

Gottfried Huba, Mitarbeiter der Staatskanzlei des Landes Rheinland-Pfalz

Resi Jaeger, Geschäftsführerin der Berliner Aids-Hilfe e. V., ehem. Bundesvorsitzende der DPSG

Michael Kröselberg, Direktor der Caritaswerkstätten im Caritasverband für die Diözese Trier e.V., ehem. Bundesvorsitzender des BDKJ

Dr. Hans Langendörfer SJ, Sekretär der Deutschen Bischofskonferenz

Dr. h.c. Georg Leber, Bundesminister a. D.

Prof. Dr. Heiner Ludwig, Professor für Christliche Soziallehre an der TU Darmstadt

Prof. Dr. Reinhard Marx, Weihbischof des Bistums Paderborn, Professor für christliche Gesellschaftslehre an der Theologischen Fakultät Paderborn

342

Franz Müntefering MdB, Generalsekretär der SPD

Hellmut Puschmann, Präsident des Deutschen Caritasverbandes, Mitglied des ZdK

Heinz Rapp, ehem. MdB, ehem. Mitglied der Grundwerte- und Programmkommission der SPD

Burkhard Reichert, Referent für Kirchenfragen beim SPD-Parteivorstand, Mitglied des ZdK

Prof. Dr. Josef Sayer, Hauptgeschäftsführer von Misereor, Mitglied des ZdK

Rudolf Scharping MdB, Bundesverteidigungsminister, stellv. Vorsitzender der SPD

Ottmar Schreiner MdB

Wolfgang Thierse, Bundestagspräsident, stellv. Vorsitzender der SPD, Mitglied des ZdK

Wolfgang Tiefensee, Oberbürgermeister der Stadt Leipzig

Dr. Hans-Jochen Vogel, Bundesminister a. D., ehemaliger Partei- und Fraktionsvorsitzender der SPD

Ute Vogt MdB, Landesvorsitzende der SPD in Baden-Württemberg

Prof. Dr. Jürgen Werbick, Professor für Fundamentaltheologie an der Katholisch-theologischen Fakultät der Universität Münster

Dr. Helge Wulsdorf, Lehrbeauftragter für Christliche Gesellschaftslehre an der Theologischen Fakultät Paderborn